Zu diesem Buch

Junge Eltern von heute sind verunsichert. Sie wissen: die traditionellen Methoden der Kindererziehung legen den Keim für spätere Lernschwierigkeiten, Ich-Schwäche und Aggressivität. Sie wissen also, wie sie ihre Kinder *nicht* erziehen wollen. Wie aber können Kinder repressionsfrei und kindgemäß aufwachsen, etwa in der üblichen Etagenwohnung mit drei Zimmern?

Es gibt ein ermutigendes Modell, das den Weg aus dem Dilemma weisen kann. Jean und Paul Ritter haben das Experiment einer freien Erziehung gewagt – und beispielhaft bewältigt.

Im Mittelpunkt ihres Familienlebens steht das Prinzip der Selbstregulierung, denn Kinder – das haben die Ritters vorgelebt – können von klein auf lernen, ihre Bedürfnisse selbst zu steuern und mit denen anderer Menschen zu harmonisieren. Die ganze Familie wird frei, Kinder *und* Eltern.

Dieser konkrete und anwendbare Erfahrungsbericht legt den lebendigen Beweis dafür ab, daß das Rittersche Familien-Experiment gelungen ist. Er ist um so überzeugender, da nicht nur die Erzieher, sondern auch die Erzogenen zu Wort kommen. Erfrischend unverblümt schildern die Kinder, wie sie ihre Beziehung zu Eltern und Geschwistern sehen, wie sie mit der Schule fertig werden, welche Einstellung sie zu den Leistungsanforderungen der heutigen Gesellschaft haben.

Paul und Jean Ritter

Freie Kindererziehung in der Familie

Selbstbestimmung als Erziehungsprinzip
Ein ermutigendes Experiment

Aus dem Englischen
von Marita Dvořák und Gerd Stöhr

rororo
Rowohlt

Die Originalausgabe erschien 1959 unter dem Titel
«The Free Family» bei Victor Gollancz Ltd., London
Umschlagentwurf Werner Rebhuhn
Veröffentlicht im Rowohlt Taschenbuch Verlag GmbH,
Reinbek bei Hamburg, September 1978

Gesamtherstellung Clausen & Bosse, Leck/Schleswig
Printed in Germany
580-ISBN 3 499 17162 7

Inhaltsverzeichnis

Erster Teil
Der Standort der autonomen Erziehung

1. Kapitel
Das Dilemma der Eltern

Unsere Leser werden uns darin beipflichten, daß das Verhalten erwachsener Menschen entscheidend von ihrer Erziehung geprägt ist. Sie werden uns auch darin zustimmen, daß die von Erwachsenen kontrollierte Welt, unsere Gesellschaft, heute – wie auch schon früher – Verhaltensweisen ausgebildet hat, die dringend verbesserungsbedürftig sind. Aus diesem Grund sind viele Menschen auf der Suche nach neuen Ideen. Aber jeder, der auf diesem Gebiet neue Erfahrungen sammeln will, sieht sich außergewöhnlichen Schwierigkeiten gegenüber.

Mit der Erziehung verhält es sich wie mit den meisten wirklich wichtigen Wissenschaften: es gibt nicht genügend klare Erkenntnisse. So kommt es, daß Vorurteile und Überspanntheiten üppig ins Kraut schießen. Dilettanten, vor allem wenn sie selbst Kinder haben, halten sich für kompetent, irgend etwas apodiktisch zu behaupten oder abzustreiten, wobei sie oft ihre eigenen Erfahrungen so interpretieren, daß sie den vorgefaßten Meinungen entsprechen. Auch die Experten sind nicht immer einer Meinung, doch sind ihre Ideen im allgemeinen besser fundiert und weniger konventionell. Überall stoßen unterschiedliche Auffassungen aufeinander. Wir denken hier nicht nur an die in Büchern vertretenen Meinungen der Experten, sondern auch an Ideen, die aus unserer unmittelbaren Umgebung auf uns einwirken, ja sogar die, die in uns selbst entstehen. Das macht die Sache natürlich komplizierter.

Darum ist auch folgende Tatsache wichtig: An unseren fünf Mädchen fanden wir bestätigt, daß Kinder, die man sich selbst überläßt, ganz von allein soviel essen, trinken, schlafen, lieben, lernen oder spielen, wie es für sie notwendig und vernünftig ist. Das war der Ausgangspunkt für unsere Einstellung zur Erziehung: die Selbstbestimmung.

Unsere Einstellung ist realistisch. Uneingeschränkte Entscheidungsfreiheit wird es nie geben. Kinder müssen vor Gefahren bewahrt werden, die sie nicht selbst erkennen können. Man muß dafür sorgen, daß sie andere nicht verletzen oder deren Eigentum zerstören. Im Gegensatz zu denen, die sich vor einigen Jahrzehnten für die Freiheit der Kinder einsetzten, wissen wir heute, daß der Charakter der Eltern und Lehrer entscheidenden Einfluß auf die Kinder hat. Trotz der obengenannten Einschränkungen räumt die hier vorgeschlagene Erziehungsmethode den Kindern weit mehr Freiheit ein, als sonst üblich. Weil es immer so war, gilt es als selbstverständlich, ständig lenkend einzugreifen. Das beginnt bei der Geburt, geht weiter beim Stillen und Essen, beim Schlafen, Waschen, Anziehen und bei allen möglichen anderen Gelegenheiten. Die Ansicht, daß das Kind noch kein Urteil haben kann und daß es daher durch andere geführt werden muß, hat sogar in der Gesetzgebung seinen Niederschlag gefunden. Kinder müssen erzogen werden, wobei angenommen wird, daß die Erwachsenen wissen, was für das Kind richtig und was falsch ist, was „artig" ist und – weitaus häufiger – was „ungezogen" ist.

Die entsetzliche Verwirrung der Gesellschaft und ihre Unfähigkeit zu differenzieren zeigen uns deutlich, daß man sich auf Traditionen nicht verlassen kann. Unser Ziel sind erwachsene Menschen, die von christlicher Liebe, von wissenschaftlichem Humanismus oder ähnlichem nicht nur reden, sondern die Neigung und die Fähigkeit besitzen, ein ausgefülltes und vernünftiges Leben zu führen.

Wenn dieses Ziel tatsächlich durch Selbstbestimmung in der Erziehung erreicht werden kann, dann werden die künftigen Wertvorstellungen sich von den traditionellen beträchtlich unterscheiden. Unserer Auffassung nach gibt es einige deutliche Anzeichen dafür, ob sich Kinder wohl fühlen. Dazu gehören Lebhaftigkeit, Anpassungsfähigkeit, Ausdauer und Konzentrationsvermögen, außerdem die Fähigkeit, Liebe und Sympathie zu empfinden, Verständnis aufzubringen und neuen Situationen gewachsen zu sein, Freude am Spiel, am Lernen und an all den anderen natürlichen Verrichtungen zu haben. Allein nach diesen fundamentalen Merkmalen kann man den Erfolg des Selbstbestimmungsprinzips beurteilen.

Wir haben die autonome Erziehung unter diesen Gesichtspunkten geprüft und können sie als praktikable, wirkungsvolle und vorteilhafte Methode empfehlen. Viele Menschen hingegen werden mit Recht unsere Einstellung für sich ablehnen. Wer zum Beispiel die Lebhaftigkeit der Kinder, die von unserer Methode besonders begünstigt wird, nicht aushalten kann, sollte sie nicht anwenden. Manchmal allerdings werden rationale Gründe für die Ablehnung angeführt. Es werden Fehler der Methode gesucht, wo eigene Schwächen zugegeben oder ungünstige Bedingungen angeprangert werden sollten. Auf keinen Fall sollte man versuchen, Eltern zu dieser Methode zu überreden, wenn sie deren Fähigkeiten übersteigt. „Stellt den Stock in die Ecke und überlaßt die Kinder sich selbst!" – diesen Rat sollte man nicht leichtfertig geben.

Wer jedoch nur etwas unsicher ist, sollte sich nicht durch den Einwand stören lassen, daß es nicht fair und nicht richtig sei, in der Kindererziehung zu experimentieren. Denn in einer Zeit allgemeiner Veränderungen ist Kindererziehung immer ein Experiment. Es ist vielmehr ermutigend, daß die Selbstbestimmung einen Versuch darstellt, an dem sowohl Eltern als auch Kinder aktiv und zielbewußt teilnehmen. Wir nennen solche Experimente schöpferisch, um sie von den objektiven Experimenten jener objektiven Wissenschaftler zu unterscheiden, die sich aus Furcht vor schädigenden subjektiven Einflüssen möglichst aus den Versuchsabläufen heraushalten. Diese Art, distanziert und ohne eigenes Engagement zu experimentieren, hat, obwohl sie weit verbreitet ist, etwas Abstoßendes. Außerdem ist sie für die Kindererziehung unbrauchbar und unergiebig. Sie läßt die sozialen Gegebenheiten außer acht, denn Erziehung ist immer ein Wechselspiel zwischen Kindern und Erwachsenen in einer bestimmten Umgebung, sie hat immer etwas mit Beziehungen und Verhältnissen zu tun. Es fällt vielleicht schwer, aber es ist wichtig, daß wir einsehen, wie sehr die Gefühle fast aller Menschen gestört sind, auch wenn die Psychoanalytiker dies nur für wenige diagnostizieren. Dieses Symptom zeigt auch der soziale Organismus, es deutet auf dieselbe Krankheit hin. Wichtig ist, daß wir daraus die Konsequenzen ziehen. Wir befinden uns mit dieser Auffassung in guter Gesellschaft. Wie die Standpunkte auch genannt werden („psychoanalytisch", „soziologisch", „funktional", „sexualökonomisch", „sozio-psychosomatisch", „kulturell", „biogenetisch", „psycho-sozial" oder „biosozial"), von wem sie auch vertreten werden (von Freud, Burrow, Reich, Frank, Horney, Scott-Williamson, Fromm, Halliday, Halmos oder wem auch immer), die Gesellschaft und ihre Mitglieder wurden immer als „krank", „morbid", „siech", „ungesund", „desintregiert", „unausgeglichen", „ängstlich", „neurotisch" oder emotional „verpestet" bezeichnet. Ich meine, daß die letzte Bezeichnung „emotionale Pest" – sie stammt von Wilhelm Reich – genau richtig und sehr anschaulich ist.

Wie ist die „emotionale Pest" entstanden? Die Akademiker haben oft gespottet über den Ausdruck „kranke Gesellschaft". Sie halten diesen Ausdruck für vage und unwissenschaftlich. Reich lieferte eine brillante klinische Analyse dieser Krankheit. Aber die Frage nach dem Wann und Warum blieb offen.

Nach Reich ist der Mensch ein organisches, energetisches System. Nach seiner Ansicht stehen die Emotionen im unmittelbarsten Kontakt mit der Lebensenergie. Aus diesem Grundgedanken leite ich folgende Erkenntnis ab:

„Die Gefühlskräfte (das emotionale Potential) des Menschen können nur innerhalb gewisser, wenngleich elastischer Grenzen beansprucht werden. Sobald er Streßdruck auf die Gefühlskräfte die elastischen Grenzen der emotionalen Belastbarkeit sprengt, bricht das betroffene Energieleitungssystem zusammen. Dies gilt für die Leitungen zur Energieversorgung sowohl der physischen als auch des psychischen Apparats. Und Dauerstreß führt zu chronischem ‚Kurzschluß'. Diese Gefahr bedroht am stärksten diejenigen, deren Erkenntnisfähigkeit am schwächsten entwickelt ist, also besonders Kleinkinder und Naturvölker."

Hier ist nicht der Ort, um diese Theorie im einzelnen zu belegen. Aber ich habe sie mit großem Erfolg angewendet, um mein Verständnis der emotionalen Pest zu vertiefen.

Meine theoretische Ableitung deckt sich mit allen klinischen Befunden und theoretischen Arbeiten Wilhelm Reichs. Sie erklärt auf einfache Weise, warum die emotionale Pest in jeder beliebigen geschichtlichen Situation ausbrechen kann, sei es bei einem Einzelwesen, sei es in einer Gruppe; warum sie von einem Krankheitsherd auf Gesunde übertragen werden kann oder warum sie wieder und wieder in einem bestimmten kulturellen System virulent wird; oder schließlich, wie die emotionale Pest durch ein neues therapeutisches Bewußtsein und eine neue therapeutische Einstellung bekämpft werden kann. Dieser theoretische Ansatz erklärt auch, warum in der Geschichte die emotionale Seuche nur zu bestimmten Zeiten in bestimmten Regionen auftritt und warum manche Zeitalter und manche Kulturen von ihr verschont blieben.

Aber dieses Buch zielt in erster Linie auf einen anderen Sinn, für dessen Darstellung eine ausführliche Diskussion dieser Theorie nicht unbedingt erforderlich ist. Darum kann hier auf die gründliche Analyse der Ursprünge und Bedingungen dieser Gefühlsverseuchung verzichtet werden. Es genügt, wenn wir festhalten, daß der eigentliche Krankheitsherd im emotionalen Bereich liegt und daß wir folglich unsere Aufmerksamkeit ganz stark auf das Gefühlsleben konzentrieren müssen – und dies um so mehr, als wir unseren Kindern zu einer gesunden seelischen Entwicklung verhelfen und sie vor der Ansteckung mit der emotionalen Pest unserer Zeit beschützen wollen. Diese umfassende therapeutische Anstrengung müßte ein hoffnungsloses Unterfangen ohne Aussicht auf dauernden Erfolg bleiben, wenn nicht, ja wenn nicht alle Lebensformen von Natur aus die Fähigkeit und das Streben besäßen, sich mit ihren Bedürfnissen in ihrer Umwelt selbst zu regulieren und immer wieder ein gesundes Gleichgewicht auszubalancieren. Alles organische Leben besitzt also aus sich selbst heraus einen Selbstbestimmungstrieb und einen Gesundheitstrieb. Das Wirken dieser beiden

Triebe kann bei allen Lebewesen beobachtet werden. Daraus ergibt sich ohne Umwege der Schluß, daß auch dem Menschen diese beiden Triebe angeboren sind. Die Arbeiten von A. S. Neill, Wilhelm Reich und anderen liefern die Beweise dafür. In einfachen Worten läßt sich unser Ziel so definieren: den Kindern erlauben, über sich selbst zu bestimmen, und zwar immer dann, wenn es möglich ist, und so weit, wie es möglich ist. Sie werden spontan lebhaftere Gefühle entwickeln und eine größere Fähigkeit, mit anderen schöpferisch zusammenzuarbeiten, wenn wir dafür Sorge tragen, daß sie vor den lebensfeindlichen Elementen unserer Gesellschaft und ihrer Umgebung geschützt werden. Wenn wir sie soviel wie möglich mit alldem in Verbindung bringen, was wirklich lebendig ist. Man muß nämlich davon ausgehen, daß die lebensfeindlichen Elemente, die Symptome der emotionalen Pest, ebenso wie die lebensbejahenden ihre Wurzeln in uns selbst haben.

Die Selbstbestimmung hat uns so viel Vergnügen bereitet, und wir sind von dem Sinn der aufgewendeten Mühe so überzeugt, daß wir meinen, sie als fruchtbare Methode der Erziehung befürworten zu können. Sie setzt sich mit echten Problemen auseinander. Sie vermeidet Auseinandersetzungen mit den Sündenböcken, die sich unsere Gesellschaft so gerne sucht, wenn etwas falsch läuft.

Ich finde es nicht erstaunlich, daß so viele Menschen die Schwierigkeiten und die Mängel der derzeitigen Situation ihrer Kinder und der Gesellschaft im allgemeinen abstreiten. Sie verschließen die Augen vor der Wirklichkeit und unterdrücken ihre Gefühle. Dadurch verschaffen sie sich Ruhe – allerdings die Ruhe eines Friedhofes. Sie entziehen sich damit der Notwendigkeit, ihre Lebensbedingungen zu durchschauen, und sie vielleicht in Frage zu stellen. Sie scheuen das Gespött, den Hohn und den Widerstand all jener, die sich aus ihrem Dornröschenschlaf aufgeschreckt fühlen und die Vitalität autonomer Kinder nicht ertragen können.

Kann der gesunde Menschenverstand allein dieses Übel heilen? Viele, die darüber etwas geschrieben haben, bemühten sich, nur deshalb den Begriff „gesunder Menschenverstand" in den Vordergrund zu rücken, weil sie keinen brauchbaren Rat anbieten konnten. Wer „Liebe und gesunden Menschenverstand" als Richtlinien empfiehlt, wie es fortschrittliche Pädagogen getan haben, verwendet eine Leerformel. Seinen gesunden Menschenverstand auf einem Gebiet einzusetzen, das so stark mit unseren Gefühlen und mit gesellschaftlichen Normen und Tabus verquickt ist, erfordert mehr als nur den Wunsch und den guten Willen dazu. Wer das übersieht, vergißt, welche Bedeutung Gefühle für uns haben, und er übersieht, daß es in unserer Gesellschaft kaum einen anderen Bereich gibt, auf dem soviel Schaden angerichtet wurde und auf dem soviel Verwirrung herrscht wie hier. „Den gesunden Menschenverstand und die Liebe“ empfehlen, als wären dies nach Belieben einsetzbare Hilfsmittel, ist bitterste Ironie. Anweisungen zu geben ist leicht, aber sie zu befolgen ist schwer. Warum das so ist, wird oft genug leichtfertig übersehen.

Bücher, die undurchführbare Methoden befürworten, können bei den Eltern lediglich Schuldgefühle hervorrufen, wenn die Eltern sie anwenden wollen und notwendigerweise Schiffbruch erleiden. Da das Gebiet, auf dem sie versagen, von der Gesellschaft so hoch bewertet wird, nehmen sie ihre Zuflucht zu Selbstbetrug und Ausflüchten. „Wir sind alle Menschen“, oder: „So ist es nun einmal und so wird es immer sein“ heißt es dann, gewisse „widrige Umstände sind für das Scheitern verantwortlich, die Eltern jedenfalls nicht. Wir müssen uns auf derartige Ungereimtheiten, auf diese Verschwörung des Schweigens und der Unwissenheit gefaßt machen und sie erkennen, soll unsere Methode nicht von vornherein zum Scheitern verurteilt sein.

Wer nicht glauben will, daß die Gefühlswelt so vieler Menschen gestört ist, der sehe doch einmal, was geschieht, wenn ein Kind in einem Kinderwagen zu schreien anfängt. Kein Mensch kümmert sich darum. Was aber geschieht, wenn ein Hündchen jault? Sofort horchen die Leute auf und kümmern sich um das Tier. Warum sehen die Menschen nicht ein, daß ein weinendes Kind einen Grund für sein Verhalten hat? Warum glauben sie, kleine Babies sollte man schreien lassen, da das gut sei für die Lungen oder für die Seele oder wer weiß wofür? Und nur weil eine Wissenschaftlerin an einer begrenzten Anzahl von Kindern beobachtet hat, daß sie sich in den ersten drei Monaten ihres Lebens nicht wohl fühlten, sehen wir dieses schlechte Befinden für alle Kinder als natürlich und unvermeidlich an und nehmen es stillschweigend hin. Ist das nicht recht naiv? Ich sehe förmlich die Helfer dieser Wissenschaftlerin, wie sie, nur um eine Theorie zu beweisen, auf den Entbindungsstationen hin und her laufen und voller Eifer vermerken, wie lange die Babies schreien. Sie hätten besser daran getan, die Kinder aus eigenem Antrieb auf den Arm zu nehmen, um auszuprobieren, wie man ihnen besser und schneller Liebe vermitteln könnte. Zeigt das nicht schon, wie sehr unsere Gefühlswelt gestört ist? Wie können die Wissenschaftler auf Anerkennung hoffen, wenn sie da, wo es völlig überflüssig ist, objektiv sein wollen? Ihr gestörtes Verhalten wird hier ganz deutlich, auf die Bedrohung durch die Wasserstoffbombe brauche ich unter diesen Umständen wohl nicht mehr hinzuweisen.

Und wenn die aufgeregte Mutter oder die Hebamme, die versucht, sie von der „Verwöhnungstheorie" zu überzeugen, das schreiende Baby auf den Arm nimmt und es damit beruhigt, wird dieses Ergebnis oft in sein Gegenteil verkehrt. „Das war es, was es haben wollte", rufen sie triumphierend. Wieso das Kleinkind gerade das wollte, können auch sie nicht sagen. Daß das Baby versucht, Tröstung von denen zu erhalten, die sie ihm geben können und auch sollten, ist doch nur natürlich. Wenn es sie erhalten hat, hört es sofort auf zu weinen. Was also als Beweis für die Verwöhnungstheorie angesehen wird, ist in Wirklichkeit der direkte Weg zur Befriedigung eines Bedürfnisses.

Wir sehen ein Baby, das vor Hunger schreit und zufrieden ist, wenn es etwas zu essen bekommen hat, nicht als einen hinterhältigen kleinen Schwindler an. Wer das Bedürfnis nach Liebe als weniger real ansieht und weiterhin annimmt, daß irgend etwas Unfaßbares und Böses in dem Kind steckt, das es schreien und wieder aufhören läßt, wenn sein Verlangen befriedigt ist, zeigt doch schon, daß er in seinem Gefühlsbereich gestört ist.

Zweiter Teil

Jean Ritter erzählt, wie sie mit ihrem Mann die autonome Familie begründete

2. Kapitel
Die Entbindung in der Klinik

Leonora sollte am 25. Mai 1949 zur Welt kommen. Zwanzig Wochen lang war ich zur vorgeschriebenen Schwangerschaftsüberwachung gegangen und hatte an einem Kurs für Entspannung und andere Übungen teilgenommen. Dieser Kurs wurde von einem erfahrenen Physiotherapeuten geleitet und fand einmal wöchentlich statt, und zwar in einer Klinik, die Dick Read selbst empfohlen hatte. Die Übungen dauerten etwa eine Stunde. Mit mir besuchten zehn weitere Frauen den Kurs, die alle ungefähr zur gleichen Zeit niederkommen sollten. Die werdenden Mütter waren nach ihrer Fähigkeit zur sinnvollen Zusammenarbeit ausgesucht worden, außerdem erwarteten alle ihr erstes Kind.

Als der Geburtstermin näher rückte, hielt die leitende Hebamme einen Vortrag und ermunterte uns, Fragen zu stellen. Wir wurden auch durch die Klinik geführt, man zeigte uns den Empfangsraum und den Kreißsaal und machte uns sogar mit dem Anästhesisten bekannt, der vorführte, wie ein Narkoseapparat funktioniert. All dies trug dazu bei, Ängste abzubauen und eine entspannte Haltung zu fördern.

Wir hatten uns für eine Geburt in der Klinik entschieden, weil unsere zwei Zimmer für eine Niederkunft nicht besonders gut geeignet waren und weil unsere Vermieterin Einwände gegen eine Geburt im Hause geltend machte. Die Zustände in der Klinik schienen im großen und ganzen nicht schlecht zu sein. Einfluß auf unsere Entscheidung hatten auch einige unserer Freunde, die ständig wiederholten: „Ja, wenn aber etwas dazwischenkommt – eine Klinik ist immer am sichersten –, dort gibt es für alle Notfälle die erforderlichen Geräte, und man befindet sich in erfahrenen Händen." Wie wenig kannten sie die wirklichen Verhältnisse!

An einem Sonntag, es war der 29. Mai, morgens um 8.30 Uhr, war es soweit: Als ich aufstand, sprang die Fruchtblase, und das Fruchtwasser floß ab. Auf unseren Anruf hin schickte die Klinik sofort einen Krankenwagen. Auf der Hinfahrt war ich noch voller Zuversicht. Paul begleitete mich bis zur Klinik, dort war ich dann auf mich allein gestellt. Die übliche Klistierspritze, das heiße Bad und das Abrasieren der Schamhaare – alles ziemlich unangenehme Dinge – waren bald überstanden, und ich wurde geradewegs in den Kreißsaal gebracht. Hier lag ich nun auf einem schmalen, sehr harten „Bett" – ein schmeichelhaftes Wort für ein Gestell aus Eisen, das mit einem sehr dünnen, weichen Belag abgedeckt war. Ich wurde vaginal untersucht und gefragt, wie es mit den Schmerzen stünde („Schmerzen“ wohlgemerkt, nicht Wehen!). Ich sagte, daß ich keine Schmerzen hätte, außerdem sprach ich die Vermutung aus, daß ich noch gar nicht in den Kreißsaal gehörte.

In dem Raum war es unerträglich heiß. Das hätte mich an sich nicht einmal gestört, wenn man mich nicht volle 24 Stunden dort liegen gelassen hätte. Ich durfte nicht einmal aufstehen, um zur Toilette zu gehen. Es hatte mir zwar niemand diese Anweisung gegeben, aber als ich Anstalten machte, das Bett zu verlassen, wurde ich von der diensthabenden Schwester angefahren. Immer wieder wurde ich gefragt: „Noch immer keine Schmerzen? “ Und die ganze Nacht hindurch hörte ich eine arme, unglückliche Frau, der es nicht so gut ging wie mir, jammern: „O mein Gott, nein, ich kann nicht; o mein Gott, nein, ich kann nicht“, bis sie endlich am Montagmorgen in Narkose ihr Kind zur Welt brachte (wir waren voneinander nur durch einen Wandschirm getrennt). Ein großartiger Auftakt zu einer Niederkunft!

Ich hatte so viel Vertrauen in meine Fähigkeit, mich zu entspannen, daß ich immer noch ganz zuversichtlich war. Nur müde wurde ich.

Zu diesem Zeitpunkt stellte die diensthabende Schwester endlich fest, daß ich wohl doch noch nicht so weit wäre, und brachte mich in ein Zimmer. Dort lagen Frauen, bei denen Schwierigkeiten zu erwarten waren (hoher Blutdruck oder androides Becken[1]) und die deshalb unter ständiger Beobachtung standen. Die Atmosphäre in diesem Saal trug nicht gerade zu meiner Entspannung bei.

Einige der Patientinnen, die schon seit Wochen oder gar Monaten dort lagen, hatten aus dem Kreißsaal die Schreie Sterbender gehört. Die Türen des Kreißsaals waren zwar schalldicht, aber sie standen meistens offen, da dies für die Schwestern bequemer war. Manchmal konnte man meinen, dort befinde sich der Vorraum zur Hölle. Aber das war noch nicht alles. Bei seiner Visite blieb der Professor mit einer Gruppe Studenten am Fußende meines Bettes stehen. Ungerührt, so als sei ich aus Stein und unfähig zu hören oder zu empfinden, verkündete er seine Diagnose: „Ein Fall von Fruchtblasenriß. Das Fruchtwasser läuft in größeren Mengen ab, es wird wahrscheinlich eine trockene und deshalb eine schwierige und langwierige Geburt werden.“ Auch dieses Ereignis war nicht dazu angetan, zu meiner Entspannung beizutragen. (Ich wünschte, ich hätte in jenem Augenblick irgendeinen Gegenstand zum Werfen zur Hand gehabt.)

1 Becken, das eher dem männlichen als dem weiblichen Beckentyp gleicht.

Am Dienstagmorgen bekam ich noch eine Klistierspritze und mußte Rizinusöl trinken, obwohl ich mich dagegen wehrte und der Schwester erklärt hatte, daß ich es nicht bei mir behalten könne. Aber es half nichts, ich mußte es nehmen. Eine halbe Stunde später erbrach ich mich prompt. Aber es bewegte sich noch immer nichts. Erst am Mittwoch spürte ich, daß sich etwas in meinem Leib regte, und um vier Uhr nachmittags stellte ich fest, daß die Wehen endlich begonnen hatten. Aber in dieser ersten Periode waren sie noch sehr schwach, und ich erkannte, daß ich viel Geduld würde aufbringen müssen. Die Schwester vom Dienst schob mich in den Kreißsaal, obwohl ich sie deutlich darauf hingewiesen hatte, daß es dazu noch zu früh sei. Die Schwester, die im Kreißsaal Aufsicht hatte, war anderer Ansicht, und so ging es zurück in den Saal, aus dem ich gekommen war. Und jedesmal mußte ich eine unangenehme und obendrein unnötige Untersuchung über mich ergehen lassen.

Ich stellte fest, daß ich mich immer noch gut entspannen konnte, und hatte nur den Wunsch, in Ruhe gelassen zu werden. Ich hatte keinen Hunger, nur ein Verlangen nach Ruhe und Frieden. Aber die Oberin war angekündigt, so wurde das Bett neu gemacht. Trotz meines heftigen Protestes mußte ich Tabletten einnehmen, nur, um sie fünf Minuten später wieder von mir zu geben. Und so ging es unaufhörlich weiter.

Im Laufe des Donnerstags kamen die Wehen immer häufiger. Da aber von 19.30 bis 20 Uhr Besuchszeit war, wollte ich versuchen, bis dahin entspannt zu bleiben, um Paul noch sehen zu können. Aber um 18.30 Uhr machte eine Hebammenschülerin die Runde und hörte routinemäßig die Herztöne der Feten ab. Sie „lauschte" gerade bei mir, als eine Wehe ihren Höhepunkt erreichte. In aller Eile sandte sie nach der Tagesschwester, die mich rektal untersuchte und feststellte, daß der Muttermund schon stark erweitert war. Schleunigst ließ sie mich in den Kreißsaal bringen. Dort wurde ich überflüssigerweise noch einmal untersucht, weil der Befund der ersten Untersuchung nicht mitgegeben worden war. Und als ich protestierte und zu der Hebamme sagte, ich könne ihr selbst sagen, wie die Dinge stünden, erzwang sie meine Einwilligung, indem sie antwortete: „Wenn ich Sie nicht untersucht habe, kann ich Ihnen nicht helfen." Solch ein erpresserischer Zwang trägt nicht gerade zur Entspannung bei, und Untersuchungen in angespanntem Zustand sind schmerzhaft.

Allmählich wurde mir klar, daß die Abteilung für nichtstationäre Patienten mit ihren Kursen für Entspannung und andere Übungen gar nicht zur Klinik gehörte, sondern eine in sich abgeschlossene Abteilung darstellte. Hier in der Klinik waren nicht nur deren Theorien unbekannt, man wußte nicht einmal von den Übungskursen!

Ich war froh, daß man mich auf mein hartnäckiges Verlangen hin aus dem Kreißsaal herausrollte, damit ich einige Augenblicke lang mit Paul sprechen konnte. Aber gleich darauf bekam ich Brechreiz und erkannte, daß die erste Periode zu Ende ging. Ich habe mir damals sehr gewünscht, Paul hätte bei mir bleiben können.

Die zweite Periode dauerte von 20 bis 22.30 Uhr. Ich merkte bald, daß die diensthabende Schwester, die ich übrigens noch nicht kannte, offensichtlich der Meinung war, alle Frauen seien unwissende Trottel. Die Methode Dick Reads schien sie nicht zu interessieren. Sie fragte mich auch nicht, ob ich einen Entspannungskurs besucht hätte. Sie forderte mich auf, zu pressen, wenn eine Wehe abgeklungen war. Überhaupt war sie sehr ungeduldig und hatte offensichtlich keinen Spaß an ihrer Arbeit. (Andere Frauen, die ihrer Pflege unterstanden, hatten den gleichen Eindruck, wie ich später in Gesprächen feststellen konnte.)

Trotz der widrigen Umstände verliefen die Wehen gut. Starke Kontraktionen, die völlig unwillkürlich einsetzten und die mich körperlich sehr anstrengten, wechselten mit angenehmen Ruhepausen. Der bis dahin glatte Ablauf der Niederkunft und mein gutes Befinden wurden durch die lächerliche Lage beeinträchtigt, die ich einnehmen mußte. Es handelte sich um die sogenannte linke Steinschnittlage, bei der man ein Bein über die Schulter der Schwester legen muß. (Sogar ein Mann kann begreifen, wie schwierig es ist, in dieser Lage zu pressen, denn defäkieren ist in gewissem Sinne dem Geburtsakt vergleichbar. Man stelle sich einmal vor, man sollte in einer solchen Stellung diese Funktion ausüben.)

Als der Scheitel des Kindes durchkam, war ich noch voll bei Bewußtsein, denn ich fragte, ob das Baby rote Löckchen habe. Dann jedoch, als ich voll mit den Wehen beschäftigt war, jenen gewaltigen unwillkürlichen Muskelkontraktionen, und die Geburt des Kindes und seinen ersten Schrei gespannt und sehnlich erwartete, glaubte der junge Chirurg, der gerade Dienst hatte, irrtümlich, mein Schreien, Ächzen und Stöhnen in den Augenblicken der höchsten Anstrengung sei der Ausdruck unerträglicher Schmerzen. Und so näherte er sich mir, als wieder eine starke Wehe ihren Höhepunkt erreicht hatte, von hinten und drückte mir ein chloroformgetränktes Tuch auf das Gesicht . . .

Als ich wieder zu mir kam, war ich allein – keine Schwester, kein Baby war da, nur das bittere Gefühl der Erschöpfung. Als die Schwester kam, begann sie sofort auf meinem Bauch herumzudrücken, um die Nachgeburt zu lösen. Dieses Verfahren ist genauso dumm wie die geschilderte Methode der Entbindung. Anders als bei der natürlichen Ausstoßung kommt die Nachgeburt nur stückweise und unter großen Schmerzen zum Vorschein (ein Stück löste sich nicht bei dieser Prozedur, davon wird später noch zu berichten sein). Dann wurde ich am Bettende wie ein Paket verschnürt, weil ich mit drei Stichen genäht werden sollte. *Mein Kind hatte ich immer noch nicht zu sehen bekommen.* In meiner Wut darüber mobilisierte ich meine letzten Kräfte und bearbeitete Arzt und Schwester so lange, bis sie mir Leonora brachten. Sie fanden es „sehr unpassend", denn Leonora war noch nicht gebadet.

Nachdem sie mich genäht und in aller Eile gewaschen hatten, badeten sie das Kind und legten es in ein Bettchen, das neben meinem Bett stand. Hier begann Leonora zu schreien und schrie und schrie und schrie. Sie stand so weit weg von mir, daß ich sie nicht erreichen konnte, und so bat ich eine mitfühlende Hebammenschülerin, mir das Kind zu geben. Sie tat es, obwohl sie damit riskierte, von der Schwester abgekanzelt zu werden. Als die Schwester kam, legte sie das Kind zurück in das Bettchen und brachte es in das Kinderzimmer, wo es wahrscheinlich ununterbrochen weitergeschrien hat. Mich ließ man auf dem schmalen, harten und hohen Entbindungs„bett" liegen, ohne Schlaf – ohne Kind.

Wenn sie mir wenigstens mein Baby gelassen hätten, so wäre ich nicht ganz so unglücklich gewesen und hätte auch wohl die Härte des Bettes nicht so empfunden. Noch sieben Stunden lang mußte ich so liegen, bis man mich endlich morgens um halb sieben in ein bequemes Bett brachte.

Leonora sah ich um halb zehn wieder, als mir „gestattet" (!) wurde, sie zu stillen. Die nächsten sieben Tage gehören mit zu den unangenehmsten meines ganzen Lebens. Von fünf Uhr früh, dem Zeitpunkt des Weckens, bis halb zwölf Uhr abends gab es nicht eine einzige ruhige Minute. In der Nacht war es meistens still, man hörte nur das entfernte Gewimmer der vielen Babies, die von der Station in das Säuglingszimmer gebracht worden waren, weil sie angefangen hatten zu schreien. Ab und zu schrie auch eines der Kinder auf der Station und wurde dann ebenfalls in das Säuglingszimmer gebracht. Mir war, als hörte ich unablässig Leonoras Weinen. Ich war so hilflos wie sie selbst. Jeden Tag besuchte mich Paul (was längst nicht auf allen Entbindungsstationen gestattet ist). Sein Besuch brachte mir immer wieder die bittere Enttäuschung ins Bewußtsein. Wir hatten mit so viel Hoffnung und Freude diese Geburt erwartet . . . vieles war gut verlaufen, aber es genügten Kleinigkeiten, um alles kaputt zu machen. Das verbitterte uns maßlos. Das Essen war unglaublich schlecht, zumindest für jemand, der an Vollkornbrot und Salate gewöhnt ist. Dies und all die vielen kleinen Demütigungen – zum Beispiel, daß ich Pillen gegen Verstopfung nehmen mußte, daß mir einmal die Bettpfanne verweigert wurde, weil „jetzt nicht die Zeit dazu" sei – trugen nicht gerade dazu bei, mein lädiertes Selbstbewußtsein wiederherzustellen. Je mehr meine körperlichen Kräfte zurückkehrten, desto unerträglicher wurde es für mich, daß ich mich nicht um mein Kind kümmern durfte. Eines Tages geschah folgendes: Das Kind lag neben mir und begann zu schreien. Die Oberin, unumschränkte Herrscherin, Wohltäterin oder was sonst auch immer, kam herein. Sie war freundlich und fragte mich, warum meine Tochter schrie. Ich sagte ihr, daß die Windeln gewechselt werden müßten. Da zeigte sich, daß die strikte Anordnung, keine Mutter dürfe ihr Kind selbst wickeln, gar nicht von der Oberin, sondern von der Schwester ausging. Die Oberin meinte, ich solle das Kind selbst trockenlegen. Der Schwester gab sie die Anweisung, mir schnell eine Windel zu bringen. Nach etwa einer Stunde kam diese impertinente Person endlich mit der Windel! Möglicherweise war sie aufgehalten worden, aber zu diesem Zeitpunkt hatte ich mich schon zu sehr geärgert, um diese Unverschämtheit so ohne weiteres hinzunehmen. Ich sagte in unmißverständlichen Worten, daß ich nicht länger hierbleiben werde und daß ich sofort gehen wolle. Daraufhin änderte sie ihren Ton und versuchte, mich von meiner Absicht abzubringen, indem sie mir darlegte, welche Vorteile der Klinikaufenthalt für mich habe und welche Gefahren mir zu Hause drohten. (Dabei sollte ich ohnehin am nächsten Tag entlassen werden.) Aber ich bestand auf meiner Forderung. So wurde ich untersucht, und da alles in Ordnung war, durfte ich gehen, aber nicht ohne durch meine Unterschrift zu bescheinigen, daß ich gegen ärztlichen Rat vorzeitig die Klinik verlasse.

Welch eine Erleichterung! Endlich war ich wieder zu Hause und konnte mich selbst um alles kümmern. Wie wohl tat mir Pauls Liebe. Es war beruhigend, zuzusehen, wie er das Baby tröstete und für die scheußlichen ersten Tage seines Lebens entschädigte. Und immer, wenn ich beim Gedanken an das, was der Klinikaufenthalt in mir angerichtet hatte, verzagen wollte, heiterte Paul mich wieder auf. Ohne seine aufmunternden Worte hätte mich die Erinnerung an die Geschehnisse der letzten Tage viel stärker bedrückt.

Aber es war noch nicht vorbei. Ich hatte immer noch leichte Blutungen. Die Nachuntersuchung in der Klinik, die ein junger, unerfahrener und völlig erschöpfter Arzt vornahm, ergab eine Retroversion der Gebärmutter, woraufhin ein riesiger Pessar eingelegt wurde, das fast so groß wie mein Handteller war.

Zum Glück hatten wir eine gute Hausärztin. Sie hatte selbst drei Kinder in die Welt gesetzt und bei vielen anderen Frauen Geburtshilfe geleistet. Als sie mich besuchen kam, klagte ich ihr, daß der Ring nicht halten wollte. Sie gab mir den Rat, ihn herauszunehmen, denn die Gebärmutter würde sich ganz von selbst wieder aufrichten. Dieser Rat erwies sich als sehr gut, nicht zuletzt deshalb, weil sich zwei Wochen danach noch ein Rest der Nachgeburt löste und ausgestoßen wurde. Unsere Hausärztin war entsetzt, denn ein solcher Rest kann sehr leicht Kindbettfieber verursachen. Eigentlich ist es die Pflicht der Schwester auf der Entbindungsstation, sich durch eine sorgfältige Untersuchung zu vergewissern, daß die Nachgeburt vollständig abgegangen ist. Aber bei der Methode, die Nachgeburt in kleine Stücke zu zerlegen, ist das sehr schwierig. Dieser Vorfall war die Folge davon. Damit will ich meinen Bericht über die „fachmännische“ Betreuung in Kliniken schließen. Vom Standpunkt des Klinikpersonals aus gesehen war die Geburt glatt verlaufen. Waren doch Mutter und Kind am Leben und anscheinend wohlauf. Was zählt da schon die gefühlsmäßige Beziehung zwischen beiden?

Viele Mütter versichern, in dieser Hinsicht mehr Glück gehabt zu haben als ich. Bevor Paul und ich solchen Behauptungen Glauben schenken, überzeugen wir uns erst, ob diese Frauen ebenso hohe Ansprüche stellen wie wir. Wir glauben nämlich, daß das Erlebnis der Geburt und der ersten Woche danach eine intensive Freude vermitteln sollte. Daher erwarte ich mehr, als nur am Leben zu bleiben. Wer jedoch von vornherein große Angst vor der Geburt und ihren Folgen hat, wird schon zufrieden sein, wenn keine Komplikationen auftreten. Diese Menschen glauben ehrlich, ein glatter Verlauf sei alles, was sie von einer Niederkunft erwarten dürften.

3. Kapitel
Eine Geburt zu Hause

Wir erwarteten Ericas Geburt am 4. August 1951. Diesmal waren wir entschlossen, alles zu tun, damit die Geburt glücklich und reibungslos verlaufe. Ich war entschlossen, zu Hause zu bleiben, und mein Mann wollte die ganze Zeit über da sein und alle unerwünschten Störungen abhalten. Alles sollte so verlaufen, wie wir es wünschten, und ich konnte mich ganz meinen eigenen Gefühlen hingeben.

Wir riefen die Hebammenvereinigung an und baten, uns eine Hebamme zu nennen, die nach der Methode Dick Reads arbeitete. Man verwies uns an den Ortsverband. Dort lernten wir die Vorsteherin kennen, eine weißhaarige, sehr vitale Frau, die Vertrauen und Ruhe ausstrahlte. Sie praktizierte schon 20 Jahre lang und hatte in diesem Distrikt schon sehr oft und in allen möglichen Lagen Geburtshilfe geleistet. Wenn sie sprach, spürte man, daß sie Autorität besaß. Sie kannte die Arbeiten Dick Reads, ihrer Meinung nach hatten die meisten Hebammen diese Methode schon praktiziert, bevor er sie in seinem Buch beschrieb.

Dieser selbstsicheren und willensstarken Frau gegenüber mußte man seine Meinung schon mit sehr großer Überzeugungskraft vertreten, besonders bei Meinungsverschiedenheiten über wichtige Einzelheiten. Wir legten unseren ungewöhnlichen Plan, daß mein Mann die ganze Zeit über bei mir bleiben sollte, zwar höflich, aber unbeirrt dar. Wenn man fragt, ob der Ehemann bei der Geburt anwesend sein könne, lautet die Antwort gewöhnlich nein. Das ist auch verständlich, denn die meisten Ehemänner haben keine Ahnung von dem, was da vorgeht und sind daher wie gelähmt vor Angst. Kein Wunder, daß die Hebammen die Männer nicht gerne während der Geburt dabei haben. Wir aber fragten nicht, sondern teilten ihr nur mit, daß Paul dabei sein werde. Da die Ärztin keine Einwände erhoben hatte, erwarteten wir, daß auch die Hebamme zustimmen würde. Einen Augenblick lang sah es so aus, als würde sie ablehnen, aber dann nickte sie. Das unnachgiebige Nein der Hebammen ist nur sinnvoll, wenn es zum Beispiel darum geht, Großeltern mit ihren veralteten Ansichten fernzuhalten. Denn die könnten die Nervosität der Frau steigern, indem sie auf falschen oder grausamen Methoden bestehen. Wir sprachen noch über verschiedene Stellungen, die die Frau bei der Geburt einnehmen kann, über die Zeit bis zur Ausstoßung der Plazenta, und darüber, daß die Mutter ihr Kind unmittelbar nach der Geburt in den Arm nehmen sollte. Dann lernten wir die Hebammen kennen. An welchem Tag ich auch niederkommen würde, die diensttuende Hebamme würde uns kennen und mit unseren Ansichten vertraut sein.

Es begann auch diesmal damit, daß die Fruchtblase riß, und zwar drei Tage nach dem erwarteten Termin. Fünf Tage lang floß das Fruchtwasser ab. Aber dieses Mal konnte ich aufstehen und ins Badezimmer gehen, dieses Mal lag ich in meinem bequemen Bett und empfing Besuche von Bekannten. Ich konnte schlafen, wenn ich mich müde fühlte, und erhielt gutes Essen. Im großen und ganzen verbrachte ich eine recht angenehme Zeit.

Am fünften Tag wollte die Hebamme mir Rizinusöl geben, um die Geburt einzuleiten. Aber ich lehnte das rundweg ab. Die Ärztin wollte mir in der gleichen Absicht eine Hormonspritze geben. Ich fragte sie, ob denn irgendeine Gefahr bestünde, wenn wir in Ruhe abwarteten. Sie verneinte dies, und ich fragte weiter, wozu diese Eile dann gut sein solle. Paul hatte mir bedingungslos recht gegeben, und ich weiß nicht, ob ich ohne ihn nicht doch schließlich weichgeworden wäre und dem Verlangen der beiden, das sie beharrlich so alle vier Stunden wiederholten, nachgegeben hätte. Dabei hatte Dick Read immer und immer wieder betont, daß die werdende Mutter vor allem Ruhe brauche.

Am Samstagabend setzten die Wehen regelmäßig und kräftig ein. Um sechs Uhr früh merkte ich, daß ich mich bald in der zweiten Periode befinden würde. Paul rief die Hebamme an, die um halb sieben in Begleitung ihrer Helferin erschien. Sie fragte uns, ob wir die Ärztin dabei haben wollten, was wir verneinten. Damit verzichteten wir nur auf überflüssige Untersuchungen. „Wann kommen wohl die nächsten Wehen?“ Die Hebamme legte auf dem Höhepunkt einer Kontraktion sanft ihre Hand auf den Fundus der Gebärmutter und meinte zuversichtlich, daß es nicht sehr lange dauern werde. Die Helferin begann schnell, das Bett fertig zu machen – mit unzähligen Lagen wasserdichten Papiers und Laken. Ich mußte erbrechen und wußte, daß die zweite Periode begonnen hatte.

Nach einer vernünftigen Anwendung des Saugapparats kam es zu sechs äußerst starken Kontraktionen, die mir größte Anstrengung bereiteten. Die Anwesenheit Pauls war mir dabei eine große Hilfe, denn das Erlebnis dieser Kontraktionen ist so gewaltig, daß leicht Angst entsteht. Doch Paul gab mir Sicherheit. Ich hörte, wie er die Anweisung der Hebamme wiederholte, die ich überhört haben mußte: „Jetzt nicht weiterpressen“ (denn die Nabelschnur hatte sich um den Hals des Kindes gelegt, durch Pressen wäre sie vielleicht zusammengezogen worden). Bald war die Nabelschnur durchtrennt, und ich hörte den schönsten aller Laute – den ersten Schrei meines Kindes. Dann noch eine Preßwehe, und das Kind lag zwischen meinen Schenkeln, und ich fühlte nichts als eine große Freude und Befriedigung.

Das Kind wurde in ein Tuch gewickelt, und gleich darauf hielt ich es in den Armen – ein herrliches Gefühl. Während ich auf die Nachgeburt wartete, wurde das Kind von Blut und Schleim gereinigt, *ohne daß es dabei auch nur einen einzigen Laut von sich gab. Dann wurde das Kind gewickelt und in seine Wiege neben meinem Bett gelegt. Drei Stunden lang lag es wach und war froh und zufrieden.* Bei Abgang der Nachgeburt gab es einige Schwierigkeiten, dafür aber mehr Rücksicht als in der Klinik bei meiner ersten Niederkunft. Ich wurde untersucht und konnte mich dann bequem hinlegen. Die Hebamme und ihre Helferin gingen nach Hause und ließen mich in friedlicher und glücklicher Ruhe zurück, die nur durch die süßen Gurgeltöne der kleinen neugeborenen Erica unterbrochen wurde.

Nachdem sie drei Stunden wach gelegen hatte, begann sie zu weinen, und ich gab ihr die Brust – obwohl die Hebamme andere Anordnungen gegeben hatte. Danach schlief sie ein und schlief acht Stunden lang. Die Ärztin kam am frühen Nachmittag. Sie machte (ohne Narkose) eine kleine Naht, nur weil sie meinte, daß dann der Geschlechtsverkehr befriedigender würde. (Eine derartige Überlegung stellen Ärzte nur sehr selten an!)

Die energische Vorsteherin mußte abermals eine Niederlage einstecken, als sie Anweisungen gab, was mit dem Baby nach der Geburt gemacht werden sollte. Als sie das Stillen erlaubte, hatte ich schon lange damit begonnen. Ihr Verbot hatte ich diplomatisch überhört. Die Helferinnen, die noch kamen, um mich zu versorgen und das Baby zu baden, mußten sich bald auf meine Pflege beschränken. Denn wenn das Kind schlief, sollte es nicht zum Baden geweckt werden, weil sonst sein natürlicher Rhythmus unterbrochen würde. Wir hatten uns also gegen die Hebammen durchgesetzt. Obwohl sie sonst von den Patientinnen unbedingten Gehorsam gewohnt waren, nahmen sie mir meine Selbständigkeit nicht übel. Wir hatten noch lange nach dieser glücklichen Geburt freundlichen Kontakt miteinander.

4. Kapitel
Eine Geburt zu Hause mit Komplikationen

Penny sollte wie Erica in den großen Sommerferien geboren werden, damit sichergestellt war, daß Paul zu Hause sein konnte. Wir erwarteten sie am 24. Juli 1953, aber sie wurde erst am 5. August geboren. Da wir umgezogen waren, mußte ich mir einen neuen Arzt suchen und eine andere Hebamme. Ich machte das gleich zu Beginn der Schwangerschaft. Die Hebamme war eine junge verheiratete Frau, die trotz ihrer Jugend schon bei 800 Kindern Geburtshilfe geleistet hatte. Sie hatte erst vor kurzem einen Fortbildungskurs besucht. Mit Freude vernahmen wir, was für fortschrittliche Ideen sie vertrat. Wir konnten mit Befriedigung feststellen, daß sie ausgezeichnet vorbereitet war, in all den Punkten mit uns zusammenzuarbeiten, von denen ich oben gesprochen habe. Die Besuche, die sie mir jeden Monat abstattete, wurden für mich ausgesprochen erfreuliche kleine Abwechslungen.

In der 30. Schwangerschaftswoche besuchte ich auf ihren Rat hin einen Facharzt. Dieser bestätigte die Vermutung der Hebamme, daß es sich diesmal um eine Steißlage handle. Das Kind mußte in die normale Scheitellage gedreht werden. Der Arzt selbst führte die Drehung durch, und zwar mit so vollendeter Geschicklichkeit und so viel Fingerspitzengefühl, daß ich überhaupt keine Schmerzen dabei hatte. Ein sehr guter Arzt!

Einige Tage nach dem errechneten Termin setzten die ersten Uteruskontraktionen ein. Aber obwohl sie schon ziemlich stark waren, kamen sie nur unregelmäßig und eher kolikartig. Wir riefen die Hebamme. Sie gab mir ein Klistier und sagte, wir sollten sie wieder rufen, wenn die Wehen regelmäßig etwa alle fünf Minuten aufträten. Sie wollte auf jeden Fall am nächsten Tag nach mir sehen. Als sie kam, merkte sie, daß ich müde und abgespannt aussah – immerhin hatten mir diese Kontraktionen schon zum drittenmal die Nachtruhe geraubt. Sie gab mir ein Brompräparat, und ich schlief an diesem Nachmittag fünf Stunden lang tief und fest. Ich kam wieder etwas zu Kräften, was mir in den folgenden Stunden sehr zustatten kam.

Ungefähr um Mitternacht merkte ich, daß ich mich in der Eröffnungsperiode befand. Ich konnte zwar nicht schlafen, doch ich war auch während der Wehen entspannt. In den Pausen konnte ich sogar einen Roman lesen. Um drei Uhr in der Nacht weckte ich Paul auf, der neben mir schlief. Er rief die Hebamme, die bald darauf kam und ganz erstaunt feststellte, daß ich einen Roman las. Erst glaubte sie, es handle sich vielleicht wieder um falschen Alarm, da die Wehen immer noch unregelmäßig waren. Eine Untersuchung ergab aber, daß der Muttermund schon stark erweitert war. Daraufhin traf sie in aller Eile ihre Vorbereitungen.

Die folgende Dreiviertelstunde hatte ich starke Wehen, die sehr anstrengend waren. Wieder war es für mich eine große Hilfe, daß mein Mann in meiner Nähe war. Die Ruhe und Gelöstheit zwischen den Kontraktionen waren tiefer und besser als sonst, und Paul wunderte sich, daß mein Gesichtsausdruck so entspannt und gelassen war. Auch bei dieser Geburt war die Nabelschnur um den Hals des Kindes geschlungen. Aber die Hebamme löste sie so geschickt und half so gekonnt beim Durchtritt des Kopfes, daß mir diesmal auch die kleinste Träne erspart blieb. Ich empfand nur reine Freude, als das Kind dann zwischen meinen Beinen lag und seinen ersten Schrei tat. Das Baby wurde in ein Tuch gewickelt, ich nahm es fest in den Arm, und Paul fotografierte mich mit dem fünf Minuten alten Kind.

Auch Penny weinte nachher nicht, sie lag wach und strahlend in ihrer Wiege. Aber schon als ich Penny noch im Arm hielt, merkte ich, daß etwas nicht stimmte ... der Uterus hatte seine Kontraktionen eingestellt, die Nachgeburt wollte nicht abgehen. Die Hebamme machte eine intramuskuläre Injektion mit Ergotamin, aber ohne Erfolg. Zu dieser Zeit hatte ich schon außerordentlich viel Blut verloren, mehr als einen Liter. Die Hebamme bat Paul, den Arzt anzurufen, er solle umgehend kommen. Nach 35 Minuten traf er ein und gab mir dieselbe Spritze wie die Hebamme, nur diesmal intravenös. (Er gab mir aber kein Morphium.) Er drückte auch mit großer Kraft von außen auf den Fundus des Uterus, um die Plazenta so herauszuholen. Aber ohne Erfolg.

Ich wurde sehr matt, und nur die Anwesenheit Pauls gab mir die Kraft, bei Bewußtsein zu bleiben, was nach Lage der Dinge sehr wichtig war. Ich hatte kein Morphium erhalten, um den Schock aufzufangen, wie es eigentlich richtig gewesen wäre, und mein Puls war kaum noch zu fühlen.

Auf das beständige Drängen der Hebamme brachte mein Mann den Arzt schließlich dazu, den Bereitschaftsdienst anzurufen. (Dieser Bereitschaftsdienst ist immer einsatzbereit und leistet oft Hilfe in höchster Not.) Nach 25 Minuten erschienen zwei Fachärzte mit einem kompletten Bluttransfusionsgerät. Sie weckten in mir zu diesem kritischen Zeitpunkt neue Hoffnung.

Sie untersuchten mich und fragten, wann und wieviel Morphium gespritzt worden sei. Zu ihrer Überraschung mußten sie hören, daß ich noch gar keins erhalten hatte. Die Ärzte entschlossen sich, eine manuelle Lösung der Plazenta zu versuchen. Ich war schon zu schwach für eine Narkose. Die Tatsache, daß Paul bei mir war, gab mir die Kraft, durchzuhalten. Die Schmerzen waren viel zu stark, als daß ich sie noch hätte spüren können. Ich fühlte meinen Körper nicht mehr und kam mir riesengroß vor; es war mir, als hätte meine Seele den Körper verlassen.

Die gewaltige Anstrengung des bärenstarken, ein Meter neunzig großen Arztes, der an der Nabelschnur zog, brachten keinen Erfolg. Eine Bluttransfusion war zu diesem Zeitpunkt dringend notwendig, aber mein Hausarzt kannte nicht einmal meine Blutgruppe. Ich wurde zusammen mit dem Baby in aller Eile mit einem schnell herbeigerufenen Krankenwagen in die Klinik gebracht. Die Hebamme, die die ganze Zeit über meine Hand gehalten und mir immer wieder Mut zugesprochen hatte, kam mit in die Klinik. Es drang mir noch schwach ins Bewußtsein, daß hier die Plazenta in Narkose gelöst werden sollte. Paul mußte zu Hause bleiben bei Leonora und Erica.

Wie sehr ich wirklich geschwächt war, wurde mir klar, als ich, um den Schreck der Klinikeinweisung zu mildern, versuchte, den Kindern zuzuwinken. Ich mußte alle meine Kräfte aufbieten, um das zu bewerkstelligen.

Es war halb acht, als ich in der Klinik ankam. Seit der Geburt waren erst drei Stunden vergangen. Ich wurde von der Nachtschwester empfangen (der man ansehen konnte, daß sie nach Hause wollte). „Na los – helfen Sie doch mit, ziehen Sie den Morgenrock aus" – das sagte sie zu einer, auf deren Krankenblatt stand: Puls – nicht fühlbar.

Die Tagesschwester war dagegen ruhig und freundlich. Sie versuchte jedesmal zu erklären, warum sie das und das tat, was mich beruhigte und tröstete. Während ich immer schwächer wurde, stellte man mir blödsinnige Fragen, zum Beispiel, welche Sorte Anti-Baby-Pillen ich nehme. Schließlich mußte ich noch ein Schriftstück unterschreiben, daß die Ärzte der Klinik ermächtigte, jede Behandlung nach eigenem Ermessen durchzuführen.

Während meine Blutgruppenzugehörigkeit festgestellt wurde, erhielt ich eine Herzspritze. Der Arzt mußte mehr als fünf Millimeter in die Tiefe gehen, bevor er eine Vene fand. Dann erhielt ich eine Traubenzuckerinfusion und schließlich, als meine Blutgruppe endlich bekannt war, eine Bluttransfusion. Es war ein unvergeßliches Erlebnis, dazuliegen und zu spüren, wie die Schwäche langsam schwand und meine Kräfte und das Leben wiederkehrten.

Um halb zwölf war ich so weit wiederhergestellt, daß unter Narkose die Nachgeburt entfernt werden konnte. Den ganzen Tag über blutete der Uterus noch leicht, und ich erhielt eineinviertel Liter Traubenzuckerlösung und ebensoviel Blut.

Um halb fünf wurde ich auf die Wöchnerinnenstation gebracht. Ich hatte 39 Grad Fieber und war noch immer so schwach, daß ich nur mit Mühe aus einer Schnabeltasse trinken konnte. Auf der Station wurde ich mit der Frage empfangen: „Möchten Sie einen Hering, meine Liebe?“

Paul besuchte mich am Abend, und wir kamen überein, daß ich so bald wie möglich wieder nach Hause kommen sollte. Pauls Verhandlungen mit der Schwester, die zulassen sollte, daß das Baby nach Bedarf gefüttert wurde, waren ohne Erfolg geblieben.

Am nächsten Morgen war mein Fieber abgeklungen, und ich konnte zum erstenmal mein Kind stillen. Ich fühlte mich schon viel besser. Die Nacht in der Klinik hatte mir gezeigt, daß ich zu Hause besser aufgehoben wäre als hier. Je früher ich ging, desto besser für mich. Ich wollte schlafen, schlafen, schlafen, aber mit sechzehn Neugeborenen auf der Station und überlastetem Personal war das kaum möglich. Nein, zu Hause würde ich es besser haben.

Paul hatte eine längere Unterredung mit dem Arzt, der die Idee, daß das Baby selbst bestimmen solle, wann es gefüttert werde, eine „Modeerscheinung und Schnapsidee“ nannte, die die Routine störte und nur Mehrarbeit verursache. (Dabei gehen heute schon viele große Kliniken dazu über, die Mütter ihre Kinder nach Bedarf füttern zu lassen; mehr Arbeit entsteht dabei kaum, nur ein bißchen mehr Freiheit.) Paul und ich fanden, daß die Unbequemlichkeiten, die ich außerhalb unserer Wohnung erleiden mußte, meiner Genesung ganz und gar nicht förderlich waren. Auch konnten wir hier nicht mit der autonomen Erziehung unseres Kindes beginnen. Und da meine Temperatur nahezu normal war, entschloß ich mich, noch an diesem Morgen nach Hause zu gehen. Erst viel später erzählte mir Paul, was man alles versucht hatte, um ihn zunächst zu überzeugen und später zu zwingen, mich in der Klinik zu lassen. Er berichtete, wie er mit medizinischen Fachausdrücken bombardiert worden war, die ihn verwirren sollten. Nur dank der Tatsache, daß er genau über unsere Rechte Bescheid wußte und daß er einige Grundkenntnisse in Geburtshilfe und in medizinischer Therapie hatte, erreichte er es schließlich, daß ich sofort nach Hause gehen konnte. Ich ging auch diesmal gegen ärztlichen Rat und unter dem tadelnden Gemurre der Schwester – jener Schwester übrigens, die von allen, die ich kennengelernt hatte, am lebensfeindlichsten eingestellt war. Sie versuchte, mit allen Mitteln unser Vorhaben zu hintertreiben. Sie sagte zu Paul, daß wir womöglich den ganzen Tag oder gar länger warten müßten, bis ein Krankenwagen frei sei. Daß zu Hause zwei Kinder auf mich warteten, um die sich nur zeitweise jemand kümmern konnte, interessierte sie nicht. Dagegen könne man eben nichts machen. Kurz entschlossen nahm Paul die Sache selbst in die Hand und rief die Ambulanz an. Innerhalb von zwanzig Minuten hatten wir einen Krankenwagen. Vielleicht tue ich ihr Unrecht, aber ich meine, so etwas wie Enttäuschung auf dem Gesicht der Schwester bemerkt zu haben.

Der Arzt sagte zu Paul, daß er bei mir eine neue Methode versuchen und mir eine besonders große Dosis Streptomycin und Penicillin geben wolle. Durch diese Radikalkur wolle er einer Infektion vorbeugen. Und auch hier hatten wir es nur unserer Kenntnis, daß auch Hebammen solche Injektionen machen dürfen, zu verdanken, daß der Arzt schließlich keine Einwände mehr gegen meine Rückkehr erheben konnte. Inzwischen waren wir schon so zermürbt, daß wir nur noch versuchten, dieses Experiment wenigstens abzukürzen. Aber unser Hausarzt verweigerte seine Mithilfe (was uns den Rest gab) und so wurde es weitergeführt. Ob allerdings die Leberschädigung, die mir so viele Wochen zu schaffen machte und die die Fachärzte wie unseren praktischen Arzt gleichermaßen verwirrte, auf diese Überdosis Antibiotika zurückzuführen ist, kann man nicht mit Sicherheit sagen.

Meine Freude und die Freude meiner Kinder bei meiner Rückkehr waren unbeschreiblich. Mein Schlafzimmer sah bald einem Blumenladen ähnlich. Und ich konnte endlich wieder schlafen, nichts als schlafen, was in der Klinik nicht möglich war. Ich erhielt gesundes und kräftiges Essen, wann immer ich wollte. So erholte ich mich sehr rasch, trotz meiner Beschwerden mit der Leber und trotz der ekelhaften Wunde in der Ellenbogenbeuge.

Sieben Monate später verband sich nur noch das Bild eines gesunden Babys mit der Geburt, alles andere war zurückgetreten, versunken oder aber losgelöst und blieb als bedrückende Erinnerung an etwas, das mit der Geburt nichts zu tun hatte. Auch der Gedanke an ein neues Baby schreckte mich nicht mehr.

5. Kapitel
Wie eine Geburt verlaufen sollte und einige Ratschläge

Joy Nicola wurde am 2. Januar 1956 um halb zwölf Uhr nachts geboren. Einige Tage zuvor hatte es schon falschen Alarm gegeben. Unsere Hausärztin hatte mir einen Routinebesuch abgestattet und hielt es für angebracht, die Hebamme vorbeizuschicken. Diese richtete das Zimmer her und rasierte anschließend die Schamhaare ab. Den Einlauf, den sie mir wie üblich geben wollte, lehnte ich rundweg ab. Einmal hatten meiner Meinung nach die Wehen ohnehin noch nicht begonnen, zum anderen aß ich gesunde Kost und hatte deshalb nie an Verstopfung zu leiden. Es gab einen kleinen Streit, wobei die Hebamme darauf bestand, mir einen Einlauf zu machen, sobald die Wehen eingesetzt hätten. Paul fand mich bei seiner Rückkunft ziemlich verstört und traurig, denn es hatte mich stark mitgenommen, diesen autoritären Anweisungen zu widerstehen. Da die Hebamme nicht weit von uns entfernt wohnte, wollte ich sie erst dann wieder rufen, wenn die zweite Periode schon ziemlich weit fortgeschritten war. Auf diese Weise ersparte ich mir jede weitere Auseinandersetzung über den Einlauf. Außerdem würde auch keine Zeit mehr sein für die vielen, gleichfalls größtenteils überflüssigen Untersuchungen.

Die ersten Wehen traten vierzehn Tage nach dem vorausberechneten Termin auf, und zwar morgens um halb sieben. Sie kamen mehr oder weniger regelmäßig etwa alle zehn Minuten. Ich merkte, daß diese Geburt, wie alle anderen, ziemlich lange dauern würde. Ich stand auf und verrichtete meine übliche Tagesarbeit, kochte das Essen, machte sauber und spielte mit den Kindern. Nur auf dem Höhepunkt jeder Kontraktion entspannte ich mich. Gegen neun Uhr lief das Fruchtwasser ab. Als unsere Ärztin später vorbeikam, stellte sie die vorsichtige Prognose, daß das Kind vermutlich noch heute geboren würde. Nach dem Mittagessen legte ich mich ein wenig hin; wer weiß, wieviel Schlaf ich in der kommenden Nacht bekommen würde. Ich streckte mich in Kleidern auf dem Bett aus, merkte aber gegen vier Uhr, daß die Wehen schon ziemlich stark waren und regelmäßig kamen. Ich zog mich daher aus und legte mich ins Bett. Es gelang mir, mich gut zu entspannen, was aber nur auf dem Höhepunkt jeder Wehe nötig war. In der Zwischenzeit las ich den drei Kindern Geschichten vor. Die Kinder wußten, warum ich die Geschichten immer wieder unterbrach. Um neun Uhr abends wurden die Wehen stärker und folgten schneller aufeinander. Von diesem Zeitpunkt an war mir die Anwesenheit Pauls eine große Hilfe. Wir sprachen über dies und das, und je stärker die Wehen wurden, desto mehr half es mir, wenn ich redete, von unserem letzten Urlaub und vielen anderen Dingen. Dick Read hatte das empfohlen, und wir wollten es einmal ausprobieren.

Als die Wehen am heftigsten waren und ich fühlte, daß das Ende der ersten Periode nicht mehr weit sein konnte, bereitete mir die Reproduktion eines van Gogh-Bildes mit herrlich grünen Feldern und einem tiefblauen Himmel erheblichen Trost. Auch ein hübsch gemalter Hundekopf auf einem Sparschwein aus Porzellan, das aus der Tschechoslowakei stammte, brachte mir einige Ablenkung. (Dabei heißt es in der amtlichen Broschüre unter der Überschrift „Vorbereitungen für die Niederkunft zu Hause" im ersten Abschnitt: „Aller Zierat, Deckchen und kleinere Gegenstände sollten aus dem Zimmer entfernt werden. Nur wenige Möbel sollten stehenbleiben . . ." – ein schönes Beispiel dafür, daß zwar auf peinliche Sauberkeit geachtet wird, nicht aber auf die Gefühle der Frau.)

Dick Read nennt diesen Abschnitt der Geburt den wirklich schmerzhaften. Ich fühlte, wie die Muskeln des Muttermundes durch den Kopf des Kindes bis zum äußersten gedehnt wurden. Als die letzten starken Wehen einsetzten, war auch die Grenze meiner Entspannungsfähigkeit erreicht. Ich achtete darauf, daß mein Atem während der Kontraktionen ruhig und tief blieb, und es gelang mir sogar, die kritische Phase, wenn der Kopf des Kindes die noch nicht voll entspannten Muskeln des Muttermundes auseinanderdrückt, nahezu schmerzfrei zu überstehen. Ich nahm versuchsweise verschiedene Stellungen ein, mehr als ich bei den anderen Geburten in dieser Periode eingenommen hatte. Als besonders wohltuend empfand ich die Ruhe, die durch keine Aufregung und keine Helfer gestört wurde.

Um elf Uhr merkte ich plötzlich, daß die Kontraktionen nachließen. Ich brauchte nun niemanden mehr, der sich um mich kümmerte, ich wollte nur meine Ruhe. Paul zog sich in die andere Ecke des Zimmers zurück und begann, einen Brief zu schreiben. (Sein Studio hatte sich zu dieser Zeit in ein Kinderzimmer verwandelt, und zwar in ein sehr unordentliches.)

Ich legte mich bequem auf die linke Seite, wobei ich das rechte Knie anzog und die rechte Hand in die Kniekehle legte. Ich atmete tief und entspannte mich völlig. Die Welt um mich herum versank immer mehr, und Ruhe und Frieden breiteten sich aus.

Dann setzten die Wehen wieder ein, die zweite Periode begann, die eigentliche Austreibungsperiode. Meine rechte Hand umfaßte mein rechtes Knie, die linke Hand zog mit aller Kraft am Kissenbezug. Meine tiefe Befriedigung drückte sich in einem Seufzer aus – ich empfand diesen Abschnitt in seiner vollen Bedeutung.

Ich erinnere mich undeutlich, daß Paul aufhörte zu schreiben und zu mir herüberkam. „Jean", fragte er, „hat die zweite Periode schon begonnen?" Ich ärgerte mich über die Störung durch eine Frage, die für mich bedeutungslos war. Ich gab keine Antwort. Zum Glück ließ Paul mich wieder allein und schrieb weiter. Nach einigen Minuten setzte ein erneuter Austreibungsstoß ein, bei dem ich noch lauter stöhnte. Wieder sprach Paul mich an. Diesmal reagierte ich darauf und sagte ihm, er solle die Hebamme rufen. Dann sagte ich noch, daß ich mich recht unwohl fühle, weil ein wenig Stuhl abgegangen war. Da ich die Einstellung der Hebamme kannte, war mir das sehr unangenehm.

Nachdem Paul angerufen hatte, kam er, um mich zu säubern, bevor die Hebamme eintraf. Aber ich fühlte mich auch dadurch gestört. Gleichzeitig setzten die längsten und heftigsten Wehen ein und, begleitet von einem letzten tiefen Seufzer, kam der Kopf des Kindes zum Vorschein.

Das alles war zu schön, um wahr zu sein. Ich fragte besorgt, warum das Kind nicht schreie oder wimmere. „Weil du ihm noch den Mund bedeckst", sagte Paul. In diesem Moment trat auch die Hebamme ein. Meines Erachtens kam das tiefe Durchatmen zur Verlangsamung der Austreibung, was eine Überdehnung verhindert und damit Tränen erspart, schon automatisch, noch bevor die Hebamme die entsprechende Anweisung gegeben hatte. Eine weitere Wehe brachte den Körper des Kindes nach draußen. Ich empfand eine Befriedigung wie noch nie in meinem Leben. Sie teilten mir mit, daß es ein Mädchen sei – ich wollte, sie hätten mich erst fragen lassen.

Auch die Ärztin kam. Es gab keine Tränen, keine nennenswerten Beschwerden. Wir warteten auf die Nachgeburt, und ich fühlte mich viel besser als das letzte Mal, als sie nicht kommen wollte. Die Hebamme ließ mich allein, nachdem sie das Kind in ein Tuch gewickelt und in meinen Arm gelegt hatte. Zehn Minuten nach der Geburt brachten zwei leichtere Kontraktionen die Nachgeburt. Sie kam bis auf den letzten Rest, ohne daß ich dabei viel Blut verlor. Alle waren guter Stimmung und heiter. Es war wie auf einer Party, Paul machte sogar Fotos. Ich war nicht einmal besonders müde. Dann legte ich mich wieder bequem in ein frisch gemachtes Bett, während das Kind gebadet und gewogen wurde (es wog sechs Pfund). Es schrie, und als es gebadet war, konnte man seine gesunde Hautfarbe sehen.

Um halb zwei lagen wir alle in den Betten und schliefen. Nicola in ihrer Wiege, Paul und ich Seite an Seite. Nicola verschlief den größten Teil ihres ersten Lebenstages. Nach zwölf Stunden konnte ich schon wieder umhergehen. Eine Bettpfanne brauchte ich überhaupt nicht. Elf Tage nach der Niederkunft machte ich schon einen Spaziergang im Freien. Diese Geburt war, wie jede zufriedenstellend ausgeführte körperliche Arbeit, für mich wirklich ein äußerst befriedigendes und beglückendes Erlebnis. Sie hatte eine tief beruhigende Wirkung auf mein ganzes Sein und Wesen.

Jonquil Olivia sollte am Dienstag, dem 15. April 1958, geboren werden. Wenn ich die beiden letzten mit den drei ersten Schwangerschaften vergleiche, muß ich feststellen, daß sie im großen und ganzen viel weniger beschwerlich waren. In diesen beiden Fällen war die Schwangerschaft viel gesünder und geschlechtsbetonter. Das zeigte sich auch darin, daß ich bis ein oder zwei Tage vor der Entbindung Lust und Vergnügen am Geschlechtsverkehr hatte. Im Gegensatz zu den anderen Schwangerschaften hatte ich diesmal keine Orgasmusschwierigkeiten. Nur eines störte: ich hatte meine Angst, die bei der manuellen Entfernung der Plazenta und durch die Begleitumstände bei der Geburt Pennys entstanden war, immer noch nicht überwunden. Selbst in Träumen plagte mich die Erinnerung an diese Erlebnisse. Bis zu einem gewissen Grade waren dies Angstsymptome einer wachsenden Fähigkeit, Vergnügen zu empfinden. Während meiner letzten Schwangerschaft mußte ich verschiedene Krankheiten durchmachen, zunächst die asiatische Grippe, dann eine Gastritis und schließlich eine recht beschwerliche Zahnfleischentzündung, an der ich zwei Wochen herumdokterte und deretwegen ich nur flüssige Nahrung zu mir nehmen konnte. Einige Tage vor dem erwarteten Geburtstermin hatte es noch den Anschein, als würde ich mich bei der Geburt und die erste Zeit danach ziemlich schwach fühlen.

Drei Tage vor dem erwarteten Termin floß das Fruchtwasser ab, als ich morgens aufstand. Ich wußte von früher, daß dieser Abfluß möglicherweise lange vor den ersten Wehen stattfinden konnte. Ich wollte ärztliche Hilfe erst erbitten, wenn die erste Periode schon eindeutig angefangen hatte. Ich blieb im Bett, um möglichst wenig Fruchtwasser zu verlieren. Dort hatte ich Zeit für viele nützliche Dinge, die man auch im Liegen erledigen kann. Immer wieder drängte sich mir der Vergleich auf zwischen dieser Zeit und der Zeit kurz vor der Geburt Leonoras in der Klinik. Am Samstagnachmittag begannen die Wehen, zunächst alle 20 bis 25 Minuten, erst um Mitternacht kamen sie etwa alle 10 Minuten.

Paul war gegen 11 Uhr neben mir eingeschlafen. Ich lag ruhig und entspannt, zwischendurch las ich in einem Buch. Zum erstenmal fühlte ich in diesem Teil der Schwangerschaft kein Bedürfnis nach der Gesellschaft anderer Menschen. Schließlich um 4 Uhr weckte ich Paul, weil ich mich mit einemmal schrecklich einsam fühlte. Jetzt im nachhinein möchte ich annehmen, daß dieser Zeitpunkt das Ende der ersten Periode war. Paul machte einige Mal den Vorschlag, die Hebamme und die Ärztin zu rufen. Nach etwa zehn Minuten war ich einverstanden, und Paul ging nach unten ans Telefon.

Gerade als er weg war, setzte eine stärkere Wehe ein, die ich nach Kräften unterstützte. Danach lag ich keuchend und stöhnend im Bett. Ich setzte mich, so weit ich konnte, auf und tastete vorsichtig mit der Hand nach unten. Meine Freude ist kaum zu beschreiben, als ich den Scheitel des Kindes fühlte. Ich rief laut „Paul", aber da kam mit einer zweiten starken Kontraktion schon der ganze Kopf des Kindes zum Vorschein. Wieder lag ich einen Augenblick schwer atmend im Bett. Eine dritte starke Kontraktion – und ein süßes kleines Mädchen war zur Welt gekommen. Paul kam zurück und war ebenso überrascht wie ich. Wir bewunderten und liebkosten das Kind, wickelten es in ein Tuch, wobei es immer noch durch die Nabelschnur mit mir verbunden war. Das Kind weinte überhaupt nicht, es war von Anfang an ein zufriedenes und ruhiges Kind. Es legte sich nur bequem zurecht, wobei ich Bewegungen beobachten konnte, die man sonst bei neugeborenen Kindern nicht sieht.

Die Ärztin kam etwa zehn Minuten später, gleich darauf die Hebamme. Die Nabelschnur wurde abgebunden, und einige Minuten danach kam durch zwei leichte Kontraktionen die Nachgeburt. Der Blutverlust war äußerst gering.

Ich fühlte einen wahren Triumph, daß ich mir all die unangenehmen Prozeduren erspart hatte, die sonst zu einer Geburt gehören, wie das Abrasieren der Schamhaare, das Einnehmen von Rizinusöl, den Einlauf und all die völlig überflüssigen Untersuchungen. Die Ärztin und die Hebamme verzichteten in meinem Fall selbst auf die unvermeidliche Ergotamin-Injektion. Schon am ersten Tag konnte ich aufstehen und hatte auch Stuhlgang, was meine Betreuer am meisten wunderte. Dabei war der regelmäßige Stuhlgang nur auf unsere gesunde und sorgfältig ausgewogene Ernährung zurückzuführen.

Ich fühlte mich keineswegs schwach, was wir eigentlich erwartet hatten. Es ging mir sogar ausgezeichnet. Am achten Tag konnte ich schon aufstehen und beglückt feststellen, daß ich wieder genauso schlank war wie zuvor und daß mir alle Kleider noch paßten. Ein angenehmes Gefühl, wieder einen normalen Umfang zu haben!

Die beiden Ärztinnen (sie gehörten übrigens beide dem „National-Health"-System an) und die Hebammen waren viel fortschrittlicher als die meisten anderen und befürworteten die Methoden der natürlichen Geburt. Aber dennoch gab es in ihrer Behandlungspraxis einige Aspekte, die uns unvernünftig erschienen. Auf diese möchte ich etwas näher eingehen. Einer davon ist die Verabreichung von Einläufen. Das Hauptargument für diesen Einlauf vor der Entbindung ist, daß ein leerer Darm die Geburt erleichtert und mögliche Schmerzen verhindert. Weiterhin heißt es, daß es nicht ausreiche, den Darm ohne künstliche Nachhilfe zu entleeren, denn bei der Geburt drücke das Kind den Inhalt der oberen Darmabschnitte nach unten, wodurch die Geburt angeblich unangenehm und unhygienisch wird. Dieses Argument ist falsch. Der Inhalt der oberen Darmabschnitte ist weit entfernt und kann bei keiner Stellung während einer natürlichen Geburt nach unten geschoben werden. Außerdem sollte nicht außer acht gelassen werden, daß das Kind ohnehin in einem Schwall von Flüssigkeit und Blut geboren wird und daß man das ganze Zeug leicht abwischen kann. Bei der Geburt Jonquils ging kurz vorher und kurz danach ein wenig Stuhl ab. Ich hatte meine Ernährung nicht im geringsten geändert.

Der wahre Grund für Einläufe ist ein anderer. In unserer Gesellschaft gelten Exkremente als sehr anstößig und unfein, und diese irrationale Einstellung findet man natürlich auch bei den Hebammen. Es ist absurd, daß diese Einstellung auch die Geburt beeinflußt. Die Einläufe bereiten ziemliche Unannehmlichkeiten, und das zu einer Zeit, da größtmögliche Bequemlichkeit erforderlich wäre. Daher sollte nicht automatisch vor der Geburt ein Einlauf gemacht werden, nur weil irgendwelche Regeln und Tabus es vorschreiben. Nur bei Verstopfung ist ein Einlauf sinnvoll. Die Hebamme, die mich versorgte, als ich Jonquil bekam, war die erste, die unsere vernünftige Ansicht in dieser Angelegenheit teilte.

Bei den letzten beiden Geburten war es mir vor allem deshalb so gut gelungen, mich zu entspannen, weil ich keinen Einlauf erhalten hatte. In der zweiten Periode kam mir dieses gute Entspannungsvermögen ganz besonders zustatten. So konnte ich mit einem Vergnügen mithelfen, das nur bei unwillkürlichen Muskelkontraktionen entstehen kann. Früher, als ich mich noch nicht so gut entspannen konnte, hatte ich gerade vor diesem Zeitpunkt am meisten Angst.

Bei diesen beiden letzten Geburten fiel mir auch besonders deutlich auf, welche Anstrengungen das Kind unternimmt, um mit eigenen Körperdrehungen den Vorgang zu erleichtern. Aber die Rolle des Kindes bei der Geburt, nicht nur seine Körperbewegungen, auch seine wohligen Empfindungen, wird selbst von den zahlreichen Anhängern der natürlichen Geburt noch völlig ignoriert. Doch sollte man schon froh sein, daß Entbindungen zu Hause mehr und mehr zur Tagesordnung gehören.

Bemerkenswert ist auch, mit welcher Leichtigkeit die Nachgeburt kam, vor allem, da mir diese Periode bei den ersten Geburten so viel Unannehmlichkeiten bereitet hatte. Der Druck von außen auf den überempfindlichen Bauch, mit dem die Nachgeburt entfernt werden soll, ist äußerst schmerzhaft, wie auch andere Mütter bestätigen werden. Diese Methode wird von ungeduldigen und ängstlichen Hebammen angewandt, die nicht warten können, bis die Plazenta von selbst kommt. Bei Nicolas Geburt hatte ich noch die übliche Ergotamin-Injektion erhalten, die bei der Rückbildung der Gebärmutter helfen soll. Diese Spritze verursachte mir mehr Schmerzen als die ganze Entbindung, obwohl es eine gewöhnliche Injektion war. Bei der Geburt Jonquils hatte ich auf die Spritze verzichtet, und dabei stellte sich heraus, daß sie eigentlich völlig überflüssig ist. Auch dabei waren Ärztin und Hebamme mehr ihrem Verstand gefolgt als den allgemein anerkannten Regeln.

Bei Frauen, die für Gefühle wenig empfänglich sind, sind die verhältnismäßig starken physiologischen Reaktionen der Gebärmutter auf das Schreien des Kindes abgeschwächt. Dieser Gefühlskontakt zum Kind hat jedoch wichtige physiologische Folgen, nämlich Kontraktionen zur Austreibung der Plazenta. Wenn, wie in so vielen Kliniken, das Kind unmittelbar nach der Geburt von der Mutter getrennt wird, müssen sich schädliche Folgen zeigen.

Die Aufnahmen, die Paul unmittelbar nach Nicolas Geburt gemacht hat, zeigten mein blühendes Gesicht und besonders deutlich meine vollen Lippen. Doch nur Paul kann bezeugen, daß sie auch die zärtliche Liebe ausdrücken, die aus einem leidenschaftlichen und unbewußten Erlebnis entstehen. Ich meine die Geburt. Das Wort „unbeschreiblich", das viele Menschen benutzen, um das Vergnügen anzudeuten, das sie bei der Entbindung oder beim Geschlechtsverkehr empfinden, deutet schon darauf hin, daß diese den ganzen Körper erfassenden energetischen Erlebnisse in der Tat mit Worten nicht zu beschreiben sind. Sie sprengen den Rahmen unserer Sprache und überschreiten unsere Verständnismöglichkeiten.

Es ist vorteilhaft, wenn bei der Geburt der Ehemann oder ein guter Freund zugegen ist. Er ist im allgemeinen ruhig und mitfühlend und hat eine gesunde Einstellung zur Geburt. Auch kann er darauf achten, daß alles den Wünschen und Erfordernissen der Frau gemäß geschieht, vor allem in der Zeit, in der sie völlig mit ihren eigenen Gefühlen beschäftigt ist. Ich möchte nichts gegen Hebammen sagen. Aber wenn sich der Ehemann um die Frau kümmert und dafür sorgt, daß alles so getan wird, wie er es vorher mit ihr abgesprochen hat (die Hebamme könnte ja etwas vergessen!), dann ist das von großer, manchmal sogar von entscheidender Bedeutung. Er ist jemand, der bedingungslos auf der Seite der Mutter und des Kindes steht und nicht auf der Seite der Lehrbücher. Solche keineswegs nebensächlichen und seltenen Gewalttätigkeiten, wie das Einflößen von Rizinusöl, Injektionen, entmutigende Gespräche, unbequeme Stellungen bei der Entbindung oder falsche Anweisungen beim Pressen, kann er kontrollieren und, wenn nötig, verhindern. In den meisten Kliniken sind solche Praktiken an der Tagesordnung. Gehütet werden diese Traditionen mit den üblichen wohlbekannten Zwangsmaßnahmen.

Fast überall garantieren Bereitschaftsdienste schnelle Hilfe in Notfällen. Sie verfügen über alle medizinischen Kenntnisse, die in Notfällen dringend gebraucht werden. Ihre Hilfe kommt ebenso schnell wie in der Klinik, und oftmals schneller als in den Privatkliniken.

Es gibt noch ein entscheidendes Argument für die Hausgeburt. In den USA werden 94 Prozent der Kinder in der Klinik geboren, in Großbritannien sind es 64 Prozent und in den Niederlanden 20 Prozent. In den USA ist die Säuglingssterblichkeit im ersten Lebensjahr groß (26 auf 1000 Geburten), in Großbritannien ist sie niedriger (23) und in den Niederlanden ist sie noch niedriger (nur noch 17 auf 1000 Geburten).

Ich möchte noch einmal zusammenfassen. Für eine gute Geburt muß die Frau die Fähigkeit zur Entspannung und zum Gefühlserlebnis besitzen; sie muß Lust und sexuelle Befriedigung empfinden können – kurz, sie soll gesund sein. Sie sollte sich auch etwas anstrengen, um diese Voraussetzungen so gut wie möglich zu erfüllen. In der Tat ist die Fähigkeit zur Entspannung wichtiger als jedes andere Training auf diesem Gebiet. Zu Hause begünstigen die Umstände und die Helfer, wenn sie sorgfältig ausgewählt sind, im allgemeinen die Fähigkeit der Frau, bei der Geburt Freude zu empfinden. In der Klinik dagegen werden Mutter und Kind, auch wenn sie diese Fähigkeiten in hohem Maße besitzen, durch ungünstige Umstände oder durch unerfahrenes, schlecht ausgebildetes oder überarbeitetes Personal, um die Gelegenheit gebracht, ihre Beziehungen aufzubauen.

Zusammenfassung der Punkte, in denen die Eltern mit dem Arzt bzw. der Hebamme völlig übereinstimmen sollten.

1. Wenn sich die Mutter davor fürchtet oder wenn es sie nervös machen könnte, sollten die Schamhaare schon einige Tage vor der Geburt abrasiert werden.

2. Man sollte die Wehen nicht künstlich einleiten, wenn medizinische Gründe es nicht wirklich erfordern.

3. Es sollte keine Spritze und keine Tablette ohne genaue Angabe des Grundes gegeben werden.

4. Ein Einlauf sollte nur gemacht werden, wenn dies wegen einer bestehenden Verstopfung erforderlich ist, und auch dann sollte nur das unbedingt notwendige Quantum verabreicht werden.

5. In der zweiten Periode sollte die Gebärende eine bequeme Stellung einnehmen, d. h. aber *nicht* die übliche Stellung, bei der ein Bein auf die Schulter der Hebamme gelegt wird.

6. In der zweiten Periode kann es vorkommen, daß das Kind zwischen zwei Kontraktionen wieder ein Stück zurückrutscht. Es ist unsinnig, das Kind dabei „festhalten" zu wollen. Die Frau sollte sich entspannen, bis sie die nächste unwillkürliche Kontraktion herannahen fühlt. Dann erst sollte sie pressen und den Atem anhalten und so willentlich den automatisch ablaufenden Reflex unterstützen.

7. Man sollte nicht in jedem Fall einen Dammschnitt machen, um die Geburt zu „erleichtern", wie es einige Mediziner, die gern „schneiden", empfehlen.

8. Wenn das Kind atmet, braucht es keine Klapse zu erhalten, damit es schreit.

9. Unmittelbar nach der Geburt sollte das Kind der Mutter in den Arm gelegt werden.

10. Das Kind sollte nicht gebadet, sondern nur sanft abgewischt werden.

11. Man sollte mindestens 15 Minuten auf die Nachgeburt warten, bevor man etwas unternimmt (außer bei großem Blutverlust). Dabei sollte die Mutter eine Stellung mit stark angezogenen Beinen einnehmen. Keinesfalls sollte die Nachgeburt in der Gebärmutter zerstückelt werden.

12. Bei Jungen sollte man nichts mit der Vorhaut machen.

13. Wenn das Kind danach verlangt oder wenn die Mutter es möchte, sollte sie dem Kind sofort nach der Geburt die Brust geben, noch bevor die Nachgeburt ausgestoßen ist.

14. Für eventuelle Notfälle sollte die Blutgruppe der Mutter bekannt sein, ebenso die Telefonnummer des Bereitschaftsdienstes.

15. Die Eltern sollten lieber den Arzt bzw. die Hebamme wechseln, wenn keine Übereinstimmung zu erzielen ist.

16. Die Frau sollte durch Übungen ihren Körper geschmeidig machen.

17. Bei der Geburt sollte der Ehemann zugegen sein.

6. Kapitel
Freude und Schmerz bei der Geburt

Unsere positive Einstellung zur Geburt enthält neue und ungewohnte Gesichtspunkte. Seit einigen Jahrzehnten versuchten Dick Read und andere unsere Gesellschaft zu überzeugen, daß eine Geburt nicht notwendigerweise, wie bisher allgemein angenommen wurde, eine Qual sein muß. Dick Read hatte festgestellt, daß die Angst vor der Geburt erst die Schmerzen verursacht, zumindest mitverursacht. Allein dadurch, daß ihnen die Angst genommen wurde und daß sie lernten, sich zu entspannen, verlor die Entbindung für viele Frauen ihre Schrecken und wurde zu einer erfreulichen Angelegenheit. Schmerzen sind nicht gänzlich zu vermeiden, aber sie sind nicht schlimmer als die Schmerzen, die man auch sonst oft erleidet.

Aber selbst die leidenschaftlichsten Verfechter der natürlichen Geburt befaßten sich mit dem Vorgang der Entbindung nur im Hinblick auf die Mutter. Das Kind spielte in ihren Überlegungen keine Rolle. Wir dagegen wollen immer im Auge behalten, daß bei einer Geburt zwei Menschen beteiligt sind, die Mutter und das Kind. Wir erkennen an, daß das „Ich will hinaus" des Babys ein ebenso wichtiger Faktor ist wie das gleichfalls unbewußte „Ich möchte dich herausbringen" der Mutter. Für beide kann diese Erfahrung angenehm sein, und beide tragen das ihre dazu bei. Im allgemeinen werden die Anstrengungen des Kindes, nach draußen zu gelangen, als unwichtig abgetan.

Unsere Ansicht unterscheidet sich auch von der der Psychoanalytiker, die, wie zum Beispiel Rank, nur die nachteiligen Folgen der Geburt unter dem Stichwort Geburtstrauma einkalkulieren. Dabei lassen sie außer acht, daß die Geburt ein schöpferischer Akt ist, der keineswegs mit einem Trauma enden muß, sondern eine erfreuliche Erfahrung sein kann. Beobachtungen bestätigen dies.

Dick Read beschränkte sich darauf, zu behaupten, daß Mütter, die ihr Kind bei Bewußtsein und ohne Angst zur Welt bringen, besser stillen können. Andere Einflüsse des Geburtsvorgangs auf das Kind erwähnt er nicht. Die Auswirkungen auf Mutter und Kind sind jedoch so viel gravierender, daß sie die Forderung nach der natürlichen Geburt gerechtfertigt erscheinen lassen.

Auch hier müssen wir uns die emotionale Gestörtheit unserer Gesellschaft vergegenwärtigen, um die Situation überblicken und verstehen zu können. Gerade weil mit dem Geburtsakt tiefe Gefühle verbunden sind, wird er mit einem Schleier des Geheimnisvollen umgeben, und es entsteht Angst. Die Menschen wollen sich vor solchen starken Gefühlen und Tabus schützen; eine Narkose schützt sie dabei nach ihrer Ansicht am allerbesten.

Das ist typisch für unsere Gesellschaft. Die Angst, die die Geburt in uns auslöst, ist so fest verankert (selbst in den Muskeln, wie Reich gezeigt hat), daß manche Entspannungsversuche fehlschlagen. Dick Read läßt diese irrationale Angst, die aus der Kindheit stammt, nicht gelten. Mit der Geburt verhält es sich in der Tat wie mit der Erziehung. Da unsere Gesellschaft krank ist, muß man auch eine Erziehung, die zu einer vernünftigen Einstellung zur Geburt führt, als eine therapeutische Leistung ansehen. Wer sich dieser Ansicht anschließt, wird zugeben, daß eine Umerziehung notwendig ist, denn die Geburt hat entscheidende Bedeutung – für die Mutter, für das Kind und für ihre Beziehungen zueinander.

Nur Reichs Modell des Energieflusses macht uns verständlich, warum es für die Beziehung zwischen Mutter und Kind so wichtig ist, daß die Mutter während der Geburt bei Bewußtsein ist. Die Tatsache selbst kann nicht mehr länger angezweifelt werden. Witzigerweise lieferte ausgerechnet ein religiöser Fanatiker den klarsten Beweis für unsere These. Er wollte mit einem Experiment beweisen, daß die Schmerzen bei der Geburt von Gott gesandt sind, natürlich zur Sühne der Freuden des Geschlechtsverkehrs. Er ging von der irrtümlichen, aber weitverbreiteten Annahme aus, daß eine mit Bewußtsein erlebte Geburt schmerzhaft sein müsse. Er nahm an, daß diese Regel selbst für Antilopen gelte, und so besorgte er sich eine Antilope und narkotisierte sie, als sie ihr Junges werfen sollte. Diese Antilope verweigerte daraufhin als einzige in der ganzen Herde die Annahme ihres Jungen. Wenn wir davon ausgehen, daß auch für die Antilopen der Geburtsvorgang keine qualvolle Angelegenheit ist, sondern eine positive Erfahrung, dann leuchtet sofort ein, daß die bei der Geburt empfundenen Gefühle, die durch Angst verdrängt werden können, eine wichtige Bindung zwischen Mutter und Kind darstellen. Die Befriedigung, die die Geburt vermitteln kann, ist offensichtlich eine Grundvoraussetzung für einen gesunden Start ins Leben und für eine autonome Erziehung. Eine Geburt, die mit Absicht oder durch Zufall diese Befriedigung nicht vermittelt, kann nicht als normal angesehen werden. Will man in einem solchen Fall das Kind dennoch autonom erziehen, so bedarf es schon recht großer Anstrengungen.

Bei Geburtshelfern und Hebammen trifft man allerdings so selten diese richtige und einsichtsvolle Haltung, daß oft genug nur die Anwesenheit des Ehemannes die Gewähr bietet, daß die Interessen von Mutter und Kind wahrgenommen werden. Die Mutter ist gewöhnlich so in ihren tiefen Gefühlen befangen, daß sie den Manipulationen der „Helfer" an ihrem Bett ebenso schutzlos preisgegeben ist wie das neugeborene Kind. Es ist daher wichtig, daß der Vater mit den Vorgängen vertraut ist und daß er sich die Argumente für eine natürliche Geburt zu eigen macht. Nur so kann er den durch unbeabsichtigte Grausamkeit und Gleichgültigkeit entstehenden Schaden abwenden. Das routinemäßige Verhalten des medizinischen und pflegerischen Personals, das zur Gleichgültigkeit führt, ist nicht einmal überraschend. Die Ausbildung, die das Personal an der Universität und anderswo erhält, verleitet geradezu zur Brutalität. Der Ehemann muß entsprechend gewappnet sein, um das Ereignis ohne Angst zu überstehen. Eines sollte er sicher nicht: sich schuldig fühlen, weil er für die Schmerzen mitverantwortlich ist. Kann er das nicht vermeiden, oder ist er aus irgendeinem Grund beunruhigt, so kann auch ein guter Freund den Platz an der Seite der Frau einnehmen. Die Auswahl bleibt dabei allerdings Sache der Frau. Es ist für sie eine große Hilfe, wenn ein Mensch, der ihr nahesteht, während der Geburt bei ihr ist.

Das Tabu, mit dem das Gebären in unserer Gesellschaft umgeben wird, wird auch von Dick Read nicht vollständig durchbrochen. In einem seiner Bücher über Übungen, die die Frau vor der Geburt machen soll, findet man die Fotografie einer Gruppe, deren Teilnehmerinnen durch Überkleben der Augenpartie unkenntlich gemacht sind. Dabei sind alle Frauen voll bekleidet. Wieder einmal wird – diesmal ganz unerwartet – die Einstellung unterstützt, Kinderkriegen sei eben doch noch eine Sache, deren man sich schämen müsse. Auch heute, wo es doch Filme und Aufnahmen von Geburten gibt, existieren keine Bilder, die deutlich die Gefühle zeigen, die bei einer glücklichen Geburt im Spiel sind. Dabei könnte ein solches Bild besser als viele Worte einer ängstlichen Frau Sicherheit geben.

Die Folge unserer von der üblichen Ansicht abweichenden Einstellung zur Geburt kann man in den Berichten über die Geburt unserer Töchter erkennen. Vieles, was sich so im allgemeinen bei Geburten abspielt, wird dabei deutlich werden. Schon vor der ersten Schwangerschaft waren wir überzeugt, daß eine Geburt eine äußerst positive Erfahrung sein könne. In dieser ersten Schwangerschaft mußten wir aber die Erfahrung machen, daß diese Ansicht nicht allgemein geteilt wird. Verständnis für diese Einstellung ist in unserer Gesellschaft, auch bei den Ärzten, dem Klinikpersonal und sogar bei den Hebammen, nicht sehr weit verbreitet. Aber wir taten unser Bestes, suchten uns die Hebamme und den Arzt aus, die uns am geeignetsten erschienen, um eine glückliche Geburt zu ermöglichen. Wir achteten darauf, daß wir es bei diesen Helfern mit Menschen zu tun hatten, die eine Geburt für eine zwar anstrengende, aber großartige Sache hielten, und die von den psychologischen und physiologischen Vorgängen dabei einiges wußten. Wir achteten darauf, daß sie nicht so leicht aus der Ruhe zu bringen waren und daß sie die Entspannung nicht nur gestatteten, sondern förderten, wenn es notwendig sein sollte. Daß sie Verständnis für die Empfindungen der Mutter und des Kindes hatten und darüber hinaus ein Gefühl dafür, wie störungsanfällig das Verhältnis zwischen den beiden in der ersten Zeit ist.

Wenn wir beschreiben, wieviel trotz all unserer Anstrengungen schiefging, so hat das hoffentlich nicht zur Folge, daß andere Frauen Angst kriegen. Wir wollen damit nur zeigen, wie unendlich wichtig es ist, daß man alles Erdenkliche tut, um die Umstände so günstig wie möglich zu gestalten. Wir wollen die Angst vor dem Unbekannten vermindern und wollen die Schauergeschichten, die so zahlreich unter Jugendlichen kursieren, entkräften; wir wollen den Ammenmärchen, die in den Klinikzimmern zu hören sind, den Garaus machen.

Nur weil allgemein Gefühle unterdrückt werden, herrscht eine so erschreckende Unwissenheit über die physiologischen Vorgänge während der Geburt. Für viele Männer ist das der Grund ihrer Schuldgefühle, für viele Frauen eine Quelle der Angst.

7. Kapitel
Bruststillen

Bei Leonora

Zwei Monate vor der Geburt meiner ersten Tochter Leonora besuchte ich einen Vortrag über das Stillen, der für werdende Mütter in der Klinik gehalten wurde. Die Vorsteherin der Hebammen, die ihn hielt, vermittelte uns viele wissenswerte Fakten und gab uns manchen Ratschlag. Sie erklärte den anatomischen Bau der Brustdrüsen und sprach über die Hygiene beim Stillen. Sie sagte uns, was für einen Büstenhalter wir tragen sollten und wie man durch Massage den Milchfluß regulieren kann. Über die angenehmen Gefühle, die das entspannte Stillen vermitteln kann, sagte sie nichts. Und sie sagte bedauerlicherweise auch nicht das geringste über den einzigartigen Strom von Gefühlen, der Mutter und Kind beim Stillen verbindet.

Für eine Frau, die eine eingezogene Brustwarze hat oder eine andere Abnormität, ist ein derartiger Vortrag sicher sehr nützlich. Aber da die emotionale Seite dabei völlig übergangen wurde, fehlte eben doch das Wesentliche. Viele Mütter glauben nun, sie müßten eine „Pflicht" erfüllen und dem Kind die Brust hinhalten. Wenn man sie fragt, ob sie dabei Freude empfunden haben, antworten sie gewöhnlich: „Freude, nein. Jede Minute war mir ein Greuel, aber ich mußte ja meine Pflicht tun." Sie haben keine Ahnung, daß eine angespannte stillende Mutter die emotionale Ausgeglichenheit und das Wohlbefinden ihres Kindes beeinträchtigen kann, und zwar durch die Anspannung ihres Körpers und den Entzug ihrer Gefühle.

Meine erste Erfahrung, wie gefühllos sich die meisten Leute den Kindern gegenüber verhalten, machte ich bei Leonora. Als sie mir zehn Stunden nach ihrer Geburt von der Schwester gebracht wurde, sagte diese: „Jede Brust drei Minuten, mehr nicht." Diese Zeit wird Kind und Mutter zugestanden – eine Einstellung, über die man nur lachen kann. Kleine Kinder sind keine Spielsachen, die am Fließband hergestellt werden. Sie sind selbständige Wesen, denen keineswegs alles recht ist. Niemand würde je erwarten, daß alle Kinder das gleiche Aussehen haben, warum erwartet man dann also gleiches Verhalten? Daß überhaupt nach der Uhr gefüttert wird, ist nur auf einen Mangel an Gefühlen zurückzuführen, und zwar sowohl beim Pflegepersonal und den Fachleuten wie bei den Müttern. Für eine Frau, die das Leben voll bejaht, ist es eine Selbstverständlichkeit, daß sie ihr Kind stillt. Und es ist ebenso selbstverständlich, daß sie es dann stillt, wenn es Hunger hat, und zwar so lange, bis es satt ist. Wer seinem Kind gegenüber einigermaßen feinfühlig ist, wird relativ bald die Feststellung machen und intuitiv ihre Richtigkeit erkennen, daß schon das neugeborene Kind sich seiner Bedürfnisse bewußt ist. Wer dies einmal erkannt hat, wird in der Lage sein, diese Bedürfnisse voll zu befriedigen.

Man kann Verständnis dafür aufbringen, daß eine Mutter, die sich beim Stillen nicht entspannen kann und deshalb unter dem Stillen leidet, ihr Kind mit der Flasche großzieht. Aber es gibt keine Entschuldigung für ein Füttern nach der Uhr. Diese Unsitte birgt große Gefahren in sich, und sie ist in den meisten Fällen eine unnötige Grausamkeit, die durch nichts zu verteidigen ist.

In der Zeit, als ich mit Erica schwanger ging, lebte in unserer Nähe ein junges Arztehepaar. Die Frau brachte ihr Kind eine Woche früher zur Welt als ich. Sie fütterte es nach der Uhr, und die Art, wie sie das machte, regte mich schrecklich auf. Es konnte vorkommen, daß das kleine Mädchen in seinem Wagen im Garten lag und schon um halb zwei Uhr anfing zu schreien. Aber es konnte schreien, wie es wollte, die Mutter kam erst um zwei Uhr, keine Minute vorher, keine Minute nachher, und nahm das Kind mit ins Haus zum Füttern. Um halb sechs Uhr abends gab es das gleiche Schauspiel noch einmal. Das Kind konnte eine halbe Stunde lang schreien, so laut es wollte, die Mutter kam erst um Punkt sechs Uhr. Solche Mütter, die ihr Kind schreien lassen und keinerlei Mitleid mit ihm zeigen, werden mir immer einen Schauer über den Rücken jagen.

Viele Kinder verlangen schon zu einer viel früheren Zeit, als es die Pläne der Kliniken oder Säuglingsheime vorsehen, ihr Essen. Ihre natürliche Reaktion, wenn sie warten müssen, ist Schreien. Und wenn sie dann etwas zu essen bekommen, sind sie müde und erschöpft. Um sie wach zu machen, müssen die Schwestern ihnen leichte Schläge auf Hände und Füße geben, wenn sie sie zu ihren Müttern zum Stillen bringen. Aber selbst wenn diese Methode einen vorübergehenden Erfolg hat, so kann sie den Teufelskreis letztlich nicht durchbrechen: Das Kind ist zu schläfrig zum Essen – dadurch nimmt es zuwenig Nahrung auf – dadurch ist es das nächste Mal noch früher hungrig – und schreit – und ermüdet – ist wieder viel zu schläfrig, um genug zu essen . . . Viele Mütter glauben dann, mit ihrer Milch sei etwas nicht in Ordnung. Sie merken nicht, daß lediglich der Zeitplan des Fütterns nicht stimmt.

Hatte schon die Geburt unter Narkose meine Beziehungen zu Leonora beeinträchtigt, so wurden sie durch das Stillen nach der Uhr und die Trennung bei Nacht noch verschlechtert. Die Vorgänge bei der Geburt hatten mich stumpf und empfindungslos gemacht. Der Kontakt mit meinem Kind hätte mir helfen können, diese Stumpfheit zu überwinden. Was eine Mutter erleidet, die eine gesunde und natürliche Geburt hinter sich hat und dann dieser starren Routine unterworfen wird, muß einer Folter gleichen. Ich wage gar nicht daran zu denken.

Der Schaden, den die Beziehungen zwischen Leonora und mir durch das Füttern nach Zeitplan und durch die Trennung bei Nacht erlitten haben, machte mich völlig mutlos. Hier ist auch der Grund zu suchen, warum ich so hartnäckig war und die Klinik vorzeitig verließ. Zu Hause konnte ich mein Kind endlich füttern, wenn es Hunger hatte, und brauchte mich nicht um die Uhr zu kümmern. Die autonome Erziehung Leonoras wäre einfacher gewesen, wenn sie gleich zu Beginn ihres Lebens hätte einsetzen können. In der Klinik hatte man sie einfach schreien lassen. So brauchte sie erst einige Zeit, bis sie merkte, daß sie von nun an etwas zu essen bekam, sobald sie danach schrie. Anfangs verlangte sie alle zwei bis drei Stunden nach der Brust, aber schließlich fand sie ihren Rhythmus von etwa vier Stunden. Wachte sie nachts auf, so wurde sie gefüttert, danach ein wenig gestreichelt und gewiegt und dann wieder hingelegt. Es ist sicher lästig, ein Kind mitten in der Nacht eine halbe Stunde lang zu füttern und zu versorgen. Aber ist es nicht viel zermürbender, einem Kind eine halbe Nacht lang zuzuhören, wie es schreit und dadurch immer erschöpfter und unsicherer wird?

Als ich Leonora nachts fütterte, machte ich dummerweise einen Fehler. Dieser Fehler ist allerdings weit verbreitet, und bezeichnenderweise ist er auf Anweisungen in der Klinik zurückzuführen. Später bei meinen anderen Kindern hatte ich die Sache durchschaut und konnte mich entsprechend verhalten. Der Fehler bestand darin, daß ich mich beim Stillen aufsetzte. Das soll angeblich die Brust weniger beanspruchen und außerdem dem Kind das Aufstoßen erleichtern. Ich setzte mich also, wenn ich Leonora die Brust gab. Aber gerade das Sitzen strengte mich am meisten an. Außerdem verursachte es bei mir einen völlig unbegründeten und unvernünftigen Groll gegen Paul, der so seelenruhig neben mir schlief.

Später verließ ich mich lieber auf meine Intuition. Wenn ich Erica, Penny oder Nicola nachts fütterte, legte ich sie neben mich. Das war sehr bequem, und außerdem war der Zug an der Brustwarze so nicht übermäßig stark. Die Bequemlichkeit machte es mir viel leichter, entspannt und ruhig zu bleiben. Wenn ich die Kinder nach einiger Zeit über meinen Körper hinwegrollte, um sie an der anderen Seite anzulegen, machten sie das schönste „Bäuerchen". Dann legte ich sie in ihre Wiege, wo sie friedlich einschliefen.

Aber zurück zu Leonora. Ich mußte sie nur drei Wochen lang nachts füttern. Nach dieser Zeit schlief sie durch, und zwar von 11 Uhr abends bis 7 Uhr morgens. Dabei haben wir nicht versucht, sie zu beeinflussen. Sie hörte ganz von selbst auf, nachts zu schreien. Das Kind hatte nur sein Bedürfnis befriedigt. Als Leonora drei Monate alt war, erhielt sie dreimal am Tage die Brust, außerdem gab ich ihr Orangensaft. Nachts schlief sie zwölf oder dreizehn Stunden, ohne ein einziges Mal wach zu werden. Die Dauer des Stillens wechselte beträchtlich. Einmal brauchte sie sogar eine Stunde und zehn Minuten, wobei sie zwar stetig, aber sehr langsam saugte. Sie bekam davon keineswegs Verdauungsbeschwerden. Offenbar wollte sie ergründen, wie groß unsere Liebe und unsere Geduld waren. Wenn ein Kind sich unsicher fühlt, braucht es solche Liebesbeweise, und man sollte sie ihm geben, wann immer das möglich ist. Zu anderen Zeiten war Leonora schon in zehn Minuten fertig. Immer war sie zufrieden und glücklich. Die Unsicherheit, die aus den Umständen ihrer Geburt und aus den Ereignissen in der Klinik resultierte, wurde mehr und mehr durch die große Liebe, die wir ihr entgegenbrachten, ausgeglichen. Niemals nahmen wir ihr Weinen als selbstverständlich hin, sondern suchten jedesmal nach dem Grund. Meist fanden wir ihn.

Wie oft hatte man mir erzählt, daß es falsch sei, ein Kind auf den Arm zu nehmen, wenn es schreit, weil es sich dann schließlich angewöhnt zu schreien, nur um auf den Arm genommen zu werden. Ich kann dazu nur sagen, daß das kompletter Unsinn ist. Manchmal schreit das Kind vielleicht ohne ersichtlichen Grund. Aber das heißt noch lange nicht, daß es wirklich ohne Grund schreit. Vielleicht wurde es durch ein für uns unbekanntes Geräusch erschreckt, das wir gar nicht wahrgenommen haben. Und ich muß wieder auf die emotionale Beziehung zu sprechen kommen. Warum sollte ein Kind nicht nach Liebe schreien? In diesem Alter kann das Kind eben noch nicht sagen: „Halt mich im Arm!" oder etwas Ähnliches. Es kann seinen Bedürfnissen nur auf eine Art Ausdruck verleihen, durch Schreien. Je gewisser das Kind der elterlichen Liebe ist, desto weniger wird es nach ihr schreien. Aber kann es sich sicher fühlen, wenn trotz seines Geschreis nicht einmal sein Grundbedürfnis, das Essen, befriedigt wird?

Als ich Leonora fünf Monate lang gestillt hatte, versiegte plötzlich meine Brust ohne erkennbaren Grund. Auch eine künstliche

Stimulation brachte nur so viel Erfolg, daß ich Leonora langsam an die Flasche gewöhnen konnte. Ich gab ihr nicht diese blödsinnige und teure Babynahrung. (Einige Musterpackungen, die man uns zugeschickt hatte, habe ich allerdings verwendet: Leonora spuckte sie entweder aus oder sie wurde krank.) Ich nahm Kuhmilch, die ich zu einem Drittel mit Wasser verdünnte und zuckerte. Ich kochte die Milch nicht ab, ich machte sie nur warm. Ich halte es für völlig überflüssig, Milch von Tbc-freien Kühen abzukochen, auch wenn sie nicht pasteurisiert ist. Zudem werden die Abwehrkräfte des Kindes auf diese Weise mobilisiert. Und was sie nicht umbringt, macht die Kinder stark.

Mit der Flasche ist es wie mit dem Stillen. Erzählt man jemandem, daß man sein 18 Monate altes Kind noch mit der Flasche füttert, so erhält man – je nach Temperament des Gesprächspartners – erstaunte, fragende, amüsierte oder entsetzte Blicke. „Sie trinkt noch aus der Flasche?" wird man gefragt mit einem Anflug von Mitleid und Verachtung. Wenn man die Frager dann festnagelt („Warum soll sie denn nicht aus der Flasche trinken?"), führen sie meist einen unsinnigen Grund nach dem anderen an: die Zähne wachsen dadurch schief, man schädigt den Kiefer des Kindes, oder die Mandeln können sich entzünden usw.

Man kann sich über das mangelnde Verständnis für das Vergnügen des Kindes am Saugen und für dessen Vorzüge nur wundern. Besonders wenn man bedenkt, wie viele der Kritiker mit Wonne eine Zigarette oder eine Pfeife rauchen, an einem Bleistift oder einem Grashalm herumkauen, wie viele von ihnen Bonbons lutschen und wie viele nach diesen Dingen geradezu süchtig sind. Was das Argument betrifft, die Flasche verderbe die Zähne oder den Kiefer, so hat sich schon bei vielen Kindern, unsere eingeschlossen, gezeigt, daß das nicht stimmt. Die Kiefer und Zähne unserer Kinder sind wohlgeformt und hübsch. Das ist auch nicht verwunderlich, denn gerade durch das Saugen bleibt ihr Mund ständig in Bewegung, was nur zu einer normalen Entwicklung beitragen kann. Und Gummisauger und Schnuller sind weich, wie sollten sie die Zähne schädigen? Lediglich beim Daumenlutschen besteht diese Gefahr, und auch nur dann, wenn der Daumen über einen längeren Zeitraum immer wieder von hinten auf die oberen Schneidezähne gedrückt wird. Penny hat lange Zeit mit Leidenschaft am Daumen gelutscht, sie hat dennoch kein fehlerhaftes Gebiß.

Es gibt natürlich auch Mütter, die behaupten: „Mein Kind braucht keine Flasche, wenn es ins Bett geht. Es macht auch so keine Schwierigkeiten." Wenn es nicht schon zu sehr unterdrückt ist, erhält das Kind dann aber meist etwas anderes, das ihm die Flasche ersetzt. Oder aber das Kind lutscht – was noch wahrscheinlicher ist – am Daumen oder an den Zehen oder steckt etwas anderes in den Mund; das Bettuch, ein Taschentuch, den Ärmel oder ein Spielzeug. Das ist für das Kind ohne Zweifel besser als nichts, aber es ist nicht so gut wie die Flasche. Eine Flasche kann man sauberhalten, und außerdem erfüllt sie ja ihre eigentliche Bestimmung. Zu den Schnullern möchte ich auch noch etwas sagen. Sie sind mehr oder weniger gut geeignet, meistens sind sie aber zu kurz. Man darf dabei nie die Tatsache aus den Augen verlieren, daß Kinder nicht nur den vordersten Teil in den Mund nehmen. Die Ironie wird dadurch auf die Spitze getrieben, daß man sich auch noch beklagt, wenn die Kinder keine Milch trinken mögen. Wieviel entsetzte Blicke habe ich geerntet, wenn ich vorschlug, den Kindern die Milch doch im Fläschchen zu geben.

Das erste Kind wird notwendigerweise unter der Unerfahrenheit seiner Eltern zu leiden haben. Als Ausgleich erhält es ihre ungeteilte Liebe und Aufmerksamkeit. Es gibt tausenderlei Dinge, die frischgebackene Eltern beunruhigen und in die Irre führen. Wir selbst mußten auf recht drastische Art unsere Lektion lernen, wobei Leonora unbeabsichtigt als Versuchskaninchen diente. Bestimmte Nahrung, die die Mutter zu sich nimmt, kann sich auf das Kind direkt auswirken. Ich hatte scharf gewürztes Fleisch gegessen, und als ich Leonora die Brust gab, spuckte sie und schrie und zeigte einen offensichtlichen Widerwillen gegen die Milch. Das dauerte so lange, bis sich der Geschmack der Milch wieder normalisiert hatte. Wenn die Mutter zuviel Gemüse, Erbsen oder Bohnen ißt, so kann das Kind (Vegetarier merket auf!) unseren Erfahrungen nach Verdauungsstörungen bekommen.

Das Stillen bei Erica

Ich habe in dem vorhergehenden Kapitel schon beschrieben, wie Erica geboren wurde und wie friedlich und glücklich sie die ersten drei Stunden in ihrer Wiege lag. Als sie zu weinen anfing, gab ich ihr die Brust. Ihre Geburt war so entspannt und glücklich gewesen, daß das erste Stillen sozusagen zum Höhepunkt dieses Glücks wurde. Sie trank einige Minuten lang an jeder Seite und nahm zugleich mit der Milch die Mutterliebe auf. Danach schlief sie friedlich acht Stunden lang.

Sie weckte mich nachts auf und wollte gestillt werden. Aber es war ein schönes Gefühl, wie sie an meiner Seite lag in der Stille der Nacht. Ich legte sie anschließend wieder zurück in ihr Körbchen, wo sie ruhig mit sich selbst beschäftigt lag, bis sie schließlich in Schlaf fiel. Meine Nachtruhe wurde dadurch lange nicht so sehr gestört wie früher. Im Gegenteil, oft hätte ich dieses nächtliche Stillen gar nicht vermissen wollen.

Aber es gab doch etwas, das unser Glück trübte. Wie bei Leonora hatte ich bei Erica wunde und aufgesprungene Brustwarzen. Meine überempfindliche, zarte Haut war dafür zu anfällig. Das erste Mal wurde ich in der Klinik mit Penicillinsalbe bahandelt, aber ohne Erfolg. Damals litt ich mehrere Wochen lang an wunden Brustwarzen, was das Vergnügen des Stillens sehr beeinträchtigte und es manchmal zur Qual werden ließ. Erst die Hebamme mit ihren zwanzig Jahren Berufserfahrung gab mir einen wirksamen Tip. Sie riet mir, die eine Brust jeweils 24 Stunden zu schonen und dem Kind nur die andere zu geben und in dieser Zeit zweimal eine Gentiana-Lösung aufzutupfen. Das half sofort. Bei Penny traten diese Beschwerden erneut auf. Eine Frau, die wunde Brustwarzen hat, kann nicht entspannt stillen. Darum und nicht so sehr wegen der Schmerzen ist es notwendig, die Beschwerden so schnell wie möglich zu beheben. Als ich Nicola stillte, verwendete ich eine neue Salbe auf pflanzlicher Basis, Kamillosan, zur wirksamen Vorbeugung.

Wir haben die Stillzeiten von Erica von Anfang an aufgezeichnet. Sie waren nicht so regelmäßig wie bei Leonora. Aber es zeigte sich, wie unsinnig die Behauptung ist, daß Kinder, die nach Bedarf gefüttert werden, immer weinen. Es ist auch nicht richtig, daß diese Methode die Mutter über Gebühr beansprucht. Ein Blick auf die Tabelle zeigte mir, wann ich einkaufen oder ins Kino gehen konnte, ohne das Kind zu vernachlässigen.

Das Stillen bei Penny

Die Geburt Pennys war zwar gut verlaufen, aber durch Komplikationen mit der Nachgeburt, die unsere Einweisung in die Klinik notwendig machten, war ich derart geschwächt, daß ich das Kind in den ersten 24 Stunden seines Lebens nicht stillen konnte. Es hatte bei der Geburt eine größere Menge Fruchtwasser geschluckt und brauchte ziemlich lange, bis sie alles wieder herausgewürgt hatte. Als ich sie zum erstenmal anlegte, verzog sich ihr kleiner Mund nach unten, und ich hatte beträchtliche Mühe, sie zum Saugen zu bringen. Aber mit viel Geduld gelang es mir endlich doch.

Als wir einen Tag später wieder zu Hause waren, entwickelte Penny einen Fütterungsrhythmus, den ich als regelmäßig-unregelmäßig bezeichnen möchte. Sie war beim Stillen die friedlichste von allen dreien. Es war beglückend zu sehen, wie ihr kleines Gesicht, das durch die Vorgänge nach der Geburt einen verstörten Ausdruck bekommen hatte, wieder zu strahlen begann. Auf Fotografien kann man das heute noch sehen. Daß ich sie stillte, war bei meiner Schwäche keineswegs nachteilig für mich, sondern im Gegenteil eine große therapeutische Hilfe.

Ob es nun von der Überdosis des Medikaments kam, das ich in der Klinik erhalten hatte, oder nicht, jedenfalls bekam ich kurz nach Pennys Geburt eine Gelbsucht, deren Ursache der praktische Arzt nicht feststellen konnte. Der Facharzt, den ich aufsuchte, erwies sich als wenig verständnisvoll für die emotionalen Aspekte der Mutter–Kind-Beziehung. Er riet mir, das Stillen sofort aufzugeben, so als könne ich das Baby anstecken. Diese Gefahr war allerdings äußerst gering, nicht größer als viele andere Gefahren auch. Er riet mir auch, für acht bis vierzehn Tage zur Beobachtung in eine Klinik zu gehen. Dabei sollte ich das Kind zu Hause lassen. Als ich dagegen Einspruch erhob und seinen Vorschlag verrückt nannte, gestand er uns als besondere Vergünstigung zu, daß ich das Kind mitnehmen könne. Wir lehnten dennoch ab, woraufhin er schimpfte: „Wenn Sie meine Frau wären, dann gingen Sie in die Klinik, darauf können Sie sich verlassen!“ Aber wir blieben bei unserer Ablehnung. In diesem Zusammenhang ist es von Interesse, daß man Untersuchungen, die „für die Diagnose einer Gelbsucht notwendig sind“, auch vornehmen kann, wenn der Patient nur eine Blut- und Urinprobe ins Labor schickt. Der vorgeschlagene Klinikaufenthalt war also völlig unnötig. Die Diagnose erwies sich schließlich als so ungenau, daß sie uns praktisch nichts über die Krankheit sagte. Die ganze Zeit über war weder die Ernährung noch das Wohlbefinden des Babys im geringsten beeinträchtigt.

Wie meine Tabellen zeigen, gab es in den Stillzeiten von Penny und Erica große Übereinstimmungen. Im großen und ganzen wollten beide alle vier Stunden gestillt werden. Als ich wieder voll bei Kräften war, fiel mir auf, daß Penny immer dann, wenn ich am Morgen sehr viel gearbeitet hatte, in kürzeren Abständen gestillt werden wollte. Umgekehrt wurden die Abstände größer, wenn ich mich ausruhen konnte, dann kam sie nur alle fünf bis sechs Stunden.

Derartige Variationen kann man bei der Fütterung nach der Uhr überhaupt nicht berücksichtigen. Nachträglich will es mir auch so scheinen, als ob die Milchmenge im Laufe des Tages abgenommen hätte. In der Nacht wird so viel Milch produziert, daß am Morgen ein Maximum an Milch zur Verfügung steht. Durch die Anstrengungen der Hausarbeit während des Tages nimmt dann der Vorrat ab. Meines Wissens hat noch nie jemand eine derartige Erkenntnis geäußert, und auch uns fiel sie erst auf, als wir auf der Tabelle bemerkten, daß die Abstände, in denen die Kinder gefüttert werden wollten, im Verlaufe des Tages immer geringer wurden. Wir glauben, daß diese Entdeckung sehr wichtig ist.

Aber auch andere Dinge spielen hier hinein. Wenn ein Kind längere Zeit wach ist, sich womöglich noch an der frischen Luft aufhält oder aktiver ist als gewöhnlich, dann verbraucht es mehr Energie. So kommt es, daß es auch früher wieder etwas zu essen verlangt. Manchmal verspüre ich den Wunsch, die „Fütterer nach Uhr" selbst einmal von ihrer eigenen Medizin kosten und auch sie nur nach Fahrplan essen zu lassen. Sie würden bald merken, wie sehr ihnen das Stückchen Schokolade, die Tasse Tee, die Zigarette oder was immer es sei, was sie außerhalb der geregelten Mahlzeit essen, trinken oder rauchen, fehlt. Sie würden weiterhin merken, daß dieses Essen und Trinken nebenher, weder was die Zeit noch was die Menge betrifft, irgendeine Regelmäßigkeit aufweist. Und dadurch wird auch das Argument ad absurdum geführt, daß man das Kind durch regelmäßiges Essen an die Routine und Disziplin gewöhnen müsse, die das Leben nun einmal von uns fordert.

Penny wurde bis zum siebten Monat gestillt, dann mußte ich sie an die Flasche gewöhnen. Ich nahm auch für sie verdünnte Kuhmilch, und auch bei ihr hatte ich keinerlei Schwierigkeiten mit der Entwöhnung. Die Frage, wie lange eine Mutter stillen sollte, ist ein Streitpunkt. In dem Vortrag in der Klinik, von dem ich schon erzählt habe, wurde uns gesagt, die Stillzeit betrage drei oder vier Monate, „mehr wird von der Mutter nicht verlangt" (man beachte auch hier, daß wiederum die Pflicht betont wird und nicht das Vergnügen). Diese Angabe scheint völlig willkürlich zu sein. Ich selbst kenne einen Fall, in dem eine Mutter ihr Kind noch stillte, als sie bereits das nächste erwartete; das Kind war siebzehn Monate alt und wurde ganz langsam entwöhnt. Als die Mutter das nächste Kind zur Welt gebracht hatte, zeigte das erste Anzeichen starker Eifersucht. Immer wenn die Mutter das Baby stillte, verlangte auch das ältere Kind heftig nach der Brust. Diese Spannungen führten schließlich dazu, daß das ältere Kind Verdauungsbeschwerden bekam. Die Mutter löste das Problem auf eine ungewöhnliche Art, sie gab beiden Kindern die Brust. Diese Lösung scheint aber nicht in allen Fällen die richtige zu sein.

Man kann sich in diesem Fall verschiedene Ursachen vorstellen. Etwa, daß aus irgendeinem Grund das Bruststillen für das erste

Kind nicht befriedigend war. Das führte zu einer oralen Fixation, und da das Kind freiheitlich erzogen war, zeigte es seine Eifersucht ganz offen. Vielleicht ist die Entwöhnung eines Kindes und die Ernährung mit der Flasche überhaupt nur ein Zugeständnis an die Zivilisation, vielleicht sollten wir unsere Kinder grundsätzlich länger stillen. Hier in England gab es Fälle, in denen Kinder noch im schulpflichtigen Alter gestillt wurden, ohne daß sich ein nachteiliger Effekt einstellte. Auch in anderen Kulturen werden Kinder mehrere Jahre gestillt, auf Java zum Beispiel im allgemeinen bis zum dritten Lebensjahr. Daß diese Gewohnheit letztlich Nahrungsmangel zur Ursache hat, ist natürlich nicht auszuschließen.

Ich möchte hier einen Auszug aus einem Artikel von M. P. Tait, einem Experten für die Geschichte des Stillens, zitieren, da sie mir in diesem Zusammenhang von Bedeutung zu sein scheint.

„In unserem Zeitalter ist die Dauer des Stillens verkürzt worden. So werden Kinder im allgemeinen schon im Alter von dreieinhalb bis vier Monaten entwöhnt, und nicht wie das sinnvoll und physiologisch richtig wäre, erst mit sechs Monaten.

Wir sehen also, wie die Zeitdauer, in der man das Kind stillte, immer geringer wurde. Die zwei- bis dreijährige Stillperiode im 16. Jahrhundert verringerte sich zu einer drei- bis sechsmonatigen heutzutage. Gleichzeitig hat sich seit der Mitte des 18. Jahrhunderts mehr und mehr die Ernährung mit der Flasche eingebürgert. Heute ist diese Art, die Säuglinge zu ernähren, schon weiter verbreitet als das Stillen."

Es gibt bei uns Kinder, die beim Entwöhnen sofort auf feste Nahrung umgestellt werden. Unter ihnen sind viele Daumenlutscher oder Kinder, die ihren Kleiderzipfel in den Mund stecken, wenn sie nicht einen Schnuller oder etwas anderes als Ersatz erhalten.

Es ist vielleicht angebracht, an dieser Stelle ein Wort über Schnuller, Lutscher, Nuckel oder wie diese Dinger auch immer genannt werden, zu sagen. Da wir annahmen, daß ein Kleinkind sehr viel saugen muß und daß dies die Hauptquelle seines Vergnügens ist, gaben wir Leonora auch einen Schnuller. Anfangs machte sie ausgiebig davon Gebrauch, später nur noch zum Einschlafen. Mit dreizehn Monaten spuckte sie ihn eines Tages aus und hat ihn seither nicht mehr genommen.

Auch Erica gaben wir einen Schnuller. Aber sie lehnte ihn entschieden ab. Wir nehmen an, daß sie diese Ersatzbefriedigung auf Grund der glücklichen Geburt und der guten Beziehung zu ihrer Mutter nicht nötig hatte. Diese Beziehung gab ihr alles, was sie an

Freude und Vergnügen brauchte. Sie lutschte auch nie am Daumen.

Andere Kinder probieren ein paarmal den Schnuller und lehnen ihn dann ab, weil sie keinen Gefallen daran finden. Unter Umständen werden sie aber ihre Daumen entdecken und von da an allem anderen vorziehen.

Vielleicht hat Leonoras Vorliebe für den Schnuller und Pennys Ablehnung etwas damit zu tun, daß wir den Schnuller immer in Honig tauchten. Aber sicher ist das nicht. Es scheint bemerkenswert, daß Erica, die im Gegensatz zu Leonora eine gesunde Geburt hatte und bei der ich nicht wie bei Pennys Geburt anschließend krank war, die einzige ist, der das Saugen an der Brust genügte, und das, obwohl sie weitaus schneller trank als die anderen. Man kann feststellen, daß diejenigen, die einem Kind einen Schnuller verweigern, die gleichen rationalen Gründe dafür anführen wie die, die es nicht mehr mit der Brust stillen wollen. Unbewußt mißgönnen sie dem Kind das damit verbundene Vergnügen und verbieten es deshalb.

Ich möchte diese letzte gravierende Behauptung beweisen. Dazu muß ich auf die sogenannten Brustwarzenhütchen zu sprechen kommen, die Müttern mit eingezogenen Brustwarzen helfen sollen, ihre Kinder zu stillen. Dieses Gummihütchen wird sozusagen als Schnuller auf die Brust gesetzt. (Ich möchte es nicht versäumen, an dieser Stelle darauf hinzuweisen, daß die Anwendung dieser Hütchen heutzutage meistens überflüssig ist, denn durch Massage oder ähnliche Mittel kann man derartige Fehler schon vor der Geburt korrigieren.) Eine Psychoanalytikerin konnte nachweisen, daß die relativ häufige Benutzung des Brustwarzenhütchens lediglich darauf zurückzuführen ist, daß die Frauen es vermeiden wollen, beim Stillen Lust zu empfinden. In einem Film über das Leben eines Kindes sah man, daß die Mutter einen solchen Gummischutz benutzte, und zwar ohne medizinische Indikation. Man konnte bei ihr deutlich die Gespanntheit beim Stillen beobachten.

Der folgende Fall demonstriert, wie eine Mutter durch ungünstige äußere Umstände in zunehmendem Maß beim Stillen nervös wurde, obwohl sie eigentlich ohne Zweifel zum entspannten Stillen in der Lage war. In diesem Fall war es dann auch ein leichtes, der Mutter das Stillen wieder zu ermöglichen, im Gegensatz zu den meisten anderen Fällen, bei denen erst eine längere Therapie nötig ist.

Bei dieser Mutter stülpte sich die Brustwarze um, als das Kind gerade einige Tage alt war. Die Brustwarze war ohnehin ziemlich klein, und nun konnte das Kind sie gar nicht mehr mit den Lippen fassen. (Bei derart kleinen Brustwarzen sollte man besonders vorsichtig sein und vielleicht sogar vor der Geburt geeignete Maßnahmen zur Vergrößerung ergreifen.) In unserem Fall empfahl die Hebamme Brustwarzenhütchen. Als nach einigen Tagen die Brustwarze wieder ihre normale Form annahm, wollte die Mutter das Brustwarzenhütchen nicht länger verwenden, denn durch den Aufsatz war nicht nur der Strom zwischen ihr und dem Kind unterbrochen, sondern es war auch nicht ganz einfach, das Hütchen sauberzuhalten. Außerdem mußte sie im Sitzen stillen, auch nachts, denn anders hielt das Hütchen nicht. Wenn sie es einmal ohne Hütchen versuchte, fing das Kind an, wie am Spieß zu schreien und schrie so lange, bis sie es wieder aufsetzte. Das Kind litt auch besonders an Blähungen, die womöglich durch das Brustwarzenhütchen (das sehr kompliziert in der Anwendung war) verursacht waren. Dieser Zustand hatte schon einige Zeit bestanden, als sie eines Tages zu mir kam.

Sowohl sie als auch ihr Mann waren schon ziemlich mitgenommen von diesen Schwierigkeiten. Als es Zeit war, dem Kind die Brust zu geben, schickte ich den Vater weg und ließ die Mutter in einem bequemen Stuhl Platz nehmen, in dem sie entspannt sitzen konnte. Ich überredete sie, erst ihre Brustwarzen ein wenig zu massieren, so daß sie sich aufrichteten und für das Kind leichter zu fassen waren. Dann brachte ich das Kind. Ich sah mit einem Blick, daß sie es falsch hielt. Durch die Verwendung der Hütchen, die ihre Brust etwas verlängerten, hatte sie sich daran gewöhnt, den Kopf des Kindes zu tief zu halten. Es war noch zu klein, um das Gewicht seines Kopfes selbst tragen zu können, und so erreichte es die Brustwarze nicht. Die Mutter hob auf meinen Rat hin das Baby ein wenig hoch, tat ein paar tiefe Atemzüge und setzte sich entspannt zurück – das Kind saugte, und die einzigen Töne, die man von ihm hörte, waren die der Zufriedenheit. Die Frau gewann ihre Sicherheit zurück und brauchte von da an nie wieder ein Brustwarzenhütchen. Nachts und am späten Abend stillte sie ihr Kind von nun an im Liegen. Der Vater konnte es kaum fassen, daß jetzt Entspannung und Frieden herrschten, wo es vorher nur nervöse Tränenausbrüche gegeben hatte.

Man fragt sich, warum nicht die Hebamme die Frau beim Stillen beobachtet und ihr einen ähnlichen Rat wie ich gegeben hatte. Warum legte sie solchen Wert auf die Verwendung dieser Hütchen? Wieder kann ich nur die eine Antwort geben, daß sie wohl die physische Seite der Beziehung dieser Mutter zu ihrem Kind beachtet hatte, aber nicht die psychische.

8. Kapitel
Selbstbestimmung beim Bruststillen ist praktisch

Wir hatten Leonoras Geburt durch eine Anzeige in der Zeitung bekannt gegeben, woraufhin wir einige kleine Bücher von Firmen erhielten, die Babyartikel herstellten. Ihr Inhalt war verschieden, aber in drei Punkten stimmten sie alle überein: Erstens waren sie alle von „Experten" verfaßt, zweitens stellten sie übereinstimmend fest, daß Stillen am besten ist, und drittens herrschte überhaupt keine Übereinstimmung in allen anderen Punkten, auch nicht in den Angaben über die Stillzeiten. „Genau alle vier Stunden" hieß es in einem Buch, „alle drei bis vier Stunden" im nächsten, dann sogar „es kommt nicht auf die Minute an" und „pünktlich nach der Uhr". Über die Dauer des Fütterns gingen die Angaben ebenso auseinander wie über den Zeitpunkt.

Genaugenommen liefern eigentlich derartige Abhandlungen die besten Argumente für die Selbstbestimmung. Daß man unter all diesen Experten, zu denen dann noch Eltern und Verwandte, Freunde und Bekannte, Nachbarn und alle möglichen anderen Ratgeber kommen, nicht zu wählen braucht, ist ein Segen. Das Kind entscheidet bei der Selbstbestimmung und sonst niemand.

Darüber, wie viele Stunden nach der Geburt ein Kind zum erstenmal gestillt werden soll, wird ebenfalls sehr viel Unsinn verbreitet. Wenn die Mutter bei der Geburt keine Narkose erhalten hat (das Narkosemittel könnte in die Milch übergehen und damit dem Kind schaden) und wenn sie zum Stillen in der Lage ist, dann hat dieses erste Stillen die größte Bedeutung für die Mutter und das Kind sowie für ihre Beziehung zueinander.

In einem Artikel über Bruststillen in der „Medical Times" vom November 1950 heißt es:

„Neugeborene Kinder sollten die ersten acht bis zwölf Stunden überhaupt nichts zu trinken erhalten. Dann erst, bzw. sobald der Zustand der Mutter es erlaubt, sollte das Kind angelegt werden. Kann die Mutter nach zwölf Stunden noch nicht stillen, so soll das Kind Wasser erhalten, dem auch 5 % Kohlehydrate zugesetzt werden können. Dies erhält das Kind alle vier Stunden. Die erste Milch der Frau enthält viel Eiweiß und Vitamin A, aber wenig Kohlehydrate und wenig Fett. Am zweiten Lebenstag sollte der Säugling alle acht Stunden an die Brust gelegt werden, am dritten alle vier Stunden. Nach demselben Zeitplan sollte Wasser gegeben werden, damit eine ausreichende Flüssigkeitszufuhr gewährleistet ist. In den ersten Tagen seines Lebens braucht der Säugling eine größere Flüssigkeitsmenge als später. Man sollte diese zusätzliche Flüssigkeitsmenge aber möglichst gering halten, denn es ist unerläßlich, daß das Kind die Brust ganz leer trinkt, jedenfalls dann, wenn es überhaupt gestillt werden soll. Am vierten oder fünften Tag sollte der Milchfluß voll eingesetzt haben."

Es wird nicht gesagt, warum das Kind die ersten acht bis zwölf Stunden nichts erhalten soll. Weiterhin ist die Menge, die es am zweiten Tag erhalten soll (alle acht Stunden), viel zu gering. Dafür nimmt sich der Autor eingehend des wichtigen Aspektes an, daß das Kind auf keinen Fall zuviel Wasser erhält, denn es soll ja die Brust leertrinken. Daß ein Säugling mehr Flüssigkeit braucht, ist eine unbewiesene Behauptung. Daß der Milchfluß erst am vierten oder fünften Tag voll einsetzt, ist allein auf die beschriebenen falschen und unsinnigen Methoden zurückzuführen.

Meines Erachtens gibt es nur eine vernünftige Haltung. Man sollte einem neugeborenen Kind so früh und so oft, wie es möchte, die Brust geben. Alle höheren Säugetiere machen das so. Die Ernährung mit Muttermilch, falls sie keine schädlichen Stoffe enthält, scheint die ideale Ernährung für das Neugeborene darzustellen. „Wenn die Natur gewollt hätte, daß die Kinder mit Wasser ernährt werden, so hätte sie die Mütter mit einer Wasserzapfstelle versehen", lautete die spöttische Antwort eines fortschrittlichen Arztes zu den oben gemachten Ausführungen.

Ich habe in der Tat bei Erica die Beobachtung machen können, daß der Milchfluß bereits am zweiten oder dritten Tag voll einsetzt. Ich möchte nun unseren eigenen Erfahrungen drei weitere Beispiele hinzufügen, um zu zeigen, wie leicht sich die Selbstbestimmung beim Bruststillen durchführen läßt. Zuerst den bewegenden Bericht, der unter dem Titel „Eine Mutter von drei Kindern" in der Zeitschrift „Woman" erschienen ist und von Millionen gelesen wurde.

„Als mein erstes Kind zur Welt kam ... wollte ich noch eine Mustermutter werden. So kam es, daß Annes Leben ganz nach der Uhr ausgerichtet war ... Sie wurde pünktlich alle vier Stunden gefüttert ... Wenn sie nachts aufwachte (und das tat sie regelmäßig), ließ ich sie schreien ... Begann sie tagsüber zu schreien, nahm ich sie hoch und untersuchte, ob sie Blähungen hatte oder vielleicht nasse Windeln. Dann sah ich nach, ob irgend etwas anderes nicht stimmte. Wenn das alles nicht der Fall war, gab ich ihr einen Schluck Wasser und legte sie zurück in den Wagen, wo sie schluchzend wieder in Schlaf fiel ... Sie wurde ein ruhiges Kind, das nie lächelte ... Das zweite Kind war ein lebhafter Junge ... Jetzt, da ich zwei Kinder hatte, fiel es mir schwer, mich nach der Uhr und den Angaben des Buches zu richten. Aber auch jetzt noch ließ ich das Kind nachts weinen und kümmerte mich nicht darum. Aber dieses Schreien wurde mir langsam zur Last. Wenn der Säugling schrie, wachte unweigerlich auch Anne auf. Schließlich gab ich den Kampf auf ... Obwohl der Junge ohne Frage glücklicher war als Anne, wußte auch er, was Disziplin ist.

Mein drittes Kind brachte ich zu Hause zur Welt. Es war ein Mädchen, das die ersten Stunden verschlief und etwa gegen Mitternacht nach Nahrung schrie. Ich sah es unsicher an. Nach kurzem Zögern nahm ich es und stillte es. Danach schlief das Baby in meinen Armen ein. So hielt ich es von nun an immer: Wenn das Kind schrie, nahm ich es hoch, war es hungrig, gab ich ihm zu trinken. Weder Uhr noch Buch spielten mehr eine Rolle, nur noch die Liebe, mein Instinkt und der gesunde Menschenverstand. Anne ist ... ruhig und zurückgezogen ... Richard ist ein empfindsamer, zartbesaiteter Junge ... nur Jane ist spontan und liebevoll ..."

Das nächste Zitat stammt von M. A. Kegel, der Leiterin der Hebammenschwestern am Withington Hospital von Manchester, an dem Selbstbestimmung (Fütterung nach Bedarf) die Regel sein soll.

„Einige Mütter werden vielleicht denken, daß sie ihr Kind ‚verwöhnen', wenn sie es nach Bedarf füttern. Wir erklären ihnen dann, daß ein Kind in den ersten drei oder vier Wochen möglicherweise nicht in der Lage ist, jedesmal eine volle Mahlzeit zu sich zu nehmen, aber wenn es befriedigt und nicht frustriert ist, wird es nach und nach sein Maß finden. Das Kind wird älter und gewöhnt sich allmählich daran, sich satt zu essen. Auch die Mutter sammelt Erfahrungen, und schließlich nimmt das Kind die volle Mahlzeit und schläft die ganze Nacht durch.

Wenn wir eine Mutter nach Hause entlassen, geben wir ihr den Rat mit auf den Weg, das Kind abends so spät wie möglich noch einmal zu füttern und ihm auch morgens nach dem Aufwachen gleich wieder etwas zu geben. Diese Methode führt bei den meisten Kindern dazu, daß sie die ganze Nacht durchschlafen.

Fütterung nach Bedarf schafft nicht nur zufriedene Kinder, sondern auch zufriedene Mütter (und Väter). Es ist bekannt, daß viele Mütter von ihren Kindern viele Monate lang nachts aus dem Bett geholt werden. Sie versuchen, die Kinder dann mit Wasser zu beruhigen. Es ist ebenso bekannt, daß dies zu starken Spannungen führt und zu Erschöpfungszuständen, was den Abbruch des Bruststillens zur Folge haben kann. Wenn nicht mehr genügend Milch da ist, führt manchmal auch eine besondere Stimulation dazu, daß mehr Milch produziert wird – denn Nachfrage fördert die Produktion.

Durch den fortgesetzten engen und intimen Kontakt mit der Mutter, die ihr Kind liebevoll und zärtlich behandelt, entwickelt das Kind Selbstsicherheit. Es wird heute allgemein anerkannt, daß Liebe ein wichtiger Faktor bei der Behandlung von Kindern ist. Diese Methode wurde von Kinderärzten bei kranken Kindern erprobt und angewandt. Wir können unseren Kindern sicherlich nichts Besseres antun, als sie vom ersten Tag an liebevoll zu behandeln.

Die Geburt ist für das Kind in Wirklichkeit kein dramatischer Beginn, sondern eine Fortsetzung seines Lebens. Wir sollten versuchen, diese Übergangszeit nach der Geburt so leicht wie möglich zu machen. Dabei sollten wir die Kontinuität, die seit der ersten Embryonalzeit besteht, aufrechterhalten, um es dem Kind zu ermöglichen, sich der veränderten Umwelt anzupassen."

Man sollte vielleicht hinzufügen, daß die Vorbehalte, die M. A. Kegel noch macht, eine bedenkliche Rangfolge erkennen lassen. So sagt sie, daß das Kind nur dann kurz nach der Geburt gestillt werden könne, wenn „die üblichen Arbeiten auf der Station dies erlauben". Immerhin bleiben in dieser Klinik die Kinder Tag und Nacht bei ihren Müttern, so daß man sagen kann, daß die Einstellung dort im großen und ganzen sehr positiv ist, wenn das, was die Vorsteherin schreibt, auch tatsächlich verwirklicht wird.

Als drittes Beweisstück möchte ich die Ergebnisse anführen, die Aldrich und Hewitt in Rochester in den USA bei umfangreichen Untersuchungen erzielt haben. Obwohl diese Untersuchungen einige schwere Mängel aufweisen, sind sie instruktiv. Die beiden Autoren untersuchten 668 Kinder in ihrem ersten Lebensjahr. Davon waren 96 % in der Klinik geboren worden, in der die beiden arbeiteten. Für jeweils 100 Kinder wurde eine Tabelle mit den Ernährungsdaten angelegt. Die Informationen dazu lieferten die Mütter bei den wöchentlichen Zusammenkünften. 40 dieser Kinder wurden mit der Brust ernährt, die anderen 60 mit der Flasche. Die Autoren schreiben:

„Diese festgestellten Werte zeigen deutlich, daß sowohl die frühreifen Kinder als auch die spätentwickelten mit den herkömmlichen Fütterungszeiten in Konflikt geraten wären. Der Anteil dieser beiden Gruppen an der Gesamtzahl ist aber keineswegs gering. Und die Vorschriften eines Fütterungsplanes, der ja die beobachteten individuellen Unterschiede nicht berücksichtigt hätte, würde sicher zu Ernährungsschwierigkeiten geführt haben. Das ist besonders gravierend, da das Essen dem Kind das grundsätzlich wichtige Gefühl der Sicherheit und des Vergnügens vermittelt ... Nur ein Kind hatte Schwierigkeiten durch mangelnden Appetit ... Die Entwicklung der Kinder wurde durch die Fütterung nach Bedarf nicht beeinträchtigt."

Eine sehr wichtige Feststellung ist die, daß „die Mütter ... offensichtlich wenig Schwierigkeiten hatten, zu erkennen, wann ihre Kinder hungrig waren". Zweifel daran werden oft als ernsthafter Grund gegen das Selbstbestimmungsprinzip vorgebracht. Sicher wird die Mutter anfangs einige Schwierigkeiten haben, vor allem beim ersten Kind. Aber wenn sie sich auf die Bedürfnisse des Kindes konzentriert, wird sie bald ein Gespür dafür bekommen. Als Faustregel kann gelten, daß Fütterungen nicht öfter als alle zwei Stunden notwendig sind. Schreit das Kind öfter, so möchte es vielleicht gar keine Milch, sondern Liebe. Dann wurde die Mahlzeit nicht liebevoll genug verabreicht, vielleicht war die letzte Mahlzeit in einer angespannten Atmosphäre verlaufen.

Das berührt in der Tat einen der Hauptvorteile der Selbstbestimmung. Will das Kind zusätzlich trinken oder will es zusätzliche Liebe, so kann es beides bekommen, wenn die Eltern dazu bereit sind. Die vielen unsicheren Kinder, die in den Kliniken zur Welt kommen und dort den herzlosen Gepflogenheiten unterworfen sind, brauchen mehr oder weniger zusätzliche Liebe und engeren Kontakt zu der Mutter, um das Verlorene aufzuholen und die Unsicherheit zu überwinden. Nur bei der Selbstbestimmung können Kinder zeigen, wie viel Liebe sie wirklich brauchen. Und nur so kann der Erwachsene feststellen, ob er ihre Bedürfnisse wirklich befriedigt.

Selbstbestimmung ist kein Ideal, sondern eine Haltung. Sie läßt unzählige Spielarten zu, die durch die Umstände, die Gesellschaft und durch die Charakterstruktur notwendig werden. Man kann den Schaden, der den Kindern durch äußere Einflüsse zugefügt wird, so klein wie möglich halten, wenn man sich immer wieder fragt, ob man den Kindern wirklich das größtmögliche Maß an Selbstbestimmung gewährt. Es gibt dennoch viele Mütter, denen es unmöglich ist, die Selbstbestimmung beim Stillen einzuführen, weil sie nicht daran glauben oder nicht die Fähigkeiten dazu haben. Es ist einleuchtend, daß eine Mutter, die mit dem Füttern möglichst schnell fertig werden will, angespannt ist. Und doch wird gerade ihr Kind immer weitertrinken wollen, auch wenn schon gar keine Milch mehr fließt, denn die Liebe fließt schon lange nicht mehr ... und so saugt es weiter und weiter. Man kann sich der bitteren Einsicht nicht erwehren, daß längst nicht jeder die Fähigkeit hat, die Selbstbestimmung wirklich sinnvoll anzuwenden. Einige lassen sich von der Selbstbestimmung nicht überzeugen, da kann man noch so beredt und einleuchtend alles darlegen. Um das zu verstehen, muß man sich vor Augen halten, daß wir es hier mit einer „Beziehung“ zu tun haben. Es ist eben eine grundsätzlich neue Auffassung, daß das Kind der Mutter ebensoviel gibt, wie sie ihm. Wenn wir aber einmal die Erkenntnis gewonnen haben, daß der Strom der Liebe genauso real ist wie der Fluß der Milch, dann kann es die Mutter erkennen, daß das Vergnügen, das sie empfindet, vom Kind kommt. Die Mutter, die auf Grund ihrer Gefühle ihr Kind nicht nähren kann, verhält sich auch gegenüber ihren eigenen Lustgefühlen ablehnend. Diese Angst vor der Lust ist auf sexuellem Gebiet noch sehr viel weiter verbreitet. Aber bei der Geburt und beim Bruststillen spielt sie eine ebenso große Rolle.

Empfehlungen:

1. Wenn die Milch zu Beginn nicht ausreichend fließt, ist das Saugen ein wichtiges Hilfsmittel.
2. Wer sein Kind mit der Brust stillt, sollte erst dann damit aufhören, wenn die Milch versiegt. Gesprungene Brustwarzen soll man heilen und alle anderen Schwierigkeiten möglichst beheben.
3. Man soll das Kind so lange füttern, wie es gefüttert werden möchte.
4. Wenn das Kind die Milch verweigert und schreit, soll man erst einmal überlegen, ob man nicht etwas gegessen hat, was das Kind nicht mag. Dabei soll man entspannt bleiben und das Kind zärtlich behandeln.
5. Wenn ein sattes Kind schreit, soll man erst seine Windeln kontrollieren und nachsehen, ob es Blähungen hat, und sich dann fragen, ob es nach Liebe verlangt. Man kann es liebevoll auf den Arm nehmen und auf und ab tragen. Wenn es dann immer noch nicht aufhört, soll man doch auf jeden Fall die Brust anbieten, denn sie kann, auch ohne daß das Kind trinkt, zu seinem Wohlbefinden beitragen.
6. Ein Kleinkind ist viel robuster, als man annimmt. (Nur die Fontanellen sind sehr empfindlich.) Man muß es nicht gleich – wie das viele Hebammen tun – wie ein geschlachtetes Huhn behandeln, aber man kann es fest anfassen und kräftig wiegen, das macht Spaß und beruhigt.
7. Wenn ein Kind in die Brustwarzen beißt, ist man nicht entspannt, oder aber das Kind ist es nicht. Vielleicht wurde es durch einen Besucher oder etwas anderes aus der Ruhe gebracht.

8. Man sollte so gelöst sein, daß man schon Freude empfindet, wenn das Kind nach den Brustwarzen sucht und sie schließlich mit einem zufriedenen Laut in den Mund nimmt. Man sollte das Vergnügen des Stillens voll auskosten, ohne sich ablenken zu lassen.

9. Nur bequemes Sitzen ermöglicht Entspannung; verkrampftes Sitzen kann ein starkes Handikap beim Stillen sein.

10. Es sollte beim Stillen niemand zugegen sein, vor allem keine Verwandten. Sie verursachen meistens eine gespannte Atmosphäre.

11. Man muß lernen, Ratschläge, Drohungen und Ammenmärchen zu ignorieren; man muß lernen, den Fachleuten, den Büchern und Vorträgen zu mißtrauen und die Erfahrungen anderer Leute in Frage zu stellen. Man soll mit dem Kind fühlen.

12. Heller gelber Kot bedeutet, daß das Kind gedeiht.

9. Kapitel
Ernährung

Das Selbstbestimmungsprinzip bei der Ernährung von kleinen Kindern theoretisch anzuerkennen ist eine Sache, eine andere ist es, es anzuwenden. Wieviel an der traditionellen Ernährungsweise unbefriedigend ist, erkannten wir erst, als wir mit den Wünschen und Eßgewohnheiten unserer Kinder konfrontiert wurden. Dieses Kapitel wurde vor allem deshalb geschrieben, um den Lesern zu helfen, mit ungewöhnlichen Gepflogenheiten ihrer Kinder beim Essen fertig zu werden.

Zuerst wollen wir uns mit dem Thema Entwöhnung beschäftigen. In Frauenzeitschriften tauchen häufig Fragen ängstlicher Mütter auf wie die folgende: „Mein Baby ist jetzt fünf Monate alt, soll ich ihm schon feste Nahrung geben und wenn ja, was?“ Die Antwort auf eine solche Frage enthält gewöhnlich besondere Nahrungstabellen und alle möglichen Ratschläge, welche Mengen erlaubt sind, was zu welchen Mahlzeiten gegeben werden solle, wie das Essen zuzubereiten ist und dergleichen mehr. Oder man denke nur an die verschiedenen Werbe-Anzeigen, die alle ungefähr so lauten: „Wurde Ihr Kind im Januar geboren? Wenn das der Fall ist, dann sollten Sie es jetzt mit der von uns hergestellten Nahrung füttern. (Zu ergänzen: ‚wenn Sie eine gute Mutter sind!‘) Sie ist in einem besonderen Verfahren zerkleinert, künstlich vorverdaut, der menschlichen Natur angepaßt usw. usw. . . .“ Und wahrscheinlich vollkommen saft- und kraftlos! Hier haben wir es mit dem typischen Fall zu tun, in dem aus Profitinteresse die natürliche Besorgtheit einer Mutter in einer lebensfeindlichen Gesellschaft ausgenutzt wird.

Wenn das Kleinkind an feste Fütterungszeiten gewöhnt ist und häufig längere Zeit schreien mußte, bevor es sein Essen bekam, dann ist die Besorgnis bei der Umstellung auf feste Nahrung begründet. Wenn das Kleinkind jedoch seine Essenszeit selbst bestimmen konnte und die Zeit des Stillens immer mit angenehmen Empfindungen verbunden war, wird sich im Laufe seiner Entwicklung ganz von selbst zeigen, wann es zur Aufnahme fester Nahrung fähig ist. Der Zeitpunkt kann bei jedem Kind verschieden sein. Gewöhnlich wird sich das Kleine für das Essen interessieren, das die übrige Familie zu sich nimmt, wenn es Gelegenheit hat, den andern beim Essen zuzusehen. Dann ist es ein leichtes, ein wenig von einer gut verträglichen Speise zu Brei zu zerdrücken und dem Kind zum Kosten zu geben. Es wird die angebotene Nahrung entweder ausspucken oder hinunterschlucken. Spuckt es, dann soll man den Versuch nach kurzer Zeit wiederholen. Schluckt es dagegen das Essen hinunter, dann kann es feste Speisen vertragen und sollte häufiger eine kleine Portion erhalten. Unsere Töchter begannen im Alter von vier bzw. fünf Monaten, feste Nahrung zu kosten – und offensichtlich schmeckte sie ihnen. Außerdem spornte das Neue sie an, mehr Erfahrungen zu sammeln. Was die Menge anbelangt, so kann man das ruhig dem Appetit der Kinder überlassen. Welchen Unsinn kann man dagegen in Büchern lesen: einen Teelöffel davon in dem Alter und einen Teelöffel davon in einem anderen Alter! Genau damit beginnt diese widerliche Erpressung: „Noch ein Löffelchen voll für Mami“, oder: „Damit es dir nicht geht wie dem Suppenkaspar.“ Ich erinnere mich noch gut daran, daß ich als Vierjährige meine Brotkrusten aufessen sollte, damit ich Locken bekäme. Zweifellos ist mein glattes Haar auf die Tatsache zurückzuführen, daß ich unter dem Tisch ein gutes Versteck für meine Brotkrusten hatte, wo sie erstaunlich lange unentdeckt blieben!

Soviel zu der Frage, wie und wann ein Kind entwöhnt werden soll. Auf dem Markt werden verschiedene fertige Nahrungsmittel für Säuglinge angeboten, die sich angeblich besonders gut zur Entwöhnung eignen. Aber wenn eine Familie sich vernünftig ernährt, und jeden Tag außer Kartoffeln auch Gemüse auf den Tisch kommt, ist es leichter und auch nicht so kostspielig, das Kleinkind von dem zu ernähren, was die anderen gerade essen. Die Beliebtheit der fertigen Baby-Nahrung kann verschiedene Gründe haben: eine irrationale Besorgnis der Mütter in bezug auf die Nahrung ihrer

Kinder oder die unvernünftige Ernährungsweise der ganzen Familie.

Haben Sie jemals die für Kleinkinder hergestellte Fertignahrung probiert? Wir haben es getan. Als Erica fünf Monate alt war, sandte uns eine bekannte Firma ein Glas mit Säuglingsnahrung, für die viel Reklame gemacht wurde. Erica war schon an feste Nahrung gewöhnt. Da wir die Probe nicht wegwerfen wollten, ließen wir sie kosten. Was geschah? Sie spuckte alles in hohem Bogen aus, und als wir selbst kosteten, reagierten wir ähnlich. Wenn die Erwachsenen annehmen, daß solches Essen den Kleinen schmeckt, dann wundern wir uns nicht, daß so viele Leute Schwierigkeiten haben, ihre Kinder zu entwöhnen!

Daraus ergibt sich, daß alles am besten klappt, wenn die Kinder selbst wählen und auch selbst essen können. Deshalb gaben wir unseren Kindern schon sehr früh einen (unzerbrechlichen) Teller und einen Löffel in die Hand und beobachteten, wie sie immer weniger die Finger gebrauchten, wie sie mit dem Löffel in dem Brei herumrührten, den sie sich selbst mit viel Spaß zubereitet hatten, wie sehr Mahlzeit und Spiel eins für sie waren. Und was den Appetit angeht: sobald das Kind satt ist, zeigt es dies unmißverständlich, indem es fest und entschlossen den vollen Löffel wegstößt. Das tut es ja auch von Anfang an mit der Flasche.

Man kann auf einem Tablett, das am Kinderstühlchen befestigt ist, einige Speisen, die verschieden aussehen und verschieden schmecken, dem Kind zur Auswahl anbieten. Wir ließen unsere Kinder alles Neue ausprobieren, wenn sie Verlangen danach zeigten, und lernten allmählich ihr Verhalten kennen. Sie kommen mit einem erstaunlich kleinen Angebot aus, wenn man bei der Auswahl der Speisen ihre Wünsche berücksichtigt. Eine vernünftige Zusammenstellung für ein Abendessen könnte so aussehen: Tomaten und Äpfel, selbstgebackene Kekse, Brot und Butter, Marmelade und vielleicht noch etwas Zucker. Es ist zweckmäßig, zunächst nur geringe Mengen von allem anzubieten und lieber aufgegessene Speisen nachzufüllen. Damit kann man den Abfall in vernünftigen Grenzen halten. Manchmal fängt das Kind erst bei einer Speise an, ißt dann etwas ganz anderes und kehrt schließlich zur ersten zurück. Deshalb sollte man keine Speise vorzeitig abräumen, es sei denn, das Kind äußert auf die eine oder andere Weise diesen Wunsch.

In einer Familie, die die Selbstbestimmung verwirklicht, werden Besucher natürlich häufig überrascht sein. Manche halten den Atem an, zeigen dramatisch auf das Kind oder nehmen ihm sogar eigenhändig das weg, was sie für gefährlich halten: ein Stück Tomatenhaut oder ein Stück Apfelsinenschale. Wir haben herausgefunden, daß die Kinder unverdauliche Dinge meistens von alleine ausspucken, manchmal erst, nachdem sie endlos darauf herumgekaut haben. In diesem Zusammenhang möchte ich jedoch darauf hinweisen, daß man bei kleinen Kindern viel Zeit dafür verwenden muß, sie zu bewegen, all die Dinge wieder auszuspucken, die sie zum Ausprobieren in den Mund nehmen: Kohlenbrocken, Erdklumpen, Steinchen, Spielzeug, Blätter, Stöckchen, Münzen, Knöpfe, Papier, Kartonstücke, Nägel, Deckel, Stoffreste, Schlüssel, Pfeifen, Flaschenverschlüsse, Murmeln, Dominosteine, Stricknadeln, Schmuckstücke, Gürtel, Draht, Schrauben, Ketten, Bleistifte, Schachfiguren, Werkzeuge, Taschenlampen, Streichhölzer, kleine Schachteln, Haarspangen usw. Das Kauen selbst ist durchaus sinnvoll, einmal, weil es beim Durchbrechen der Zähne hilft und zum zweiten, weil es Vergnügen macht (wie das Kauen von Kaugummi). Deshalb reicht es nicht aus, wenn man das Kind dazu bringt, die Dinge auszuspucken, die wirklich gefährlich sind, man muß dem Kind auch einen sinnvollen Ersatz anbieten.

Es kann nicht geleugnet werden, daß ein Kind zuweilen einen gefährlichen Gegenstand hinunterschluckt. Inwieweit dieses Hinunterschlucken eine Reaktion auf das „Ach du lieber Himmel!" der Mutter oder der Großmutter ist, darüber läßt sich streiten! Man sollte deshalb den Kindern Gegenstände zum Kauen geben, die entweder so groß sind, daß sie sie nicht verschlucken können oder aber sich auflösen, wenn sie sie verschluckt haben. In jedem Fall sollte man das Kauen des Kindes als ein Hauptbedürfnis der frühen Lebensjahre akzeptieren. Leder- und Stahlstreifen, wie sie an den meisten Kinderwagen zu finden sind, scheinen sich hervorragend zum Kauen zu eignen. Als Penny sechs Monate alt war, fand sie ein Fruchtgummi von ihrer Schwester und kaute und saugte so lange daran, bis nichts mehr davon übrig war. Es war offensichtlich von idealer Beschaffenheit, hart genug, um Befriedigung zu geben und doch so weich, daß sie sich im Mund nicht verletzen konnte. Die meisten Gegenstände, die den Kindern zum Kauen angeboten werden, sind nicht sonderlich geeignet. Sie zwingen das Kind, eine Hand zum Halten zu gebrauchen, während sie doch beide Hände frei haben wollen. Kauen ist für sie nur eine Nebenbeschäftigung.

Wenn das Kind beim Essen nicht mehr in seinem Kinderstühlchen, sondern mit den Großen am Tisch sitzen will, kommt für die Erwachsenen eine kritische Zeit. Das Kind muß immer noch die Wahl zwischen mehreren Gerichten haben. Auch ist es im ganzen noch unachtsam beim Essen. Wenn man das Kind zwingt, ordentliche Tischmanieren – oder was die Erwachsenen darunter so verstehen – anzunehmen, raubt man ihm die Freude am Essen und erzeugt Angstgefühle.

Das weiße Tischtuch sollte auf jeden Fall verschwinden. Es gibt genug gute und hübsche Decken aus Wachstuch oder Plastik. Man könnte das Problem auch so lösen, daß man die Kinder alleine essen läßt. Aber damit nimmt man ihnen die Möglichkeit, allmählich die verschiedenen Gegenstände gebrauchen zu lernen und einschlägige Fragen zu stellen. Aber man darf nicht vergessen, daß die Freude des Kindes am Essen sehr wichtig ist. Und wenn die Eltern das Kind vom Tisch fernhalten, so geschieht das ausschließlich deshalb, weil sie nicht in der Lage sind, das Kind auf seine eigene Weise das Essen genießen zu lassen.

Gute Sitten bei Tisch sind in diesem Alter noch recht selten, es ist sinnlos, sich überhaupt darum zu bemühen. Unsere Töchter haben sich allerdings bei Tisch nie unsozial verhalten. Sie alle haben versucht, mit dem Essen zu werfen und von dem Teller eines anderen zu essen. Aber sie sind Vernunftgründen zugänglich gewesen. Und als sie noch kleiner waren, reagierten sie auf ein Kopfschütteln, das heißen sollte „das ist aber nicht lustig", und darauf, daß wir sie ignorierten. Nach kurzer Zeit wurde dann das Spiel aufgegeben. (Das ist natürlich schwierig, wenn der spontane Beifall und das Lachen einer älteren Schwester das echt komische und zielsichere Verhalten einer Zweijährigen belohnen.)

Ich erinnere mich noch, wie sich in mir alles verkrampfte, als ich einmal die Mutter von zweieinhalbjährigen Zwillingen klagen hörte, ihre Kinder wollten nicht essen, und wie sie im selben Atemzug stolz berichtete, wie gut sie schon mit Messer und Gabel umgehen konnten. Es war ein hartes Stück Arbeit, ihr klarzumachen, daß diese beiden Erscheinungen zusammengehörten. Und es kostete sie zweifellos noch mehr Arbeit, den Schaden, den sie angerichtet hatte, wiedergutzumachen.

Diejenigen, die während der Stillzeit und der Entwöhnungsperiode die Selbstbestimmung praktizieren, sind schon an Unregelmäßigkeiten gewöhnt. Aber wenn ein Kind alt genug ist, um sich selbst zu versorgen, müssen die Eltern ein erhebliches Maß Selbstbeherrschung aufbringen, um nicht immer wieder unnötigerweise einzugreifen. Die Menge, die ein Kind zuweilen von einem Nahrungsmittel zu sich nimmt, das Mischen der verschiedensten Speisen und auch die Folge, in der die Nahrung eingenommen wird, ist oft sehr beängstigend oder auch abstoßend und auch sehr verschieden von dem, was man sich vorher vorgestellt hatte. Wenn wir hier Vorkommnisse beschreiben, die auch wir bei unseren Kindern nur sehr schwer tolerieren konnten, wird dies anderen vielleicht helfen.

1. Die Nahrungsmenge

1946 veröffentlichte der Penguin-Verlag eine überarbeitete Ausgabe des Buches „Common Sense in the Nursery" (um eins von vielen Büchern ähnlichen Inhalts zu nennen, die in hoher Auflage erschienen sind). Die Autorin S. Frankenburg ist selbst Mutter von vier Kindern und staatlich geprüfte Hebamme. Sie schreibt, daß man sich „strikt an das Alter" halten soll, wenn man Kindern Erdbeeren zu essen gibt: „Ein einjähriges Kind darf eine essen, ein zweijähriges zwei, ein fünfjähriges fünf, usw." Soviel zum „gesunden Menschenverstand".

Leonora hat, als sie zwei Jahre alt war, bei einer bestimmten Gelegenheit mehr als ein Pfund Erdbeeren auf einmal aufgegessen! Danach hat sie noch oft beträchtliche Mengen dieser köstlichen Früchte auf einmal verzehrt, ohne jemals eine schädliche Wirkung zu verspüren, weder kurz danach noch später. Wir waren damals sehr ängstlich, Leonora war schließlich unser erstes Kind. Aber wir hätten es eigentlich schon besser wissen sollen. Als Leonora ein Jahr alt war, hatte ich sie einmal für eine Weile unbeaufsichtigt zusammen mit den gerade eingekauften Nahrungsmitteln auf dem Bett sitzen lassen. Als ich zurückkehrte, hatte sie ein ganzes Pfund Tomaten aufgegessen. Damals warteten wir geradezu auf die üblen Folgen, aber vergeblich. „Aber Obst macht ja auch nichts", sagen viele, die der autonomen Erziehung ablehnend gegenüberstehen. Dann muß man die ungeheuerliche Geschichte von Erica erzählen, wie sie Leonoras Rekord im Essen von reinem Fett noch übertraf. Sie aß einmal fast ein Viertelpfund Margarine so einfach aus der Hand, danach alles fette Fleisch, das auf dem Tisch stand, und zum Schluß noch mehrere Löffel von einer fetten Soße. Dinge wie diese geschehen öfter, sie sind nicht so leicht mitanzusehen wie der Verzehr großer Mengen Obst! Diesen Hunger nach Fett zeigten die Kinder übrigens abwechselnd in jedem Winter. Es schien wirklich unglaublich, daß diese scheinbar unmäßige Ernährung keine negativen Folgen für die Kinder haben sollte. Aber sie erlitten nie einen Schaden. Offenbar haben sie das Fett gebraucht, und vielleicht ist sogar ihre strotzende Gesundheit und ihre Immunität gegen Erkältungen darauf zurückzuführen. (Vielleicht ist die Wirkung die gleiche, wie wenn sie täglich Lebertran eingenommen hätten, obwohl der ihnen sicher nicht so gut geschmeckt hätte.) Außerdem haben alle unsere Kinder rohe oder gekochte Möhren, Bohnen, Erbsen,

Fleisch, Milch und Apfelsaft gern und in großen Mengen verzehrt. Als Nicola sechzehn Monate alt war, aß sie mit Vergnügen drei Eisbällchen, ohne daß es zu irgendwelchen schädlichen Nachwirkungen gekommen wäre. Ebenso pflegte sie im Alter von zwölf Monaten ein großes Stück Apfelsinenschale zu verschlingen, die Frucht selbst ließ sie liegen. Und nie stellten sich irgendwelche Folgen ein.

Häufig wird behauptet, Kinder hätten eine natürliche Abneigung gegen Knorpel und Fett. Unsere zeigten immer eine besondere Vorliebe für diese Dinge. Leonora änderte ihre Haltung nur, als sie aus verschiedenen Gründen andere Kinder nachzuahmen begann. Sonst kauten sie mit Begeisterung und Ausdauer Unmengen davon. Speckschwarten waren immer sehr begehrt, obwohl sich die Kinder an langen Stücken zuweilen verschluckten. Die Abneigung bei Kindern gegen zähe oder gar harte Speisen kann durchaus darauf zurückzuführen sein, daß sie die Tischsitten beachten müssen, so daß alles, was irgendwie schwierig zu handhaben ist, gemieden wird.

2. Das Mischen von Speisen

Es fällt leichter, zuzusehen, wie Kinder große Mengen auf einmal verschlingen, als ruhig zu bleiben, wenn sie Speisen und Getränke miteinander vermanschen. Wenn man schließlich überzeugt ist, daß der ganze Brei nur noch dazu taugt, weggekippt zu werden, dann setzen sich die Kinder hin und verschlingen ihn mit dem größten Genuß. Einige dieser Mischungen werden wie erfolgreiche Rezepte immer wieder hergestellt. Ölsardinen mit verdünntem Orangensaft, Marmelade mit Tomaten, Gemüse mit Milch, dies sind nur einige Speisen, die wir schätzen lernten (für die Kinder – nicht für uns!), so wie andere Leute Kaviar oder Schnecken schätzen lernen, die ihnen zuvor unbekannt waren.

Kürzlich erst war ich verärgert, als Erica – oder war es Penny? – eine köstliche Hühnersuppe mit einem Schuß Milch abkühlte und dann so aus dem Handgelenk Apfelmus dazuschüttete, das alles gut verrührte und dann hinging und ein Marmeladenbrot oder etwas Ähnliches aß. Ich konnte mich kaum noch zurückhalten und wollte ihr schon eine Gardinenpredigt halten, daß man Essen nicht so vergeuden dürfe, als sich Erica zu meinem größten Erstaunen über das Gemisch hermachte und bis auf den letzten Bissen aufaß.

3. Speisefolge

Auch die Reihenfolge, in der Kinder essen und trinken, deckt sich nicht mit den allgemein anerkannten Regeln und dem, was generell erwartet wird. Daraus ergibt sich, daß das Kind die Möglichkeit haben sollte, zu essen, was es will und wann es will. In der autonomen Erziehung ist es sinnlos, darauf zu bestehen, daß Brot statt Kuchen oder Fleisch nur mit Kartoffeln gegessen wird. Immer wieder konnten wir feststellen, daß unsere Kinder sonst überall beliebte Speisen zurückweisen (Kekse, Kuchen, Gelee, Schokolade und sogar Eis) und weniger attraktive Dinge wie Brot mit Tomaten vorzogen. Die Erwachsenen tun auch gut daran, alles, was mit dem Essen zusammenhängt, kritisch und nüchtern zu überprüfen. Dann werden sie bald nichts mehr dagegen einwenden, wenn ihre Kinder Erbsen, Möhren, Bohnen und anderes Gemüse roh essen wollen. Und auch das starre Festhalten an festen Essenszeiten entbehrt jeder vernünftigen Grundlage. Es gibt sogar Eltern, die erst ihren Kindern verbieten, das Gemüse roh zu essen und sie dann zwanzig Minuten später zu überreden suchen, dasselbe Zeug gekocht zu sich zu nehmen.

Noch eine weitere häufig geäußerte Meinung hat sich als falsch erwiesen. Kinder verderben sich keineswegs den Appetit, wenn sie zwischen den Mahlzeiten essen. Es muß allerdings eine genügend große Auswahl vorhanden sein, und die Mahlzeiten müssen dann auf dem Tisch stehen, wenn die Kinder Hunger haben. Die Erfahrung hat außerdem gezeigt, daß Kinder, die den ganzen Tag über knabbern, sehr gut gedeihen.

Wir haben einige Mahlzeiten notiert, die Leonora gern aß, als sie ungefähr zwei Jahre alt war. Man sollte sie mit den Mahlzeiten vergleichen, die Kinder gewöhnlich bekommen. In dem Buch von V. E. M. Benett und Susan Isaacs „Health and Education in the Nursery“ wird für Kinder dieses Alters folgendes empfohlen: Milch 180–240 g; Brot 30–90 g; Fett 6 g (das wirkt geradezu grotesk neben dem Viertelpfund Margarine, das Leonora zuweilen zu sich nahm); Kresse oder Salat; Kuchen oder Kekse 30–60 g; Marmelade, Zucker, Sirup oder Honig 15 g (das erscheint mir viel weniger, als alle unsere Kinder immer gegessen haben).

Hier nun einige von Leonoras Menüs, die einzelnen Gänge in der Reihenfolge, wie sie sie gerne aß:

1. Schokolade
   Ölsardinen mit Orangensaft
   Brot und Butter (getrennt gegessen)
   trockner Toast
2. rohe Erbsen
   Brot, mit einer Menge saurem Apfelmus
   (ungefähr 12 Teelöffel voll)
   ein halbes Ei

ein Glas voll Stachelbeersaft
vier Speckschwarten

3. Schokolade
eine ganze Dose Ölsardinen
Salat
Tomaten
Eis
Brot und Honig
4. vier Kekse
sehr viel fettes Fleisch
Brot mit Unmengen Erdbeermarmelade
einen halben Blumenkohl
verdünnter Apfelsaft
5. rohe Erbsen
ein Glas Milch
Käse
gekochte Bohnen
Fleisch
Erdbeeren mit Sahne

Diese Zusammenstellung bevorzugte Leonora, und niemals hatten solche Mahlzeiten irgendwelche negativen Folgen. Auch notierten wir nur solche Speisen, die sie wirklich in erwähnenswerten Mengen aß. Mit der Zusammenstellung änderte sich auch die Menge der Nahrungsmittel, die Leonora zu sich nahm, so ließ sie etwas Schokolade liegen, wenn sie mehr Brot aß usw.

Die Frage, wie man der Vergeudung vorbeugen und zurückgewiesenes Essen retten kann, ist nicht einfach zu lösen. Wir haben unsere eigene wirkungsvolle Methode entwickelt. Die Kinder entscheiden sich schnell und reichen dann gern das übrige an uns oder ihre Geschwister weiter. So wandert das Essen bei uns am Tisch häufig von Teller zu Teller. Eine Zeitlang wies Leonora regelmäßig jegliches Fleisch zurück und jedesmal meldete sich prompt Erica: „Ich will es bitte." Das „bitte" haben alle Kinder einfach so angenommen, ohne jemals von uns dazu angehalten worden zu sein. Nicola sagt mit ihren 22 Monaten in einer herzbewegenden Art: „Vielen Dank." Dies wirft auch ein Licht auf das Problem des Benehmens bei Tisch. Zu den ersten Wörtern, die Erica erlernte, gehörte „bitte". Wie bemühen sich die Leute immer wieder, solche Höflichkeitsformeln ihrem Nachwuchs beizubringen. Natürlich sagen unsere Kinder nicht *immer* bitte und danke.

Doch zurück zu unserem Thema, der Verschwendung von Essen. Man kann sie nicht vollständig vermeiden. Auch die abgehärtetsten

Eltern werden nicht immer Lust haben, die zerkrümelten Bissen, die ihr Nachwuchs manchmal zurückläßt, aufzuessen. In solchen Augenblicken muß man sich vor der weitverbreiteten Meinung hüten, daß man Verschwendung betreibt, wenn man die Essensreste wegwirft, andererseits aber richtig handelt, wenn man die Kinder zwingt, die letzten Brocken voller Abscheu in sich hineinzustopfen, wenn sie schon längst satt sind. Wir brauchten einige Zeit, bis wir erkannten, daß es schlimmer ist, wenn man sich überißt, als wenn man einen Rest liegen läßt und auf diese Weise „vergeudet". Ein Kind zum Essen zu zwingen, kann sehr schädlich sein, ganz abgesehen von den psychologischen Problemen, die entstehen, wenn das Kind Angst davor bekommt, etwas stehen zu lassen, weil es doch den Eltern oder dem lieben Gott gefallen möchte.

Diejenigen, die Hungerzeiten durchgemacht haben, mögen mit Recht empört sein. Aber dieses Prinzip verliert seine rationale Berechtigung, wenn die Gefahr nicht mehr existiert und auch nicht mehr droht. In Haushalten, in denen immer genug zu essen da ist, erlebt das Kind die Mahlzeiten als höchst lustvolle Spiele. Warum also aufessen? (Um die verhungernden Inder haben sich die Erwachsenen zu kümmern, und sie sind nicht gerade nachahmenswerte Vorbilder. „Mami, warum steht in der Zeitung, daß die Kartoffeln vernichtet werden, wenn Frau Müller sie doch braucht?")

Zur Dauer der Mahlzeiten werden ganz freigebig grausame Ratschläge erteilt. Dabei sollte man die Essenszeit als Spielzeit ansehen, mit allem Drum und Dran, den Ritualen, dem Ausprobieren und dergleichen mehr. Wir dürfen auch nicht übersehen, daß die meisten Erwachsenen viel zu schnell essen. Wir freuten uns sehr, als wir sahen, wie Leonora sich mit dem Essen beschäftigte, wie sie langsam und geräuschvoll kaute, ganz entspannt und fröhlich, wohingegen Paul sein Essen oft genug freudlos wie unter Zwang hinunterschlang. Und wenn einem auch zunächst das kindliche Ritual beim Essen unsinnig erscheint, so genügt ein kurzes Nachdenken, um sich klarzumachen, daß auch das Leben der Erwachsenen voller Rituale ist. So würde Leonora wohl aufschreien wie ein Mohammedaner, der einen Ungläubigen mit seinen Schuhen die Stätte der Anbetung entweihen sieht, wenn ihr Brot nicht gleichmäßig geschnitten wäre. Die Art des Nahrungsmittels, sein Platz auf dem Teller, die Tellersorte, alle diese Dinge können in der Welt des Kindes eine bedeutende Rolle spielen. Manche Erwachsenen haben dafür kein Gespür. So schreibt S. Frankenburg auf Seite 47 ihres Buches: „Man gewöhnt das Kind an schlechte Sitten, wenn man ihm erlaubt, regelmäßig Essen stehen zu lassen. Einem Kleinkind, das offensichtlich durch die Menge, die noch auf seinem Teller liegt, entmutigt ist, kann leicht durch einen kleinen Schwindel geholfen werden. So nimmt man den Teller unter dem Vorwand, noch etwas Soße nachfüllen zu wollen, vom Tisch, dann leert man ihn unauffällig bis auf einen Rest von zwei oder drei Teelöffeln, der der guten Tischmanieren wegen aufgegessen werden sollte. Selbst wenn das Kind Verdacht geschöpft hat – was bei Kindern unter drei Jahren unwahrscheinlich ist, wenn das Manöver nur geschickt genug durchgeführt wird –, so reicht die Bemerkung: ‚Läßt die Soße das Essen nicht viel weniger erscheinen?' in der Regel aus, um das Kind zu beschwichtigen."

Die meisten Kinder sind jedoch aufmerksam. Ich kann mir einfach nicht vorstellen, daß irgendein Kind mit normaler Intelligenz auf diesen Trick hereinfällt. Das Ganze ist ein ausgezeichnetes Beispiel dafür, wie ein Erwachsener auf unvernünftige, eingefahrene Regeln zurückgreift und dann rational begründen will.

Hier werde ich an ein denkwürdiges Ereignis erinnert. Wir hatten gerade Tee getrunken und saßen noch am Tisch, da entdeckte Paul die Wurst, die Leonora auf ihrem Teller zurückgelassen hatte. Um sie nicht verderben zu lassen, aß er sie auf. Einige Minuten später kehrte Leonora zu ihrem Teller zurück. Ganz offensichtlich entgeistert, da die Wurst ihr noch deutlich vor Augen stand, fragte sie mit zitternder Stimme, wie jemand, der das Schlimmste befürchtet, aber nicht zu glauben wagt, wo ihre Wurst sei. Die nun folgende Szene war einmalig. Durch das ständige Zusammensein mit Erwachsenen und durch die Selbstbestimmung war Leonora erstaunlich vernünftig, obwohl sie noch keine zwei Jahre alt war. Nun aber gab es Zornesausbrüche, Tränen, Ärger, Verzweiflung und schließlich herzzerbrechendes Schluchzen, das ihren ganzen kleinen Körper schüttelte: „Ich möchte meine Wurst." Nichts half, weder das Versprechen, daß es morgen genauso eine Wurst geben werde, eine sehr große sogar, noch die Entschuldigung des gefräßigen, tieftraurigen Vaters. Es war eine so groteske Situation, daß es zeitweise unmöglich war, dabei ernst zu bleiben.

Eine andere Angewohnheit beim Essen überrascht zunächst. Kinder vergleichen, während sie essen, die Speisen ganz unschuldig mit den Fäkalien und allen möglichen anderen Dingen, die die Erwachsenen verabscheuen. Von ähnlicher Art sind ihre gelassenen Fragen zu den Tieren, die sie gerade verspeisen. Was ist das? Wo sind die Augen? Wäre es nicht lustig, wenn sie noch lebten? Alles ohne jeden Sadismus. Einst entdeckte Paul eine tote Raupe auf Ericas Teller. Er nahm sie fort. Folgende Unterhaltung entspann sich:

Erica: „Was ist das?"

Paul: „Eine Raupe."

Erica (sehr bestimmt): „Ich möchte sie."

Paul: „Willst du sie essen?"

Erica: „Nein, ich möchte sie nur anschauen." Sie bestand darauf, daß die Raupe die ganze Mahlzeit über auf ihrem Teller liegen blieb. Unsere Kinder haben nur selten eine Magenverstimmung. Aber immer wieder erstaunt es mich, wie leicht sie das Essen wieder von sich geben. Das quälende und erschöpfende Würgen, das viele Erwachsene so gut kennen, ist allem Anschein nach auf eine Verkrampfung der Muskulatur zurückzuführen. Erica erbrach sich sogar eines Nachts, ohne aufzuwachen.

Wenn unsere Kinder krank sind, fasten sie freiwillig einige Tage lang oder verlangen nur Orangensaft und bevorzugen dann so lange leichte Kost, bis sie wieder gesund sind. Wie dieses vernünftige Verhalten der Kinder im Krankheitsfall, so scheint auch der Verzehr größerer Mengen Fett oder anderer Dinge einen bestimmten Mangel auszugleichen oder ein echtes Bedürfnis zu stillen. Man hat festgestellt, daß Flüchtlingskinder, die über einen längeren Zeitraum hinweg lebenswichtige Nahrungsmittel entbehren mußten, große Mengen davon essen, um ihren Nachholbedarf zu decken. Das Verlangen nach Salz scheint bei Kindern spontan zu entstehen. Apropos Salz: Penny entdeckte eines Tages ein wenig verschüttetes Salz, kostete davon, zog eine Grimasse, kam aber mehrmals zurück, um erneut davon zu kosten. Ob es hier so war wie bei dem kleinen Jungen, der zum erstenmal Bier trank und „Igittigitt, igittigitt ... mehr!" sagte?

Schokolade und andere Näschereien beschwören – glaubt man den vielen Buchautoren – Probleme herauf. Dabei sind gerade diese Dinge bei Kindern häufig mit emotionalem Unwohlsein verbunden wie der Nikotinkonsum bei Erwachsenen. Kinder brauchen eine große Menge Zucker, und häufig bekommen sie in ihrer normalen Kost nicht genug davon. Selbst wenn das der Fall ist, können die emotionalen Assoziationen, die sich mit gekauften Süßigkeiten verbinden, eine große Rolle spielen, besonders bei Kindern, die häufig mit anderen Kindern zusammenkommen. Man sollte schon dem Kleinkind Schokolade als Teil seiner Mahlzeit geben, und zwar die ganze Portion auf einmal, denn dann werden die Zähne am wenigsten angegriffen. Wir waren damals noch nicht klug genug, und deshalb hat Leonora – wohl eine Folge unseres Verhaltens – zwei Plomben in ihren Zähnen. Ganz allgemein kann man sagen, daß ein ständiger oder zeitweiser Mangel an Liebe und Sicherheit zu einem übermäßigen Verlangen nach Zucker führt. Wenn ein Kind gesund ist und sich sicher fühlt, ißt es weniger Schokolade und andere Süßigkeiten; saure Sachen und Obst werden bevorzugt. Die Vorliebe für die im Geschäft angepriesenen Süßigkeiten und das Ansehen, das sie genießen, müssen bekämpft werden, genauso wie das Verlangen nach all dem nutzlosen Unsinn, der uns dauernd zum Kauf angeboten wird. Hier müssen wohl die Erwachsenen, wie in Fällen offensichtlich drohender Gefahr, die Initiative ergreifen und ihre Kinder vor schädlichem Essen und mehr noch vor schädlichen Getränken bewahren. Das heißt nicht, daß man sich auf Reformkost beschränken sollte, bleibt doch den Kindern immer noch eine große Auswahl gesunder Nahrung zu Hause und in den Geschäften. So haben unsere Kinder manchmal Unmengen Schokolade gegessen, ein andermal wieder, was nicht so kostspielig war, große Mengen Zucker, entweder löffelweise oder mit einem Stück Zitrone oder Rhabarber.

Man muß sich unbedingt einmal vergegenwärtigen, wie unzureichend die Ernährung der meisten Kinder ist. Wir haben in einer Realschule eine Befragung durchgeführt. Sie ergab, daß der größte Teil der Kinder frisches Gemüse nur am Sonntag bekommt, daß sie kaum Obst erhalten und daß stärkehaltige Süßspeisen die stärkehaltigen Mahlzeiten ergänzen.

Ich möchte hier, weil ich es für nötig halte, einmal kurz unsere Hauptnahrungsmittel beschreiben. Wir essen nur selbstgebackenes Brot. Es macht wenig Arbeit, und wir haben herausgefunden, daß Kinder, entgegen der weitverbreiteten Ansicht, Vollkornbrot von Anfang an gut vertragen. Wir essen immer sehr viel Gemüse, aber die Kleinen mögen nur wenige Sorten. Möhren, Erbsen, Bohnen und Tomaten erfreuen sich großer Beliebtheit. Man sollte die Ansicht erwähnen, gekochtes Essen verliere an Nährkraft, aber man sollte hinzufügen, daß – wie neuere Untersuchungen zeigen – Nahrungsmittel durch Kochen auch verbessert werden können. Kinder, auch die aus Vegetarierfamilien, haben gewöhnlich keine Abneigung gegen Fleisch. Im Gegenteil, sie mögen es normalerweise gern. Obst haben wir immer sehr viel im Hause, und es wird immer alles aufgegessen. Außer Brot gehören Kochäpfel zu unseren wichtigsten Nahrungsmitteln. Jeder von uns ißt täglich mindestens zwei davon. Schon im Alter von fünf Monaten fingen die Kinder damit an. Die Schale essen wir nicht mit, die kleinen Kinder mögen sie nicht, und im Winter sind die Äpfel meistens chemisch behandelt, damit sie sich länger aufbewahren lassen. Wir reiben die Äpfel nicht, ebensowenig wie die Möhren. Wir halten das für eine unsinnige Art, eine Speise zuzubereiten. Denn während der harte Apfel oder die harte

Möhre zerkaut wird, mischt sich genügend Speichel mit der Nahrung, was äußerst wichtig ist, da dies die erste Stufe der Verdauung darstellt. Außerdem ist das Abbeißen und Zerbeißen eine ausgezeichnete und zudem angenehme Übung für die Zähne, und es hält sie sauber. Wir haben viel Obst und Gemüse im Garten, den Rest kaufen wir billig auf dem Markt, oft in großen Mengen.

Auf dem Gebiet der Ernährung hat das Selbstbestimmungsprinzip schon eine ganze Reihe von Anhängern gefunden. Die Untersuchung von Clara Davis, Anna Freud und anderen und die Arbeiten von Gesell, Aldrich, Buxbaum, Ethel Mannin und anderen zeigen, daß ein ganzes Heer fortschrittlicher Leute erkannt hat, daß ein Kind sehr wohl fähig ist, sich die richtige Menge und Art seiner Nahrung aus einem wohlsortierten Angebot auszuwählen. Hören wir dazu Aldrich: „Wenn wir einmal ein Familienmitglied über einen Säugling gebeugt antreffen würden und sehen, wie er versucht, ihm eine bessere Atemtechnik beizubringen oder die Anzahl seiner Atemzüge in der Minute zu bestimmen, so würden wir an seinem Verstand zweifeln. Aber wenn es ums Essen geht, fühlen wir uns alle zum Eingreifen ermächtigt, ohne zu bemerken, daß das ganz und gar nicht selbstverständlich ist" („Babies are Human Beings").

Erstaunlich ist nur, daß die meisten dieser Autoren daraus nicht den Schluß ziehen, daß das Selbstbestimmungsprinzip allgemeingültig ist.

10. Kapitel Schlaf

Gesunde Kinder kennen das Vergnügen, das der Schlaf bereitet, und die Entspannung, die er gibt. Wenn sie nicht gestört werden, schlafen sie so lange und so tief, wie es für sie gut ist; sie regeln ihren Schlaf ebenso automatisch wie Essen und Atmen. Ein Bericht über fünf Einzelwesen, die in ständigem Konflikt stehen mit einer Gesellschaft, die ihre Zeit nach der Uhr einteilt, einer Gesellschaft, die aus festen kleinen Familienverbänden besteht, deren Mitglieder sich der Allgemeinheit anpassen, obwohl sie keinen gemeinsamen Lebensrhythmus haben. Wir standen in diesem Konflikt auf der einen Seite unserer Kinder, und doch ließ es sich nicht immer vermeiden, sich den üblen Zwängen zu beugen, gegen die sich die Kinder mit unserer Hilfe wehren sollten.

Allerdings waren die Bedingungen für uns recht günstig: Das Studentenleben und Pauls spätere Laufbahn als Dozent und Architekt ließen uns viel Freiheit in der Zeiteinteilung.

Immer wieder werden Eltern, wenn sie ihr erstes Kind erwarten, von lieben Mitmenschen, die ihre eigenen miesen Erfahrungen unbedingt weitergeben wollen, darauf hingewiesen, daß auch ihnen nun die Zeit der gestörten Nachtruhe bevorstehe. Es ist richtig, daß es viel Kraft und Mühe kostet, nachts aus dem warmen Bett aufzustehen, das Kind aufzunehmen und in einem ungeheizten Zimmer auf und ab zu tragen – besonders in kalten Winternächten. Doch ist es wichtig und notwendig, daß wir unsere Kräfte dafür einsetzen, unsere Kinder zu umsorgen, auch nachts und auch, wenn es kalt ist. Denn die gestörte Nachtruhe ist meistens Ausdruck eines Bedürfnisses unserer Kinder, das stark genug ist, ihren Schlaf zu durchbrechen – und oft genug ist die wirkliche Ursache in einem emotionalen Konflikt zu suchen, in den das Kind in einer abweisenden, lebensfeindlichen Gesellschaft geraten ist. Das bedeutet, daß wir die Fürsorge für unsere Kinder an die erste Stelle rücken müssen, vor all die vielen Dinge, die unsere Gesellschaft höher bewertet, vor ein auf Hochglanz poliertes Haus, vor ein pünktlich auf dem Tisch stehendes Essen, vor den Konzertbesuch, das Fernsehen und das Theater. Natürlich hat jeder Erwachsene ein Anrecht auf all diese Dinge. Doch ein Kind, das nachts aufwacht, signalisiert so etwas wie einen Notstand, und demgegenüber muß alles andere zurücktreten. Wenn man das einmal eingesehen hat, kann es sogar Spaß machen, nachts sein Kind zu versorgen. Wem das allzu edel erscheint, für den möchte ich hinzufügen, daß die Erbitterung über die unterbrochene Nachtruhe manchmal sogar Mordgedanken und Mordphantasien hervorrufen kann, die allerdings weit davon entfernt sind, in die Tat umgesetzt zu werden, auch wenn man sie nicht schuldbewußt unterdrückt, sondern ihnen freien Lauf läßt. Jedenfalls kann kein Mensch, der auch nur einen Rest von Mitgefühl besitzt, ruhig das Geschrei eines Kindes anhören, wie es anschwillt, immer neue Höhepunkte erreicht und schließlich in ein erschöpftes Schluchzen übergeht, ohne selbst nach einer Weile völlig erschöpft zu sein und bereit, eine Wiederholung auf jeden Fall zu vermeiden. Es gibt nur zwei Möglichkeiten, das Geschrei eines Kindes zu ertragen: sein Mitgefühl zu unterdrücken, was eine Härte erfordert, die nur aus wirklichkeitsfremden Theorien wie „Kinder müssen lernen, daß die Erwachsenen nicht bei jedem Laut gleich springen“ entstehen kann. Und zweitens, indem man sich vor dem Geschrei durch möglichst viele geschlossene Türen abschirmt. Für beide Fälle lassen sich Beispiele finden.

Anfangs schlafen Babies mehrmals am Tag ein, später nur noch etwa zweimal täglich, und schließlich brauchen sie nur noch am Abend schlafen gelegt werden. Man sagt „in Schlaf fallen" und deutet damit zutreffend an, daß man sich gehenlassen soll, daß man sich fallen lassen soll. Wir wissen alle, daß es leichter ist, sich gehenzulassen, wenn man sich sicher fühlt und keine Angst hat. Weiterhin werden die meisten Menschen uns darin zustimmen, daß man einem Neugeborenen Sicherheit am besten vermitteln kann, indem man es liebt.

In den ersten Lebensmonaten schläft das Neugeborene gewöhnlich gleich nach seiner Mahlzeit ein, oder es macht mit dem zufriedenen Gefühl der Sattheit nach einigen Klapsen auf den Rücken sein „Bäuerchen" und kuschelt sich behaglich in seinem Bettchen oder seiner Wiege zurecht, „bereit" zum Schlaf. Tut es das nicht, so stellt es seine Eltern vor ein Problem, jedenfalls in unserer Gesellschaft. Die Lösung, die das selbstregulative System für dieses Problem anbietet, scheint uns sinnvoll und richtig. Doch zuerst wollen wir uns noch ein bißchen ansehen, was diejenigen machen, die dem „gesunden Menschenverstand" folgen. Sie sagen: „Sieh nach, ob das Kind naß ist, ob es Blähungen oder sonst irgendwelche Beschwerden hat. Wenn nicht, lege das Kind ohne weitere Umstände zurück ins Bett." Na schön, aber wenn es immer noch schreit? „Dann laß es sich einmal richtig ‚ausschreien'", empfehlen sie. „Schließlich sagen auch die Psychoanalytiker, ein Kind könne nun einmal Frustrationen nicht entgehen – nun gut, dann ist dies eben eine solche Frustration. Schließlich hat seine Mutter auch noch anderes zu tun, sie muß abwaschen, den Kanarienvogel füttern und Staub wischen." Andere, die das Geschrei des Babys nicht aushalten können, nehmen es auf den Arm, fürchten dabei aber, zu schwach und nachgiebig zu sein, und entwickeln Schuldgefühle, einmal weil sie mit der Arbeit nicht vorankommen, zum andern weil sie glauben, ihr Kind zu verwöhnen.

Neben diesen beiden Einstellungen gibt es als dritte das Selbstbestimmungsprinzip. Um dem Kind das Gefühl der Sicherheit zu vermitteln, das ihm erlaubt, sich in den Schlaf fallen zu lassen, ist es wichtiger, seine emotionalen Bedürfnisse und seinen Wunsch nach Liebe zu befriedigen, als für sein körperliches Wohlbefinden zu sorgen. Ein Kind zärtlich im Arm zu halten, erzeugt einen Strom der Liebe, der dem Kind wie dem Erwachsenen gleichermaßen Freude bereitet. Dieser Strom der Liebe ist nicht sinnbildlich, sondern real gemeint. Wenn ein Kind immer wieder so auf dem Arm gehalten wird, daß es sich nicht entspannen kann, und wenn es weder Zärtlichkeit noch Liebe spürt, werden sich nach einiger Zeit die Folgen zeigen. Wenn ein Baby seine Mahlzeit beendet hat und noch nicht bereit ist zu schlafen, so bedeutet das – wie wir herausgefunden haben –, daß es ein Bedürfnis nach Liebe hat, und es erscheint nur vernünftig, das Kind dann auf den Arm zu nehmen und zu liebkosen, um es zu beruhigen. Im Arm schläft es dann ein – warum sollte das eine „schlechte Angewohnheit" sein? Wenn das Kind wieder erwacht, so heißt das, daß sein Bedürfnis wieder erwacht ist – und was spricht schon dagegen? Dieser wechselseitige Strom der Liebe stellt für das Neugeborene die erste soziale Beziehung dar und bleibt so lange bestehen, bis er durch andere Funktionen ersetzt wird, was ganz von selbst und reibungslos vonstatten geht. Manchem mag es überraschend vorkommen, daß sich unsere Kinder gedreht und gewunden haben, um aus unserem Arm herauszukommen, und auf diese Weise zeigten, daß sie nicht länger gehalten werden wollten, weil sie davon genug hatten. Doch genau das ist es, was bei selbstregulatorischer Erziehung eintreten kann und auch tatsächlich eintritt. Sobald das Baby genug Liebe empfangen hat, kuschelt es sich behaglich in sein Bettchen und schläft.

Wir sind der Ansicht, daß der unsinnige Mythos von „Gewohnheiten" und „Training" in der Erziehung mehr als irgendwo sonst Fuß gefaßt hat. Wenn man sagt: „Laß das Kind sich ausschreien", so heißt das doch eigentlich: „Laß das Kind merken, daß niemand bereit ist, ihm zu helfen." Die Behauptung „Wenn du das Kind auf den Arm nimmst, wird es dich bald ‚am Gängelband' haben" läßt ironischerweise die Tatsache außer acht, daß das Kind bis vor kurzem ja im wahrsten Sinne des Wortes mit der Mutter *durch ein Band* verbunden war. Vielleicht ist es für das Kind wichtig, daß die Trennung schrittweise vonstatten geht. Bedauerlicherweise kann der Strom, den das Kind real als Liebe und Lust verspürt, nur dann fließen, wenn das Verhältnis des Erwachsenen zu dem Kind völlig frei von Spannungen ist. Ist es das nicht, ist die Mutter neidisch oder eifersüchtig oder hat sie sich vorübergehend vom Kind abgewandt, weil sie denkt: „Oh, könnte ich dich doch hinlegen, du kleiner Quälgeist", oder: „Ich wollte, du würdest mich nicht immer von der Arbeit abhalten", dann spürt das Kind nicht Liebe, sondern Abneigung oder Angst. Möglicherweise fühlt es sich dann schlechter als zuvor, jedenfalls fühlt es sich ganz und gar nicht wohl. Daraus folgt, daß eine Mutter, die gereizt ist, wenn sie ihr Baby auf den Arm nimmt, das Kind lieber liegen und schreien lassen sollte. So schlimm dieses Alleingelassenwerden für das Kind bisweilen auch sein mag, es ist immer noch besser, als wenn es die

Abneigung und den Unwillen der Mutter unmittelbar spürt. Die Beobachtung, daß ein Kind sich sofort beruhigt, wenn es aus den Armen eines gereizten Menschen in die Arme eines ruhigen Menschen gelegt wird, macht diesen Punkt ganz deutlich.

Wenn beide Eltern da sind, und einer von ihnen ist nervös, besteht glücklicherweise immer noch die Möglichkeit, daß der andere das Kind beruhigt. Das kann von großem Nutzen für die Familie sein, doch darf man dabei ein besonderes Problem nicht übersehen: Fühlt sich eine Mutter ihrem Kind gegenüber nicht völlig entspannt, wird sie sicher auch Schuldgefühle haben, weil sie seine Bedürfnisse nicht erfüllen kann. Sie wird diese Bedürfnisse deshalb in Abrede stellen. Mütter, die der selbstregulatorischen Erziehung nicht zuneigen, können dabei immer wieder dieselben unsinnigen Argumente vorbringen, die sie einmal gehört oder gelesen haben und die alle dem Grundgedanken „Man darf das Kind nicht verwöhnen" folgen. Vor lauter Spannungen und Schuldgefühlen sind sie nicht in der Lage, nachzugeben und zu sehen, daß zum Beispiel der Vater die Möglichkeit hätte, zu helfen. Es ist völlig klar, daß es mehr Charakterstärke und Einsicht erfordert, ein brüllendes Baby, das man selbst wegen eigener Spannungen nicht beruhigen kann, an einen anderen weiterzugeben, als es auf dem Arm zu behalten oder einfach hinzulegen. Aber die Scheu, man könne als schwach oder nervös oder unfähig angesehen werden, zu überwinden, ist immer äußerst wertvoll. Deshalb sollte man auf solche Symptome achten.

Manch einer könnte einwenden, daß ja doch niemand die Zeit habe, ein Kind stundenlang auf dem Arm umherzutragen. Aber einerseits, wie viele Dinge sind denn wichtiger als ein zufriedenes Kind? Und andererseits, je zufriedener das Kind ist, desto weniger muß es aller Wahrscheinlichkeit nach auf dem Arm getragen werden. Mit etwas gutem Willen lernt man, die meisten Verrichtungen mit nur einer Hand auszuführen – mit dem Baby auf dem anderen Arm. Und sicherlich wird es auch nicht mehr allzu lange dauern, bis eine Firma eine elegante und praktische Vorrichtung zum Huckepacktragen der Kleinkinder auf den Markt bringt. (Ich möchte hier nicht vorschlagen, diese Vorrichtung ständig zu benutzen, sondern immer nur, wenn das Baby ein Verlangen hat, ganz nahe bei der Mutter zu sein.) Ein kleines Kind in den Arm zu nehmen ist das beste Heilmittel bei allen möglichen Unpäßlichkeiten. Es ist ein Mittel, das jedem immer zur Verfügung steht. Doch leider wird es kaum genutzt. All das Gerede, all das Geschreibe über sogenannte „Schlafgewohnheiten", ist nahezu wertlos, wenn nicht der maßgebliche Einfluß der Spannungen aus der Außenwelt *und* aus der Innenwelt der Familie zur Grundlage der Überlegungen gemacht wird.

Kinder unterscheiden sich in der Beschaffenheit ihres Charakters, und sie unterscheiden sich darin, wie sehr sie sich von Unruhe und Angst „anstecken" lassen, die einen gesunden, tiefen Schlaf beeinträchtigen. Die meisten Kinder in unserer Gesellschaft sind Belastungen, Spannungen und Ängsten ausgesetzt (eine schwere Geburt, nervöse Eltern, Verwandtenbesuche und vieles andere mehr). Daraus folgt, daß man von vornherein damit rechnen muß, daß die Kinder in ihrem Schlafverhalten gestört sind. Das ist in unserer Gesellschaft die Regel, obwohl es natürlich nicht immer und für jede Nacht zutrifft.

Ein stark unterdrücktes, aber wenig empfindsames Kind kann durchaus regelmäßig, wenn auch nicht sehr tief schlafen und seine Eltern längere Zeit hindurch ungestört lassen. Ein solches Kind wird mehr Schlaf brauchen, da sein Schlaf leichter ist. Darüber hinaus gibt es einen weiteren Grund, weshalb so ein bedauernswertes Wesen mehr Erholung im Schlaf benötigt als andere Kinder, deren Grundbedürfnisse erfüllt werden, nämlich den Kräfteverschleiß durch die vielen Kämpfe mit einer Mutter, die ihre Erziehung stur nach der Uhr ausrichtet und alles tut, um „schlechte Angewohnheiten" zu vermeiden. Ein ständig frustriertes Kleinkind gibt häufig das Weinen auf, da es zu nichts führt, und verfällt in Apathie – eine von unzähligen Möglichkeiten, wie ein Mensch sich anpassen und überleben kann. Es besteht also kein Grund, auf Eltern neidisch zu sein, deren Kinder so schlafen, wie die Eltern es wollen. Bevor man zu irgendwelchen Schlüssen kommt, sollte man sich erst das Gesicht des Kindes und das ganze Leben der Familie sorgfältig ansehen.

Das Experiment mit unseren Kindern ist in bezug auf ihren Schlaf und in anderer Hinsicht aufschlußreich. Da ist einmal Leonora, die in einer Klinik geboren wurde und dort die erste Woche ihres Lebens verbrachte. Nach dieser Woche war sie ein Kind, wie es typisch ist für unsere Gesellschaft: unsicher, mit einer schwachen, vergleichsweise gefühlsarmen Bindung an ihre Mutter. Unsere anderen Kinder waren von Anfang an selbstregulatorisch behandelt worden und besaßen die Wärme und emotionale Sicherheit, die eine natürliche Geburt vermittelt. Den Feindseligkeiten ihrer Umwelt wurden sie erst zu einem späteren Zeitpunkt ausgesetzt. Leonora dagegen lernte die lebensfeindliche Routine unserer staatlichen Institutionen schon zu Beginn ihres Lebens kennen. Wir sind der Ansicht, daß diese Erfahrung unmittelbar mit der Tatsache im Zusammenhang steht, daß sie auch heute noch – sie ist inzwischen neun – als einzige nicht allein einschlafen möchte. Sie will, daß alle Viertelstunde oder so einer der Erwachsenen zu ihr kommt. Gerade weil wir dieses Bedürfnis ernst nehmen und zu ihr gehen, wenn es uns möglich ist, kann sie, wenn es sich schwer einrichten läßt – etwa in der Hälfte der Fälle –, auch ohne unsere Gegenwart auskommen und allein einschlafen.

Da sie in der Klinik geboren wurde, waren ihre Schlafgewohnheiten eine ganze Woche lang meiner Kontrolle entzogen. Kinder, die nachts weinten, kamen in ein besonderes Zimmer. Ich bin überzeugt, daß Leonora einen beträchtlichen Teil der Nacht wach lag und weinte, denn die Regel „Nachts gibt es nichts zu essen" wurde in dieser Klinik strikt eingehalten. Auch haben uns die Schwestern dort immer wieder gesagt, daß wir das Kind tagsüber nicht in der Wiege schaukeln sollten, wir würden ihm damit eine Unart beibringen, die es sich nicht mehr abgewöhnen würde – die Unart, in den Schlaf gewiegt zu werden. Diese und viele andere „unerwünschte" und „nicht mehr zu brechende" Gewohnheiten, die wir Leonora und den anderen Kindern gestatteten, hörten ganz allmählich von selbst auf, als das Bedürfnis nach ihnen erlosch. Die Behauptung, daß eine Angewohnheit bestehen bleibt, ist völlig falsch und nicht ungefährlich. Leonora zeigte in der ersten Zeit in ihrem Schlafverhalten eine Eigenart, die bei den anderen nicht auftrat: Sie reagierte überempfindlich darauf, wenn man sie hinlegte. Sie konnte überm Trinken einschlafen, legte man sie aber hin, fuhr sie in dem Augenblick hoch, in dem ihr Kopf das Kissen berührte, und zeigte große Angst. Wir sehen das als die verhängnisvolle Folge ihrer nächtlichen Isolierung in der Klinik an.

Schon nach wenigen Wochen, in deren Verlauf sie etwas ausgeglichener wurde, stellte sich ein annehmbarer Schlafrhythmus ein: sie schlief von halb zwölf Uhr abends bis halb sechs Uhr morgens durch. Als sie ein Jahr alt war, schlief sie die ganze Nacht ruhig, nur die Zeit des Zubettgehens schwankte, und zwar zwischen fünf und sieben Uhr. Die Tiefe ihres Schlafs hing von den Spannungen im Haus ab. Gewisse Besucher brachten ihr und auch Erica und Penny immer unruhevolle Nächte. Bevor Leonora sprechen konnte, achtete ich stets auf vertraute Anzeichen von Müdigkeit und legte sie dann ins Bett. Als sie im Alter von etwa einem Jahr ein paar Worte sprechen konnte, wurde es einfacher. Sie sagte dann gewöhnlich „Bad" oder machte „Winke-Winke" und deutete damit an, daß sie bettreif war. Oft dauerte es allerdings sehr lange, bis sie dann endlich im Bett war, und nie wollte sie allein schlafen gehen.

Einer von uns saß immer bei ihr, bis ihr die Augen zufielen. So mancher gab mir damals den schlechten Rat: „Laß sie doch weinen."

Wenn Leonora jedoch einmal eingeschlafen war, schlief sie fest. Auch die Zeit, als ihre Zähne kamen, überstand sie, ebenso wie später ihre Schwestern, ohne eine einzige unruhige Nacht, obwohl gestörte Nachtruhe doch schon nahezu traditionell zum Zähnekriegen gehört. Für uns gibt es keinen Zweifel, daß meine Narkose bei der Geburt Leonoras indirekt dazu beigetragen hat, daß Leonora nicht allein schlafen gehen wollte. Ich hatte zu dieser Zeit kein gutes emotionales Verhältnis zu ihr. Erst als sie etwa vier Jahre alt war, überwanden wir alle Spannungen und Störungen in unserer Beziehung.

Als sie etwa fünfzehn Monate alt war, begann wiederum eine Zeit der gestörten Nachtruhe. Im nachhinein lassen sich deutlich drei Sachverhalte feststellen, die in diese Zeit fielen: a) Ich arbeite ganztags, während zu Hause eine Kinderschwester war, b) ich befand mich am Anfang einer neuen Schwangerschaft, c) es gab einen plötzlichen Kaltwettereinbruch. Die Störungen traten regelmäßig jede Nacht auf. Paul und ich hatten abwechselnd „Pflicht"-Nachtwache, so daß man sicher sein konnte, wenigstens jede zweite Nacht schlafen zu können. Das ging so weiter, bis ich Leonora eines Abends in eine alte Wolldecke wickelte, damit sie schön warm blieb, wenn ich sie im Arm trug. Als sie eingeschlafen war, gelang es mir nicht, sie aus der Wolldecke auszuwickeln, ich legte sie so nieder – und sie schlief die ganze Nacht! Von da an wurde sie jeden Abend in diese alte Decke gehüllt und ins Bett gelegt, und sie schlief wunderbar. (Die Wolldecke mußte täglich gewaschen werden!) Dieses Beispiel illustriert, von welch großer Bedeutung ein äußerer Umstand sein kann – das wollene Tuch muß ihr tiefe Sicherheit gegeben haben.

Die Spannungen, die entstanden, als Paul seine Architektur-Dissertation schrieb, störten wiederum Leonoras Nachtruhe. Daß in der Tat diese Aufregungen der Grund der Schlafschwierigkeiten waren, zeigte sich auf eine überaus deutliche Weise: Als die Dissertation abgegeben war, schlief Leonora in den folgenden vier Nächten jeweils vierzehneinhalb Stunden ohne Unterbrechung durch! Weder sie noch die anderen drei haben vorher oder nachher jemals so lange geschlafen.

Leonora schlief nie von sechs Uhr abends bis sechs Uhr morgens, wie es für kleine Kinder angeblich richtig ist. Sie schlief vielmehr ungefähr von acht bis acht Uhr, was wir auch wesentlich günstiger fanden. Wir hatten mit Interesse gelesen, daß Portland Mason, die Tochter des Filmstars, „im Alter von neun Monaten von zwölf Uhr nachts bis zwölf Uhr mittags schlief und dabei gut gedieh". In diesem Zusammenhang ist auch die Tatsache erwähnenswert, daß in Frankreich und Italien viele Kinder so lange aufbleiben wie ihre Eltern, was keinerlei schädliche Folgen zu haben scheint. Als Leonora fast drei Jahre alt war, gab es erneut eine Periode gestörter Nachtruhe für sie. Der Grund lag außerhalb der Familie, und die Störung war dieses Mal etwas schwerwiegender. Einzelheiten darüber finden sich in dem Kapitel über Therapie.

Als Erica zwei Jahre alt war, ging Leonora immer mit ihr zusammen ins Bett. Dies war ein Kompromiß, der unter dem Vorbehalt geschlossen wurde, daß sie wieder aufstehen durfte, wenn Erica eingeschlafen war. Und Erica schlief unweigerlich innerhalb von fünf Minuten ein, Leonora manchmal auch, aber nicht immer. An den Abenden, an denen Leonora wieder aufstand, störte sie uns nicht. Sie saß zufrieden da und „las" oder zeichnete, bis sie müde wurde. Dann *bat* sie darum, ins Bett gehen zu dürfen.

Als Penny geboren wurde, hatte Leonora gerade ihre nächtliche Angst überwunden. Wir hatten ihr versprochen, daß sie als erste das Baby sehen dürfte, aber sie sollte erst ins Zimmer kommen, wenn das Kind geboren und die Unordnung beseitigt war, da sie sonst stören könnte. Diese Auflage akzeptierte sie unumwunden. Es war dennoch erstaunlich, wie sie sich tatsächlich verhielt. Penny wurde gegen Morgen geboren, als es noch stockdunkel war. Der Vorraum, der zu Leonoras Zimmer führte, war durch einen Vorhang von der unbeleuchteten Halle getrennt, und hier hinter dem Vorhang befand sich Leonora und tauchte etwa zwanzig Minuten nach der Geburt auf (noch bevor die Komplikationen mit der Nachgeburt ihren Höhepunkt erreicht hatten). Sie sagte, sie habe das Baby schon vor so langer Zeit schreien hören, daß sie glaube, die Unordnung sei nun beseitigt. Tatsächlich hatte das Baby in den letzten zwanzig Minuten keinen Ton mehr von sich gegeben. Leonora hatte also geduldig und ohne Angst zwanzig Minuten lang hinter dem Vorhang gestanden und in der Dunkelheit gewartet, während die Erwachsenen geschäftig hin und her liefen. Paul war zu Tränen gerührt und brachte sie sogleich ins Zimmer. Sie freute sich irrsinnig über all das Durcheinander, das noch im Zimmer herrschte. Die Schüsseln voller Blut brachten sie überhaupt nicht aus der Fassung. Es fällt uns nicht schwer, Danielson zu glauben, daß auf den Südseeinseln eine Geburt ein beliebtes Spektakel ist, bei dem jeder frei zusehen kann.

Das Verhalten der beiden älteren Mädchen blieb auch nach Pennys Geburt ganz unverändert. Penny schlief ebenso wie Erica sehr gut. Ihre Trennung von der Mutter war zwar mit großer Aufregung verbunden, dafür aber nicht so lang, nicht so tiefgreifend, nicht so traumatisch wie bei Leonora.

Die Lage änderte sich etwas, als Erica im Alter von zweieinhalb Jahren nicht mehr so schnell einschlief und mit Leonora wieder aufstehen wollte. Aber wenn man sie danach zurück ins Bett brachte, verhielt sie sich anders als Leonora. Während es bei Leonora große Mühe und eine Unmenge Liebe und Geduld kostete, ließ Erica sich schon durch ein bißchen Zuwendung leicht zum Einschlafen bringen. Man konnte Erica beim Einschlafen immer allein lassen, wenn man ihr einen trockenen Schlafanzug angezogen und eine Flasche gegeben hatte.

Auch die Tatsache, daß jetzt zwei Kinder da waren, die sich nachts Gesellschaft leisteten, trug dazu bei, daß sie gut einschliefen. Als wir zum erstenmal in ein Haus zogen, in dem sie eine Treppe hochgehen mußten, um ins Schlafzimmer zu gelangen, gingen wir dazu über, die Gutenachtgeschichte im Schlafzimmer zu lesen. Am Ende der Geschichte waren sie fast immer schon eingeschlafen. Vor kurzem, als Erica einmal totmüde war, hätte sie lieber auf die Geschichte verzichtet, doch brachte sie es nicht fertig, uns zu sagen, daß wir hinuntergehen sollten. Unsere Geschichte dauert meist eine halbe Stunde. Wenn die Kinder danach noch wach sind, dann gehen wir und sagen, daß wir sie nun nicht länger stören möchten. Sie merken, daß das der Wahrheit entspricht, und Erica läßt uns gehen. Leonora protestiert nur dann gegen unser Fortgehen, wenn wir besonders gereizt gewesen sind, und das kommt schließlich in den „besten Familien" vor. Wir haben ihnen oft bis zum Einschlafen vorgelesen. Eine „Gewohnheit" hat sich auch daraus nicht entwickelt.

Die Geduld, die wir für Leonora aufbrachten – nicht zuletzt, weil sie unablässig von uns forderte –, hat sich gelohnt. Sie schläft heute gut und regelmäßig. Gleichgültig, was passiert, sie bleibt nachts im Bett, auch wenn sie hellwach ist. Wenn Erica eingeschlafen ist, unterhalten wir uns noch ein Weilchen über etwas, das sie gern mag. Als sie etwa fünf Jahre alt war, sagte sie öfter einmal: „Nacht, Nacht, also dann bis morgen, jetzt will ich mir eine Geschichte erzählen." Und damit beschäftigte sie sich dann, bis sie fest eingeschlafen war. Mehr noch, sie weckte nachts niemanden, wenn sie einmal aufs Töpfchen mußte (das in ihrem Schlafzimmer stand und einen eigens angefertigten bequemen Sitz hatte). Sie knipste die Nachttischlampe an und ging danach wieder zurück in ihr Bett, ohne jemanden zu stören.

Ganz allgemein zeigt das Schlafverhalten unserer drei Kinder deutlich die Hauptstörungsquellen des Schlafes, die ich am Anfang dieses Kapitels erwähnt habe. Einflüsse von außen und Spannungen innerhalb der Familie sind die Störfaktoren, die ein schnelles Einschlafen und einen langen, tiefen Schlaf verhindern. Als Penny zweieinhalb Jahre alt war, hatte sie den Wunsch, nach etwa acht Stunden Schlaf zwei bis drei Stunden lang zu spielen. Diese Spielzeit lag morgens zwischen drei und sieben Uhr, und all unsere Versuche, sie wieder zum Schlafen zu bringen, scheiterten. Wir wurden damit immer viel besser fertig, wenn in unserer Familie keine Nervosität, sondern eine entspannte Atmosphäre herrschte. Ich nahm sie dann nach unten und ließ sie spielen, während ich dabei strickte oder nähte, manchmal sogar bügelte, einen Kuchen backte oder schrieb. Glücklicherweise konnten Paul und ich uns die morgendlichen Pflichten teilen, das heißt, daß ich an solchen Tagen ausschlafen konnte, während Paul mit den Kindern aufstand und sich um sie kümmerte, bis er um Viertel nach neun das Haus verlassen mußte. Es ist uns klar, daß so etwas in den meisten Familien leider nicht möglich ist. Unsere Gesellschaft, die aus einzelnen in sich abgeschlossenen Familien besteht, funktioniert in dieser Hinsicht schlecht.

Solche Spielstunden in einer ruhigen, friedvollen Nacht, die von niemandem, auch von den Schwestern nicht gestört werden, haben ihren besonderen Reiz. Und der versäumte Schlaf ist schnell nachgeholt, wenn man nicht nervös ist. Dann fragt man sich, ob ein solches nächtliches Spiel wirklich eine so schlechte Angewohnheit ist, oder ob es nicht vielmehr dazu *gemacht* wird durch die sture Zeiteinteilung unserer Gesellschaft. Die Tugend der Pünktlichkeit ist nichts im Vergleich zu der Befriedigung, die ein entspannter, von Zeitdruck unabhängiger Lebensstil verschafft. Für jemanden, der eine fest vorgeschriebene Arbeitszeit hat, muß das sehr wirklichkeitsfremd und theoretisch klingen. Doch wird auch er zugeben, daß diese Dinge die allgemeine Einstellung zur Kindererziehung beeinflussen, und Selbstregulation kann, wie ich des öfteren wiederholt habe, nichts weiter sein, als eben eine Einstellung.

Und wenn die Umwelt wieder einmal einen großen Schaden angerichtet hat, ist diese Einstellung eine Hilfe. Als die sonst so ruhige und selbstsichere Erica drei Nächte hintereinander aufwachte und sich vor dem Alleinsein fürchtete, mußte ich zwei Stunden an ihrem Bett sitzen, eh ich herausfand, daß das kleine Mädchen aus dem Nachbarhaus ihr angedroht hatte, böse Hunde und Katzen ins Haus zu lassen, die Erica im Schlaf auffressen würden. Das klingt vielleicht übertrieben, aber der Hund, den Erica am besten kannte, war ebenso groß wie sie. Stellen Sie sich einmal einen bösartigen Hund vor, der so groß ist wie Sie selbst, dann erscheint Ihnen diese Furcht sicher nicht mehr unbegründet. Wir erklärten ihr, daß ihr nichts passieren könne. Das half ein wenig, aber wir hatten noch eine andere Idee: Penny war acht Monate alt und schlief noch bei uns im Zimmer. Das Kinderzimmer ist ein sehr großer Raum, und wir schlugen Erica vor, Penny zu sich ins Kinderzimmer zu nehmen, dann könne Penny nachts „auf sie aufpassen". Ericas Gesicht leuchtete auf, und sie, die zwei Jahre älter war als Penny, sagte ganz begeistert: „Und wenn Penny groß genug ist, kann sie mir eine Flasche machen, wenn ich nachts einmal Hunger habe." So steht es nun einmal mit dem Schlaf von Kindern. Manchmal werden sie gestört, manchmal stören sie sich gegenseitig, und die Erwachsenen müssen eingreifen, was überhaupt nicht schwerfällt, wenn man ausgeglichen ist, aber große Mühe macht, wenn man angespannt ist.

Daran, wie die Kinder tagsüber schlafen oder ruhen, zeigt sich am besten, welche Vorteile die Selbstregulation hat. Alle unsere Kinder schliefen am Tag weniger, als die Bücher angeben. Mit eineinhalb Jahren holten Leonora und Erica sich selbst nach dem Essen ihre Decken, Kissen und Flasche, legten sich auf den Boden oder in den Garten oder setzten sich in einen Stuhl und schliefen oder ruhten. Wir mußten ihnen nichts dergleichen sagen oder vorschlagen. Diese Fähigkeit, selbst zu entscheiden, wann sie müde sind und sich ausruhen müssen, und die Fähigkeit, sich dann selbständig hinzulegen, ist ein Vorzug, den man bei den meisten Kindern nicht findet.

Eines Nachmittags erlebten wir ein schlagendes Beispiel dafür. Die Sonne schien zum erstenmal wieder, nachdem es lange Zeit geregnet hatte. Wir waren alle im Garten. Leonora sagte, sie sei müde und ging hinauf ins Kinderzimmer im zweiten Stock. Als wenig später Paul nach oben ging, fand er sie, wie sie bei zugezogenen Vorhängen und eingeschaltetem Licht die Ruhe und den Frieden genoß, die sie sich selbst geschaffen hatte. Sie rieb sich die Hände, was sie immer tut, wenn sie irgend etwas sehr begeistert oder erregt. Dann sagte sie in einer Art, wie man sie vielleicht von einem erschöpften Erwachsenen erwarten könnte, der sich am Abend die Hausschuhe anzieht und zur Zeitung greift: „Und jetzt möchte ich mir in aller Ruhe mal diese Bücher ansehen." Nach etwa einer Stunde kam sie zurück in den Garten; sie war entspannt, frisch und munter.

Zu einer Zeit, in der unsere Familie besonders glücklich war, geschah einmal folgendes: Penny, die damals zweidreiviertel Jahre alt war, fühlte sich müde und bat ganz spontan, ins Bett gebracht zu werden. Es war etwa halb sieben Uhr abends. Die anderen, die gerade mitten im schönsten Spiel waren, spielten weiter. Dieses ungewöhnliche Ereignis wiederholte sich von da an fast jeden Tag: Wenn Penny als erste müde wurde, sagte sie mit einer anmutig verschlafenen Stimme, daß sie ins Bett gehen möchte, und sie half dann auf eine so freundliche und nette Art beim Ausziehen, als ob sie sich vor allem dadurch geliebt fühlte, daß wir ihren Wunsch erfüllten ... womit sie natürlich recht hatte.

Eines Tages verlangte Erica, die mit Leonora im selben Raum schlief und bis dahin immer mit ihr zusammen ins Bett gegangen war, daß sie zuerst ins Bett gehen dürfe und daß Leonora erst dann nachkommen solle, wenn sie selbst eingeschlafen sei. Als Grund dafür gab sie an, Leonora halte sie wach, indem sie zu reden anfinge, sobald sie im Bett lägen. Erica war fünf, und sie reagierte immer sehr empfindlich, wenn sie etwas verpaßte, was Leonora Spaß machte. Um so erstaunlicher war es, daß sie aus eigener Einsicht früher ins Bett ging und damit auf das Privileg des längeren Aufbleibens verzichtete, das besonders wegen der Nachbarskinder von großer Bedeutung war.

Nach diesen Erlebnissen ist es für uns keine Frage, daß auch Familien mit kleinen Kindern unter günstigen Bedingungen durchaus die Kinder selbst bestimmen lassen können, wann sie schlafen gehen wollen.

Man kann im Falle der Selbstregulation ziemlich sicher sein, daß das Kind so viel Schlaf erhält, wie es benötigt. Das ist wichtig. Unsere fünf Töchter schliefen im Säuglingsalter weniger, und zwar bedeutend weniger, als orthodoxe Theoretiker vorschreiben. Dabei schonten sich unsere Töchter tagsüber in keiner Weise. Wir können nur annehmen, daß die willkürliche Festsetzung einer Anzahl von Stunden, die ein Kind schlafen soll, auf Beobachtungen an Kindern beruht, die man bis zur Erschöpfung schreien läßt und die den zusätzlichen Schlaf zur Erholung brauchen. Es handelt sich vermutlich um Kinder von Eltern, die nach C. A. und M. A. Aldrich „... die tatsächliche Funktion des Schlafes, nämlich die Regeneration, aus den Augen verlieren und ‚Bewußtlosigkeit' als eine Tugend ansehen".

11. Kapitel
Das Sexualspiel bei Kindern

„Angst und Schuld sind ansteckend, man muß sie erst loswerden, bevor man beginnt, seine Kinder zu erziehen." Diesen Satz schrieb Professor Nixon im Vorwort zu einem sehr lesenswerten Buch über Sexualerziehung, das von Sten Hegeler stammt und den Titel „Peter und Caroline" trägt. Das ist ohne jede Frage ein guter Rat. Aber so etwas ist leichter gesagt als getan! Die Tatsache, daß dieses einfach geschriebene kleine Buch aus dem Dänischen übersetzt werden mußte, zeigt in aller Deutlichkeit, daß es schwierig ist, in einfachen Worten über die Sexualität zu sprechen. Denn es besteht dabei die Gefahr, daß wir uns etwas vormachen. Wir sagen uns zwar, daß die Sexualität ein Thema wie jedes andere ist und daß man darüber offen reden könne – und glauben dann, damit alle Hemmungen überwunden zu haben. Doch so einfach ist die Sache nicht. Denn wir haben dabei übersehen, daß sich unser Unterbewußtsein durch logische Gedanken und gute Vorsätze kaum beeinflussen läßt (wie Freud gezeigt hat). Es sieht so aus, als hätten wir seit 1925 große Fortschritte erzielt. Damals wurde in einem Buch, das in etwa 200 000 Exemplaren verkauft wurde, folgende Ansicht über die Masturbation vertreten: sie sei „Ausdruck moralischer Verderbtheit", „ein ekelhaftes und gräßliches Ungeheuer, das immer frißt und niemals satt wird", sie sei die größte Sünde und verursache mehr Kummer, Schmach und Leid als alle anderen Sünden zusammen, „Geisteskrankheiten, Auszehrung, Varikozele und ständiger Samenfluß" seien nur einige der Folgen. Heute (1959) sieht man auch in angesehenen Zeitschriften schon die Fotografie eines nackten Busens und nicht nur entbößte Fußknöchel. Aber haben wir wirklich eine vernünftige Einstellung zur Sexualität gewonnen? Gibt es nicht noch immer unbewußte Vorbehalte, Ängste und Schuldgefühle, die ihren Ausdruck in Ungereimtheiten und Unklarheiten in Äußerungen über dieses Thema finden?

Ich bin der Ansicht, daß man selbst in den Theorien der Psychoanalytiker das Vorhandensein dieser Ängste noch nachweisen kann. Ich glaube weiterhin, daß man sich über die eigenen Ängste unbedingt im klaren sein muß, wenn man seine Kinder autonom erziehen will. Deshalb möchte ich im folgenden in einiger Ausführlichkeit darlegen, daß selbst eine angesehene Psychoanalytikerin in einem weithin bekannten Buch ganz deutlich solche unbewußten Ängste offenbart, und zwar genauso, wie ich es oben gesagt habe, durch Ungereimtheiten und Unklarheiten. Eltern, die das durchschaut haben, werden unsere Behauptung, ihre Haltung gegenüber dem Sexualspiel der Kinder sei ebenfalls von unbewußten Motiven bestimmt, die unabhängig von ihren bewußten Absichten vorhanden sind, nicht mehr als so beleidigend empfinden, sondern eher plausibel finden. Auf Grund einer solchen Einsicht fällt es leichter, diese Ängste zu beseitigen. Die Einstellung zum Sexualspiel ist von entscheidender Bedeutung, denn sie steht in direkter Beziehung zur Bejahung oder Ablehnung dessen, was uns in unserem Leben die tiefsten Lustgefühle vermittelt.

Ein typisches Beispiel für die psychoanalytische Betrachtungsweise ist das Buch „Personality of the Young Child" („Der Charakter des jungen Kindes") von Margaret Ribble, das erstmals 1955 in New York erschienen ist. Die Autorin ist weithin bekannt durch ihr fortschrittliches Buch „Die Rechte des Kindes" („The Rights of Infants"). Der Untertitel des erstgenannten Werkes lautet „Ein Leitfaden für ratlose Eltern". Wir wollen uns nun die Einstellung zum kindlichen Sexualspiel, die in diesem Buch zum Ausdruck kommt, etwas genauer ansehen. Das schmale Bändchen steckt voller Wiederholungen und erweckt auf den ersten Blick den Eindruck, die Autorin stünde ganz auf seiten des Kindes. Der grundlegende Irrtum findet sich schon in der Einleitung, in der es heißt: „Sowohl auf dem Gebiet der Sexualität als auch der Aggressivität muß man das Kind geistig führen . . . Eine permissive Erziehung ohne Lenkung ist ebenso schlecht wie Vernachlässigung." Ich habe an anderer Stelle schon dargelegt, daß es sich nicht so verhält, wie die Psychoanalytiker immer wieder behaupten: Aggressivität läßt sich nicht mit den Sexualtrieben vergleichen. Sie ist vielmehr ein sekundärer Trieb, der nur dann eine Rolle spielt, wenn das Bedürfnis nach Sicherheit und der Sexualtrieb nicht befriedigt werden. Den Beweis dafür liefern die Therapie und die autonome Erziehung. Auch ist diese Frustration der Bedürfnisse keineswegs unvermeidlich, wie die Psychoanalytiker behaupten.

Obwohl Margaret Ribble in der Einleitung – wie zitiert – von der Notwendigkeit einer Lenkung durch die Eltern spricht, schreibt sie auf Seite 25 ihres Buches: „Wohlbefinden ist das natürliche Zeichen, daß alles in Ordnung ist." Das ist aber doch die logische Grundlage der Selbstbestimmung. Klarer als M. Ribble es hier tut, kann man gar nicht demonstrieren, welche Widersprüche aus einer irrationalen Einstellung zur Sexualität entstehen. Denn wozu bedarf es einer Lenkung, wenn die Natur ihre eigenen Signale für den idealen Zustand hat? Aggressivität allerdings ist eine krankhafte Erscheinung, sie muß beeinflußt und behandelt werden.

Es ist interessant, welche Lenkung und Beeinflussung M. Ribble empfiehlt. Da stoßen wir gleich auf das alte Tabu der Masturbation. Geisteskrankheit wird zwar nicht mehr angedroht, aber an ihre Stelle tritt etwas Unbestimmtes, das die Autorin „sinnliche Impulse, die die Oberhand gewinnen“ nennt. M. Ribble schreibt: „. . . und die Eltern sollen weder Verlegenheit noch Mißbilligung zeigen. Sie sollen vielmehr beiläufig lächeln und sachte die Aufmerksamkeit des Kindes auf etwas anderes lenken, wobei sie ihm das Lieblings-Spielzeug in das kleine Händchen drücken. So werden die sinnlichen Impulse niemals die Oberhand gewinnen, noch werden sie in heimliche Bahnen gelenkt“ (S. 30).

Aber aus welchem Grund sollten denn die Impulse die Oberhand gewinnen? Und wenn der Drang zur Masturbation stark genug ist, kann dann ein Spielzeug die Aufmerksamkeit ablenken? Ich glaube nicht. Aber ich kann mir vorstellen, daß das beiläufige Lächeln, das man statt „Verlegenheit“ und „Mißbilligung“ zeigen soll, eher zu einem blöden Grinsen wird, das dem Kind gerade Mißbilligung signalisiert. Dann wird das Spiel natürlich leicht in „heimliche Bahnen“ gelenkt! Es ist mir auch nicht ganz klar, was mit diesen bedrohlich klingenden „heimlichen Bahnen“ gemeint ist. Ist ein Kind auf „heimlichen Bahnen“, wenn es sich allein in seinem Bett friedlich und ungestört mit sich selbst beschäftigt? Wen, außer das Kind, geht das etwas an? Und was ist daran schlecht? Kinder sollen ihrer kleinen Geheimnisse wegen keine Schuldgefühle haben, wie es Margaret Ribble anscheinend gern möchte.

Als nächstes stoßen wir auf unser ebenfalls wohlbekanntes Nacktheitsverbot. Ich zitiere wieder aus dem Buch von M. Ribble (die Hervorhebungen stammen von mir): „Gemeinsames Baden und Anziehen (von Mädchen und Jungen) sind in den ersten Lebensjahren gänzlich ungefährlich; wenn sie allerdings über ein gewisses Alter hinaus beibehalten werden – ohne daß ein Erwachsener dabei ist –, so werden sie eine Quelle allzu großer Stimulation. Dann wird diese Gewohnheit *alles andere als harmloses* gelegentliches Spiel sein“ (S. 34).

Was ist dabei so gefährlich? Ich sehe nicht ein, warum ein Spiel, das nicht nur „gelegentlich“ getrieben wird, gleich gefährlich werden sollte . . . es sei denn, man hege das Vorurteil, daß Sexualität an sich gefährlich sei!

„Bald wird das Kind übergroßes Interesse an den Tag legen, seine Eltern beim Baden, beim Ausziehen oder auf der Toilette zu beobachten. Der unbedachte ‚Kult‘ einiger fortschrittlicher Eltern, nackt zu schlafen und sich auch so vor ihren Kindern zu zeigen, mit ihnen zusammen zu baden und zu schlafen, ist ein sehr starker Anreiz zu *frühzeitigen sexuellen Empfindungen* und Phantasien, die außer Kontrolle geraten können. Daher rührt auch die Notwendigkeit ... immer neue Spiele zu finden, die die Kinder ablenken" (S. 43).

Ich möchte noch einmal fragen: Wie kann das alles geschehen, wo doch „Vergnügen" das natürliche Zeichen dafür ist, daß alles in Ordnung ist? Was sind „Phantasien, die außer Kontrolle geraten können"? Phantasien sind für das Kind sicher das beste Mittel, wenn in seiner Welt etwas außer Kontrolle geraten ist – sie sind ein besseres Mittel als die Wirklichkeit – es sei denn, man hat Angst vor der Sexualität und damit auch vor sexuellen Phantasien!

„Wenn das Kleinkind erst einmal seinen eigenen Körper entdeckt hat ... wird es auch bald neugierig, wie die Erwachsenen aussehen. Es beobachtet seine Eltern beim Austausch von Zärtlichkeiten. Es taucht unerwartet im Bad oder in der Dusche auf und betrachtet wißbegierig den Körper der Erwachsenen. Wenn das Kind morgens zu den Eltern ins Bett kriechen darf, dann kann es leicht geschehen, daß in dem Kind *wohlige Gefühle der Erregung entstehen.* Diese Interessen, diese Aktivitäten sind ohne Frage zu Beginn natürlich und völlig harmlos. Aber bald können sie ins Kraut schießen und zur ‚Sucht' werden ... Es ist wichtig, daß man sich immer gänzlich bekleidet herumbalgt" (S. 45–46).

Auch hier treffen wir wieder auf die Widersprüche, wie sie bei denen anzutreffen sind, die mit Sexualität unbewußt Schuldgefühle verbinden. Warum sollte „Vergnügen", das natürliche Signal dafür, daß alles in Ordnung ist, zu einer „Sucht" führen? Das Kriterium ist doch wohl viel eher die Frage, ob die Eltern Schuldgefühle haben oder ob sie sexuell unbefriedigt sind, und nicht, ob sie sich nackt herumbalgen oder „gänzlich bekleidet". Margaret Ribble jedoch legt großen Wert auf das Verbot der Nacktheit. Als nächstes folgen in ihrem Buch einige sehr zweifelhafte Ausführungen, was man beim Baden und auf der Toilette nicht machen soll.

„Der Vater hatte ihr erlaubt, ins Badezimmer zu kommen, während er sich duschte oder sich rasierte. Auch hatte er des öfteren in ihrer Gegenwart uriniert. Diese Intimität führte bei ihr zu einem gesteigerten erotischen Interesse an seinem Körper" (S. 111).

M. Ribble führt hier einen keineswegs alltäglichen Fall an, aber sie tut so, als hätte er Allgemeingültigkeit. Gewöhnlich verlieren die Kinder nämlich das Interesse an solchen Dingen – es sei denn, ihre Neugier wird durch Verbote gereizt. Dann kann es vorkommen, daß sie „wißbegierig den Körper der Erwachsenen“ betrachten, wenn sie in unserem Badezimmer oder im Duschraum auftauchen.

Über den emotionalen Kontakt der Kinder zu den Erwachsenen macht sich Margaret Ribble, wie wir gesehen haben, allerhand Gedanken. In ihrem Buch folgen noch weitere Beweise für die Irrationalität ihrer Argumente und für ihre von Schuldgefühlen geprägte Einstellung zur Sexualität und zu den Emotionen:

„Die Forderung nach Sittsamkeit und Beherrschung der sexuellen Impulse wird dringlicher, wenn das Kind in die Schule kommt. Und wenn folgende Voraussetzungen erfüllt sind, wird es dem Kind ohne große Mühe gelingen, hinreichende Selbstkontrolle zu gewinnen: wenn die Einstellung der Eltern zur sexuellen Entwicklung des Kindes von Anfang an freimütig gewesen ist; wenn übertriebene Liebkosungen (vor allem küssen auf den Mund) vermieden worden sind; wenn die persönliche Freiheit des Kindes genügend beachtet worden ist; und wenn das Kind immer alleine geschlafen hat.“ Das impiziert natürlich, daß es überhaupt Dinge gibt, die man kontrollieren muß. Was für Dinge sind das bei M. Ribble? Zuerst einmal die Masturbation und das Sexualspiel! Stoßen wir schon wieder auf unser Masturbationsverbot? Inwiefern widerspricht es dem „Alles-ist-in-Ordnung-Signal“ der Natur? Doch warum nimmt Margaret Ribble die Forderungen der Gesellschaft so wichtig? Warum beugt sie sich so willig dem Schulsystem? Warum spricht sie immer nur von der Anpassung der Kinder an die Schulen? Denkbar wäre auch, daß sich die Schulen den Kindern anpassen und ihnen die unschuldigen und natürlichen Lustempfindungen gestattet, die beim Küssen auf den Mund (auch hier greift die Autorin wieder nur dieses eine Tabu heraus) entstehen mögen. Warum sollen wir gerade hier nicht darauf vertrauen, daß das „Vergnügen“ das natürliche Zeichen dafür ist, daß alles in Ordnung ist?

Es folgt eine weitere sonderbare Behauptung, die bei Psychoanalytikern aber sehr weit verbreitet ist.

„Kinder im Alter von einem bis drei Jahren, die mit ihren Eltern in einem Schlafzimmer schlafen und wach sind . . . wenn sie Geschlechtsverkehr haben, werden dadurch derart erregt, daß ihre emotionelle Entwicklung beeinträchtigt wird. Ältere Kinder können den Geschlechtsverkehr sogar als äußerst aggressive Handlung ansehen“ (S. 49).

Wenn der Geschlechtsverkehr nicht mit einem Schleier des Geheimnisvollen umgeben ist und wenn er keine sadistischen Elemente enthält, wenn das Kind außerdem merkt, daß seine Eltern nach dem Geschlechtsakt glücklicher und umgänglicher sind, wie sollte es dann zu einer Schädigung kommen? Allerdings enthält der Geschlechtsverkehr in unserer Kultur sehr häufig sadistische Elemente. Deshalb ist es für uns wie für die meisten Menschen besser, dabei allein zu sein und keine kindlichen Zuschauer zu haben. Aber ich möchte ausdrücklich betonen, daß der Ratschlag Margaret Ribbles nicht allgemeingültig ist. Warum sollten Kinder negativ beeinflußt werden, wenn sie erleben, daß andere Menschen Lust empfinden? Sollen wir daraus den Schluß ziehen, daß Kinder auch keinen Geschlechtsverkehr zwischen Tieren sehen sollten? Sollen wir unsere Kinder wegziehen, wenn zwei Hunde sich auf der Straße paaren, weil ... ja warum eigentlich? Ist der Grund nicht letztlich der, daß Sexualität als schmutzig und verderblich angesehen wird? Oder ziehen wir unsere Kinder von Schaufenstern weg, in denen üppige Speisen liegen, nur weil sie sich beim Essen den Magen verderben könnten?

Kinder sollen ihr eigenes Zimmer nicht bekommen, damit sie mehr Freiheit haben, sondern weil „ein eigenes Zimmer sehr hilft bei der weiteren Sexualerziehung des Kindes, und weil es ihm hilft, Selbstbeherrschung zu lernen“ (S. 51). Ist das etwas anderes als die Warnung puritanischer Sittenwächter: „Der liebe Gott sieht alles!“?

Es ist wichtig, daß man die Widersprüche und die Schuldgefühle, die einer solchen Betrachtungsweise zugrunde liegen, erkennt. Dabei werden zwei Dinge klar. Erstens: Selbstbestimmung unterscheidet sich deutlich von dem, was man gemeinhin als fortschrittliche Art der Kindererziehung ansieht (Kindererziehung, die „beweist, daß Freiheit in der Erziehung gar nicht möglich ist“). Zweitens: Die psychoanalytische Theorie stellt Maßstäbe dafür auf, wieviel Freiheit für die Menschen gut ist. Das kann in einer formativen Gesellschaft zu Fehlschlüssen führen, denn dort unternimmt man den Versuch, die Umwelt zu verändern, und versucht nicht, das Kind an eine fragwürdige Gesellschaft anzupassen. Die Vertreter der „fortschrittlichen“ Kindererziehung sind in einem bedauerlichen Irrtum befangen. Sie kämen nie auf die Idee, einer Mutter zu empfehlen, sie solle ihre Brust oder die Flasche „sachte“ wegziehen, wenn das Kind noch trinken will. Noch würden sie empfehlen, man solle gesunde Kinder davon abhalten, zu springen, zu reden oder zu hören. All das sind aber natürliche Funktionen, die fehlende Liebe und Sicherheit ersetzen können. Diesen Sinn können indirekt auch die sexuellen Spiele haben.

Wer Kinder genau beobachtet, wird feststellen, daß sich das Sexualspiel bei ein und demselben Kind im Laufe der Zeit wandelt.

Wenn das Kind am Daumen lutscht und gleichzeitig mit seinen Genitalien spielt, bedeutet das wahrscheinlich etwas anderes, als wenn es am Daumen lutscht und dabei seine Haare zwischen den Fingern dreht. So kann man auch das selbstgenügsame Kind von dem zurückgezogenen dadurch unterscheiden, daß das selbstgenügsame Kind sich im Spiel sofort einem Spielgefährten zuwendet, während das zurückgezogene Kind dazu nicht imstande ist.

Das Sexualspiel kann dem Kind fehlende Liebe oder den Umgang mit anderen Menschen oder fehlende Sicherheit ersetzen. Wenn diese Mängel, wie in den meisten Fällen, nicht gleich behoben werden können, ist das Genitalienspiel keineswegs eine verwerfliche Angewohnheit, sondern tatsächlich das beste Mittel für das Kind, sein Gleichgewicht und Wohlbefinden wiederherzustellen. Es ist völlig unsinnig, die Hand eines solchen Kindes wegzuziehen, auch wenn es „sachte" geschieht, und ihm sein „Lieblings"-Spielzeug zu geben. Sich selbst lieben, ist höchstwahrscheinlich ein besserer Ersatz für fehlende Liebe als das „Lieblings"-Spielzeug.

Unsere Behauptung, daß sich auf sexuellem Gebiet wie auf jedem anderen die Selbstbestimmung des Kindes verwirklichen läßt, bestätigte sich auch für die Altersstufen, für die M. Ribble bei „fehlender Lenkung" verheerende Folgen voraussagt.

Wir sehen nur dann eine Gefahr, wenn die Eltern Schuldgefühle auf sexuellem Gebiet haben. Je weniger sie sich dieser Gefühle bewußt sind, desto größer die Gefahr. Daraus kann scheinbare Toleranz gegenüber dem Sexualspiel resultieren, hinter der sich aber in Wirklichkeit Ablehnung verbirgt. Ein flüchtiger Blick des Erwachsenen, ein beiläufiges „Lächeln" wird dem Kind die Mißbilligung zeigen. Als Gegenpol dazu kann man eine Einstellung antreffen, bei der dem Kind sexuelle Erfahrungen aufgedrängt werden, aus Angst, ihm könne genau wie seinen Eltern etwas entgehen. Beide Einstellungen müssen zwangsläufig Auswirkungen auf die Fähigkeit des Kindes zur Selbstbestimmung haben. Das Sexualspiel der Kinder bedingungslos zu akzeptieren ist ebenso vernünftig, wie die Bejahung anderer Tätigkeiten.

Noch eines finde ich aufschlußreich bei Margaret Ribble. Sie sagt zwar, man solle weder „Verlegenheit" noch „Mißbilligung" zeigen, aber sie sagt nicht, man solle das Sexualspiel billigen. Gerade auf diesem Gebiet muß mehr als auf jedem anderen die ablehnende Haltung der Umwelt ausgeglichen werden. Und das geht nur durch Billigung. Nur wenn man dem Kind unmißverständlich zeigt, daß man seine Verhaltensweisen akzeptiert, kann man auf Verständnis hoffen, wenn man erklärt, daß sexuelle Handlungen tunlichst nicht in Anwesenheit anderer vorgenommen werden sollten. Nur dann wird das Kind den tieferen Grund erkennen, warum es das unterlassen muß: nicht weil das Sexualspiel an sich „nicht ganz koscher" ist, sondern weil die anderen nicht immer Verständnis für die Harmlosigkeit und das Vergnügen dieser Spiele aufbringen. Wenn das Kind dem Erwachsenen vertraut, wird es das einsehen und sich daran erinnern, „daß jeder einmal verrückt ist". Oft bringen Kinder es dann fertig, sich in ganz erstaunlichem Maß freiwillig zurückzuhalten. Man braucht nicht mit scheinheiligen Argumenten zu versuchen, das Interesse abzulenken, man kann vielmehr offen und ohne Umschreibungen darüber reden. Aber je unsicherer das Kind in bezug auf sein Verhalten ist, desto schwieriger wird es sein, es zu beeinflussen. Dann wird das Kind kaum für rationale Argumente zugänglich sein und es wird auch schwerlich in der Lage sein, sich zu gegebener Zeit Zurückhaltung aufzuerlegen. Was das Kind braucht, ist in erster Linie Billigung. Was nutzt es ihm, wenn man seine Hand noch so geschickt von dort wegzieht, wo die Berührung so viel Spaß macht?

Selbst wenn man dem Kind beigebracht hat, nur an Orten mit seinen Genitalien zu spielen, wo es keinen Anstoß erregt, also etwa zu Hause, muß man trotzdem immer auf die lautstark und deutlich vorgebrachte Frage vorbereitet sein: „Darf ich hier mit meinem Pipi spielen? " Das Kind wird vielleicht auch einen Ausweg finden; es gibt ja noch andere erotische Zonen! Als eines unserer Kinder einmal zu einem Kinderfest ging, beruhigte es uns mit der Versicherung: „Ich werde mit meinem Ohr spielen. Das ärgert die Leute nicht so!"

12. Kapitel
Kleider

Die Kleidung birgt mehr Probleme in sich, als man gemeinhin glaubt. Da ist einmal die Form. Selbst wenn wir groteske Übertreibungen wie hochhackige Schuhe, Schnürkorsetts und andere Modetorheiten beiseite lassen, müssen wir eingestehen, daß die Art unserer Kleidung in hohem Maße unvernünftig ist.

„Anständige" Kleidung muß nicht immer auch richtige und zweckmäßige Kleidung sein. Aber der Nudist, der nackt herumläuft, nur um zu zeigen, welch geringen Stellenwert er der Sexualität beimißt, handelt genauso unvernünftig. Anders ausgedrückt: In diesem Fall bestimmt die Unvernunft nicht die Einstellung zur Kleidung, sondern die Einstellung zur Nacktheit.

Progressive Leute meinen oft, ein Mensch, der sich von der Vernunft leiten lasse, dürfe sich unter keinen Umständen etwas daraus machen, nackt herumzulaufen. Diese Leute ignorieren die Gefühle, ihre eigenen wie die anderer Menschen. Aber genau das können wir uns in unserer heutigen Gesellschaft nicht leisten. Die meisten Menschen fühlen sich nun einmal in Gegenwart eines Nackten einfach nicht wohl. Und so versuchen sie dann unbekümmert zu erscheinen, was ihnen jedoch nur unter großer Anstrengung und mit gespielter Gleichgültigkeit gelingt. Oder aber sie reagieren mit Gefühlsausbrüchen, da die Nacktheit zwangsläufig einen nachhaltigen Eindruck auf all jene machen muß, die gewohnt sind, sich angekleidet unter bekleideten Menschen zu bewegen. Zusammenfassend läßt sich feststellen: Die Gelegenheiten, bei denen man sich vernünftigerweise unbekleidet bewegen kann, sind sehr selten, nur innerhalb der Familie sollte das an der Tagesordnung sein.

Das Prinzip der Selbstbestimmung hat die erfreuliche Eigenschaft, daß es den individuellen Gegebenheiten angepaßt werden kann. Dies ist sein großer Vorteil, wie alle, die es anwenden, erkennen können, wenn sie ihre Beobachtungen vergleichen. So schreibt A. S. Neill: „In meiner eigenen Familie bringt die Frage der Kleidung die größten Schwierigkeiten mit sich. Zoë wäre am liebsten den ganzen Tag nackt herumgelaufen, wenn man es ihr erlaubt hätte. Die Eltern eines anderen, frei erzogenen Kindes berichteten, daß ihre zweijährige Tochter ganz von selbst ins Haus kam und um warme Kleidung bat, als es kalt wurde. Bei uns kam das nicht vor. Zoë zitterte an allen Gliedern, bis ihre Nase und ihre Wangen blaugefroren waren, und dann widersetzte sie sich noch unseren Bemühungen, ihr mehr anzuziehen. Mutige Eltern werden vielleicht sagen: ‚Ihr eigener Organismus wird sie leiten. Laßt sie nur vor Kälte zittern, sie ist schon in Ordnung!‘ Aber wir waren nicht mutig genug, das Risiko einer Lungenentzündung einzugehen, und so sorgten wir dafür, daß Zoë die uns angemessen scheinende Kleidung trug“ (A. S. Neill, „Theorie und Praxis der antiautoritären Erziehung“, S. 183–184).

Wir haben herausgefunden, daß man es weitgehend den Kindern überlassen kann, was sie anziehen wollen. Sie laufen gerne nackt herum, aber in England herrscht nicht das Klima, das ein solches Verhalten begünstigt. Vor gar nicht langer Zeit, als es wieder einmal nur dem Kalender nach Sommer war, war es hier in Nottingham nur an einem einzigen Tag so heiß, daß die Kinder draußen ohne Kleider spielen konnten. Das Wetter in England ist derart veränderlich und unzuverlässig, ja heimtückisch, daß das Verlangen der Kinder der einzig zuverlässige Maßstab dafür ist, daß sie weder zuviel noch zuwenig anziehen. Mit anderen Worten: auf den übrigen Gebieten der Selbstbestimmung haben wir mehr Schwierigkeiten.

Leonora verhielt sich schon ganz vernünftig, als sie drei Jahre alt war. Sie hatte zu der Zeit noch keine Geschwister und war noch kaum mit fremden Menschen in Berührung gekommen. Als alle fünf auf der Welt waren, entstanden natürlich bei den verschiedensten Gelegenheiten alle möglichen Probleme. Aber oft genug müssen selbst wir, die es eigentlich besser wissen sollten, erkennen, wie wenig wir im Grunde der Fähigkeit der Kinder zur Selbstbestimmung vertrauen.

So war es einmal sehr heiß und wir alle hatten nur wenig an, Erica aber wollte Wollsachen anziehen! Wir hielten das für eine verrückte Idee und redeten so lange auf sie ein, bis sie nachgab. Kurze Zeit darauf wußten wir, weshalb sie an jenem Tag nach Wollsachen verlangt hatte: sie war dabei, eine Mandelentzündung zu bekommen und hatte deshalb wahrscheinlich Fieber und fror. Es ist sogar anzunehmen, daß sie die Krankheit besser überstanden hätte, wenn wir ihr ihren Willen gelassen hätten.

Die Haltung des einzelnen Kindes zu seiner Kleidung kann man nur dann voll und ganz verstehen, wenn man alle Umstände in Betracht zieht. Stammt zum Beispiel der einzige Mantel, den das Kind besitzt, ausgerechnet von einem gehaßten oder lebensfeindlich eingestellten Menschen, so wird das Kind aller Wahrscheinlichkeit nach lieber frieren, als diesen Mantel anziehen! Wir glauben, daß sich vielleicht auch Zoës Verhalten so erklären ließe. Aber dies soll natürlich ihre Eltern in keiner Weise in ein schlechtes Licht rücken. Wenn ein Kind weniger anziehen will, als uns nötig erscheint, so kann das durchaus ein gutes Beispiel für Selbstbestimmung sein. Aber wenn ein Kind lieber friert, bis es vor Kälte blau ist und wie Espenlaub zittert, dann scheint uns ein solches Verhalten eher ein Symptom für irgendeinen unbekannten Störfaktor zu sein. Wir selbst brauchten in keinem Fall mutiger zu sein als Neill. Unsere Kinder meiden die Gefahr und die Kälte, es sei denn, Unsicherheit verleitet sie zu unvernünftigem Verhalten, ob in Fragen der Kleidung oder bei anderen Gelegenheiten.

So machten wir folgende Erfahrung: Erica zieht im allgemeinen gerne hübsche Kleider an. Aber eine Zeitlang weigerte sie sich, einige wirklich entzückende Sachen anzuziehen, einfach weil sie von einer Person kamen, die sie nicht ausstehen konnte. Das zog sich über Wochen hin. Erst als wir ein „E“ auf die Kleider stickten oder irgend etwas anderes, wodurch sie sie mit ihrer Person identifizieren konnte, änderte sich ihre Einstellung. Und daß sie ihre Einstellung offenbar gern änderte, war für uns besonders interessant. Wir hatten sie keineswegs überzeugt. Wie durch „Zauberei“ war der böse Mann von den Kleidern gewichen, und überglücklich trug sie sie nun, was sie sich schon die ganze Zeit gewünscht hatte!

Der Schlüssel zur Lösung vieler Probleme ist der Zusammenhang vieler Phänomene: Leben und Spielen sind für das Kind, das zum Leben erwacht, nahezu ein und dasselbe. Nur unter diesem Gesichtspunkt können wir Erwachsenen die Bedeutung des An- und Auskleidens für das Kind verstehen. Eltern finden es natürlich weitaus praktischer und ordentlicher, wenn das Kind am Ende eines anstrengenden Tages einfach seine Kleider ablegt und ohne alle Umstände ins Bett geht. Aber das ist nun einmal die Ausnahme und nicht die Regel. Bei uns kommt so etwas zuweilen dann vor, wenn die Kinder müde und glücklich sind. Aber meistens wollen sie den Tag voll auskosten, und die schlichte Tätigkeit des Ausziehens verwandelt sich in ein Spiel. Es hilft einem nichts, wenn nach Definitionen für „Spiel“ im Lexikon gesucht wird. „Spielen“ gehört nun einmal zu jenen Wörtern, die ein Lexikon nicht genau zu erklären vermag, wie es ja auch beim Wort „Leben“ versagt. Des Rätsels Lösung liegt darin, daß „Spiel“ sich nicht mit irgendwelchen spezifischen Tätigkeiten umschreiben läßt, daß aber nahezu jede Tätigkeit „gespielt“ werden kann. „Spiel“ ist eine bestimmte Methode, mit Dingen umzugehen, und Kinder wählen diese Methode am häufigsten. Man kann sie vielleicht am besten als Tätigkeit ohne bewußtes Motiv beschreiben.

Auch das Ausziehen vor dem Schlafengehen und das Anziehen am Morgen hat symbolische Bedeutung, es leitet das Schlafengehen bzw. den neuen Tag ein. In unserer Gesellschaft wirken in den Kindern oft unbewußt Dinge nach, die sie aber als beunruhigend empfinden, und deshalb leisten sie Widerstand, wenn sie beim Einschlafen allein gelassen werden. Sie wissen, daß es ihnen unmöglich ist, sich zu entspannen und einzuschlafen, und darin ist wohl der eigentliche Grund zu suchen, warum sie gegen den ersten symbolischen Schritt des Entkleidens Widerstand leisten, bis das Gefühl des Unbehagens aus der Welt geschafft ist.

Ähnlich verhält es sich mit dem Ankleiden. Wenn der beginnende Tag für das Kind unerwünschte, ja bedrohliche Ereignisse verspricht, so wird es sich mit vielen Ausreden und Vorwänden gegen das Ankleiden wehren. Nur wenn man das Leben des Kindes mit all seinen Hintergründen kennt, kann man sein Verhalten im Einzelfall richtig deuten und helfend und steuernd eingreifen, wenn es nötig ist, wie wir es bei Erica mit den „Zauberzeichen" getan haben.

Allgemein scheint die Neigung zu bestehen, Säuglinge zu warm anzuziehen. Unsere Säuglinge hatten im Sommer ein Unterhemdchen und ein Nachthemdchen, im Winter zusätzlich eine Strampelhose an. Wenn es sehr kalt wurde, zogen wir ihnen noch eine zweite Strampelhose darüber. Wenn sie umhergetragen wurden, hüllten wir sie in ein Wolltuch ein. In dieser Ausstattung erkälteten sie sich praktisch nie. Später (auch dann hatten sie nicht mehr an) konnten wir die erstaunliche Feststellung machen, daß die Kinder, obwohl wir sie morgens immer abgedeckt, eiskalt und durchnäßt fanden, keine Erkältung bekamen. In diesem Zusammenhang möchte ich schon auf die Funktion des Urins hinweisen, ein Thema, über das ich später noch ausführlich sprechen werde. Es mag sein, daß der Schlaf die Kinder davor bewahrt, sich eine Erkältung zu holen. Die Tatsache aber, daß die Nässe vom Urin herrührt und nicht von Wasser, scheint dabei von allergrößter Bedeutung zu sein. So beobachteten wir, daß Leonora auch bei klirrendem Frost nur in eine Wolldecke gewickelt die ganze Nacht durchschlief, obwohl die Decke jeden Morgen vollkommen durchnäßt war. (Da die Decke jeden Tag gewaschen werden mußte, empfahl es sich, ein altes Exemplar zu benutzen.) Andererseits erkältete sich auch keines der Kinder, wenn es sich nachts für kurze Zeit abdeckte. Das gilt allerdings alles nur unter der einen wichtigen Voraussetzung: daß das Kind vorher nicht zu sehr erhitzt war. Ich glaube, daß neun von zehn Erkältungen durch eine Überhitzung und zu schnelle Abkühlung des Körpers verursacht werden. Aus ähnlichen Gründen kann sich das Kind beim Haaretrocknen erkälten.

Es scheint verhältnismäßig leicht zu sein, ein Kind unter einem Jahr warm genug anzuziehen. Als Leonora zwei Jahre alt war, konnte sie uns schon unmißverständlich mitteilen, was sie anziehen wollte. Auf Penny, die sich in vielen Dingen schneller entwickelte als ihre beiden älteren Schwestern, konnte man sich in dieser Hinsicht schon verlassen, als sie erst sechzehn Monate alt war. Sie konnte damals bereits 150 Wörter sprechen und noch mehr verstehen. Sie war außerdem in der Lage, auf eine große Anzahl Fragen mit ja oder nein zu antworten. Das war für uns natürlich eine große Hilfe. Sie konnte uns auch genau sagen, wann sie schlafen gehen wollte. In der Zeit, als sie Masern hatte, trug ich sie häufig liebevoll hin und her, und sie verlangte ganz von selbst nach dem Kinderwagen, wenn sie nicht mehr auf dem Arm getragen werden wollte. Vor allem denjenigen, die glauben, daß Herumtragen nur schlechte Gewohnheiten erzeuge, sollte dies zu denken geben!

Offensichtlich deutet schon in diesem frühen Alter, in dem das Kind seine Wünsche äußern lernt, ungewöhnliches Benehmen beim An- und Auskleiden auf eine Störung hin, zum Beispiel auf negative Assoziationen, die natürlich unbewußt sein können.

Wir möchten noch zu der Kleidung, die wir verwenden, einiges sagen. Trikothemden haben sich bei jedem Wetter – im Winter jedoch meist nur im Hause – sehr gut bewährt. Vom sechsten Monat an, und auch noch früher, sind Trikothemden, Windeln, Unterhemden und Strampelhosen den lächerlichen Kleidchen aus Seide, Spitze und Stickerei bei weitem vorzuziehen, die so viele kleine Mädchen tragen müssen, nur damit ihre Mütter protzen können. Denn es ist doch absurd, einem Kleinkind, das auf der Erde krabbelt, Kleider anzuziehen, die zu einem ganz anderen Zweck geschaffen sind, nämlich zum Gehen. Das Baby wird dadurch in seinen Bewegungen gehindert, und die Mutter hat den ständigen Ärger mit der Wäsche. Baumwolle erweist sich hier als der ideale Stoff, der schnell trocknet und nicht gebügelt werden muß, den es in hellen Farben gibt, der sich gut trägt und außerdem billig ist.

Noch etwas anderes sollte man beachten. Viele Kinder erleiden durch die Geburt traumatische Störungen. Und so wehren sie sich, wenn man ihnen enge Sachen über den Kopf zieht. Bei solchen Kindern – unsere Leonora gehört dazu – verwendet man am besten Kleidungsstücke, die sich vorne schließen lassen oder die sich leicht und einfach über den Kopf ziehen lassen.

Unsere Kleidung schneidere ich zum größten Teil selbst. Das ist äußerst vorteilhaft, weil ich dabei meine eigenen Ideen verwirklichen kann und weil selbstgemachte Kleidung viel billiger ist als gekaufte. Leonora und Erica bevorzugen Kleider aus Baumwoll-Kord, die draußen zusammen mit Wollsachen viel bequemer zu tragen sind als Mäntel (diese verhaßten und viel zu schweren Dinger, die oft schon so geschnitten sind, daß sie die Kinder in der Bewegung hindern). Die beiden haben auch weite Kordröcke, aus billigen Stoffresten geschneidert, sehr gern. Diese Sachen lassen sich alle in der Waschmaschine waschen und sind dankbar im Tragen. Weitere beliebte Kleidungsstücke sind Windjacken, farbenprächtige Strickjacken, ärmellose Westen und Wollsachen. Die Verarbeitung von Wollresten zu bunt gestreiften Wolljacken fand bei allen großen Anklang, und das will bei fünf autonom erzogenen Kindern schon etwas heißen.

Mit Schuhen haben wir nicht viel Erfahrung sammeln können. Wir kauften zwei Paar von jenen hübsch und praktisch aussehenden Lederschuhen, bei denen Sohle und Hacke aus einem Stück sind. Wir mußten feststellen, daß sie zu teuer sind und die Sohlen zu glatt. Kinder tragen gerne Kreppsandalen und ganz lose sitzende Schuhe, die meistens nicht viel kosten. Aber wirklich praktische Schuhe für Kinder gibt es immer noch nicht.

Auch Strümpfe sind ein Problem. Wir hörten von einem Mädchen, das sich weigerte, weiterhin Wollstrümpfe zu tragen und seitdem keine Erkältung mehr bekam, was vorher häufig der Fall gewesen war. Wollstrümpfe sind offensichtlich zu warm und führen leicht zur Überhitzung. Baumwollstrümpfe dagegen sind meistens klamm und halten die Wärme nicht, und wenn sie einmal Feuchtigkeit aufgesaugt haben, setzt sich die Kälte in ihnen fest. Auf diesem Gebiet muß noch viel getan werden. Obwohl wir unsere Kinder nicht dazu gezwungen haben, ziehen sie jeden Tag Strümpfe an. Es ist aufschlußreich, daß sie am liebsten in Socken herumlaufen. Deshalb sollte der ideale Schuh diesen Socken so ähnlich wie möglich sein, nur eben aus haltbarem Material. Wahrscheinlich wäre er aber in der Herstellung sehr teuer, denn er müßte wohl ganz aus weichem Leder hergestellt werden, so ähnlich wie die Mokassins.

13. Kapitel
Sauberkeit

Das traditionelle Sauberkeitsideal gipfelte in dem Satz: „Möglichst keimfrei!“ Zweifelsohne hatte dieses Konzept noch im vorigen Jahrhundert seine Berechtigung, als in den ausgedehnten Armutsvierteln Schmutz und Bazillen die Oberhand hatten, denen die Menschen nur geringe Widerstandskraft entgegensetzen konnten. Heute aber kann es in dieser Absolutheit nicht mehr gelten.

Für die Gesundheit muß man mehr tun als lediglich Bazillen töten. Und es läßt sich endlos darüber streiten, inwieweit Sauberkeit wirklich ein Bedürfnis ist und inwieweit Unsauberkeit anderen Menschen notwendigerweise ein Ärgernis sein muß. So ist zum Beispiel der Anstieg der Kinderlähmung erwiesenermaßen auf das Vordringen der Sauberkeit zurückzuführen, denn die Kinder entwickeln nicht mehr genug Abwehrstoffe. Die Werbung für Deodorants darf nicht zu der Annahme verleiten, Schweiß müsse immer übel riechen. Umgekehrt darf man aus der Tatsache, daß man den Schweiß einiger Menschen gern riecht, nicht den Fehlschluß ziehen, daß alle schwitzenden Menschen gut riechen. Schwitzen ist eine natürliche Funktion des menschlichen Organismus. So kann der Schweiß eines gesunden Menschen angenehm riechen, der eines Kranken jedoch unangenehm. Aber vor allem darf man nicht außer acht lassen, daß die Sinnesorgane der Menschen unseres Kulturkreises überzüchtet sind. Ein Geruch, der die eine Nase beleidigt, kann für eine andere sehr wohl angenehm sein. Wir lieben zum Beispiel den Geruch von Misthaufen auf dem Lande. Andere wiederum finden daran absolut keinen Gefallen. Auch auf diesem Gebiet haben Perversitäten ihre Daseinsberechtigung! Daher lassen sich auch kaum Regeln für die körperliche Sauberkeit aufstellen. Nur mit Aufgeschlossenheit und Unbefangenheit kann man hier etwas erreichen.

Es gibt natürlich auch noch andere Anschauungen über Gesundheit, nicht nur die antiseptische. So ist die Reformkost-Bewegung zwar funktionaler und auch lebensbejahender, aber auch sie ist noch nicht der Weisheit letzter Schluß. Die Vielfalt der Verhaltensweisen in den verschiedenen Kulturen ist tatsächlich sinnverwirrend. Angehörige der gehobenen Mittelschicht in England nehmen jeden Tag ein Bad, und wir kennen einen Gymnasiallehrer, der alle, die das nicht tun, für Ferkel hält. Die Eskimos waschen sich dagegen wahrscheinlich nur einmal im Jahr. Und der Bauerntölpel, den Bernard Miles treffend karikiert, schützt sich vor der Winterkälte mit einer Fettschicht. Das autonome Kind übersteht die lange Periode, ohne sich zu waschen, und hat trotzdem keinen unangenehmen Körpergeruch. Dann wieder, zwischendurch, verbringt es buchstäblich den ganzen Tag im Badezimmer. Viele Erwachsene verhalten sich übrigens ähnlich, nur trauen sie sich nicht, dies offen einzugestehen.

Bevor wir jedoch eine sinnvolle Theorie aufstellen können, müssen wir uns gründlich mit der Funktion des Wassers beim Waschen beschäftigen. Wir müssen verstehen, daß das stundenlange Sitzen im kochendheißen Wasser für den Japaner und das kurze Eintauchen ins nasse Element für den Mitteleuropäer verschiedene Funktionen haben. Erst dann werden auch die Unterschiede zwischen den Anhängern dieser Bademethoden und den Sauna-Anhängern, die zwischen kochendheißem Dampf und eiskaltem Wasser abwechseln, klar. Daß alle diese verschiedenen Verfahren wirksam sind, wird von niemandem, der sie je genossen hat, bestritten werden. (Obwohl „genießen“ im Hinblick auf jene Unerschrockenen, die im Winter mit dem Eispickel ein Loch in die Eisdecke schlagen, um einen Sprung ins kalte Wasser zu wagen, ein fragwürdiger Ausdruck ist.) Sie alle kennen die stark belebende und entspannende Wirkung des Wassers, wenn auch die heilende Wirkung manchmal ausbleibt, die sie sich vom Bad versprochen haben mögen. Alle Warmblüter waschen sich, aber die tiefen und vielfältigen Wirkungen und Eigenschaften des Wassers sind bisher noch nicht erforscht worden. Viele bestreiten sogar das Vorhandensein dieser Wirkungen, obwohl mehrere originelle und unorthodoxe Untersuchungen schon wertvolle Hinweise geliefert haben.

Man kann die Menschen entsprechend ihren Reaktionen auf schmutzige Kinder in zwei Gruppen einteilen: die einen fühlen sich abgestoßen, die anderen aber freuen sich, denn für sie bedeutet der Schmutz, daß die Kinder einen Tag unbeschwerten Spielens hinter sich haben. Wir kannten einmal eine Mutter, die einen Kindergarten nur deshalb über den grünen Klee lobte, weil sie abends ihren Sohn immer genauso pikfein wieder in Empfang nehmen konnte, wie sie ihn am Morgen abgeliefert hatte!

Es ist durchaus möglich, daß die Leser dieses Buches keinen Anstoß an den schmutzigen Händen und Fingernägeln oder am schmutzigen Gesicht, Haar oder Hals ihrer Kinder nehmen, solange sie nicht öffentliches Mißfallen erregen. Wie leicht jedoch führt Kritik von außen dazu, daß man sich auf einmal um alle diese Dinge kümmert, obwohl man theoretisch und prinzipiell nichts gegen schmutzige Kinder einzuwenden hat. Wir mußten mit Beunruhigung feststellen, daß auch bei uns eingefleischte Vorurteile unter dem Deckmantel rationaler Begründungen vorhanden waren.

Wir haben ein Ideal, das sich sogar verwirklichen läßt: Man sollte seine Kinder so behandeln, daß sie nichts gegen eine außerplanmäßige, gründliche Waschung einwenden, wenn es einmal unbedingt notwendig ist. So etwa vor einem Besuch beim Zahnarzt – es wäre doch schade, einen tüchtigen Dentisten zu verlieren, nur weil man keine Rücksicht auf seine unüberwindliche Abneigung gegen schmutzige Kinderhälse genommen hat. – Oder – im Interesse der Familie – wenn die Betten frisch bezogen sind. Es macht wirklich Spaß, ein völlig sauberes Kind im Arm zu halten, besonders dann, wenn Sauberkeit die Ausnahme ist. Aber man sollte niemals vergessen, daß ein Kind nicht dazu da ist, nur wegen seines sauberen und adretten Aussehens beachtet und bewundert zu werden.

Alles, was mit der Sauberkeit zusammenhängt, läßt sich in einigen Hauptpunkten zusammenfassen. Wir wollen sie aufzählen und dann im einzelnen unsere Ansichten dazu äußern:

1. Waschen vor und nach den Mahlzeiten und anderen Tätigkeiten
2. Baden
3. Haare waschen
4. Haare schneiden und bürsten
5. Nägel schneiden und reinigen
6. Zähne putzen
7. Nase putzen

Bei allen diesen Tätigkeiten wird man viel mehr Erfolg haben, wenn man sie zu erfreulichen Ereignissen macht, die das Kind gern wiederholen möchte. Kinder wollen nun einmal möglichst alles im Spiel tun. Nachahmung ist ein wesentlicher Bestandteil des Spiels. Sie kann einem gerade in diesem Zusammenhang sehr von Nutzen sein.

1. Waschen vor und nach den Mahlzeiten

Unsere Kinder wissen, daß waschen hier vernünftig ist. Vor dem Essen wird man dadurch den Schmutz los, der sonst ins Essen geraten und ihm einen schlechten Geschmack verleihen könnte (kleine Kinder essen ja oft noch mit den Fingern). Nach dem Essen beeinträchtigt die klebrige Masse an den Fingern das Spiel. So sind die Kinder in beiden Fällen zur Zusammenarbeit bereit. Und wenn sie sich einmal sträuben, so ist das unweigerlich ein Symptom für etwas anderes. So kommt es zuweilen vor, daß sie ungewaschen ins saubere Wohnzimmer zu stürmen versuchen. Wenn wir sie mit Gewalt daran hindern, kommt es zu einem Tohuwabohu – ihr Wutgeheul und dazwischen unsere mehr oder weniger vernünftigen Stimmen, die ihnen die Vorzüge des Waschens klarzumachen versuchen. Wir möchten jedoch betonen, daß solche Vorfälle in unserer Familie Ausnahmen sind, bei denen die Eltern mehr zusetzen als die Kinder. Autonome Kinder scheinen immer lebhafter und lauter zu sein, bei angenehmen und auch bei unangenehmen Ereignissen.

2. Baden

Die meisten Babies lieben das Baden. Unsere bildeten da keine Ausnahme, aber es gab Perioden, in denen sie schon als Säuglinge wütend dagegen protestierten. Sie überlebten diese manchmal wochenlangen Perioden unbeschadet – sehr zum Erstaunen vieler Leute, die ernsthaft glauben, es sei der sichere Tod des Babys, wenn es nicht täglich sein Bad habe.

Schon früh entwickelten unsere Kinder eine Vorliebe für das gemeinsame Bad in der großen Badewanne. Wir hatten schon früher im Hause eines Freundes einmal seine drei Kinder beim gemeinsamen ausgelassenen Baden beobachten können, und wir hatten damals das Kleinste bewundert, wie gelassen es die Wellen, die Spritzer, das Tauchen und den Lärm dabei ertrug. Seither hat sich dieses Schauspiel oft in unserem eigenen Badezimmer wiederholt. Wieder waren wir erstaunt, welch rauhe Behandlung Penny und Nicola, die noch nicht einmal zwei Jahre alt waren, aushielten. Den Erwachsenen hätten sie nicht im entferntesten ein solches Verhalten zugestanden. Sie hätten bestimmt lauthals protestiert. Aber auch Kinder verlieren die Lust am Baden, genau wie die Erwachsenen. Es gibt vielerlei Gründe dafür: ein kaltes Badezimmer, schnelles Waschen ohne jede Spielerei (einige verrückte Erwachsene glauben tatsächlich, man wäscht sich nur, um sauber zu werden!), Seifenschaum in den Augen, unverhofftes heißes oder kaltes Wasser oder, bei ganz kleinen Kindern, das wilde, gurgelnde Geräusch, das abfließendes Badewasser verursacht.

Leonora hörte das einmal, als sie zwei Jahre alt war. Wir waren an dem Abend etwas ungeduldig und wollten einfach nicht mehr warten, bis Leonora ihr ausgedehntes Spiel im Bad beendet hatte (obwohl wir wußten, daß sie ein Recht darauf hatte!). In dieser Stimmung kam uns das Mißtrauen Leonoras gegen Geräusche im Abflußrohr sehr zupaß. Wir konnten der günstigen Gelegenheit, den langen Aufenthalt im Bad endlich zu beenden, nicht widerstehen. Wir hoben Leonora schnell aus der Wanne, als ob auch wir dem Geräusch mißtrauten – mehrere Monate lang sollten wir das bitter bereuen! Das Kind hatte Vertrauen zu uns. Wenn die Eltern Gefahr signalisierten, so hatte es sich bisher noch immer als richtig herausgestellt . . . und so ließ Leonora es von nun an bei den Abflußrohren gar nicht erst darauf ankommen! Erst viel später konnten wir sie wieder dazu bewegen, ins Bad zu steigen, zunächst allerdings nur auf dem Schoß ihrer Mutter!

Für uns ist das tägliche Bad keine Zeremonie. Aber wenn ein warmer Baderaum vorhanden ist und eine komfortable Einrichtung, kann dies ein gute Methode sein, den Tag zu beschließen. Das Kind wird sauber dabei, was normalerweise von Vorteil ist, es entspannt sich und kann im warmen Wasser nach Herzenslust spielen. Aber wenn das Bad direkt vor dem Schlafengehen stattfinden soll, braucht man schon einige Erfahrung, um den richtigen Augenblick abzupassen. Denn man darf nicht außer acht lassen, daß das Kind ja nach dem Bad die richtige Bettschwere haben soll und nicht schon vorher. Das Baden, zumindest bei Kindern unter sechs, sollte stets unter Aufsicht geschehen. Außerdem sollte das Kind auch in der Lage sein, ohne Hilfe in die Wanne und wieder herauszuklettern.

Ist kein warmer Baderaum vorhanden, dann ist es oft besser, Baden nicht als angenehm und leicht hinzustellen. Vom Standpunkt der Sauberkeit aus sind Ganzwaschungen an einem warmen Ort genauso angenehm und leicht, wenn sie auch nicht so viel Gelegenheit zum Spielen bieten.

3. Haare waschen

Das Haarewaschen, besonders, wenn es sich um lange Mädchenhaare handelt, ist eine ziemlich heikle Angelegenheit. Es ist durchaus nicht nötig, die Haare regelmäßig jede Woche einmal zu waschen, nur damit sie sauber aussehen. So finde ich es wirklich aufschlußreich, daß unsere Kinder einmal wegen ihres sauberen Aussehens bewundert wurden, obwohl sie sich gerade in einer „wasserscheuen“ Periode befanden und ihre Haare seit Wochen nicht gewaschen waren. Sauberes Aussehen hängt offensichtlich nicht allein vom Waschen ab.

Beim Haarewaschen waren uns folgende Tips sehr nützlich; sie machten aus der ganzen Angelegenheit ein Spiel:

a) Ein Spiegel kann so angebracht werden, daß das Kind sich „wie beim Friseur“ selbst sieht, wenn es mit dem Seifenschaum im Haar einen komischen Anblick bietet, oder beim Spülen, wenn die Haare vornüberfallen.

b) Man kann die Haare des Kindes waschen, nachdem die Eltern mit gutem Beispiel vorangegangen sind.

c) Man sollte die Temperatur des Spülwassers sorgfältig prüfen. Das Wasser trifft in großen Mengen einen sehr empfindlichen Teil des Kopfes, und wenn dann die Temperatur nicht haargenau stimmt, kann das Kind einen Schock erleiden.

d) Der Gebrauch eines leicht löslichen Shampoos ist ratsam, so daß nicht allzu langes Spülen erforderlich ist. Essig und Zitronensaft im Spülwasser bewirken, daß die Knoten im Haar sich leichter auflösen.

e) Der Zeitpunkt kann so ausgesucht werden, daß das Haarewaschen zu einer Überraschung für jemanden, z. B. den Vater, wird.

f) Das Trocknen sollte besonders im Winter im Warmen und in einer angenehmen Atmosphäre stattfinden. Man kann dabei eine Geschichte erzählen oder vorlesen. Das Haar sollte nicht gekämmt, sondern gebürstet werden, denn auf diese Weise lassen sich Knoten ganz leicht lösen. Ein elektrischer Haartrockner ist eine große Erleichterung.

4. Haare schneiden und bürsten

Die Haarbürste ist ein angenehmeres, wenn auch nicht so exakt arbeitendes Werkzeug als der Kamm. Sie reicht für die tägliche Haarpflege aus. Wir halten es für völlig überflüssig, ständig Knoten aus dem Haar zu kämmen. Die Pein, die das Kämmen von verknotetem Haar bereitet, ist auch dem erfahrenen und abgehärteten Erwachsenen wohlbekannt. Ein Kind sieht nur einen Grund, der für die Haarpflege spricht: ab und zu muß es sein, sonst wird es das nächste Mal noch schlimmer. Doch über ein bestimmtes Maß des Erträglichen hinaus gilt auch dies nicht mehr.

Viele Knoten lassen sich mit sanfter Hand entwirren, die meisten lösen sich ohnehin beim Waschen auf. Manche verschwinden auch von selbst wieder. Die Tortur, Haarknoten aus Marmelade, Honig, Schmutz, Sand, Butter, Soße, Senf, Kartoffeln oder irgend etwas anderem aufzulösen, erscheint dem Kind als sinnlos und ist ihm tief verhaßt. Gerade hier aber meinen manche Eltern irrigerweise, sie müßten trotz der Schmerzensschreie ihrer Kinder hart bleiben. Eltern, die das tun, sollten sich nicht wundern, wenn ihr Kind denkt, sie hätten es nicht lieb. Bei autonom erzogenen Kindern ist Zwang auf diesem Gebiet absolut unnötig.

Die Wahl des Friseurs erfordert die gleiche Sorgfalt wie die Wahl des Arztes. Vom Standpunkt des Kindes aus betrachtet ist der Friseur sogar wichtiger, denn es hat häufiger mit ihm zu tun und hält sich normalerweise länger bei ihm auf. Das kann natürlich Spaß machen, denn es gibt da immer etwas Neues und Interessantes zu sehen. Paul war in seiner Kindheit von Friseurläden fasziniert, obwohl er das eigentliche Haareschneiden haßte. Warum können die Erwachsenen nicht verstehen, daß ein plötzliches Reißen an den Haaren für ein ganz in Gedanken versunkenes Kind eine Quälerei darstellt? Vielleicht ist der Charakter eines Friseurs oder eines Arztes oder eines Zahnarztes von größerer Bedeutung als sein technisches Können.

Auch unsere Friseuse tut gelegentlich unseren Kindern weh. Aber im Gegensatz zu vielen ihrer Fachkolleginnen sagt sie ihnen, sie möchten mit dem Kamm auf das Waschbecken schlagen, wenn es mal weh tut. Pauls Zahnärztin machte es ebenso. Welch eine Beruhigung für den Patienten! Er hat das wunderbare Gefühl, alles unter Kontrolle zu haben! Es dauerte eine ganze Zeit, bis Paul merkte, daß die Zahnärztin gar nicht daran dachte, mit dem Bohren aufzuhören, sobald Paul die Hand hob – es sei denn, es stimmte zufällig mit ihren eigenen Absichten überein. Aber allein das Gefühl, sie jederzeit zum Aufhören veranlassen zu können, ließ Paul die größten Schmerzen erdulden, ohne nervös oder verkrampft zu werden. Als er dann erkannte, daß er auf einen Trick hereingefallen war, hatte er schon so viel Selbstvertrauen gewonnen, daß er das Bohren ohne weiteres ertrug.

Was ein guter Friseur ausmacht, habe ich erst kürzlich wieder erlebt. Nachdem Nicola ihren drei älteren Schwestern beim Haareschneiden zugeschaut hatte, erklomm die gerade Zweijährige aus eigenen Antrieb den Hochsitz und verlangte zu meiner Überraschung – ich hatte bei ihr noch gar keinen Haarschnitt vorgesehen – „auch Haare schneiden!" und saß dann ganz erwartungsvoll da. – Und so bekam sie ihren ersten Haarschnitt.

5. Nägel schneiden und reinigen

Im Grunde genommen ist das Reinigen der Nägel unnötig, bis die Kinder so alt sind, daß sie es selbst machen können. Dann bitten sie gelegentlich um Hilfe, weil sie noch ungeschickt sind und sich leicht weh tun.

Nägel schneiden kann man zu einem wundervollen Spiel umfunktionieren: man läßt die Nägel so weit wie möglich springen, es lassen sich dabei sogar Rekorde aufstellen. Aber hier ist es genauso wie beim Haarewaschen: man muß sorgfältig vermeiden, dem Kind weh zu tun, und das passiert leicht, wenn man die Nägel zu kurz schneidet. Das Kind sieht darin einen wohlüberlegten Akt der Grausamkeit. Es nützt dann nichts, wenn man „Entschuldigung" murmelt. Genausogut könnte man sich bei einem Mann entschuldigen, dem man gerade vorher mit der Axt ein Bein abgehackt hat. Wenn man Kleinkindern die Nägel nicht schneidet, so brechen diese – nach unseren Erfahrungen – von Zeit zu Zeit alleine ab, ohne daß es dem Kind weh tut.

Es gibt dennoch einen Grund, der für das Schneiden der Nägel spricht und der auch den Kindern einleuchtet: ungeschnittene Nägel können gefährlich werden. Bei uns haben alle schon einmal unbeabsichtigte Kratzer abbekommen, so daß wir es in dieser Beziehung ganz leicht hatten.

6. Zähne putzen

Das ist nun eine äußerst fragwürdige Beschäftigung. Vor sieben Jahren warnte ein guter Zahnarzt Paul, daß er in drei Jahren keine Zähne mehr haben werde, weil alle Zahnhälse bereits gefährdet seien. Paul fand heraus, daß das Zähneputzen daran schuld sein mußte und gab es auf. Statt dessen ißt er jetzt als letztes vor dem Schlafengehen einen Apfel oder auch eine Karotte.

Paul bevorzugt eine vernünftige Kost, die vornehmlich aus rohem Gemüse, Äpfeln, Schwarzbrot und braunem Zucker besteht. Dazu ißt er viele Dinge, über die die Nahrungsmittelreformer die Stirn runzeln würden. Ohne Änderung seiner Kost sind Pauls Zähne nun besser geworden, nur ganz selten noch muß er sich einen Zahn plombieren lassen. Er hat in der ganzen Zeit nur einen einzigen Zahn verloren und auch den noch aus anderen Gründen. (Ein zynischer Zahnarzt erklärte uns einmal, daß naturgemäß Löcher in Zähnen seltener werden, je mehr diese durch Plomben oder Stiftzähne ersetzt werden!) Als Paul begann, seine Zähne nicht mehr zu putzen, hatte er wegen möglichen Mundgeruchs große Bedenken. Aber er hat nie welchen bekommen. Mundgeruch ist immer auf Störungen in der Verdauung oder auf stark gewürzte Speisen zurückzuführen, nicht auf Überreste zwischen den Zähnen. Paul besuchte auch zwei Zahnärzte und erzählte ihnen erst nach der Untersuchung, daß er sich schon seit Jahren nicht mehr die Zähne putze. Beide waren äußerst verblüfft und sagten, daß man das an den Zähnen nicht erkennen könne. Dann erinnerten sie sich an das, was sie auf der Universität gelernt hatten, daß nämlich bei entsprechender Kost die Zähne sich selbst reinigen. Sie gaben Paul voll und ganz recht und wetterten nur noch gegen die allgemein übliche unsinnige Ernährungsweise und gegen die Zahnpasta-Industrie. Wir sorgen dafür, daß die Kinder nicht gerade vor dem Schlafengehen Schokolade essen und sind im übrigen sicher, daß eine vernünftige Ernährung, Milch und Wasser mehr für die Gesundheit der Zähne tun, als es das Putzen jemals vermag. Im Gegenteil, Putzen kann nach unserer Ansicht sogar großen Schaden anrichten. Die Zähne wirksam zu reinigen, erfordert außerordentliches Geschick!

7. Nase putzen

Das Kleinkind wird vor allem durch das heftige und schmerzhafte Zusammenpressen der Nase unangenehm berührt. Später sieht es darin nur ein unerfreuliches Ereignis, das man möglichst meidet. Wenn man die Geduld hat, das Ganze als ein sanftes, fröhliches Spiel aufzuziehen, und jedesmal erst vormacht, wie man sich die Nase putzt, hat man schon gewonnen. Deshalb begannen unsere Kinder bereits im Alter von 17 Monaten, unaufgefordert Taschentücher zu benutzen. Wenn sie aber in ihr Spiel vertieft sind, werden sie immer den Ärmel benutzen, weil das einfach und praktisch ist. Das brachte mich auf den Gedanken, daß man ein austauschbares Stück Leinen oder Baumwolle, eventuell mit Druckknöpfen, am Ärmel befestigen könnte. Das wäre eine praktische Hilfe, besonders in Zeiten, in denen ein Kind erkältet ist, und besonders deshalb, weil Kinder ständig ihre Taschentücher verlieren, ganz gleich, wo sie sie aufbewahren.

Den Extremisten, die noch weitergehen und sagen: „Warum eigentlich nicht einfach den Ärmel?", kann man nur eins sagen – Nasenschleim auf allen Kleidungsstücken ist wirklich kein Vergnügen. Und die Verbindung von Nasenschleim mit Erde, Essensresten und vielen anderen verhärtenden Stoffen läßt sich nur sehr schwer wieder entfernen.

14. Kapitel Ausscheidungen

D. H. Lawrence war der Ansicht, man solle die tabuisierten englischen Wörter für bestimmte Körperfunktionen allgemein benutzen. Seiner Meinung nach ist ihr richtiger Platz in der Alltagssprache, nur dort können sie ihre eigentliche und richtige Bedeutung zurückerlangen. Wilhelm Reich vertrat dagegen die Ansicht, daß diese Wörter ihrer wahren Bedeutung nach pornographisch seien und daß sie daher nur im Bereich der Pornographie Verwendung finden sollten. Welcher der beiden Meinungen wir uns auch anschließen, auf einem Gebiet fehlen uns dann die entsprechenden Ausdrücke. Wir verwenden in diesem Kapitel das Wort „Ausscheidungen". A. S. Neill sprach von den „natürlichen Funktionen". Nichts kennzeichnet die Schwierigkeiten besser, denn wenn A. S. Neill schon derart unbeholfene Umschreibungen verwendet, muß es ziemlich schwer sein, überhaupt welche zu finden.

S. Frankenburg schreibt dazu in ihrem Buch „Common Sense in the Nursery":

„Es stellt sich als ein unschätzbarer Vorteil heraus, wenn man einige besondere Bezeichnungen für diese Vorgänge hat, die allgemein nicht bekannt sind. Das Kind ist noch zu klein, um die peinliche Situation der Eltern zu verstehen, wenn es im Bus oder sonstwo in der Öffentlichkeit eines der üblichen Wörter gebraucht, die auf diesem Gebiet Verwendung finden. Erfindet man aber seine eigenen Namen, dann gerät man nicht aus der Fassung, wenn das Kind in einem übervollen Restaurant laut sagt: ‚Ich will Anneliese!'" (S. 58).

Das arme Kind, wenn es einmal allein bei einer Freundin ist, die tatsächlich Anneliese heißt! Ich halte es für sinnvoller, wenn das

Kind die üblichen Bezeichnungen für diese natürlichen Funktionen verwendet, etwa „Pipi", „groß machen", „aufs Töpfchen gehen" oder auch eine der übrigen Bezeichnungen, die wegen ihrer leichten Aussprechbarkeit unter Kindern weit verbreitet sind und teilweise sogar schon Eingang in die Nachschlagewerke gefunden haben. Es würde mir auch nichts ausmachen, wenn meine Kinder diese Ausdrücke in der Öffentlichkeit benutzten. Es wäre weniger peinlich als das, was ich mit Penny einmal erlebt habe. Sie war zwei Jahre alt, als ich mit ihr eine Busfahrt machte. Dabei entdeckte sie einen etwas beschränkt aussehenden Mann, auf den sie mit ausgestrecktem Finger zeigte und mehrmals laut und für alle verständlich rief: „Affe, Affe, Affe!", wobei sie die zweite Silbe betonte. Mir schien es damals, als würde diese Busfahrt niemals enden.

Die sprachlichen Schwierigkeiten sind Ausdruck der gestörten Einstellung unserer Gesellschaft zu den natürlichen Funktionen. Auch in diesem Zusammenhang müssen wir an die Notwendigkeit der Selbstbestimmung hinweisen. Dabei sollten wir uns allerdings vor Rationalisierungen hüten.

Aber was läßt sich grundsätzlich zu diesem Problem sagen? Wenn man eine Waschmaschine oder sonst eine praktische Möglichkeit hat, Windeln zu waschen, und wenn der Fußboden ein bißchen Nässe verträgt, sehe ich keinen vernünftigen Grund, warum ein Kleinkind sauber und trocken sein sollte, solange es sich im Hause aufhält. Wenn das Kind nachts ins Bett gemacht hat, verursacht ihm dies nach unserer Erfahrung nur in den seltensten Fällen Unbequemlichkeit. Nur die daraus resultierenden Folgen sind dem Kind unangenehm, so zum Beispiel, daß es sich morgens gleich waschen muß oder daß ein beliebter Schlafanzug in die Wäsche kommt oder daß ein Erwachsener daran Anstoß nimmt – was wohl am häufigsten zutrifft. Wir haben mit allen unseren Kindern diese Erfahrung gemacht. Kinder können in einem Bett schlafen, das so naß ist, daß der Urin auf dem Gummilaken Lachen bildet. Wenn sie mitten in der Nacht aufwachen, verlangen sie möglicherweise noch etwas zu trinken, obwohl sie die Lachen damit vergrößern. Aber sie wollen nicht trockengelegt oder umgebettet werden. Das wird ganz deutlich, wenn sie trotz der Nässe bald wieder einschlafen.

Wenn man den Kindern vor dem Zubettgehen noch einmal die Flasche gibt, so heißt das nicht, daß sie nun auf jeden Fall das Bett naß machen. Es ist wirklich erstaunlich, in welchem Ausmaß unsere Kinder ihre Blasentätigkeit kontrollieren konnten, vor allem, wenn man bedenkt, daß wir in dieser Beziehung nie Druck auf sie ausgeübt haben. Erica hatte einmal eine Periode von etwa einer Woche Dauer, in der sie nachts völlig trocken war. Dann bekam sie Masern und produzierte wieder eine Überschwemmung nach der anderen. Sie hatte in der Zeit, in der sie nicht näßte, abends oft anderthalb Flaschen getrunken und in den „feuchten" Nächten oft nur ein Drittel davon. Es ist daher ziemlich unnütz und vielleicht sogar schädlich, dem Kind das Trinken am Abend zu untersagen, wenn es die Flasche gern möchte und sie zu seinem Wohlbefinden braucht.

Insgesamt scheinen die oft angeführten Gründe, warum man einem Kind unter sechs das Bettnässen abgewöhnen sollte, nicht recht überzeugend. All der Wirbel, die Diskussionen und der Aufwand, der hier gemacht wird, sind eine direkte Folge der Tabuisierung der Ausscheidungen in unserer Gesellschaft. Der eine oder andere hält unsere Ansicht vielleicht für übertrieben.

Die oben bereits zitierte Autorin weiß von einigen extremen Fällen zu berichten:

„Jemand hat mir einst im Ernst erzählt, er kenne ein Kind von drei Monaten, das einmal quiekte, wenn es ‚Kleines' machen, und zweimal, wenn es ‚Großes' machen mußte" (S. 52).

Aber dann fährt sie ähnlich grotesk fort:

„Es ist für das Kind besser, wenn es täglich zu einer bestimmten Zeit Stuhlgang hat. So viele menschliche Funktionen zeigen einen Rhythmus, warum sollte der Darm eine Ausnahme machen? Wenn ein kleines Kind zu seiner bestimmten Zeit auf einem Topf sitzt, erweist sich manchmal die Berührung des Afters mit ölgetränkter Watte als nützliche Mahnung. Man kann den Wattebausch auch ein Stückchen einführen. Diese Methode stößt nicht auf die gleiche heftige Ablehnung wie Seifenstückchen oder ähnliche Praktiken" (S. 56).

Das ist das genaue Gegenteil zur Selbstbestimmung. Die Autorin sieht die Körperfunktionen rein mechanisch, für sie gibt es eine feste Zeit, zu der das Kind Stuhlgang haben sollte. Aus ihrer mechanistischen Auffassung ergibt sich zwangsläufig die Forderung nach exakter Regelmäßigkeit.

Nur wenn wir die irrationalen Wurzeln für all diesen offensichtlichen Unfug aufdecken, können wir die wirklichen Gründe dafür finden, warum so viele Mütter es für notwendig erachten, ihre Kinder zur Sauberkeit zu dressieren, manchmal schon von Geburt an, spätestens dann, wenn das Kind die Kontrolle über seine Ausscheidungsfunktionen gewonnen hat. Also etwa mit anderthalb Jahren.

„Auf den Stuhlgang ist leichter zu achten, und mit zwei oder drei Monaten sollten volle Windeln schon eine seltene Erscheinung sein. Dabei spielt es eine große Rolle, wie geschickt die Eltern vorgehen" (S. 56).

Ein solches Verhalten ist nicht nur sinnlos, es führt auch ziemlich sicher zu einer analen Fixierung.

„Man soll sich davor hüten, das Kind zu lange auf dem Töpfchen sitzen zu lassen" – so heißt es weiter in demselben Buch. Ob diese Bemerkung auch für die unzähligen Kinderkliniken gilt, in denen es üblich ist, die Kinder an den Bettpfosten zu binden, wenn sie auf dem Töpfchen sitzen? Daß in dem ehemaligen Gesundheitszentrum von Peckham dieselbe unglaubliche Methode angewandt wurde, hat uns einen schweren Schock versetzt.

S. Frankenburg macht noch weitere einsichtige Bemerkungen. Wenn man die Widersprüche dieses Buches aufdeckt, wird deutlich, wie sehr die Autorin – entgegen ihrer Absicht – von irrationalen Einstellungen beherrscht wird.

„Die These, daß man ein Kind bis zum achtzehnten Monat und länger unbeeinflußt lassen soll, beruht auf Beobachtungen einiger weniger Fälle. Anhängern dieser These macht es nichts aus, ihr Kind Tag und Nacht in Kot und Nässe liegen zu lassen. Ihrer Ansicht nach sollte ein Kind bis zu diesem Zeitpunkt weder durch den Anblick des Töpfchens noch durch Anweisungen erschreckt werden . . . Hier werden negative Auswirkungen, die durch den Übereifer von Erwachsenen entstehen, mit dem unschuldigen Topf selbst verwechselt. Das hat dazu geführt, daß ganze Familien gleichsam verurteilt sind, unter Bedingungen zu leben, neben denen die Verhältnisse in den Bauten und Nestern von Säugetieren oder Vögeln geradezu angenehm und zivilisiert scheinen.

Eines möchte ich klar hervorheben. Wenn ein Kind mit zwei Jahren noch nicht sauber ist, so ist das nur für die Erwachsenen unangenehm, das Kind erleidet dadurch weder einen seelischen noch einen körperlichen Schaden. Nur die strikte und negative Einstellung der Eltern wirkt sich auf die Kinder ungünstig aus. Denn sie macht aus einer belanglosen Sache ein moralisches Problem.

Wenn die Eltern Geduld zeigen und nicht allzuviel verlangen, dann gibt es keine vernünftigen Gründe gegen eine Sauberkeitserziehung von der Geburt an, aber viele dafür" (S. 55).

In Wirklichkeit aber nennt die Autorin nur einen einzigen Grund dafür, nämlich daß der körperliche Mechanismus regelmäßig funktionieren sollte. Doch dann stellt sie auch die Fragen: „Was kann gewonnen werden? – Arbeitsersparnis, weil man weniger waschen muß. – Und was kann verlorengehen? – Längere Zeiten der Ruhe und des Friedens, die für Körper und Geist des Kindes wichtig sind." Und wenn man ihre Empfehlungen denkt, den „After des Kindes mit ölgetränkter Watte" zu berühren, wird man ihr kaum abnehmen, daß sie das Problem für „eine belanglose Sache" hält, durch das sie nie aus der Ruhe gebracht werden könnte. Wir gehören zu denen, die in Verhältnissen leben, die nach Ansicht der Autorin für Tiere zu schlecht sind. Dafür aber halten wir das Problem wirklich für belanglos.

Man kann daher grob unterscheiden zwischen Müttern, die mit dem Topf leben, und solchen, die das nicht tun. Die ersten quälen sich damit ab, ihr widerstrebendes Kind immer wieder auf den Topf zu setzen, Tag und Nacht. Ihr Stolz ist es, daß das Kind mit sechs Monaten sauber ist. Welchen Stoß versetzt es ihrem Stolz, wenn das Kind etwa mit vierzehn Monaten einen Rückfall erleidet, was gar nicht zu vermeiden ist. Und das, obwohl man es laut Frankenburg auf einem umgedrehten Hocker neben das Bett gesetzt und „mit einem Schal an einen Bettpfosten festgebunden" hat.

Wir dagegen warteten ruhig diese kritische Periode ab. In der ersten Hälfte des zweiten Lebensjahres werden nämlich die bis dahin unwillkürlichen Blasen- und Darmentleerungen willkürlich und bewußt. So konnte ich eines Tages bei Leonora, als sie etwa vierzehn Monate alt war, beobachten, daß sie erst ein überraschtes Gesicht und dann ein Bächlein machte. Von da an hatten wir leichtes Spiel. Wir hatten einen Kasten aus glattem Holz mit einem Loch oben gebaut. Dieses Loch konnte mit einem Deckel verschlossen werden, der einen Knopf zum Anfassen hatte. Kinder lieben solche Knopfdeckel: es macht Spaß, sie auf- und zuzumachen. Der Kasten hatte eine bequeme Höhe zum Sitzen für die Kinder. Man brauchte sie nicht hochzuheben und wieder herunterzunehmen. Die ganze Einrichtung hat nur einige Mark gekostet. Auch ließ sich der Kasten leicht auf Reisen mitnehmen, so daß sich die Kinder nicht erst an etwas anderes gewöhnen mußten.

Von dieser Zeit an nahmen wir Leonora immer mit auf die Toilette, wenn wir gehen mußten, und sie setzte sich auf diesen Kasten. Sie erkannte sehr schnell die Zusammenhänge und genoß die ganze Situation. Sie nahm auch unser Händewaschen mit Interesse zur Kenntnis. Und was wichtiger ist, sie begriff den Unterschied zwischen den Geschlechtern. So kam es, daß sie mit achtzehn Monaten von sich aus auf die Toilette ging. Nachts stand ihr Töpfchen neben dem Bett. Bald schon war sie so weit, daß sie nachts trocken blieb und aufs Töpfchen ging.

Ich möchte hier noch bemerken, daß viele Mütter sich unnötigerweise aufregen, wenn ihre Kinder einmal einen Tag lang keinen

Stuhlgang haben. Bei unseren Kindern ist das sehr unterschiedlich. Aber wenn man einem Kind zutraut, daß es weiß, was es essen soll, dann kann man ihm auch zutrauen, daß es seinen Stuhlgang selbst regelt. Wir haben die Feststellung gemacht, daß unsere Kinder nur dann unter Verstopfung zu leiden hatten, wenn sie aus irgendeinem Grund nervös waren. Nervös wurden sie vor allem durch bestimmte Besucher. Bei Leonora konnte es bei solchen Gelegenheiten vorkommen, daß sie vier oder fünf Tage lang nicht zur Toilette ging. Solange Kinder mit Muttermilch ernährt werden, haben sie ohnehin weniger Stuhlgang, denn Muttermilch enthält sehr wenig Abfallstoffe.

Mit Erica dauerte es etwas länger. Das lag zum Teil daran, daß sie das zweite Kind war, so daß wir für sie weniger Zeit aufbringen konnten. Zum anderen Teil auch daran, daß wir umgezogen waren und unsere neue Wohnung nur ein winzig kleines Klo hatte. Ein Erwachsener paßte nur knapp hinein, für ein Kind auf einem Töpfchen war kein Platz mehr. Erica brauchte sechs Monate länger als Leonora, bis sie tagsüber nicht mehr in die Hose machte. Nachts war es bei ihr unterschiedlich, wie ich schon beschrieben habe. Manchmal blieb sie völlig trocken, aber meistens schwamm sie morgens. Mit viereinhalb Jahren wurde sie ganz überraschend sauber, und zwar unmittelbar nach Nicolas Geburt. Wir hatten ihr immer gesagt, sie solle sich nichts daraus machen, wenn sie sich naß gemacht hatte, bis wir feststellten, daß wir damit genau das Gegenteil dessen erreichten, was wir eigentlich wollten. Nun lobten wir sie und nannten sie ein „kluges Kind“, was ihr alle Scheu nahm. Wenn ein Kind emotional sicher ist, kann man ihm auch einmal klarmachen, daß „dieser Ort nicht fürs Pipimachen ist, sondern daß man Pipi auf der Toilette macht“. Das fällt in die gleiche Kategorie, wie die Belehrung, daß Bücher tabu sind. Das funktioniert jedoch nur, wenn man selbst keinen Ekel vor den Ausscheidungen zeigt, Penny konnte es nicht leiden, wenn sie ins Bett gemacht hatte. Wir setzten sie daher, wenn wir ins Bett gingen, noch einmal aufs Töpfchen. Sie machte dann ihr Bächlein, und das Bett blieb trocken. Dieses Vorgehen schien sie nicht zu stören. Sie wollte eben trocken bleiben, ganz im Gegensatz zu Erica, die ein nasses Bett nie gestört hat. Später schien es Penny mehr zu stören, daß wir sie noch einmal hochnahmen. So ließen wir ihr die Wahl, und sie entschied sich für das Liegenbleiben. Sie hat es seitdem auch so fertiggebracht, jeden Morgen trocken aufzuwachen. Daß wir sie hochnahmen, führte nicht dazu, daß sie von uns abhängig wurde.

Die direkte Methode, die Kinder an die Toilette zu gewöhnen, hat noch einen weiteren Vorteil. Die Kinder erfahren, daß zwar einige Menschen „scheu" reagieren, andere dagegen nicht der Meinung sind, daß diese Funktionen immer unter Ausschluß der Öffentlichkeit stattfinden müßten. Das ist notwendig, wenn das schädliche Tabu des Toilettenbesuchs überwunden oder vermieden werden soll. Uns ist der Fall eines Mädchens bekannt, daß sehr frei erzogen worden war. In der Schule wurde sie dann mit der Forderung konfrontiert, daß die Toilettentür immer abzuschließen sei. Das brachte sie derart aus der Fassung, daß sie eine Zeitlang gar keine Toilette benutzen konnte.

Penny hat wie Leonora von uns gelernt. Sie benutzt heute das Töpfchen in der Toilette. Und Erica lernt, das zweite Töpfchen, das eine Treppe höher steht und von Leonora stammt, zu benutzen. Nicola ist entspannter als alle anderen. Sie zeigt mit ihren zwei Jahren wenig Interesse, ihre älteren Schwestern zu imitieren.

Ich möchte zum Abschluß die positive Funktion der Ausscheidungen hervorheben. Wie alle natürlichen Funktionen, kann auch das Ausscheiden Lust vermitteln. Wenn man seine eigenen Vorurteile überwindet, wird man bei der Beobachtung von Kindern feststellen, mit welcher offensichtlichen Befriedigung sie ihr Geschäft verrichten. Es ist barbarisch, wenn man versucht, daraus eine Pflicht zu machen.

15. Kapitel
Spielsachen

„Ich freu mich so, ich muß spielen", sagte Leonora eines Tages, als sie etwa drei Jahre alt war. Jede Aktivität kann für ein Kind Spiel sein, auch das Essen, Anziehen und Schlafengehen. Aber Spiele, die nicht mit irgendwelchen Tätigkeiten verbunden sind, nehmen den größten Raum im kindlichen Leben ein. Manchmal besteht ein solches Spiel darin, daß sich das Kind selbst Geschichten erzählt. Das konnten wir bei Leonora beobachten, solange sie noch unser einziges Kind war. Für viele Spiele sind aber Materialien, das heißt Spielsachen erforderlich.

Es gibt teure und billige Spielsachen und solche, die gar nichts kosten. Es gibt Spielsachen, die man nur ein einziges Mal verwenden kann, andere eignen sich nur für bestimmte Spiele und wieder andere lassen der Phantasie unbegrenzte Möglichkeiten. Busfahrkarten zum Beispiel kann man nur zu einem Zweck im Spiel gebrauchen, Spielkarten dagegen bieten schon mehrere Möglichkeiten. Aber was kann man nicht alles mit Bausteinen oder leeren Schachteln oder einem Dreirad anfangen!

Ohne genaue Untersuchungen läßt sich kaum etwas zu der Frage sagen, ob Jungen und Mädchen von Natur aus unterschiedliche Spielsachen bevorzugen. Die kulturellen Einflüsse sind hier zu groß. In unserer heutigen Gesellschaft kommt es häufig vor, daß Jungen mit Puppen spielen und Mädchen mit Pistolen. Darin kann sich einmal der Wunsch ausdrücken, dem anderen Geschlecht anzugehören, es kann aber auch eine echte Vorliebe für diese Spielsachen sein.

Doch selbst wenn wir diese Unterscheidungen einmal beiseite lassen, ist es fast unmöglich, Allgemeingültiges über Spielsachen zu sagen. Höchstens das eine, daß Eltern im allgemeinen billige oder kostenlose Spielsachen bevorzugen, vor allem, wenn sie stabil sind, während Kinder die Spielsachen am liebsten mögen, mit denen sie am meisten anfangen können.

Wir haben bei unseren Kindern ein paar interessante Beobachtungen gemacht. Kinder lieben Rasseln: je größer und je lauter, desto besser. Kleine Kinder fassen gerne Sachen an, die weich sind. Auch wollen sie immer auf etwas herumkauen. Wir gaben ihnen Knochen. Wenn man die richtigen aussucht, sind sie geeigneter und attraktiver als das einschlägige Spielzeug, das man in Geschäften kaufen kann. Mir erscheint auch wichtig, daß unsere Kinder es ablehnten, auf Plastikgegenständen herumzukauen. Knochen dagegen haben einen angenehmen Geschmack, sie lassen sich leicht sauberhalten und von Zeit zu Zeit erneuern. Es gibt viele Dinge, die das Kind gerne in den Mund steckt. Die Erwachsenen greifen oft ein, aus Furcht, das Kind könne kleine Gegenstände verschlucken oder aber Schmutz und Bakterien in den Mund bekommen. Metall- und Kohlestückchen sind besonders begehrt. Wenn ein Kind zufällig eines auf dem Fußboden findet, kaut es mit wahrer Wonne darauf herum, bis ein Erwachsener es ihm abnimmt und dem Kind oder dessen Betreuer eine Moralpredigt hält. Dabei kauen auch Bergleute gern Kohle. Daß Kohle schwarz ist, heißt nicht, daß sie schmutzig ist. Ich kann mir nicht helfen, aber ich sehe auch einen Sinn darin, daß Kinder Metallstückchen kauen. Man sollte ihnen das ermöglichen, wenn es nicht zu gefährlich ist. Die Kombination von Metall und Leder, wie man sie an Kinderwagengurten findet, erscheint mir geradezu ideal.

Baukästen aller Art sind ebenfalls sehr beliebt. Aber gute Baukästen sind teuer, und mit einigen Bauklötzchen ist dem Kind auch nicht gedient. Unsere Bausteine, mit denen fünf Kinder gespielt haben, kosteten uns keinen Pfennig. Dabei haben wir eine große Menge davon, sie haben die unterschiedlichsten Formen und sind aus sehr gutem Material. Wir wollen nicht verschweigen, wie wir dazu gekommen sind. Eines Tages fuhren wir, wie schon hundertmal davor, mit dem Bus an dem Hof eines Steinmetzen vorbei, als mir die großen Steinhaufen auffielen, die es dort gab, eine Menge kleiner und kleinster Steinstückchen, die der Steinmetz bei seiner Arbeit an Grabsteinen abgeschlagen hatte. Ich dachte sofort daran, was für ein ausgezeichnetes Spielzeug das abgeben würde. Das nächste Mal gingen wir zu Fuß hin und fragten den Steinmetz, ob wir uns einige der Steinreste nehmen könnten. Er gab uns gern die Erlaubnis, ja er war sogar froh darüber, denn diese Steinstücke mußte er sonst als Abfall fortschaffen. Das Gewicht der Steine machte uns zwar zu schaffen, aber die Mühe lohnte sich. So kommt es, daß Paul Lampenständer und Buchstützen aus weißem Carrara-Marmor hat und Leonora Spielzeug aus Granit und Marmor. Die Steine ließen sich sehr vielseitig verwenden und waren bald bei den Kindern beliebt. Da auch die kleinsten Steinchen einiges Gewicht haben, geben sie ein handliches und gleichzeitig haltbares Material für die Bauten des Kindes ab. Außerdem fallen die Sachen, die damit gebaut sind, nicht so leicht um. Ich glaube auch, es macht den Kindern ganz einfach Spaß, solche kompakten Gegenstände anzufassen.

Wir haben auch noch andere Bausteine. Sie sind aus Holz, und stammen aus den Abfällen eines Schreiners, der am Institut für Städteplanung der Universität Liverpool arbeitete, als auch Paul gerade dort war.

Bausteine aus Plastik üben keine so große Anziehungskraft aus. Es gibt welche, die sehr farbenfroh und stabil sind, so stabil, daß sie das Gewicht eines Erwachsenen aushalten. Diese Plastiksteine sind recht gut, aber die Herstellungskosten sind hoch. Man muß also ziemlich viel Geld ausgeben, will man sie seinem Kind kaufen. Daher haben sich auch nur die billigen, leicht zerbrechlichen Plastiksachen durchgesetzt. Sie sind zwar nicht teuer und sehen im Laden auch schön aus, aber sie sind einfach zu zerbrechlich und daher im Endeffekt doch sehr kostspielig. Ein kleines Auto aus Metall kostet vielleicht etwas mehr als ein Plastikauto, aber es hält dafür auch viel länger. Bei uns gelten Spielsachen nur dann als brauchbar, wenn ein Erwachsener drauftreten kann. In anderen Familien mag das anders sein. Der schöne Traum vom Plastikzeitalter, das einem jeden von uns eine Menge wundervoller Spielsachen bringt und so auch den Ärmsten glücklich macht, hat sich in Nichts aufgelöst. Wir fragen uns schon, ob man nicht all die zerbrochenen Spielsachen zu einem dekorativen Fußbodenbelag einschmelzen könnte.

Wenn man sich Puppenwagen, Dreiräder, Tretautos oder andere größere Spielsachen, die eine Menge Geld kosten, neu nicht leisten kann, sollte man sie ruhig gebraucht kaufen. Leonora hatte eine Menge Spielsachen, mit denen später Erica und sogar noch Penny spielen konnten. Andere Leute berichten zwar über gegenteilige Erfahrungen, und wir waren selbst davon überrascht, daß unsere Kinder nie protestiert haben, wenn wir ihnen gebrauchte Spielsachen gaben. Vielleicht sollte jedes Mädchen einen eigenen Puppenwagen besitzen. Aber für jedes Kind ein eigenes Tretauto oder Dreirad zu kaufen, ist völlig überflüssig. Meist sind auch die Interessen von Geschwistern in dieser Beziehung ziemlich unterschiedlich. Es soll aber – so hört man – eine Zeit geben, in der jedes Kind sein eigenes Spielzeug haben will. Für uns hieße das: fünf Fahrräder, fünf Tennisschläger, fünf Mopeds, fünf Autos usw.

Einer unserer Freunde hatte für seine Kinder ein kleines Karussell angeschafft. Es war keineswegs so teuer, wie man glauben könnte. Ein gutes Dreirad oder ein mittelgroßer Puppenwagen kosten mehr. Jeweils zwei Kinder im Alter von eineinhalb bis zu zehn Jahren konnten damit fahren. Es war bunt bemalt und sehr stabil gebaut. Die Kinder spielten sehr gern damit. Es wurde von ihnen selbst angetrieben. Ärger gab es nur, wenn die beiden, die gerade fuhren, sich nicht einigen konnten. Aber dann fuhren sie eben nicht miteinander, sondern nacheinander, und jedes so schnell, wie es wollte. Penny war im Alter von zwei Jahren ganz vernarrt in das Karussell. Sie sang aus voller Kehle Lieder, die sie von den älteren Kindern gelernt hatte, und raste dabei so schnell im Kreis herum, daß sie zweimal hinfiel. Daraufhin fuhr sie etwas langsamer, verlor jedoch nicht den Spaß an der Sache.

Auch Rutschbahnen und Schaukeln sind sehr beliebt. Bei Regenwetter – und hier bei uns regnet es ja das halbe Jahr – kann man sie auch in der Wohnung installieren, zum Beispiel an einem Türrahmen. Unsere Kinder haben eine Rutschbahn, die fast zwei Meter lang ist. Sie besteht aus einem ausrangierten Bettgestell und einer abgeschliffenen Sperrholzplatte, die seitwärts schön gebogen ist. Das ganze ruht auf einem alten Lehnstuhl, dessen Rückenlehne Sprossen hat und eine ideale Leiter abgibt, über die die Kinder auf ihre Rutschbahn klettern können. Natürlich nimmt eine solche Rutschbahn oder eine Schaukel sehr viel Platz ein.

Ich möchte noch etwas zu den Puppenwagen sagen. Nicht immer sind die großen, die in den Schaufenstern ausgestellt werden, bei den Kindern beliebter als die kleineren. Mit den kleinen kann das Kind viel besser umgehen, es kann mit ihnen viel besser in der Wohnung herumfahren. Wichtig ist, daß sich das Verdeck leicht öffnen und schließen läßt und daß der Schutzbezug ohne große Mühe gelöst und befestigt werden kann. Sonst gibt es bei den enttäuschten Kindern leicht Ärger und Tränen.

Zu den Spielsachen, die mehr Platz beanspruchen, gehören auch die trampolinähnlichen Springgeräte. Sehr oft benutzen die Kinder ihre eigenen Betten als Trampolin. Das kann negative Folgen haben, denn das Bett wird dadurch nicht bequemer. Gewöhnlich sind Kinderbetten auch zu klein für diesen Zweck. Wir hatten ein Doppelbett mit einem Stahlrohrrahmen und einer dicken Roßhaarmatratze auf einer Auktion erstanden. Es diente unseren Kindern zum Springen, Turnen und Toben. Wer den Platz hat, es aufzustellen, dem sei ein solches Bett wärmstens empfohlen. Vor einiger Zeit haben wir als Ersatz eine riesige Couch ersteigert, die gut gefedert und gepolstert ist. Das Bett dient jetzt wieder seinem ursprünglichen Zweck.

Wie bei den Puppenwagen kommt es auch bei den Puppen darauf an, daß die Kinder gut damit umgehen können. Die übergroßen Teddybären und Puppen sind im allgemeinen nur zum Vergnügen der Erwachsenen da, das Kind kann mit solchen Sachen nur etwas anfangen, wenn es auf ihnen reiten oder sie auf Rädern hinter sich herziehen kann. Puppen sollten abwaschbar sein, auch sollte man sie an- und ausziehen können. Richtiges Haar ist natürlich eine besondere Attraktion, obwohl es das Waschen oft nicht verträgt.

Der Gesichtspunkt der Haltbarkeit spielt bei vielen Spielsachen eine große Rolle. Ein Auto sollte stabile Räder haben, bei einer Pistole sollten alle Teile haltbar sein, ein funkenspeiender Traktor sollte auch nach einigen Wochen noch Funken speien. Eltern, die ziemlich lärmempfindlich sind, sollten ihren Kindern lieber keine lauten Spielsachen kaufen. Es macht einem Kind keinen Spaß, mit einem Gewehr zu schießen, wenn es „aber leise“ schießen soll. Ich bin einmal gespannt, wie unsere Kinder reagieren werden, wenn ihnen zu Bewußtsein kommt, daß sie in ihrer frühen Kindheit auf Trompeten, Trommeln und Trillerpfeifen verzichten mußten? Einmal war es ihnen allerdings gelungen, die Deckel von zwei Kochtöpfen zu erwischen, was sie weidlich ausnutzten! Leonora hat mit Begeisterung in der Schulkapelle mitgespielt, offensichtlich war sie, da sie es zu Hause entbehren mußte, ganz vergessen auf Krach und laute Musik. Aber auch Eltern haben ihre Rechte!

Durch Zufall haben wir entdeckt, wie man einen gewöhnlichen Gegenstand durch eine kleine Veränderung hochinteressant machen kann. Man braucht dazu ein mit Löchern versehenes Tonrohr.

In diese Löcher, die konzentrisch angeordnet sein sollten, werden Streichhölzer gesteckt. Am besten nimmt man dazu schöne bunte Streichhölzer. (Unsere Kinder haben die Schwefelköpfe der Streichhölzer nie in den Mund genommen. Und nachdem sie einmal ein Streichholz angezündet hatten, waren sie für längere Zeit von diesem Spiel mit dem Feuer geheilt.) Man kann auch Heftzwecken, Nägel oder irgendwelche anderen Stäbchen nehmen, wenn die Löcher für Streichhölzer zu groß oder zu klein sind. Aber die farbigen Zündhölzer waren bei uns stets am beliebtesten. Das Ganze ist ein derart lustiges und interessantes Steckspiel, wie man es selten kaufen kann.

Es gibt eine Unzahl von Gegenständen, die man zum Spielen verwenden kann und die allen Kindern zugänglich sind. Pappkartons werden zu Booten, Autos, Flugzeugen und tausend anderen Dingen. Kisten werden zum Klettergerüst, zum Versteck oder zum Haus. Ich werde niemals vergessen, wie Nicola an einem Weihnachtsmorgen eine einfache Schachtel an einer Schnur stundenlang hinter sich herzog. All der weihnachtliche Glanz interessierte sie nicht. Eierkartons mit ihren faszinierenden Ausbuchtungen sind immer eine große Attraktion. Leere Dosen und Schachteln sind für Kinder oft ein viel sinnvolleres Geschenk als die Plastikspielsachen, die sie gewöhnlich erhalten und die zwar den Erwachsenen gut gefallen, für die Kinder aber meist nur kurze Zeit von Interesse sind. Und wieviel Zeit und Kosten werden oft bei der Auswahl dieser kleinen Mitbringsel verschwendet! Kinder spielen auch gern mit Münzen. Ich glaube nicht, daß unsere Kinder diese Vorliebe geerbt haben, es scheint vielmehr, daß für Kinder eines gewissen Alters das Interesse an Münzen ganz natürlich sei. Es macht Spaß, kleine Geldstücke in einer Dose klappern zu lassen. Neugeprägte, noch glänzende Münzen bereiten besondere Freude und regen zu immer neuen Spielen an. Auch leere Flaschen sind ein lustiges Spielzeug, vor allem kleine Flaschen in bunten Farben. Sie zerbrechen so selten, daß sich die Eltern davon nicht bestimmen lassen sollten, sie ihren Kindern vorzuenthalten.

Auch das Spielen mit Wasser macht Kindern Spaß. Aber es verursacht natürlich viel Unordnung. Die meisten Kinder haben keinen Bach in ihrem Garten und auch kein Schwimmbecken. Und in den Pfützen zu spielen, wird ihnen meist untersagt. Der Spülstein in der Küche oder das Waschbecken im Bad bieten großartige Gelegenheiten zum Panschen. In vielen Fällen muß das Kind auf einen Stuhl klettern, um an das Waschbecken zu kommen. Das hat den Vorteil, daß das Wasser nur in einem kleinen Umkreis verspritzt wird.

Eine Sandkiste im Garten erfüllt viele Wünsche des Kindes. Aber dabei ist es unvermeidlich, daß auch einmal Sand ins Haus getragen wird. Unsere Kinder spielten gerne in Büschen und Sträuchern. Sie kletterten auch gerne auf Bäume, wenn diese nicht allzu schwierig zu besteigen waren. Wir hatten aus Ästen ein Klettergerüst gebaut, mit Leitern und mehreren verschieden hohen Etagen. Es stand unter einem Baum und war der Lieblingsspielplatz unserer und vieler Nachbarskinder verschiedenen Alters.

Ideenarme Eltern möchte ich auf das geradezu überwältigende Angebot von Reisebüro- und Firmenprospekten hinweisen. Die bunten Reklameseiten in Fachzeitschriften, die hübschen Bilder in Frauenzeitschriften und Katalogen sind ebenfalls immer hochwillkommen. Die Kinder werden dadurch zum Malen und Zeichnen angeregt – eine Lieblingsbeschäftigung unserer Kinder. Sie malen besonders gern auf ganz großen Papierbogen, die in Pauls Architektenbüro natürlich immer vorrätig sind. Aber in jedem Haushalt gibt es Papier, das man, anstatt es wegzuwerfen, leicht zum Malen herrichten kann. Wenn man Tüten und Packpapier zusammenheftet, erhält man schnell ein „Malbuch" für Kinder. Für eine Familie mit mehreren Kindern ist ein Schnellhefter eine nützliche Anschaffung.

Mit dem Bücherangebot für Kinder ist es nicht weit her. Wir haben vermieden, Bücher zu kaufen, die sich mit Problemen beschäftigen, die für autonom erzogene Kinder zu schwierig zu verstehen sind. Ich will hier nur ganz kurz anführen, was für Bücher unsere Kinder und die Kinder unserer Bekannten bevorzugten: Leonora las gerne Bücher, deren Heldin ein kleines Mädchen wie sie selbst war, Bücher mit spannendem Inhalt oder mit einfachen Reimen. Weiterhin bevorzugte sie Bücher, die ein Geheimnis schilderten, und Bilderbücher. Keines unserer Kinder konnte Bücher leiden, die ihnen Angst und Schrecken einjagten. Erica bestand sogar immer darauf, daß Bilder, die sie nicht ansehen mochte, mit Packpapier überklebt wurden. Wie etwas bei den Kindern ankommt, hängt auch davon ab, wie es das erste Mal vorgelesen wird. Tierlaute müssen deutlich als Tierlaute gelesen werden, Maschinengeräusche ohrenbetäubend als Maschinengeräusche.

Es hängt von den Wertvorstellungen der Erwachsenen ab, ob sie den Kindern erlauben, die Familienalben selbständig durchzublättern. Wir haben es unseren erlaubt, da sie einen Heidenspaß dabei hatten und sich stundenlang damit beschäftigten. Solange Leonora allein war, wurden die Alben sehr schonend behandelt. Nichts ging kaputt. Aber später wurden einzelne Bilder herausgerissen oder sie fielen heraus. Es ist empfehlenswert, nur stabile Alben zu verwenden, oder einige Alben eigens für die Kinder anzulegen. Schon mit einem Jahr interessieren Kinder sich für Familienfotos und Fotos, auf denen sie selbst zu sehen sind.

Unsere Kinder malten gerne mit Kugelschreibern, die sie ihren Eltern abluchsten. Aber Leonora hat sich mit ihnen meistens derart zugerichtet, daß wir keine mehr kauften. Im Gegensatz zu Bleistiften lassen sie sich so herrlich einfach als Tätowierstift verwenden. Diese Tätowierungen halten allerdings nicht fürs Leben.

Bleistiftspitzer, an denen sich die Kinder nicht verletzen können, helfen, Zeit und Enttäuschung ersparen. Wenn man die Kinder beschäftigen will, sind Buntstifte ein ausgezeichnetes Hilfsmittel. Ich habe allerdings keine Ahnung, wohin sie in unserem Haushalt immer verschwinden. Eines ist aber sicher, so schnell wie sie verschwinden, nutzen sie sich gewiß nicht ab, wieviel die Kinder auch zeichnen mögen. Es ist wie mit Sicherheitsnadeln. Sie verschwinden auf magische Weise, denn sonst müßten alle Ecken und Winkel davon voll sein. Nur wenn man eine sucht, kann man natürlich keine finden. Zum Zeichnen mit Wasserfarben braucht man Wasser, was die Sache etwas schwieriger macht. Unsere Kinder benutzten dafür immer den Küchentisch. Sie malten meist alle zusammen, und betrachteten Selbstbemalung als Teil der Selbstbestimmung. Wie das Malen mit Wasserfarben, ist das Zeichnen mit Kreide nur dann sinnvoll, wenn auf besonderem Untergrund gemalt werden kann. Rauhes Papier, Pappe und natürlich Schultafeln lassen sich gut mit Kreide bemalen. Es verursacht allerdings viel mehr Unordnung als das Malen mit Buntstiften.

Man muß sich davor hüten, ein Spielzeug nur deshalb für unbrauchbar zu halten, weil ein Kind es auf Grund seiner emotionalen Spannungen falsch angewendet hat. Wir haben schon oft erlebt, daß Dreiräder abgelehnt wurden, weil das Kind angeblich nie mehr absteigen wollte, um zu Fuß zu gehen. Da liegt der Schluß nahe, daß die Mechanisierung bereits die Oberhand gewonnen hat über den Impuls des Kindes, zu laufen. Diese reichlich unwahrscheinliche These kam in einem bestimmten Fall so zustande: Das fragliche Kind war emotional sehr unsicher; es hatte herausgefunden, daß es nur dann die Aufmerksamkeit der Mutter auf sich lenken konnte, wenn es nicht mehr lief. Wenn die Eltern ihre Kinder mit dem Auto in die Schule fahren, dann führt das nur zur „Geh"faulheit, wenn die Autofahrt mit elterlicher Liebe gleichgesetzt wird.

Neill hat berichtet, daß die Kinder an seiner Schule das Werkzeug nicht an seinen Platz zurücklegten. Würde er es nicht selbst tun, gäbe es bald ein heilloses Durcheinander. Auch Verluste wären unvermeidlich. Wir können diese Behauptung, übertragen auf Spielsachen und Familie, voll unterstützen. Sehr zu Recht verlangen die Erwachsenen Ordnung! Sie ist notwendig, damit man alle Sachen bei Bedarf findet. Darum muß man immer und immer wieder versuchen, seinem Kind Ordnung beizubringen. Wir glauben, daß Ordentlichkeit ein gehöriges Maß an Selbstdisziplin erfordert, und die kann man dem Kind nur langsam beibringen. Bei unseren Kindern fing es so an, daß sie als erstes lernten, die Spielsachen, die ihnen am liebsten waren, immer auf demselben Platz abzulegen. Da wir viele Kinder kennengelernt haben, die ähnlich unordentlich waren wie unsere und die dennoch ordentliche Erwachsene geworden sind, machen wir uns auch keine Sorgen um die Zukunft unserer Kinder, zumal ordentliche Kinder oftmals später ein Leben lang revoltieren.

Wenn man Kinder aber nicht dressieren will, bleibt einem gar nichts anderes übrig, als hinter ihnen herzuräumen, zumindest bis zu ihrem achten Lebensjahr. Man muß einen Weg suchen, wie man mit möglichst geringem Arbeitsaufwand Ordnung halten kann. Die Ordnungsliebe sollte allerdings auch nicht übertrieben werden. Schachteln und Dosen bieten sich da als Lösung an. Alles hat dann seinen Platz. Gegenüber Regalen haben sie den Vorteil, daß die Spielsachen aus den Augen sind, wenn sie gerade nicht benutzt werden. So kann ein Kind dann an einem Regentag sechs verschiedene Spielsachen nacheinander herausnehmen, und jedes Spielzeug stellt eine neue Überraschung dar. In solchen Behältern läßt sich besser Ordnung halten als in Spielzeugschubladen, in denen alles durcheinandergerät. Aber Schachteln weisen, wie wir festgestellt haben, auch entscheidende Nachteile auf. Die Pappe bricht nämlich, wenn man sich draufstellt. Dosen verbiegen sich, was zur Folge hat, daß sie sich nicht mehr gut öffnen und schließen lassen. Es ist nicht einfach, für mehrere Kinder genügend Schachteln zu bekommen. Die Form der Schachteln, in die die Spielsachen nicht genau hineinpassen, lassen sich schlecht zumachen. Und meistens passen sie nicht genau. Oder die Spielsachen füllen den Platz in der Schachtel nicht voll aus. Wir stellten daher folgende Überlegung an: „Was wir brauchen, ist etwas, das sich der Form der Spielsachen genau anpaßt, nicht zerbrechlich ist und sich leicht öffnen läßt. Es soll leicht ein- und auszuräumen sein, und die Spielsachen sollen darin nicht sichtbar sein, und man muß es leicht beschaffen können – der Papiersack ist die ideale Lösung." Wir haben damit ausgezeichnete Erfahrungen gemacht. Wenn die Säcke ausgedient haben, können ohne Mühe neue beschafft werden. Die Kinder stülpen sie manchmal um und finden dann beglückt ein längst vergessenes Spielzeug. Sie können leicht gestapelt werden und nehmen weniger Raum ein als Schachteln. Mehr noch, man kann ihnen die Form geben, die sie brauchen, damit man sie zum Beispiel in ein Regal packen kann. Sie sind überraschend haltbar und lassen sich am Abend schnell füllen. Das Kind kann sie mit Leichtigkeit öffnen und wieder schließen. Vergißt man einmal, was ein Sack enthält, ist es nicht schwer, den Inhalt zu fühlen oder einen Blick hineinzuwerfen. Wir können diese Idee wärmstens empfehlen, wir haben uns ernsthaft mit dem Problem beschäftigt.

Die Zeit, die man dafür aufbringt, um die Spielsachen wegzuräumen, ist nicht lang, und sie zahlt sich aus. Zwar werden Kinder ihre Spielsachen immer überall im Haus und im Garten verstreuen, vor allem im Sommer, und so ist eine hundertprozentige Ordnung unmöglich, aber eine fünfzigprozentige ist auch schon ein Gewinn.

Es ist zwar ganz nützlich, die Spielsachen nach Sachgruppen zu ordnen, alle Autos zusammen, alle Boote, Kochgeräte, Puppenkleider, Tiere, Bausteine und so weiter, aber das Kind muß die Möglichkeit haben, mehrere Spielsachen gleichzeitig im phantasievollen Spiel zu benutzen. Gelegentlich hat man den Wunsch, sich das Ordnungmachen zu erleichtern, und eine Sorte Spielzeug wegzuräumen, damit nicht alles durcheinandergerät, aber das Kind spielt oft mit Spielsachen der verschiedensten Art, und nicht selten viele Stunden, ja manchmal tagelang. So kann man auch keine strenge Regel aufstellen, daß die Spielsachen über Nacht immer weggeräumt werden müssen, auch wenn sie nicht im Weg liegen. Es ist oft nicht einfach, festzustellen, wann das Kind mit der einen Spielzeugart fertig ist. Aber man muß aufpassen, daß man nicht durch voreiliges Aufräumen das phantasievolle Spiel des Kindes unterbricht. Das würde nur Wut und Haß erzeugen.

Äußere Ereignisse bieten unzählige Anregungen für Spiele. Kinder spielen mit Begeisterung, was sie im täglichen Leben sehen. Kochen, Backen, Umzug, Reisen und anderes mehr. Man kann dem Kind ruhig einen Koffer zum Spielen geben, wenn man ihm klarmacht, daß es ihn für ein bestimmtes Spiel erhält. Man kann es ruhig einmal einen richtigen Kuchen im Ofen backen lassen (es muß aber nachher mindestens ein Stück davon essen). Wir haben herausgefunden, daß man damit keineswegs einen Präzedenzfall schafft. Kinder können ihre Spielsachen und andere Gegenstände auch zu Stegreifspielen verwenden. Ein Pappkarton wird durch ein Loch, das man in den Boden schneidet, zur Puppenspielbühne. Unsere

Kinder zeichneten auch gerne die Skizzen weiter, die Paul in seinem Büro gemacht hatte.

Kinder wollen gern bei Gartenarbeiten helfen. Das wirft natürlich besondere Probleme auf. Denn was nützt es, in mühseliger Arbeit die kleinen Setzlinge zu pflanzen, wenn sie nachher zertreten werden und nicht gedeihen. Wir machten unsere ersten Erfahrungen mit Leonora, die sich oft stundenlang in unserem Schrebergarten aufgehalten hat. Sie lernte schnell, wo sie nicht hintreten durfte. Das Mithelfen machte unseren Kindern sehr viel Spaß. Sie lernten schon mit zwei oder drei Jahren säen und pflanzen. Gießen konnten sie besser als manche Erwachsenen, die das nur gezwungenermaßen taten. Eine Szene habe ich ganz besonders lebhaft in Erinnerung. Eines der Kinder hatte wieder einmal ein Pflänzchen zertreten. Paul ärgerte sich natürlich darüber und hielt dem Kind zum x-tenmal einen Vortrag, daß es doch vorsichtig sein solle. Dann ging er weg, und es zeigte sich, daß er selbst während seiner Strafpredigt auf einem Pflänzchen gestanden hatte. Die kleinen und vorsichtigen Füße der Kinder richten normalerweise weniger Schaden an als die großen Füße der Erwachsenen. Noch heute kommt es vor, daß wir die Kinder mit einem „Sei vorsichtig!" ermahnen und dabei selbst eine Pflanze zertreten.

Kinder lieben Abwechslung sowohl in ihren Spielsachen als in der Wahl ihrer großen und kleinen Spielgefährten. Erwachsenenbesuch, der den ganzen Tag für die Kinder Zeit hat, wird jubelnd begrüßt. Ist er dann wieder abgereist, freuen sich die Kinder aber auch, wieder allein zu sein. Vor allem bei Kindern verschiedenen Alters wechselt gemeinsames Spiel oft mit Perioden, in denen sie sich lieber alleine beschäftigen. Leonora zog sich oft still in eine Ecke zurück. Sie empfing schon im Alter von fünf Jahren dann jeden Eindringling mit einem: „Könnte ich bitte in Ruhe mein Buch lesen!"

Nur mit großer Vorsicht und Geschicklichkeit kann und soll man sich in die Spiele der Kinder einmischen, um sie zu beeinflussen. Am besten hört man erst einmal genau zu, damit man die Spielregeln lernt. Erst dann kann man sich vielleicht ein Urteil erlauben, welche Änderungen in diesem Spiel angebracht sind. Nicht jedes „Schiffspiel" kann man durch eine Mahlzeit unterbrechen, indem man fröhlich ruft: „Kommt ins Schiffsrestaurant zum Essen." Heftige Proteste werden dann laut, wenn die Küche in diesem Spiel gerade nicht das Schiffsrestaurant war, sondern der Hafen. Ein übereifriger Vater, der seine Arbeit verläßt und seinen Kindern zum Beispiel für ihr „Schatzspiel" „Schmuckstücke" gibt, kann damit das ganze Spiel verderben. Denn nun wollen alle Kinder dasselbe Schmuckstück ... Er wird sich selbst ärgern, denn ohne ihn wäre das Spiel so wunderschön weitergelaufen. Sehr viele Spiele funktionieren am besten, wenn man die Kinder alleine läßt. Wenn man sie heimlich beobachtet oder zufällig einmal hinsieht, merkt man, mit welcher Begeisterung sie dabei sind. Die Geduld und die Geschicklichkeit, die sie manchmal aufwenden, um sich gegenseitig bei guter Laune zu halten, ist bemerkenswert. Das braucht kein Altruismus zu sein, sondern lediglich der verständliche Wunsch, dieses fröhliche Spiel nicht zu gefährden.

Manchmal sind Kinder aber auch nicht in der Stimmung, zu spielen. Sie werden einer Sache schnell überdrüssig. Den Erwachsenen erscheint ein solches Kind dann mürrisch, wobei sie vergessen, daß auch sie manchmal zu gar nichts Lust haben. Es handelt sich hier um eine emotionale Störung, um eine Blockierung des Energiestoffwechsels. Ein Kind verlangt in einem solchen Zustand oft nach allen möglichen Dingen. Wenn man sie ihm gibt, verlangt es die unmöglichen Dinge. Man sollte in der Lage sein, das Übel zu erkennen, und das Kind in den Arm nehmen und sagen: „Ich glaube, du brauchst in Wirklichkeit Liebe." Wenn man sie dem Kind dann gibt, erspart man sich viel Ärger. Die Stimmung wandelt sich bald, und das Kind kann sich wieder an seinen Spielsachen freuen.

Geld als Ersatz für Liebe anzubieten, ist eine gefährliche Sache, auch wenn man es eigentlich gut meint. Jeder von uns kennt Familien, in denen das teuerste Spielzeug die offensichtlich fehlende Liebe ersetzen soll. Von diesen Familien möchte ich hier gar nicht sprechen, sondern nur von spannungsgeladenen Perioden in normalen Familien, die den Kindern Sicherheit und Liebe rauben können. Die Mutter oder der Vater merken, daß etwas nicht stimmt. Sie hoffen, ihr Kind mit einem kleinen Geschenk wieder aufmuntern zu können und den Schaden zu beheben. Das ist aber völlig falsch. Ein Spielzeug ist nur dann willkommen, wenn mit ihm gleichzeitig Liebe geschenkt wird.

Dritter Teil

Paul Ritter beschäftigt sich mit der Anwendung der Selbstbestimmungsmethode auf die Erziehung und das Gemeinschaftsleben

16. Kapitel
Freiheit, Konzessionen, Einschränkungen

Jean und ich beschäftigen uns mit den Grenzen der Freiheit, um in Diskussionen nicht als Vertreter der Idee der „absoluten Freiheit" abgestempelt zu werden. Diesen Trick wenden nämlich unsere Gegner an, um die Dinge zu vereinfachen und unsere Haltung von vornherein ablehnen zu können. Wir treten natürlich nicht für völlige, uneingeschränkte Freiheit ein.

Als Student besuchte ich öfters soziologische Diskussionen an einer Universität in der Provinz. Eines Tages sprach die Referentin über gesellschaftliche und kulturelle Einflüsse auf die Entwicklung der Kinder. Sie erwähnte, daß den Kindern in bestimmten primitiven Gesellschaften absichtlich Mißtrauen eingepflanzt wird, indem man ihnen die Brust gibt und dann willkürlich wieder entzieht. Sie sprach ferner von der gesteigerten Aggressionslust bei Angehörigen von Stämmen, die Gewalttaten sanktionieren, und von den friedfertigen, freundlichen Kindern, die in einer pazifistischen Gesellschaft heranwachsen. Sie zeigte Beziehungen zu unserem eigenen Gesellschaftssystem auf und regte die Zuhörer an, einmal gründlich über mögliche Auswirkungen nachzudenken. „Was halten Sie von A. S. Neills Ansichten über Selbstbestimmung?" wurde sie gefragt. „A. S. Neill", entgegnete sie leichthin, „hat sich geirrt, wie Ruth Benedict schon vor langer Zeit nachgewiesen hat." Darüber schrieben wir an Neill, weil wir damals noch glaubten, er müsse sich gegen solche Anwürfe unbedingt verteidigen. Eine Postkarte mit dem Satz „Wer *ist* Ruth Benedict?" war die Antwort! Tatsächlich hat sich Neill nur geirrt, wenn man von falschen Voraussetzungen ausgeht. Wenn man zum Beispiel glaubt, daß Neill der Meinung sei, Kinder könnten völlig ohne Restriktionen aufwachsen. Oder daß er irgendeine idealistische, unwirkliche, individualistische, absolute Freiheit anstrebe. Das ist ein Musterbeispiel für den oben erwähnten Trick, jemandem Ansichten zu unterstellen, die er niemals vertreten hat. Nur so nämlich kann man Neill einen schweren Irrtum nachweisen und seine Ideen bei „ernsthafter wissenschaftlicher Prüfung" links liegen lassen.

Aber die Referentin machte uns bewußt, wie stark der Einfluß des vorgegebenen kulturellen Rahmens auf unsere Kinder selbst dann noch ist, wenn sie nach den Grundsätzen der autonomen Erziehung ganz der Selbstbestimmung überlassen werden. Das ist natürlich kein Argument gegen die Selbstbestimmung. Es soll uns nur zu einer klareren Theorie und einer effektiveren Praxis verhelfen.

Wir möchten hier wiederholen, daß Selbstbestimmung eine Einstellung ist. Sie ist der Versuch, unsere Kinder nach eigenen Kriterien Entscheidungen treffen und sich entwickeln zu lassen – und zwar so weit wie irgend möglich. Dabei streben wir danach, die Selbstbestimmung auf immer mehr Gebiete auszudehnen. Doch zunächst muß man sich klarmachen, wo die Grenzen der Selbstbestimmung liegen. Um das zu verdeutlichen, muß ich mich etwas genauer mit den einschränkenden Faktoren auseinandersetzen. Man kann sie in drei Kategorien einteilen:

1. wirklich gefährliche Dinge;
2. anti-soziale Verhaltensweisen;
3. unüberwindliche Schranken unserer Gesellschaft.

1. Als erstes möchte ich über die wirklich gefährlichen, risikoreichen Dinge reden. Elektrizität und Straßenverkehr zum Beispiel sind Phänomene, auf die Neills Vorschläge hinsichtlich des Feuers nicht angewandt werden können. Neill sagt sehr richtig, daß eine leichte Verbrennung etwa beim Anzünden eines Streichholzes eine durchaus nützliche Erfahrung sei. Aber man kann nicht damit rechnen, daß ein Kind nur ganz leicht angefahren wird oder einen ungefährlichen Schlag erhält. Zwangsläufig muß es daher zu Unstimmigkeiten darüber kommen, was einem Kind erlaubt sein soll. Einige Leute lassen ihre Kinder eben auf höhere Bäume klettern als andere. Wir lassen uns von unseren Erfahrungen leiten.

Als Leonora vier und Erica zwei Jahre alt war, sahen sie einen Postarbeiter durch das Fenster auf das winzige Dach eines Erkerfensters klettern. Am selben Tag stieg der Nachbar ebenfalls hinaus, um seine Antenne zu richten. Und so vergaßen sie unseren Rat, daß es gefährlich ist, aus dem Fenster zu klettern. Jean strickte gerade, als es klingelte. Ein Nachbar teilte ihr ruhig mit, daß ihre Kinder auf dem Erkerdach im dritten Stock spielten. Entsetzt raste Jean die Treppen hinauf und erlitt beinahe einen Schock, als sie plötzlich einen lauten Schrei hörte. Sie riß die Tür auf. Erica war gefallen . . . rückwärts ins Zimmer, als sie zu Leonora hinausklettern wollte. „Ich hätte schon auf Erica aufgepaßt“ und „hier konnte nichts passieren“, behauptete Leonora. Und wir sind der Ansicht, daß die beiden wirklich nicht in Gefahr waren – bis sie vielleicht in Streit geraten wären und ihre Umgebung vergessen hätten. Auf jeden Fall brachte ich noch am selben Tag Gitter an. Andere Leute hätten sich vielleicht auf die Geschicklichkeit ihrer Kinder verlassen. Daß Leonora erst vier und Erica erst zwei war, erleichterte uns die Entscheidung.

Aber es gibt schwierigere Fälle, das Klettern auf hohe Leitern zum Beispiel. Mit drei Jahren stieg Leonora hinter mir eine meterhohe Leiter hinauf, als ich gerade Haselnüsse pflückte. Ihre Vorsicht und Ruhe überzeugten mich davon, daß keine Gefahr für sie bestand. Sie kletterte mehrmals rauf und runter, so sicher fühlte sie sich. Unsere Turnleiter ist zwei Meter hoch. Erica, noch nicht einmal zwei, kletterte sie eines Tages hinauf und stand schwankend, aber furchtlos oben auf der hölzernen Plattform. Einige Eltern hätten das sicher verboten, und wir können sie durchaus verstehen! Man benötigt eine gehörige Portion Glauben und die Überzeugung, daß ein Unglück seltener geschieht, als allgemein angenommen wird.

Treppen stellen allgemein ein schwieriges Problem dar. Soll man am Treppenaufgang Gitter anbringen, die verhindern, daß die ersten Kletterversuche unbeaufsichtigt vonstatten gehen? Oder soll man das Kind sich selbst überlassen? Wir entschieden uns für das letztere. Manchmal sieht es schon gefährlich aus, besonders wenn die Treppe ziemlich hoch und vielleicht auch noch aus Stein ist. Auch wir hörten von einem Baby, das sich beim Treppenklettern den Arm brach. Aber das war eines unter wie vielen? Man muß auch bedenken, daß eine Treppe aus dem Blickwinkel des kleinen Kindes weit weniger steil aussieht, als sie einem Erwachsenen erscheint. Lange Kleider und Schuhe mit glatten Sohlen sollte man seinen Kindern nicht anziehen. Kürzlich wurde die beruhigende Feststellung gemacht, daß Kinder, die allein sind und nicht von spottenden Spielkameraden angestachelt werden, keine zu schwierigen Dinge unternehmen. Unsere Kinder bemühen sich, Gefahren zu vermeiden, wenn man sie ihnen verständlich macht.

2. Es gibt Verhaltensweisen, die die Rechte der anderen verletzen. Man denke etwa an die kleinen Mädchen, die in Nagelschuhen auf Neills Klavier tanzten. Wir haben eine bestimmte Taktik entwickelt: Im Zweifelsfall stellen wir uns vor, unser Kind sei ein guter Freund, der uns besucht, und fragen uns, ob wir ihm dies oder jenes gestatten würden?

Solange sie noch zu klein waren, hielten wir die Kinder von unseren Büchern fern, indem wir ihnen erklärten: „Nein, meins" oder „Pauls" oder „Jeans" und ihnen etwas anderes gaben. Diese Methode erwies sich als ausgesprochen wirkungsvoll und bewahrte unsere Bücher vor Schaden. Man würde ja auch einen guten Freund bitten, nicht an einer empfindlichen Maschine herumzubasteln. Aus dem gleichen Grund überlege ich mir oft eine Antwort zweimal, wenn mich meine Kinder um etwas bitten. Ich mag noch so sehr beschäftigt sein, die Zeit habe ich immer, um mich zu fragen, was würde ich tun, wenn sie Freunde wären? Das hat sich als brauchbare und wertvolle Methode herausgestellt. Wir können sie empfehlen. Sie läßt sich überall anwenden, wo es um zwischenmenschliche Beziehungen geht. Man wird wütend über einen Freund, und er versteht, man entschuldigt sich, und wenn er das Ärgernis verschuldet hat, tut es ihm aufrichtig leid – und umgekehrt. Unabhängig von den jeweiligen Umständen ist *Verständnis* die Grundlage jeder Lösung. Man ist gelegentlich niederträchtig, ändert seine Meinung, ist dann wieder großzügig, müde oder kurz angebunden und manchmal – was schlimmer ist – einfach verrückt. Wenn wir einen Wappenspruch wählen sollten, würde er lauten: „Jeder ist mal verrückt." Diese Philosophie läßt Raum für Schwächen, nicht aber für den unechten Respekt zwischen Kindern und Erwachsenen, der die Fehler der Erwachsenen verdecken soll und manchmal erzwungen werden muß mit Sätzen wie: „Du wagst es, so mit deiner Mutter zu sprechen? " Wenn man zu seinen Kindern einen engen gefühlsmäßigen Kontakt hat, verstehen sie durchaus, was es bedeutet, wenn den Eltern etwas sehr ernst ist. Sagt man ihnen ernsthaft, daß sie nicht auf die Straße laufen sollen und daß Autos „aua, aua" sind, dann werden selbst die ganz Kleinen diese Erklärung beachten. Allerdings nur, wenn man selbst auch ernsthaft fühlt und es nicht aus bloßem Pflichtbewußtsein sagt. Das heißt, Ernsthaftigkeit beeindruckt Kinder tief. Sie können deren Bedeutung spontan erfassen und verstehen. Diese Kommunikation findet auf einer nicht-verbalen Ebene statt. Allein die Ernsthaftigkeit ist der Schlüssel, um Kindern die wahrhaft gefährlichen, anti-sozialen und wirklich verbotenen Dinge begreiflich zu machen. Solche Ernsthaftigkeit hat wenig mit Ärger oder Haß zu tun. Sie ist der kraftvolle und lebendige Ausdruck echter Besorgnis und läßt keine Schuldgefühle aufkommen.

Sie hat auch nichts zu tun mit dem „Sei ungehorsam, wenn du es wagst!" Im Gegenteil: vertraut man einander, so taucht das Problem des Ungehorsams gar nicht auf. Gehorsam, vor allem der von Kindern erwartete unbedingte Gehorsam, ist offensichtlich unvereinbar mit der Selbstbestimmung. Erstens geben Eltern, die dem Prinzip der Selbstbestimmung folgen, keine Befehle, denen unbedingt gehorcht werden muß. Zweitens würden wir jede Chance, von dem Kind zu lernen, aufgeben, würde es wirklich gehorchen. Und von den Kindern zu lernen ist doch die Hauptidee der Selbstbestimmung. Aber wenn in der Stimme der Eltern Ernsthaftigkeit zu spüren ist, wird das Kind von vornherein „gehorchen". Denn es traut der Ernsthaftigkeit der Eltern, die selten ernst sind und ihre Ernsthaftigkeit für Gelegenheiten aufsparen, in denen sie echte Besorgnis fühlen. Eltern ohne Schuldgefühle können sich ohne weiteres über die Verletzung ihrer eigenen Rechte besorgt zeigen. Aber wenn die Rechte des Kindes verletzt werden, darf man natürlich keinen Gehorsam erwarten, nicht einmal wünschen.

Wie jeder Erwachsene, so ist auch das Kind manchmal wütend, ungeduldig, niederträchtig, dann wieder liebenswürdig und großzügig. Hilf ihm, wenn nötig, indem du ihm in funktionalen und nicht in moralischen Begriffen klarmachst, daß es sich manchmal ins eigene Fleisch schneidet. Es mag deine Meinung geringschätzig behandeln, wie du bisweilen den Rat eines Freundes in den Wind schlägst. Trotzdem wird es ihm helfen, wenn du ihm in seiner Not deine Sympathie zeigst. Manchmal wünschen wir uns, das Kind „möge sich zum Teufel scheren". Und wir sagen es auch. In solchen Augenblicken, wenn die Geduld eines Ehepartners zu Ende ist, sollte der andere einspringen.

Unsere Kinder haben bewiesen, daß es auch schon ganz kleinen Kindern möglich ist, den Grund für bestimmte „Ausnahmen" zu erkennen. Es mag verboten sein, unsere Schachfiguren jeden Tag als Spielzeug zu benutzen. Aber sie verstehen, daß wir ihnen bei besonderen Gelegenheiten erlauben, sie zu benutzen. Sie erwarten deshalb noch lange nicht, sie jederzeit zu bekommen. Wir bestehen auch darauf, daß die Abende uns Erwachsenen gehören. So bleiben die Kinder in ihren eigenen Zimmern. Doch wir fürchten uns nicht, sie bei passenden Gelegenheiten oder aus einer Stimmung heraus zum Bleiben einzuladen oder ihnen die entsprechende Bitte zu erfüllen, wenn es ohne weiteres möglich ist. Das spielt sich alles auf einer funktionalen Ebene ab.

Wir können auch unsere Meinung ändern, wenn wir dem Kind verständlich machen warum. Das muß durchaus nicht zur Folge haben, daß das Kind versucht, uns bei ähnlichen Anlässen wieder umzustimmen. Vielmehr haben wir herausgefunden, daß die Fähigkeit, die Meinung leicht zu ändern, sehr vorteilhaft ist. „Jeder ist einmal verrückt", aber Eltern, die nach Selbstbestimmung streben, sind sehr oft verrückt. Das ergibt sich zwangsläufig, da alles so neu ist.

3. Die dritte Beschränkung der absuluten Freiheit ist die Welt außerhalb der Familie. Sie übt starken Druck aus, der auf Konformität der Verhaltensweisen abzielt. Manchmal ist es besser, sich an-

zupassen, selbst wenn das wie Opportunismus aussieht. Ein Beispiel soll zeigen, was ich meine. Dein Kind ist zu Hause und langweilt sich. Und nebenan wohnt ein kleines Mädchen, mit dem es spielen könnte. Nun ist unserer Meinung nach in den gehobenen Schichten eine starke Tendenz zur Selbstbestimmung festzustellen. Wir wollen also annehmen, daß die Mutter dem kleinen Mädchen keine Vorschriften bezüglich seiner Spielgefährten macht. Nur hat sie etwas gegen Nacktheit. (Vielleicht ist sie auf anderen Gebieten sehr vernünftig, aber auf Nacktheit reagiert sie neurotisch.) Dennoch kann man sein Kind ohne weiteres hinübergehen lassen zum Spielen, vor allem, wenn das Kind schon drei Jahre oder älter ist und einsieht, daß die Menschen verschieden sind und daß eben „jeder einmal verrückt" ist. Es ist zwar für das Kind ein bewußtes Opfer, während einer Hitzewelle Hosen zu tragen. Aber es wird wahrscheinlich lieber nebenan in Hosen spielen, als sich zu Hause langweilen. Und weil es dies alles weiß, wird es weiter nichts dabei finden, zu Hause oder bei anderen Kindern auch in Zukunft nackt herumzulaufen. Das muß keineswegs zu Schuldgefühlen oder Scheu führen, die man bereits bei Kindern dieses Alters beobachten kann.

Wir haben dieses Prinzip schon erwähnt, als wir über das Spielen mit den Genitalien sprachen. Doch gibt es viele ähnliche Fälle. So stört es einige Besucher, wenn Kinder mit ihnen auf die Toilette gehen, andere hingegen nicht. Es war für Leonora eine traurige Erfahrung, als ein von ihr heißgeliebter Erwachsener sich als „scheu" erwies und es vorzog, allein auf die Toilette zu gehen. Aber das änderte keineswegs ihre gesunde und unkomplizierte Haltung zu den damit verbundenen natürlichen Funktionen. Sie findet auch jetzt nichts, worüber sie verklemmt kichern müßte. Sie weiß einfach, daß einige Leute „scheu" sind, und schließlich gewöhnte sie sich an, Besucher zuerst zu fragen, um Verwirrung zu vermeiden! Und wenn sie, obwohl noch sehr jung, in den Antworten Verlegenheit spürte, fragte sie uns. Man sollte sich bemühen, solche Angelegenheiten mit den Kindern sachlich zu besprechen, und das Moralisieren vermeiden.

In diesem Zusammenhang kann das Wort „unartig" nur bedeuten, daß ein Kind sich nicht anpaßt. Es sei denn, moralische Untertöne schwingen mit, die „Schlechtigkeit" signalisieren. So ist zum Beispiel die Feststellung „Wenn du dich nicht wäscht, wird dich Lenas Mutter wahrscheinlich nicht mehr einladen" aus der Sicht des Kindes funktional. „Du wäschst jetzt dein Gesicht, du schmutziges, unartiges Kind. Was wird sonst Lenas Mutter von dir denken? " dagegen ist moralisch. „Wenn du so weitermachst, nehme ich dich nicht mit", kann funktional oder moralisch verstanden werden. Es kommt darauf an, ob das Kind prinzipiell an Strafen oder an funktionale Haltungen gewöhnt ist. Es ist notwendig, einem Kind die wahren Gründe zu nennen, wenn man es zu etwas zwingen muß. Das hört sich dann so an: „Du kannst nicht in der Nase bohren, weil ich es nicht mag – es macht mich nervös, und das gefällt dann keinem von uns beiden." Oder: „Du.mußt dir von mir die Fingernägel saubermachen lassen, wenn du mit mir ausgehen willst. Du kannst ruhig denken, das ist verrückt, vielleicht hast du auch recht. Aber jeder ist mal verrückt." Oder: „Ich stelle mich hier vielleicht albern an. Aber du weißt, daß sich andere Eltern noch viel alberner anstellen. So versuche, tolerant zu sein. Es ist auch für mich nicht einfach." Man kann durchaus einmal aufbrausen und sogar das Kind schlagen (manchmal ist das ein letzter, verzweifelter Versuch der Erwachsenen, mit dem Kind Kontakt aufzunehmen). Vielleicht wird das Kind zurückschlagen, vielleicht auch nicht. Wichtig ist, daß es versteht, warum der Erwachsene die Geduld verloren hat. So kann es dem Ausbruch das nächste Mal zuvorkommen, zumindest ist es aber darauf vorbereitet, so daß ihm der Temperamentsausbruch nicht allzuviel schaden kann.

Den Fähigkeiten der Eltern sind Grenzen gesetzt, die sich aus den gesellschaftlichen und kulturellen Verhältnissen ergeben, in denen sie leben. Deshalb betrachten wir es für unser Experiment mit autonomer Erziehung schon als großen Fortschritt, wenn es uns gelingt, eine Methode zu entwickeln, um die Folgen des Schlagens auszugleichen. Es ist wichtig, über eine solche Methode zu verfügen, denn wir alle unterliegen solchen Begrenzungen. Wenn es nicht Schlagen ist, dann ist es Liebesentzug auf irgendeine andere Weise. Temperamentsausbrüche befreien von überschüssiger Energie und erneuern die Fähigkeit zu zarten Gefühlskontakten.

Es ist außerordentlich wirksam, seinem Kind die Wahrheit über die eigenen Motive zu sagen. Das Verständnis der Kinder ist erstaunlich groß. Ehrlichkeit stabilisiert das Verhältnis, und durch die Einsicht, daß „jeder einmal verrückt" sein kann, wird das Kind vor Schocks bewahrt. Es gibt allerdings Augenblicke, in denen man es sich nicht leisten kann, verrückt zu sein. „Du hast mich heute nicht lieb", schluchzte einmal Leonora auf so pathetische Weise, daß wir aufhorchten, „und dabei mußt du doch." Das Kind muß das Gefühl haben, die Eltern jederzeit um Liebe und Zuneigung bitten zu können. Man sollte dann genügend Energie aufbringen und warm und zärtlich reagieren, wenn so direkt gebeten wird. In einer anti-sozialen Welt kann allein dieses Gefühl dem Kind die notwendige Sicherheit geben, auch dann, wenn es unglücklich ist, ohne zu wissen warum. Daß man sich zu Hause freier benehmen kann als anderswo, daß die Begrenzungen der Freiheit an verschiedenen Orten und zu verschiedenen Zeiten variieren, haben Leonora, Erica, Penny und Nicola schon gelernt. Das ist wichtig und macht es leichter, Selbstbestimmung zu praktizieren. So kam Leonora gelegentlich von der Schule nach Hause und erzählte, sie habe alle ihre Freundlichkeit „verbraucht". Wir tolerierten ihre so angekündigte „Unartigkeit", für die wir Verständnis hatten und die deshalb auch nur kurze Zeit andauerte.

17. Kapitel
Das Wesen des Lernens

Es ist eine leider selten beachtete Tatsache, daß wir nicht ohne Einsatz unserer Gefühle lernen können. Und es ist wirklich schlimm, daß die meisten Erziehungssysteme nicht Freude, sondern Furcht als Antrieb zum Lernen ansehen und einsetzen.

Im Jahre 1945 schrieb A. S. Neill sein Buch „Hearts not Heads in School". Er betont darin (nicht zum erstenmal), daß es unwichtig ist, was die Kinder in der Schule lernen; daß sie gern zur Schule gehen ist entscheidend. Aber seine Auffassung ist immer noch ein revolutionäres Konzept. Zwar wird in den meisten englischen Schulen in den beiden ersten Schuljahren den Kindern heute die Freiheit gewährt, ohne die das Lernen überhaupt keinen Spaß macht – hierin zeigt sich der Einfluß Neills und anderer. Aber in den höheren Klassen beherrschen Stundenplan und Prüfungsstoff das Feld und legen bis ins einzelne fest, was getan wird, wann es getan wird und wie. Neill und andere – darunter auch wir selbst – glauben ganz und gar nicht, daß eine derartig strikte Reglementierung wirklich notwendig ist.

„Lernen" wird gewöhnlich mit „Erziehung" gleichgesetzt – einem sehr respektgebietenden Wort, das ein Fluidum von Rechtschaffenheit verbreitet. Dieses Fluidum erweist sich allerdings bei näherem Hinsehen eher als ein dichter Nebel, hinter dem sich einige Verwirrung verbirgt. Es zeigt sich, daß die „Erziehung" auf einem entsetzlichen Durcheinander verschiedener Konzepte beruht. Der neurotisch zwanghafte Glaube der Menschen des 19. Jahrhunderts, überliefertes Wissen sei in jedem Fall legitim und tugendhaft, vermischt sich mit modernen psychologischen Ansichten verschiedensten und nicht minder zweifelhaften Ursprungs. Das hartnäckige Beharren auf veralteten Extrempositionen wird an zwei Aspekten der gegenwärtigen Erziehung deutlich. Der erste ist die große Menge von unbrauchbarem Ballastwissen, das unweigerlich wieder dem Vergessen anheimfällt, aber dennoch in jedem Lehrplan enthalten ist, vom ersten Schuljahr an bis zum letzten Studiensemester. Der zweite Aspekt ist die lächerliche Annahme, ein Lehrplan könne ein Studiengebiet oder auch nur ein einzelnes Fach umfassend behandeln. Wer diese Kritik für nebensächlich hält, verwechselt Chaos mit Ordnung. Wie zweifelhaft unsere ganze Erziehungspsychologie ist, zeigt sich deutlich an den sogenannten Intelligenztests. Nicht einmal die Experten sind sich über ihre wissenschaftlichen Grundlagen einig, was die Vermutung nahelegt, daß es gar keine gibt.

Wir wollen versuchen, Licht in das Dunkel zu bringen, indem wir zuerst unsere Erziehungsgrundsätze darlegen und anschließend über die praktische Anwendbarkeit des autonomen Lernens sprechen. Das erlaubt uns eine Vorschau auf künftige Möglichkeiten und Hinweise, wie und wo die heutige Situation unserer Kinder verändert werden kann.

Die wichtigsten Grundsätze lauten:

1. Lernen ist ein Vorgang, bei dem folgende Aspekte einzeln oder in Verbindung miteinander eine Rolle spielen:

a) schöpferische Einsicht;

b) Experimente;

c) Nachahmung;

d) Unterricht.

2. Der Wunsch zu lernen ist angeboren und von der jeweiligen Person und den Umständen abhängig.

3. Gefühle spielen beim Lernen eine große Rolle.

4. Erziehung, definiert als Entwicklung der Fähigkeit, ein sinnvolles Leben zu führen, setzt ein Maximum an Freiheit und Anregungen in einer glücklichen und lebensbejahenden Umgebung voller Enthusiasmus und Lebensfreude voraus.

Wir wollen nun diese vier Punkte im einzelnen durchgehen. Zunächst zur ersten These. Die Menschen sind von Natur aus ungeduldig. Eine Auswirkung dieser Ungeduld, ein Symptom sozusagen, ist die übertriebene Unterweisung an unseren Schulen. Gerade deshalb muß man betonen, daß es viele Wege gibt, die ein Kind beim Lernen beschreiten kann. Damit schöpferische Einsicht oder künstlerische Fähigkeiten sich entwickeln können, muß man das Kind sich selbst überlassen. Vielen Erziehern fällt aber gerade das besonders schwer. „Wer sein Kind sich selbst überläßt, macht einen Quälgeist aus ihm", kann man oft hören. Doch zu einem Quälgeist wird es nur, weil und wenn es in seiner Umgebung zuwenig Möglichkeiten zur Betätigung findet. Kunstunterricht ist trotz des Einflusses von Herbert Read auch heute noch zweckgebunden. Leonora wurde in der Schule angehalten, ihre Bilder ordentlicher (!) zu malen. Diese Vorliebe für Ordnung findet man auch auf anderen Gebieten. Wenn ein gesundes Kind einen Aufsatz schreibt oder eine Aufgabe löst, begeistert es sich daran. Diese Begeisterung findet ihren natürlichen Niederschlag in einer weniger sorgfältigen Schrift. Man sollte einem Kind ganz zuletzt erst beibringen, einen Aufsatz oder eine Aufgabe sauber und leserlich zu schreiben, denn dieser Gesichtspunkt ist absolut nebensächlich. Leonora entwickelte eine Abneigung gegen das Aufsatzschreiben, weil ihre Schrift immer dann flüchtig und schlecht leserlich wurde, wenn sie sich für ihr Thema begeisterte. Die freudige Erregung, Ausdruck lebhafter Beteiligung, machte es ihr unmöglich, gleichzeitig auf ihre Schrift zu achten. Der Lehrer aber, der sehr auf Ordnung bedacht war, tadelte sie deswegen und weigerte sich sogar, ihre Aufsätze zu lesen. Genauso war es beim Rechnen. Uns kam der Gedanke, daß man nur die zwei Dinge, Sauberkeit der Schrift und Qualität des Inhalts, voneinander trennen brauchte, und schon würden beide Leonora Vergnügen bereiten. Handfertigkeiten und schöpferische Fähigkeiten sollten nicht miteinander verquickt werden, denn dann verliert ein Kind die Freude an beiden. Es ist leicht, hier eine sinnvolle Lösung zu finden – aber leider wird sie nur allzu selten gesucht.

Wenn Leonora zu Hause malt, verliert sich der Einfluß des Lehrers und der anderen Kinder erst nach und nach. Ihre ersten Zeichnungen sind ausdruckslos und langweilig und unterscheiden sich deutlich von den folgenden. An einem regnerischen Nachmittag saßen die vier ältesten Kinder beisammen und malten. Nach etwa einer Stunde verloren alle außer Leonora die Lust und verschwanden.

Ich hatte wenig später in dem Raum zu tun. Ich hatte vorher die ziemlich einfallslosen Bilder Leonoras gesehen, und so fiel mir auf, wie munter und quicklebendig sie abwechselnd tanzte, sang und malte. Ich sah mir die Zeichnungen an und traute meinen Augen nicht. Der Zwang, „ordentlich" und schulmäßig zu malen, war völlig verschwunden. Die in einer wahren Raserei von Gesang und Tanz, von Pinseln und Füßen vollendete Zeichnung offenbarte jene außerordentlichen Qualitäten, die Leonora in ihren ersten Lebensjahren besessen hatte.

Eine weitere Anregung sollte in den Schulen aufgegriffen werden. Man sollte die Kinder ermutigen, mit beiden Händen gleichzeitig zu malen. Damit könnte man einmal dem ständigen Drängen der Erwachsenen nach sauberer Ausführung einen Riegel vorschieben und gleichzeitig die Lust der Kinder ans Malen steigern. Wir haben das allerdings selbst noch nicht versucht.

Bei Experimenten, bei kreativen Beschäftigungen und Denkprozessen müssen die Kinder sich selbst überlassen bleiben. Das ist jedoch in unserer Gesellschaft nahezu undenkbar. Es ist eine weitverbreitete Ansicht, daß den Kindern von klein auf beigebracht werden sollte, alle Dinge „richtig" zu machen. Auf diese Weise sollen schlechte Angewohnheiten verhindert werden. Dieser Gedanke ist naiv und oberflächlich. Nur ein Kind, das selbst alles Mögliche ausprobiert hat, kann einfachere Lösungen wirklich würdigen. Wir müssen den Heranwachsenden erlauben, ihre eigenen Fehler zu machen, fehlerhafte Gedankengänge selbst durchzudenken. Wir müssen ihnen gestatten, auf dieser Basis zu experimentieren, bis sie schließlich selbst auf eine vernünftige Lösung eines Problems stoßen, oder diese zumindest schätzen lernen.

Ich glaube, daß die unter Kindern und Erwachsenen weitverbreitete Unfähigkeit zu vernünftigem Handeln und logischem Denken weder auf einer angeborenen Unvernunft noch auf einem Mangel an geistiger Disziplin beruht. Nach meiner Erfahrung können Logik und Vernunft kaum gelehrt werden. Sie entwickeln sich spontan. Und diese natürliche Entwicklung wird verhindert, wenn wir den Kindern verbieten, zu experimentieren. Denn nur auf diese Weise können sich Logik und Vernunft ausbilden. Bei der Selbstbestimmung geben sich die Erwachsenen größte Mühe, mit ihren Kindern vernünftig umzugehen. Und diese Anstrengungen zahlen sich aus. Wir hätten es kaum für möglich gehalten, daß Kinder von zwei oder drei Jahren vernünftig handeln und logisch denken können. Unsere Töchter belehrten uns eines Besseren. Die im folgenden angeführten Beispiele müssen mit den Standards verglichen werden, die allgemein anerkannt sind und von den Erziehern als zufriedenstellend beurteilt werden. Unter diesem Blickwinkel sind sie wirklich erstaunlich. Das erste Beispiel bezieht sich auf Leonora und das Badezimmer. Sie war zwei Jahre alt, als wir ihr erklärten, daß einige Leute sich auf der Toilette so scheu benähmen wie etwa Vögel, wenn man sie überrascht. Und sie verstand das. Dies war für sie eine sehr wichtige Angelegenheit, und so kam es, daß sie jeden, der zu uns kam, zuerst fragte, ob er „etwas scheu" sei. Sie zeigte weiterhin Verständnis dafür, daß „scheuen" Leuten schon solche Fragen unangenehm sind. Und das mit zwei Jahren! Wir schlugen ihr vor, vorsichtiger zu sein, selbst zu beobachten oder uns zu fragen, was sie auch tat. Und Leonora ist kein Sonderfall. Vielmehr bestätigte dieser Erfolg die Richtigkeit unserer Annahme, daß kleine Kinder sich weitaus vernünftiger verhalten können, als allgemein angenommen wird.

In einem anderen Fall spielten Leonora und Erica recht wild miteinander, als eine Nachbarin mit einem Nähkörbchen, an dem oben ein Püppchen befestigt war, in den Garten kam. Beide Kinder zeigten natürlich sofort brennendes Interesse. In ihrer Aufregung schoben sie sich gegenseitig weg, jede wollte das Püppchen zuerst haben. Eine Zeitlang schrien und lärmten sie wie toll. Dann sagte Erica zu Leonora: „Weißt du was. Wenn wir weiter streiten, wird uns Yvonne die Puppe überhaupt nicht geben." Erica war drei, und niemand hatte je zuvor mit ihr über etwas Derartiges gesprochen.

Ein letztes Beispiel: Ich war eines Tages mit Gartenarbeit beschäftigt, und Leonora spielte wie gewöhnlich eifrig und völlig vertieft mit Wurzeln, Regenwürmern, Wasser und ähnlichem. Völlig unerwartet sagte sie plötzlich: „Ich verstehe nicht, woher die erste Mami kam." – „Was meinst du damit?" fragte ich überrascht zurück. Und die Dreieinhalbjährige erklärte: „Es gibt doch ein Baby und eine Mami und einen Papi, aber woher kam die erste Mami?" – „Sieh mal – das ist recht schwer zu verstehen –, ich bin nicht einmal sicher, daß ich es selbst weiß", entgegnete ich und versuchte, Zeit zu gewinnen, um nachzudenken. Ihre Reaktion war ein entschiedenes „Aber ich *will* es wissen". Ziemlich verzweifelt stoppelte ich eine Erklärung zusammen, aus dem, was ich von Darwin und Reich darüber wußte. Leonora hörte aufmerksam zu. „Verstehst du nun?" fragte ich. „Ich dachte, Mami ist aus einem winzigen Stückchen gewachsen ..." entgegnete sie leicht verwundert. „Genau. Mami ist aus einem winzigen Partikelchen gewachsen durch die Energie, die das Leben ..." fügte ich hinzu, eifrig bemüht, diesen einfachen Sachverhalt klar auszudrücken. Begeistert setzte Leonora den Satz fort: „... und die erste Mami hatte Schüler, und die wurden Papis. Du bist ein Schüler!"

Kinder experimentieren mit Lebensmitteln, mit Gartengeräten und mit dem Spielzeug. Aber die Erwachsenen treiben sie dauernd zur Eile an, zum Beispiel beim Ankleiden oder beim Erlernen von Tischmanieren (wobei sie oft die Kinder so lange selbst füttern, bis sie manierlich essen). Wie andere habe auch ich dummerweise oftmals versucht, meinen Kindern zu zeigen, wie sie richtig mit ihren Spielsachen umgehen sollten. Dabei zerstörte ich den Zauber des

Selbstentdeckens und wurde mir so recht schmerzhaft meiner eigenen Ungeduld bewußt. Das Verlangen nach echten spontanen Experimenten (in Wahrheit ist es gewöhnlich nur das Bedürfnis, allein gelassen zu werden) zeigt sich schon in den ersten Schultagen und bleibt bis in die Universitätszeit hinein bestehen. Und selbst während des Studiums ist es unmöglich oder zumindest schwierig, dieses Verlangen zu erfüllen. Jedenfalls ist „Sich-selbst-überlassen-Sein" zu keiner Zeit Teil des Stundenplans. Da gibt es natürlich die vorgeführten Experimente, mit denen der Lehrer seinen Schülern etwas zeigen will, um es ihnen einzutrichtern. Aber diese Vorführungen sind für die Zuschauer meistens uninteressant. Genauso verhält es sich bei kleinen Kindern. Wie oft glaubten wir, unseren Kindern mit ausgetüftelten Experimenten etwas demonstrieren zu müssen. Und wie oft mußten wir einsehen, daß sie, trotz all unserer Begeisterung, nicht daran interessiert waren. Später, wenn es für ihr Leben wichtig wird, beginnen sie ganz von allein zuzuhören und zu beobachten, einfach weil es für sie von Interesse ist.

Nachahmung schließt nicht nur das ein, was von unseren fünf Sinnen aufgenommen und später auf geheimnisvolle Weise reproduziert wird. Wir glauben vielmehr, daß es eine allgemeine Wahrnehmungsgrundlage für alle fünf Sinne gibt, die das Geheimnis der Nachahmung lüften kann. Wenn wir sagen, daß jemand etwas imitiert oder daß er durch Beobachtung ein „Gefühl für eine Sache bekommt", so meinen wir damit nicht, daß er durch Sehen, Hören oder Fühlen ein plötzliches Verständnis gewonnen hat. Das alles mag durchaus mitspielen, aber es gehört noch mehr dazu. Wir glauben, daß diese allgemeine Wahrnehmungsgrundlage eine Übertragung von Energie ist, und zwar von einem lebenden Energiesystem unmittelbar auf ein zweites. Das „Gefühl für etwas" ist tatsächlich ein Gefühl, ein Erfühlen, und dabei wird Energie übertragen. Gefühle sind der direkte Ausdruck dieser Energie. Gleichgültig, ob es sich um das Lächeln des Vaters oder den Vorhandschmetterschlag des Tennislehrers handelt. Daß Kinder ihren Eltern ähnlich sehen, beruht nicht nur auf Erbmerkmalen. Nicht jedes Verhalten wird imitiert, kein Kind könnte alles nachahmen, was es sieht. Es ist eine hochinteressante Frage (die allerdings bisher noch nicht untersucht worden ist), warum ein Kind unter den vielen Verhaltensweisen, die es sieht, nur bestimmte imitiert.

Wichtig für die Kinder ist ein großes Angebot an Verhaltensweisen, die sie nachahmen können. Ich meine hier nicht das „gute Beispiel", das Erwachsene geben und das A. S. Neill so treffend beschrieben hat: „Wenn du nicht immer in Anwesenheit der Kinder rauchen würdest, hätten sie schon längst die Gefährlichkeit des Rauchens erkannt." Das ist nur ein Vorwand für Leute, die selbst nicht die Engel sind, die sie gerne in ihren Kindern sehen möchten. Kinder lassen sich aber nichts vormachen, sie erkennen genau, wann wir ihnen etwas vorspielen und wann wir uns verstellt benehmen. So kann ihnen eine solche Haltung nur zeigen, was für Heuchler wir sind. Im Endeffekt werden sie diese Heuchelei nachahmen. Es ist allerdings natürlich und verständlich, wenn Eltern versuchen, ein gutes Beispiel zu geben, denn Kinder lernen ja durch Imitation.

Das Kind wählt unter den unendlich vielen Dingen, die ihm angeboten werden, diejenigen aus, die seinen Bedürfnissen entsprechen. Diese Bedürfnisse sind zahlreich und wechselnd. So wird das Problem in bezug auf die Selbstbestimmung äußerst schwierig. Dem Kind beim Essen, beim Schlafen und bei körperlicher Beschäftigung freie Wahl zu lassen ist einfach, den richtigen Spielkameraden zu finden ist schon schwieriger, nachahmenswertes Verhalten auszuwählen ist schlechthin unmöglich. Wir können nur hoffen, daß ein Kind das selbst kann. Ein autonomes Kind hat kein Bedürfnis, die vielen neurotischen Verhaltensweisen seiner Eltern nachzuahmen. Dagegen ist bei ihm die Fähigkeit zu schöpferischer Originalität besonders gut entwickelt.

Das Fluchen ist ein drastisches Beispiel dafür, daß Kinder nur die Verhaltensweisen auswählen, die sie wirklich brauchen. Ihr Vater flucht. Er flucht oft und ziemlich übel (oder sollte man hier sagen: ziemlich gut?). Auf jeden Fall flucht er mehr, als seine Frau und er selbst für gut halten, wenn sie daran denken, daß die Kinder ihn nachahmen und dadurch Erwachsene schockieren könnten, auf deren Sympathie sie vielleicht einmal angewiesen sind. Das Erstaunliche ist, daß unsere Kinder selten fluchen, ohne daß wir es ihnen verboten hätten. Als Leonora sich einmal mit zwei Jahren vergeblich bemühte, ihre Schuhe zuzumachen, sagte sie genau in dem Tonfall ihres Vaters: „Das v-e-r-f-l-i-x-t-e Ding", wobei sie jeden einzelnen Laut betonte. Jean war trotz ausgezeichneter Vorbereitung durch die Fahrprüfung gefallen, weil ihr Prüfer ein bekannter Weiberfeind war. Als sie entmutigt und wütend nach Hause kam, kommentierte Leonora: „Dieser verdammte Prüfer." Ericas Haltung dem Fluchen gegenüber ist ebenfalls bezeichnend. Mit fünf Jahren, nachdem sie gerade die ersten Wochen in der Schule hinter sich hatte, sagte sie eines Tages: „Mami, Schule ist wirklich verdammt komisch."

„Das stimmt, mein Liebling. Aber weißt du, es ist ratsam, nicht zu fluchen. Viele Menschen halten es für unschicklich, besonders

Kinder kosten Geld . . .

... aber: «Man kann sein Geld nicht schlechter anlegen als in ungezogenen Kindern.» Das schrieb Wilhelm Busch.

Heißt aber nicht, daß wohlerzogene Kinder nun die beste Kapitalanlage seien. Gutes Betragen = gute Erträge, das ist gewiß nicht die neueste Rentenformel.

Schon mancher, der als Kind keine kapitalen Anlagen zeigte, hat es zu Kapitalanlagen gebracht.

bei einem kleinen Mädchen", antwortete ihre Mutter. (Das war mehr, als wir je zu Leonora gesagt hatten.) Nach einer kurzen Gedankenpause fragte Erica: „Was ist ein Fluch? Ist ‚verdammt' oder ‚komisch' ein Fluch?" Das alles erschien uns eigenartig, bis wir erkannten, daß die Kinder nur Dinge imitieren, die sie brauchen. Zu Hause konnten sie Flüche schlecht anwenden. Und obgleich ich auch weiterhin fluche, haben sie mich nicht mehr nachgeahmt. Vielleicht sollte ich mich bemühen, nicht zu sehr zu verallgemeinern. Die zweijährige Nicola hat von ihrem Vater das „verdammter Mist" übernommen und benutzt es an Stelle des abgedroschenen „Ach du meine Güte". In „verdammter Mist" liegt auf jeden Fall mehr Gefühl, aber sie hat es dennoch später nicht beibehalten. Die älteren Kinder reagieren ihre Frustrationen mit einem „ach du dicke Tante" oder anderen in der Schule gelernten, salonfähigen Ausdrücken ab. Sie machen so ihren Gefühlen besser Luft als mit einem „verdammter Mist". Hätten allerdings die Kinder in ihrer Umgebung härtere Flüche gebraucht, so hätten auch sie ohne Zweifel damit angefangen. Sie hätten gemerkt, warum und wann die anderen Kinder solche Worte verwendeten, und sie hätten versucht, es ihnen gleichzutun. Kinder, die fluchen, halten sich selbst gewöhnlich für geistreich. Und deshalb würden unsere Kinder versuchen, sie zu imitieren. Aber dieses Imitieren unterscheidet sich deutlich vom Nachahmen der Eltern oder anderer Erwachsener. Kinder ahmen nur Verhalten nach, das zu ihren Bedürfnissen paßt. Leonora gewöhnte sich zum Beispiel an, drohend und theatralisch anzukündigen, was sie tun würde, wenn jemand anderes dies oder das täte. Das erleichterte sie ungemein. Eine ganz ähnliche Angewohnheit hat ihr Vater. Dabei hegen weder er noch sie je die Absicht, diese schrecklichen Drohungen wahrzumachen.

In einem bestimmten Alter begann Erica jeden ihrer Sätze mit der Einleitung „Ich fürchte . . ." Diese Redewendung hatten wir gelegentlich verwendet. Sie mußte sich gerade in dieser Zeit daran gewöhnen, daß jemand von uns „befürchtete", eine ihrer vielen Bitten nicht erfüllen zu können. Dabei kam ihr dieser Ausdruck zu Hilfe. Sie fürchtete in dieser Phase der Unsicherheit ständig, daß man ihren Wünschen nicht nachgeben würde, und so gebrauchte sie diesen Ausdruck öfter, als wir es je getan hatten. Er kam ihren Bedürfnissen zu dieser Zeit sehr entgegen.

Es ist verhältnismäßig einfach, sprachliche Nachahmungen zu beschreiben. Wirklich interessant wird es aber erst, wenn die Kinder Handlungen, Gesten oder einen Gesichtsausdruck nachahmen. So gewöhnte sich Leonora an, sich wie ihre Mutter die Hände zu reiben. Sie drückte auf diese Weise freudige Erregung aus, und tat es schließlich so automatisch, wie ein Hund mit dem Schwanz wedelt. Wenn sie aufgeregt oder entzückt ist, reibt sie ihre Hände in einer ganz charakteristischen Weise. Wir mußten den Lehrer bitten, sie deswegen nicht zu tadeln. Denn es handelt sich um eine harmlose Angewohnheit, mit der sie in überzeugender Weise positive Gefühle zum Ausdruck bringt, Lebensfreude und Teilnahme.

Der enge soziale Kreis der patriarchalischen Familie in dem kleinen Haus einer Vorortsiedlung weit entfernt von Arbeits- und Vergnügungsstätten erweist sich nur allzu oft als Teufelskreis. Die Möglichkeiten des Kindes, Erwachsene in verschiedenen Situationen zu beobachten, wird dadurch stark eingeschränkt. Nur die unmittelbare Beobachtung von Menschen bietet eine Fülle an nachahmenswertem Verhalten, für die Bilder und Filme kein echter Ersatz sein können. Verschwenderisch dargebotener Ersatz ist oftmals schlimmer als völliger Mangel, weil die Kinder dadurch von den wenigen brauchbaren Vorbildern ferngehalten werden. Unser Ziel sollte es sein, Kinder alles sehen zu lassen: Märkte, Fabriken, Ausstellungen, Menschen, Tiere, Pflanzen, den Postboten, den Milchmann, den Fensterreiniger und den gefährlichen, stinkenden Straßenverkehr. In dieser Aufzählung ist schon so ziemlich alles enthalten, was die meisten Kinder überhaupt direkt erleben können. Gegen diese Einschränkung kann man im allgemeinen wenig tun. Möglichst viel Bewegungsfreiheit, interessante Besucher und Fahrten mit den Kindern können das Problem ein wenig mildern. Für vereinsamte Einzelkinder ist ein Ausgleich am notwendigsten, und er läßt sich oft ganz gut arrangieren.

Ohne Kontakte mit der Außenwelt wird dem Kind immer etwas fehlen. Die Eltern sollten das erkennen und versuchen, Abhilfe zu schaffen. Sich deswegen unglücklich und schuldbewußt zu fühlen, hilft niemandem. Es ist nicht in jedem Fall sinnvoll, aber für uns hat es sich als äußerst günstig herausgestellt, daß ich mein Büro zu Hause habe. Es ist für die Kinder kein verbotenes Territorium. Sie beobachten mich bei meinen beruflichen Tätigkeiten und sind vertraut mit meinen Arbeitsgeräten. Das zeigt sich wiederum in ihren phantasiereichen Spielen. Die Beobachtung meiner Aktivitäten bietet ihnen viele wertvolle Gelegenheiten zur Nachahmung und erfüllt so eine sinnvolle Funktion. Es erfordert natürlich beträchtliche Energie, sie bei der Arbeit um sich zu haben. Doch gibt es mir andererseits Gelegenheit, mich an ihrer Gegenwart zu erfreuen und sie zu beobachten – worauf ich sonst verzichten müßte. Außerdem lernen wir uns besser kennen. Ärger oder Schwierigkeiten, die mir aus meiner Arbeit entstehen, sind auf diese Weise für die Familie am Abend keine unerfreuliche Überraschung.

Die Kinder haben ja selbst beobachten können, wie der Ärger sich langsam zusammenbraute, wie er wuchs und schließlich zur Explosion führte.

Nachahmung ist eine für das Leben und die Liebe notwendige Funktion. Entscheidend dabei ist, daß die Kinder das imitieren, was wir wirklich sind, und nicht das, was wir vorgeben zu sein. Wenn es notwendig ist, ahmen sie sogar das Heulen eines Wolfes nach, wie die Wolfskinder zeigen, die Gesell beschrieben hat. Aber sie ahmen auch das gefühlskranke Verhalten eines Menschen nach, was viel schlimmer ist.

Unterricht ist gegenwärtig der einzige allgemein anerkannte Bestandteil der Erziehung. Die Kinder werden in einer Reihe von Fächern unterrichtet, die jedoch nach veralteten Vorstellungen ausgewählt werden. Das Ergebnis ist eine zusammenhanglose Aneinanderreihung von Lehrfächern. Der Unterricht „in Klassen" beruht ebenfalls auf falschen Voraussetzungen. Man behandelt alle Kinder, als könnten sie auf die gleiche Art und gleich schnell lernen. Das hält man für unumgänglich. Dabei ist diese Unterrichtsmethode, die sich streng nach dem Stundenplan richtet, sehr ineffektiv. Völlig unmotiviert und ohne auf die Wünsche der Kinder eingehen zu können, muß der Lehrer jede Stunde das Fach wechseln und soll dabei auch noch die Aufmerksamkeit der Kinder wachhalten. Das erweist sich natürlich als ausgesprochen schwierig. Das vom Stundenplan gerade diktierte Fach findet vielleicht bei keinem Schüler oder nur bei einigen wenigen Anklang. So kommt es, daß die Kinder nur sehr langsam lernen.

Nach unserer Auffassung sollte es den Kindern freigestellt sein, ob sie am Unterricht teilnehmen wollen oder nicht. Das ist in Summerhill schon lange üblich. Auf diese Weise ist sichergestellt, daß die Fächer, die ein Kind wählt, auch wirklich Bedeutung für das Kind haben. Wenn mit dem Unterricht erst dann begonnen wird, wenn sich beim Kind ein echtes Lernbedürfnis entwickelt und das selbstgewählte Fach Bedeutung erlangt hat, erhöht sich die Lerngeschwindigkeit geradezu phantastisch, und die verspielten und verbummelten Stunden werden mit Leichtigkeit aufgeholt. Ungezwungenes Lernen in Gruppen hat auf lange Sicht viel größere Erfolgschancen als der sogenannte Frontalunterricht in den üblichen Schulräumen. Dazu würde auch gehören, daß man die Kinder viel öfter bei ihren schöpferischen Aktivitäten und Experimenten allein läßt. So könnte auch vermieden werden, daß nur Spezialisten jeweils ihr begrenztes Fachgebiet lehren – was vermutlich nicht sehr effektiv ist. Viel sinnvoller erscheint es, wenn der interessierte Schüler und ein Erwachsener, der ebenfalls wenig Kenntnisse auf dem betreffenden Gebiet hat, eine Aufgabe zusammen anpacken. Auf diese Weise lernt das Kind, *wie* man ein Problem angeht und *wo* man Informationen findet, und es braucht sich nicht eine Unmenge von Fakten einzupauken. Das damit auch alle bisher üblichen Prüfungen und die lächerlichen Gedächtnistests überflüssig werden, gehört zu den Vorteilen dieser neuen Methode. Für die wissenschaftliche und berufliche Arbeit ist es viel wichtiger, daß man Daten finden und Nachschlagewerke und Bibliotheken benutzen lernt, als daß man eine Menge mühsam eingepaukter Einzelheiten hersagen kann. Unterricht wird dann zu einer interessanten und spannenden Art des Lernens, denn er hat für das Kind Bedeutung oder wird durch das Engagement des Lehrers wichtig und fesselnd.

Unterricht ist nur dann effektiv, wenn er für den Schüler interessant ist. Das folgende Beispiel zeigt das deutlich. Sechs Schüler in Summerhill hatten herausgefunden, daß sie ein bestimmtes Schulzeugnis erwerben mußten, um ihre späteren Berufswünsche erfüllen zu können. Sie waren nicht direkt an dem Fach interessiert, aber sie wollten gerne die Prüfung bestehen. Darum kamen sie freiwillig zum Unterricht und lernten mit erstaunlicher Schnelligkeit. Sie waren ungefähr ebensogut wie die sechs besten Schüler einer anderen Schule, die mehrere Jahre hindurch mühselig und nicht immer freiwillig gelernt hatten. Die Lerngeschwindigkeit der Summerhill-Schüler war also weit größer als die der anderen Schüler, die auf die übliche Methode unterrichtet worden waren. Ich möchte noch ein weiteres Beispiel zur Verdeutlichung des Unterschiedes zwischen wichtigen und unwichtigen Lernstoffen anführen. Jean sollte einmal während ihrer Lehrerausbildung auf Geheiß des Direktors in einer 60köpfigen Klasse Geschichtsunterricht geben. Sie sollte die Epoche König Charles I. abhandeln oder irgendeines anderen Herrschers. Die Jungen zeigten nicht das geringste Interesse dafür. Natürlich lenkten sie ihre Energien auf alle jene wohlbekannten Tätigkeiten, die in einer gelangweilten und unkontrollierten Klasse ein Chaos hervorrufen können. Da kam Jean auf den Gedanken, daß die Schüler die gegenwärtige Geschichte wahrscheinlich viel mehr interessieren würde, und berichtete vom Schicksal eines Flüchtlings aus Nazi-Deutschland. Das Ergebnis war, daß es in dieser berüchtigten Klasse mäuschenstill wurde. Die ungewohnte Aufmerksamkeit und Konzentration der Schüler beeindruckte den eintretenden Direktor so sehr, daß er eine gute Beurteilung schrieb. Nichts weiter als ein Wechsel von einem langweiligen zu einem wichtigen Thema hatte die Veränderung bewirkt. Es gibt außer dieser nur noch eine einzige Methode, mit der man es schafft, einer Klasse von 60 unruhigen Jungen etwas beizubringen; nämlich Prügeln und Strafen. An dieser Methode finden manche Leute Gefallen. Das Schlimme ist nur, daß sie überzeugt sind, sie sei die einzig richtige.

Das führt uns direkt zu dem zweiten Satz, der unseren Überlegungen zugrunde liegt. Die angeführten Beispiele und unsere eigene Erfahrung beweisen, daß das Lernbedürfnis angeboren ist. Wir glauben nun, daß man das Lernen für Kinder wichtig und interessant machen kann, indem man in ihnen ein echtes Bedürfnis danach weckt, was im allgemeinen gar nicht schwer ist. Diese Meinung steht natürlich in krassem Widerspruch zu der allgemein verbreiteten Ansicht, man müsse den Kindern Wissen einbleuen und sie mit Weisheit vollstopfen.

Ein Beweis für die Richtigkeit der These, daß der Wissensdrang angeboren sei, sind die Lernerfolge von Kindern, die noch zu jung sind für Druckmittel und Zwang. Wenn das Bedürfnis, etwas zu lernen, zum Beispiel Gehen oder Sprechen zu lernen, sich spontan entwickelt – und das ist eine erwiesene Tatsache –, wann hört dann diese Spontaneität auf? In welchem Alter und bei welcher Tätigkeit? Gehen und Sprechen sind für ein kleines Kind keine einfachen Dinge, oder anders gesagt, auch schwierige Dinge werden von Kindern mit erstaunlicher Ausdauer gelernt. Wir und andere behaupten nun, daß das schon bei Kleinkindern bestehende Lernbedürfnis weiterbestehen könnte, wenn wir es nicht mit unseren Erziehungsmethoden ersticken würden, mit dem Ergebnis, daß die Kinder faul, gelangweilt und desinteressiert werden. Diese Erscheinung sagt wenig über die Kinder aus, um so mehr aber über unsere Erziehungsmethoden. Neill hat einmal beobachtet, wie Kinder mit ungeheurer Energie riesige Tunnel bauten, weil sie in ihrem Spiel von einer eigenen Idee beflügelt waren. Dagegen kann sie der Vorschlag, sich nützlich zu machen und Unkraut zu jäten – ohne Frage eine leichtere und einfachere Arbeit – völlig kalt lassen. Leonora lernte schon sehr früh das Alphabet, weil sie den ganzen Winter über kaum draußen spielen konnte. Im Sommer vergaß sie es wieder. Das macht deutlich, wie äußere Umstände und der individuelle Charakter des Kindes den angeborenen Wissensdrang beeinflussen können. Mozart hatte offensichtlich von Natur aus ein weit größeres musikalisches Talent als die meisten anderen Jugendlichen seiner Zeit. Jeder von uns ist wahrscheinlich von Geburt an auf einigen Gebieten begabter als auf anderen. Man nimmt darauf aber nur dann Rücksicht, wenn man den Kindern genügend Gelegenheiten zum Lernen anbietet und ihnen eine Auswahl ermöglicht.

Und nun zur dritten These. Aus dem Vorhergehenden wird deutlich, daß in unserer Gesellschaft der emotionale Inhalt den entscheidenden Aspekt des Lernens darstellt. Wir können nicht ohne Gefühl lernen. Das heißt, wir können uns zwischen Furcht und Freude als Antriebskräfte für unsere Kinder entscheiden. Unsere Gesellschaft hat die Furcht gewählt, und das ist ein deutliches Symptom dafür, daß unsere Gefühlswelt gestört ist. Die meisten Kinder sind emotional unterernährt. Sie werden daher versuchen, emotionale Beziehungen zu ihren Lehrern aufzunehmen, wann immer es ihnen möglich ist. Das kann unangenehm sein, aber es bietet dem Lehrer auch Gelegenheit, die Verbindung zwischen Lernen und dem emotionalen Leben des Kindes herzustellen. Man bedenke nur, welche ungeheuren Anstrengungen ein Kind manchmal in langweiligen Fächern auf sich nimmt, um dem Lehrer zu gefallen. Wir halten ein Lernen aus solchen Motiven heraus nicht für gut. Dagegen können zum Beispiel ehrliche Antworten auf Fragen zur Sexualität – und das ist für Kinder eine stark gefühlsgeladene Angelegenheit – eine unruhige Klasse zur Aufmerksamkeit bringen. So kann ein Lehrer erforschen, was für Kinder von Bedeutung ist und dann ihr Wissensbedürfnis auf diesem Gebiet stillen. Die meisten Kinder, die unter einem Mangel an befriedigenden menschlichen Beziehungen leiden, reden sehr viel. Hier bietet sich für den Lehrer eine Chance, zum Therapeuten zu werden. Natürlich nur, wenn er dazu fähig ist. Es ist Sache des Lehrers, dafür zu sorgen, daß die Kinder sich frei genug fühlen, um ihre Aggressionen ausleben zu können. Denn es hat sich gezeigt, daß das Abreagieren von Aggressionen die Lernfähigkeit und die Lerngeschwindigkeit der Kinder in erstaunlichem Maß steigern kann.

Leonora kommt manchmal mit einem regelrechten Widerwillen gegen ihre Schulaufgaben nach Hause. Aber manchmal kann schon eine kleine Hilfe ihrer Eltern dazu führen, daß sich ihre Haltung ganz plötzlich ändert. Sie macht sich dann mit so viel Eifer an die Arbeit, daß sie nicht einmal auf die Zeit achtet. Wenn ihr beispielsweise jemand bei den Rechenaufgaben die Zahlen diktiert, so daß sie sie nicht aus dem Buch abzuschreiben braucht (etwas, was vermutlich sehr vielen Kindern verhaßt ist), dann bereitet ihr alles weitere sogar Freude. Indem man den Kindern die Fächer interessant und damit beliebt und sinnvoll macht, kann man ihnen helfen, die Mängel unseres sturen Erziehungssystems zu überwinden. Das Verhältnis des Kindes zu seinem Lehrer ist von entscheidender Bedeutung, vor allem, wenn der größte Teil des Unterrichts in den Händen eines einzigen Lehrers liegt. Je nach dem, wie gut dieses Verhältnis ist, kann das Lernen für das Kind ein Vergnügen oder eine Qual sein. Kinder, die seit langem wissen, daß jeder Mench sich gelegentlich sonderbar benimmt und daß es dafür Gründe gibt, verstehen die Schwierigkeiten ihres Lehrers erstaunlich gut. Dieses Verständnis führt zu einer so intensiven Zusammenarbeit zwischen Lehrern und Schülern, wie sie sonst nur die Furcht vor strengen Strafen hervorbringt. Daß die Selbstbestimmung dieses positive Resultat haben kann, überrascht viele Menschen immer wieder. Eine wirklich ernste Lage entsteht jedoch, wenn ein Kind zu seinem Lehrer eine Haßbeziehung entwickelt. Und das kommt an unseren Schulen gar nicht selten vor, ja, es ist möglicherweise sogar die Regel. Diese Feststellung sollte eigentlich niemanden überraschen, der bedenkt, daß bei der Lehrerauswahl Sympathie und Liebe zu den Kindern als Kriterien überhaupt keine Rolle spielen. Es ist ungeheuerlich, daß ein Lehrer öffentlich sagen kann, daß er Kinder haßt, ohne seine Stellung zu gefährden. Die Leute werden höchstens murmeln: „Kein Wunder!"

Ich möchte noch einmal zusammenfassen. Die Dinge, die für ein Kind wichtig sind, lernt es freiwillig. Freiwillig lernen heißt aber schneller lernen. Ohne Zwang Gelerntes wird besser behalten und leichter in das schon vorhandene Wissen eingeordnet. Daraus entsteht dann wiederum der Wunsch nach neuem Wissen. Die Grundvoraussetzung dafür ist jedoch, daß der Lernstoff Bedeutung für das Kind hat, deshalb muß er den emotionalen und autonomen Bedürfnissen des Kindes entsprechen.

18. Kapitel
Entwicklungstheorien und Selbstbestimmung

Es ist so wichtig, den emotionalen Faktor beim Lernen und bei der allgemeinen Entwicklung hervorzuheben, weil die meisten einschlägigen Werke auf diesem Gebiet, einschließlich der von Piaget und Gesell, hier Grundlegendes vermissen lassen. Piaget akzeptiert in seinem vierhundert Seiten starken Buch „Das Erwachen der Intelligenz beim Kinde" (Stuttgart 1969) die Tatsache, daß Lebensprozesse dynamisch sind. Vor allem versucht er die Entstehung der Intelligenz in diesem Sinne zu erklären. Er sagt sogar, daß „die intellektuelle Organisation in ihren ersten Anfängen die biologische Organisation weiterführt" (S. 412). Er faßt den lebenden Körper als einen gegliederten Organismus auf, der „dauernd in Aktion ist, um seine Struktur zu erhalten und ... zu diesem Zweck die notwendigen chemischen und energetischen Nahrungsmittel der Umwelt entnimmt und sich einverleibt" (S. 410).

Piaget beschreibt viele Aspekte des Lernens, wie man sie in der Wirklichkeit beobachten kann. Die entscheidende Lücke in seinem Werk besteht jedoch darin, daß er die Frage, was denn eine „organische Struktur" eigentlich sei oder welchen Gesetzmäßigkeiten sie unterliegt, nicht beantworten kann oder nicht für wichtig hält. Er beschränkt sich auf die Feststellung: „Was ist aber eine organische Struktur anderes als ein Zyklus von Operationen, der so gestaltet ist, daß jede der Operationen für die andere notwendig ist?" (S. 413). Er erwähnt „Energie" nur in Form von „Spuren" und stellt sie sogar *hinter* die chemischen Spuren! Er macht den „Organismus" abhängig von der Person und die Person abhängig vom Organismus. Es ist nicht falsch, das Wachsende mit dem Wachstumsprozeß gleichzusetzen, aber dann muß man sich auch der Frage stellen, welche Gesetzmäßigkeiten denn für beide gelten. Wir verdanken es Reichs Arbeiten und damit der Selbstbestimmung, daß diese Frage beantwortet werden kann, denn er entdeckte das grundlegende und beiden Phänomenen gemeinsame Funktionsprinzip.

Gesell, der sich im Gegensatz zu Piaget allgemeinverständlich ausdrückt, steht vor dem gleichen Dilemma. Der erste Eindruck, den Gesells Werk auf den Leser macht, ist überwältigend. Es hat den Anschein, als wüßte er alles. So viele Untersuchungen, so viele Hilfsmittel, Filme, Fotos, so viele Bücher! Aber bei sorgfältiger Prüfung stellt sich heraus, daß das Ziel seiner zahllosen Beobachtungen, die Suche nach den „Prinzipien des natürlichen Wachstums", auf einer falschen Annahme beruht. Er glaubt nämlich, man könne die Prinzipien finden, indem man möglichst viele „zivilisierte Babies" (obendrein hauptsächlich amerikanische) nimmt und ihre Entwicklung beobachtet. Damit ignoriert er aber die grundlegende Bedeutung der emotionalen Gestörtheit des Menschen in unserer Zivilisation. Die Entwicklungen, die er beschreibt, sind Entwicklungen von emotional kranken Kindern. Das hat Gesell nicht durchschaut, jedenfalls erwähnt er es nicht.

Die Hauptsache für die Fehler, die den führenden Autoren bei der Untersuchung der Kinderentwicklung unterlaufen sind, liegt in ihrer Einschätzung der Emotionen. Piaget erwähnt sie nicht ein einziges Mal in seinem Werk. Und die anderen unterschätzen sie beträchtlich, wenn sie sich mit der Entwicklung im allgemeinen befassen.

Akademische Autoren haben einige oberflächliche Untersuchungen durchgeführt, um den Einfluß von Emotionen auf soziale Mißstände, wie Verbrechen und zerrüttete Familienverhältnisse, aufzuzeigen. Unter diesen Arbeiten verdient die von Professor Stott Beachtung. Aber für das gesunde und normale Kind werden Emotionen als bedeutungslos angesehen. Gesell warnt lediglich vor „animistischen" Konzepten und stellt fest, daß Gefühle wachsen wie alles andere auch. Genau das aber bezweifeln wir.

Jonquil lächelte schon im Alter von zehn Tagen mehrmals ganz unverkennbar. Sie lächelte schlaftrunken, nach dem Essen, wenn Jean sanft und spielerisch ihre Lippen mit der Brustwarze oder den Fingerspitzen kitzelte. Sie strahlte über das ganze Gesicht. Wenn die Brustwarze jedoch ihre Lippen berührte, ohne sie zu kitzeln, lächelte sie nicht. Es handelte sich hier nicht um jene Grimassen, die man ebensogut als Reaktion auf Blähungen wie als Lächeln deuten kann. Jonquils Lächeln war entspannt und gelöst. Es begann um den Mund herum und breitete sich auf die obere Gesichtshälfte aus. Jonquil konnte den Blick noch nicht fixieren, sie konnte also niemanden erkennen. Wenn sie lächelte, waren ihre Augen geschlossen. Sie war schlaftrunken, still und zufrieden. Nichts regte sich an ihr, nur ihr Mund verzog sich zu einem satten, glücklichen Lächeln.

Das zeigt deutlich, daß die Gefühle eines Babys von Anfang an lebendig und voll entwickelt sind. Schien Jonquil nicht schon kurz nach der Geburt vollkommen zufrieden, als sie noch an der Nabelschnur zwischen Jeans Beinen lag? Ihr Lächeln drückte bereits sehr früh lebhaftes Vergnügen aus, Schreien dagegen ernsthaften Schmerz. Wir sind nicht, wie Gesell, der Ansicht, daß Gefühle wachsen, sie ändern nur ihren Sinngehalt. Reich hat bewiesen, daß die Bewegungen eines Wurmes, ja sogar das Ausdehnen und Zusammenziehen einzelliger Organismen, Ausdruck einer intuitiven, direkten Wahrnehmung eines Energiekontakts sind – also genau das, was sich auch bei Emotionen abspielt. Daß so winzige Wesen wie Jonquil, die gewöhnlich noch nicht einmal als Menschen angesehen werden, mit zehn Tagen wirklich lächeln und gewissermaßen Vergnügen empfinden können, macht die weitverbreitete Unmenschlichkeit gegenüber Kleinkindern um so erschreckender. Gleichzeitig aber kann man ahnen, welche positiven Möglichkeiten sich daraus ergeben.

Wenn man wie Gesell Emotionen mit anderen Phänomene in einen Topf wirft, entsteht natürlich Verwirrung. Für ihn sind die Gefühle im wesentlichen motorisch bedingt. Die motorische Aktivität kommt zuerst, die Emotion ist das Ergebnis einer später einsetzenden biochemischen Reaktion. Andere Autoren vertreten den entgegengesetzten Standpunkt. Sie behaupten, Gefühle seien vor den motorischen und physiologischen Reaktionen da. Beide Standpunkte haben etwas gemeinsam, nämlich die Trennung zwischen körperlichen und emotionalen Vorgängen. Wilhelm Reich dagegen denkt in Begriffen einer psychosomatischen Identität oder Ur-Lebensenergie, von der Geist und Körper nur verschiedene Funktionen oder Ausdrucksformen sind. Sie bilden eine untrennbare Einheit.

Nur wenn wir eine fundamentale Lebensenergie annehmen, entgehen wir dem Dilemma, entscheiden zu müssen, wem der Vorrang gebührt: dem Geist oder dem Körper, dem Gefühl oder einer chemischen Reaktion. Dieses Konzept erschließt uns auch die wahre Natur der Emotionen: Sie sind die subjektive, direkte Erfahrung der in uns fließenden Lebensenergie. Wenn zum Beispiel die Energie spontan vom Lernen angezogen wird, resultiert daraus ein Gefühl des Vergnügens. Empfindet das Kind keine Freude am Lernen, gibt es nur zwei Erklärungen: entweder das Fach ist nicht attraktiv, oder die Energie des Kindes ist in angespannten Muskeln und Ängsten gebunden und kann nicht auf die Anziehung reagieren. Die Mängel von Gesells Methode zeigen sich in seiner Tabelle von „Entwicklungsnormen". Wie wir herausgefunden haben, läßt die Entwicklung autonomer Kinder Gesells Normen für Kinder unter sechs Jahren sowie alle entsprechenden Tabellen in anderen Büchern als ausgemachten Unsinn erscheinen. Nicht der Vergleich von statistischen Durchschnittswerten ist von Bedeutung, sondern die Erkenntnis, auf welchem Gebiet ein Kind die anderen übertrifft und warum.

Wichtig scheint uns die Frage, wie Kinder es fertigbringen, den Normen weit voraus zu sein. Wir vertreten die These, daß Eltern oder Erziehungsberechtigte einen sehr tiefgreifenden Einfluß auf die Lernfähigkeit ihrer Kinder haben. Und zwar vom frühesten Alter an und allein durch den emotionalen Kontakt, den direkten Energiekontakt.

Penny kannte etwa hundert Worte und sprach schon kurze Sätze, als sie nach den Tabellen erst zwei oder drei Worte hätte wissen sollen.

Das gleiche gilt für das Zeichnen. Die Ergebnisse unserer Kinder

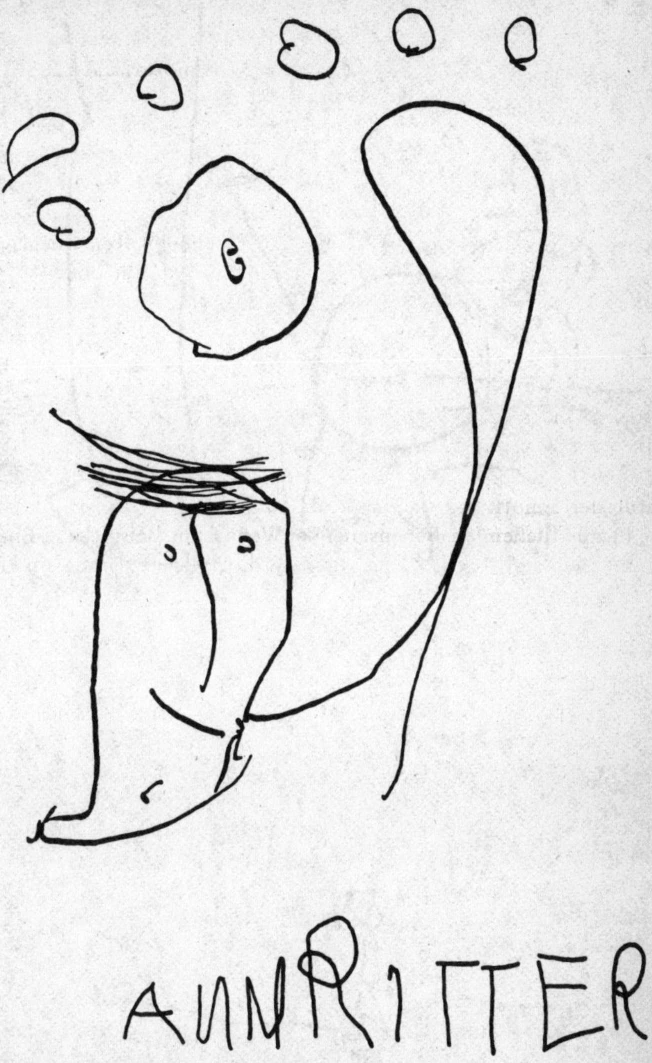

„Hund und elf Taler". Leonora mit zweieinhalb Jahren. Darunter ihre Unterschrift (viereinhalb Jahre). Diese, wie auch alle anderen Zeichnungen sollen in erster Linie deutlich machen, daß sehr kleine Kinder mit einer kurvigen, durchlaufenden Linienführung malen. Gerade Striche treten erst später auf. (Originalzeichnung ist um ein Drittel größer.)

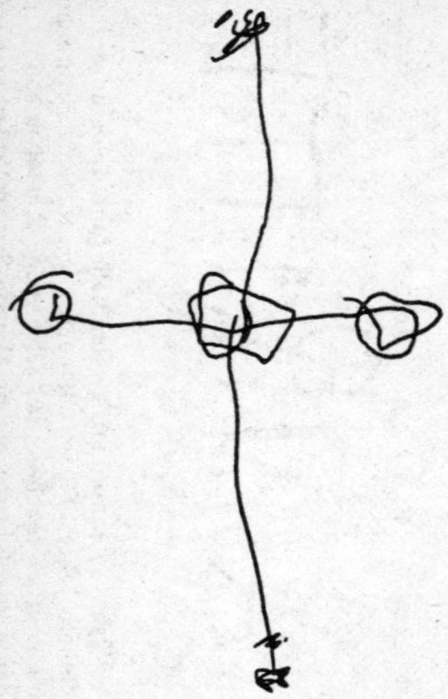

„Karussell“. Leonora, 25 Monate alt. (Originalzeichnung ist doppelt so groß.)

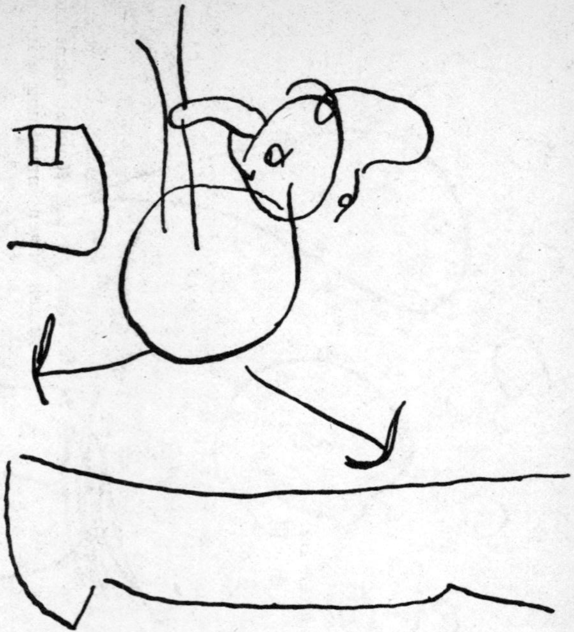

„Aufspringen auf den Zug“. Leonora, fünfeinviertel Jahre alt. (Originalgröße)

„Ein Gesicht". Erica, zwei Jahre und acht Monate alt. (Originalzeichnung ist um ein Drittel größer, wobei die durchlaufenden schwungvollen Kurven noch stärker wirken.)

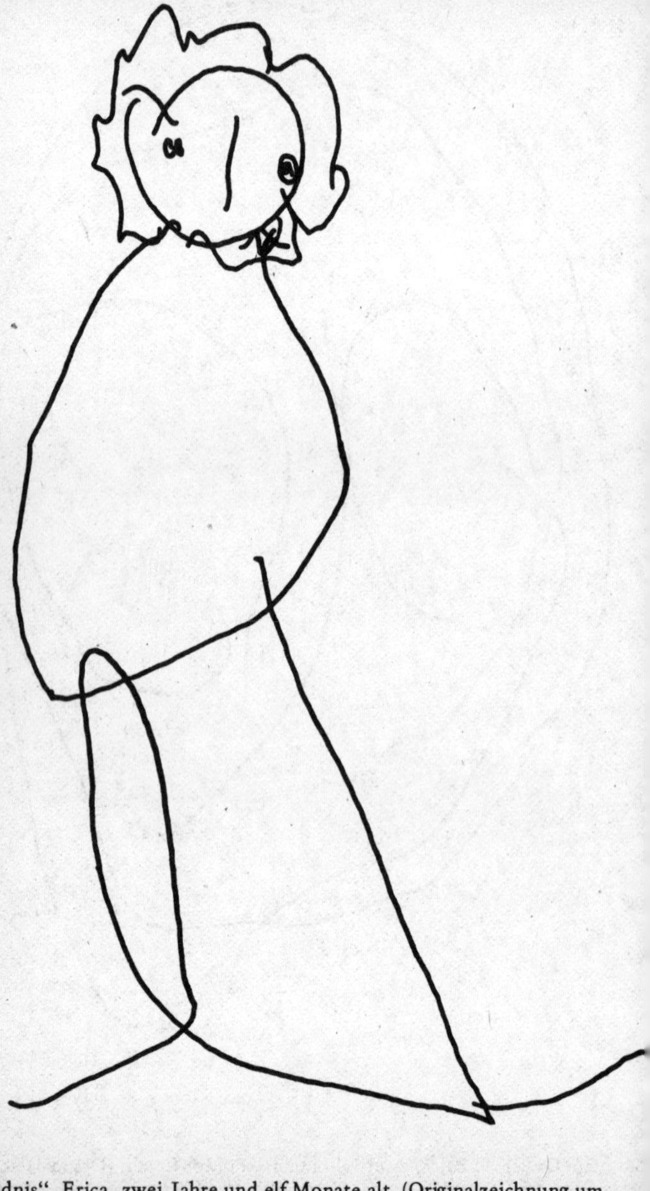

„Selbstbildnis“. Erica, zwei Jahre und elf Monate alt. (Originalzeichnung um ein Drittel größer.)

OBEN: „Ein Dreirad“. Leonora, genau drei Jahre alt. Sie hatte gerade eins geschenkt bekommen. (Originalgröße)

UNTEN: „Erica und Leonora“. Leonora, viereinhalb Jahre alt. Ihre erste Profilzeichnung. (Originalgröße)

„Leute im Bus". Leonora, fünf Jahre und drei Monate alt. (Originalzeichnung doppelt so groß.)

unterscheiden sich nicht von denen anderer frei erzogener Kinder. Aber man vergleiche sie mit dem, was Gesell in seinem Buch „Infant Development" sagt:

„Mit achtzehn Monaten kritzelt das Kind. Mit etwa zwei zieht es einen vertikalen Strich. Mit zweieinhalb Jahren einen horizontalen Strich. Mit drei und vier Jahren ein Kreuz, indem es vertikal und horizontal verbindet, und einen Kreis. Mit fünf ein Dreieck, und das führt dann weiter zu koordinierter Tätigkeit von Auge, Hand und Gehirn."

Leonora hat mit zwei Jahren ein Karussell gezeichnet, wobei sie alle Stufen mit Ausnahme der letzten beherrschte. Es ist völliger Unsinn, den Kreis so spät anzusetzen. Gesell macht hier einen schwerwiegenden Fehler. Alle unsere Kinder, selbst wenn sie noch im Kritzelalter waren, zeichneten immer wieder Kreise. Das geschieht ganz von selbst. Im Kreis drückt sich spontane Freude und Vergnügen an der Tätigkeit aus. So kommt bei der autonomen Entwicklung der Kreis viel eher als die gerade Linie. Ein so gravierender Fehler eines Gelehrten, der mit soviel Material, Personal und Wissen ausgestattet ist, läßt einen natürlich den Glauben an derartige Arbeiten verlieren. Es ist höchst aufschlußreich, daß die Freude am Zeichnen von Kreisen und Spiralen Gesell und seinen Mitarbeitern als unwichtig erscheint.

Auch Erica ist im Sprechen und Zeichnen viel weiter, als sie nach den Standards der Experten sein sollte. Und dabei sind unsere Kinder nicht etwa auf anderen Gebieten zurückgeblieben. Penny konnte schon mit zehn Monaten gehen, die anderen lernten es im normalen Alter. Die Handfertigkeit und Geschicklichkeit unserer Kinder ist ebenfalls größer, als nach den Büchern zu erwarten war.

Wenn nun unsere Kinder, anstatt zu schwimmen und auf Bäume zu klettern, so früh und gut schreiben, zeichnen, reden und denken gelernt haben, daß die Werte in den Büchern geradezu lächerlich erscheinen, so liegt das zugegebenermaßen an den besseren Möglichkeiten, die sie hatten. Aber wir möchten betonen, daß die Möglichkeiten nicht allein ausschlaggebend waren. Vielmehr lag es auch an den Emotionen, die diese Aktivitäten begleiteten, wann immer unsere Kinder sie bei uns beobachtet haben. So wurde ihre „Anziehungskraft" größer, und die Kinder haben sie mit mehr Eifer erlernt.

Leonora wußte mit zwei Jahren bereits 56 Kinderreime auswendig! Wir trugen diese Verse (da sie zunehmend Spaß daran zeigte) häufig mit großem Nachdruck, in wechselnder Stimmlage und Betonung sowie mit klarem Ausdruck vor. Ihr Vergnügen war das Ergebnis unseres eigenen Vergnügens und ein Zeichen für uns, daß sie mehr solche Verse hören wollte. Da wir sie häufig wiederholten, wußte sie sie bald auswendig.

Ebenfalls im Alter von zwei Jahren konnte Leonora Sätze mit „wie", „auch" und dem Verb „sein" grammatikalisch richtig bilden und zwischen Einzahl und Mehrzahl klar unterscheiden. Daß sie in Gesellschaft Erwachsener aufwuchs, ist sicher wichtig. Aber auf Grund unserer Beobachtungen glauben wir, daß die gefühlsmäßige Affinität der Sprache, die wir Leonora gegenüber und allgemein in ihrer Gegenwart benutzten, der entscheidende Faktor war. Viele Kinder wachsen genau wie Leonora in Gesellschaft Erwachsener auf und entwickeln trotzdem nicht ihre Ausdruckskraft.

In Büchern wird die Lernfähigkeit der Kinder meistens unterschätzt, ebenso wie ihr Gedächtnis. Leonora erinnerte sich im Alter von zwei Jahren und zwei Monaten, daß wir bereits eine Klapper besaßen, als wir davon sprachen, eine für Erica zu kaufen. Sie hatte die Klapper vier Monate lang nicht gesehen, und wir hatten sie in dieser Zeit auch nicht erwähnt. Sie erinnerte sich im selben Alter an einen Namen, den sie vier Monate lang nicht ein einziges Mal gehört hatte.

Bei einer anderen Gelegenheit gaben Leonora und Erica kund, daß sie sich vor Wölfen und Füchsen fürchteten. Bei einem Streit bestand Erica entschieden darauf, einen Fuchs gesehen zu haben. Wir waren alle überzeugt, daß das nicht stimmen könne. Voller Wut schaute sie ihrer zwei Jahre älteren Schwester in die Augen und zischte: „Ich hab doch den Fuchs gesehen, da warst du noch gar nicht auf der Welt." Das klang paradox, gab uns aber einen Anhaltspunkt. Und nach sorgfältiger Befragung erkannten wir zu ihrer Erleichterung, daß sie in gewisser Weise doch recht hatte. Wir erinnerten uns an einen ausgestopften Fuchs in einem Haus, in dem sie nur ein einziges Mal, knapp ein Jahr alt, gewesen war. Auch das Gedächtnis wird, wie jedem Psychoanalytiker bekannt ist, auf gefühlsmäßige Assoziationen konditioniert.

Ich könnte noch eine ganze Reihe von Dingen aufzählen, die die gelehrten Bücherschreiber überraschen würde, aber ich will es hiermit genug sein lassen. Kinder zu beobachten, bereitet große Freude. Wenn man allerdings ihre guten Seiten hervorhebt, wird man sich auch gleichzeitig ihrer Schwächen bewußt. Hier sollte lediglich gezeigt werden, daß Selbstbestimmung und eine positive gefühlsmäßige Darbietung des Wissensstoffes die Entwicklung eines Kindes vom ersten Tag bis zum neunten Lebensjahr (so weit reicht unser Experiment) beschleunigen und Gesells Normen ad absurdum führen kann.

Das alles ist von Bedeutung, wenn man grundlegende Kriterien für die Erziehung aufstellen will. Im Augenblick werden Gefühle beim Lernen noch kaum berücksichtigt. Das liegt nicht zuletzt an der Einstellung und Methodik einiger tonangebender Akademiker. Was sie sagen, bezieht sich auf meßbare Phänomene. Um ihr wissenschaftliches Ansehen zu wahren, geht es den Erziehungspsychologen und ihren furchtsamen Vettern, den Soziologen, in erster Linie um Meßbarkeit. Ihre Ansichten werden ohne Kritik akzeptiert. Genau diese Haltung aber ist gefährlich, denn sie verhindert wichtige Überlegungen wie etwa die über den Einfluß von Gefühlen auf das Lernen – den positiven Einfluß, der von begeisterten, und den negativen, der von lebensfeindlichen Lehrern ausgeht. Nur kreative Experimente können über solche Fragen wirklich Auskunft geben. Doch solche Methoden werden von den akademischen Autoritäten als „unwissenschaftlich" und „unseriös" angesehen.

19. Kapitel
Die Wahl der Schule

In der Regel muß man sein Kind zur Schule schicken, und in den meisten Fällen sind dabei die Nachteile größer als die Vorteile. Man kann nur versuchen, die schulische Erziehung so zu beeinflussen, daß sie der individuellen Entwicklung des Kindes besser entspricht. Das erscheint um so wichtiger, je älter die Kinder sind. Unsere Erfahrungen reichen nicht aus, um fundierte Verbesserungsvorschläge zu machen. Aber es ist wirklich eine Tragödie, daß Kinder generell in der Schule nicht ihre eigenen Interessen entwickeln dürfen, sondern mehr oder weniger herumkommandiert werden. Ob in der Volksschule oder auf der Universität – Prüfungen verhindern Reformen. Durch sie wird ein gleichmäßiges Tempo der Wissensvermittlung erzwungen, der gleiche Lehrstoff wird allen in der gleichen Geschwindigkeit dargeboten.

Wir können aus unseren Beobachtungen nur schließen, daß weder das Elternhaus noch das Internat, selbst wenn es so gut ist wie Summerhill, dem Kind genügend Anregungen für Aktivitäten anbieten. Es bleibt für uns eine offene Frage, ob Leonora während ihrer ersten Jahre nicht hätte mehr im Freien spielen sollen, was in einer anderen Umgebung und in einem anderen Klima durchaus möglich gewesen wäre. Unter den gegebenen Umständen konzentrierten wir uns auf das, was sie zu freuen schien und woran auch wir uns begeistern konnten. Dabei ist es für den Erwachsenen möglich und notwendig, eine Entscheidung zu treffen. Soll er seinem dreijährigen Kind von einem begeisterten Lehrer, der seine Freude auf das Kind überträgt, Schwimmunterricht geben lassen? Soll er ihm beibringen, auf Bäume zu klettern, Klavier zu spielen oder sich in Judo und Yoga zu üben? Soll er es im Eislaufen oder im Tanzen unterrichten? All diese Dinge können in späteren Lebensjahren nicht mehr so einfach erlernt werden. Soll er ihm Sprach- oder Lese- oder Schreibunterricht geben? Oder soll er ihm von jedem etwas beibringen?

Selbst wenn man alles wegläßt, was dem Kind nicht gefällt, bleibt immer noch mehr übrig, als das Kind bewältigen kann. Man muß zu einer Entscheidung kommen. Wir haben es uns nicht leicht gemacht und mit den Problemen wahrlich gerungen.

Eine grundlegende Tatsache macht die Beurteilung einfacher und eine Entscheidung nicht ganz und gar widerruflich. Wenn ein Kind in entspannter Atmospähre aufgewachsen ist, bleibt seine Lernfähigkeit intakt. Seine Glieder und sein Geist bleiben beweglicher, als dies unter den heutigen Verhältnissen die Regel ist. Es kann mehr und schneller als ein Teenager oder ein Erwachsener lernen, die auf Grund ihrer chronisch angespannten Muskeln und geistigen Ängste nicht so aufnahmefähig sind.

Die Wahl einer Schule ist ein beunruhigendes Problem. Man hofft, irgendwo eine perfekte Schule zu finden, und träumt schließlich davon, eine eigene Schule aufzumachen. So lange wie möglich vermeidet man es, der Realität ins Auge zu sehen, und ehe man sich's versieht, ist das Kind sechs Jahre alt und schulreif. Internate sind nur dann das richtige, wenn das Kind gern von zu Hause weg möchte. Wenn es an seinem Elternhaus hängt und von seinen Eltern aufrichtig geliebt wird, dann ist ein Internat unserer Ansicht nach nicht zu empfehlen.

Wir wissen natürlich, daß Summerhill ein Internat ist. Wir kennen es sogar sehr gut, denn wir sind dort zweimal vierzehn Tage lang zu Besuch gewesen. So bekamen wir genügend Kontakt zu den Kindern und konnten die Schranken durchbrechen, die sie vor dem niemals abreißenden gewaltigen Besucherstrom schützen. (Im Winter ist das gar nicht so schwierig. Man braucht nur Holz zu hacken und Speck zu kaufen. Dann fragt man, wo man ein Feuer machen kann. Jedes der Kinder möchte natürlich die Wärme gerne bei sich im Zimmer haben, und man kann sich vor Einladungen kaum noch retten. Über dem Feuer gebratener Speck besiegelt die Bekanntschaft dann endgültig.) Wir haben Freunde unter ehemaligen Summerhill-Schülern und unter den ehemaligen Erziehern. Darüber hinaus haben wir durch persönlichen Kontakt Neill kennen- und bewundern gelernt. Die Zeitungen vergleichen seinen großen Einfluß auf die Erziehung mit dem von Arnold. Wir aber glauben, daß ihm durch seine langen, vorsichtigen und gleichzeitig mutigen Experimente in dieser gefühllosen Zeit ein viel bedeutenderes Meisterstück gelungen ist. Man kann es kaum glauben, wenn auf diesen ernsten, grauhaarigen Schotten, der so vornehm aussieht, daß viele Besucher trotz seiner legeren Kleidung und seines deutlichen Wohlwollens entsetzlich gehemmt sind, ein kleiner Steppke zuläuft und ihn fragt: „He, Neill, hast du Jane gesehen?" Er sagt es auf eine Art und Weise, die den Geist Summerhills verdeutlicht: ohne jeden künstlichen Respekt. Summerhill ist ein Internat, und wenn es überhaupt Internate geben muß, dann sollten sie so wie Summerhill sein.

Wir glauben jedoch, daß ein Elternhaus mit verständnisvollen Eltern, die sich genügend Zeit für das Kind nehmen und ihm ihre volle Zuneigung geben, vorzuziehen ist. Die unmittelbare Gegenwart der Eltern kann am besten den verderblichen Einflüssen unserer Gesellschaft entgegenwirken. Diesen Einflüssen sind unsere Kinder unweigerlich ausgesetzt. Nicht einmal Neill konnte sie, wie er berichtet, in seiner eigenen Schule von seiner Tochter fernhalten. Jeder Lehrkörper eines Internats ist einfach überfordert, wenn er sich um ganz spezielle, persönliche Probleme einzelner Kinder kümmern muß, die sich nur durch sorgsames und behutsames Vorgehen lösen lassen.

Neill hat recht, wenn er sich eine Jugend vorstellt, die in vielen Bereichen ohne elterliche Führung auskommt. Eine Jugend, die in der eigenen Gruppe genügend Zuneigung findet und deshalb keine krampfhafte Anhänglichkeit an die Eltern zeigt. Die Kinder müssen lernen, unabhängiger zu werden. Aber beim Übergang von lebensverneinender zu lebensbejahender Erziehung, der sich gerade in unserer Zeit vollzieht, kommt es auf sehr viel mehr Dinge an als nur darauf, den Kindern ihre Freiheit zu geben. Wenn sie den lebensverneinenden Einflüssen unseres alten, traditionellen Gesellschaftssystems widerstehen sollen, brauchen sie ständig Liebe und Bestätigung und manchmal auch kräftige Rückenstärkung. Und das können in der augenblicklichen Übergangssituation nur die Eltern leisten. Deshalb besteht der größte Nachteil eines Internats darin, daß die Eltern fehlen. Das bringt für das Kind manchmal ernsthafte Schwierigkeiten mit sich. Auch der Vorteil, daß das Kind auf Grund der räumlichen Isolierung des Internats vor allzu heftigen Angriffen der Außenwelt abgeschirmt ist, kann diesen Nachteil nicht ausgleichen. Bleibt das Kind aber bei den Eltern, so ergeben sich wieder andere Schwierigkeiten. Zu Hause fehlen häufig Kinder, mit denen es zusammen aufwachsen kann. Man befindet sich also zwischen Scylla und Charybdis, wenn man entscheiden will, ob eine Erziehung zu Hause oder im Internat besser ist. Auch das Prinzip der Selbstbestimmung liefert für dieses Problem keine Patentlösung. Es wäre naiv, das zu erwarten. Die Selbstbestimmung kann den Eltern lediglich helfen, im Einzelfall die speziellen Bedürfnisse des Kindes und die verschiedenen Erziehungsziele sorgfältig gegeneinander abzuwägen.

Erica, Leonora und Penny haben häufig miteinander gespielt, oft mehr als drei Stunden hintereinander, ohne sich zu zanken oder zu verletzen. Eine große Familie kann durchaus dazu beitragen, daß die Kinder nicht isoliert aufwachsen. Außerdem könnten mehrere autonome Familien, wenn die finanziellen Schwierigkeiten nicht allzu groß sind, zusammenziehen. Damit würde sich die Auswahl an passenden Spielkameraden und verständnisvollen Erwachsenen vergrößern. Allerdings ist das nicht so einfach, wie es sich anhört. Das werden wir im letzten Kapitel noch zeigen.

Aber wir suchen ja immer noch eine Schule! Bis jetzt haben wir uns nur gegen ein Internat entschieden. Wenigstens solange die Kinder zu Hause bleiben wollen und die Eltern Zeit und Zuneigung für sie aufbringen können. Dieser Entschluß gilt natürlich nicht mehr unbedingt für dreizehnjährige Kinder. In diesem Alter können durchaus andere Faktoren ins Spiel kommen.

Wir haben uns umgesehen und festgestellt, daß die öffentliche Schule, wie augenblicklich fast alle Schulen hierzulande, überfüllt ist. Und das bedeutet meistens, daß sich die klügeren, emotional gesunden und interessierten Kinder langweilen, es sei denn, der Lehrer hat außergewöhnliche Fähigkeiten. In unserer Gegend hörten wir wiederholt von Kindern, die ihre Aggressionen recht offen zeigten, und sich sehr wild und ungezügelt benehmen. Das ist typisch für unsere Übergangszeit und speziell für die „Arbeiterklasse", in der körperliche Gewalt häufiger angewandt und eher akzeptiert wird.

Die einzelnen Schulen sind sehr verschieden. Es hängt weitgehend von den Lehrern ab, und man kann kaum verallgemeinern. Dennoch sind einige Punkte erwähnenswert. Sozialisten behaupten, man sollte prinzipiell die staatlichen Schulen den privaten vorziehen. Sie glauben, die Kinder höherer sozialer Schichten würden in öffentlichen Schulen „ihre eigenen Maßstäbe entwickeln und alle Schichten der Bevölkerung kennenlernen". Dadurch entgingen sie der Gefahr, einen Standesdünkel zu entwickeln. Diese Vorstellungen sind weder richtig noch realisierbar. Wir wollen die drei angeführten Punkte einzeln behandeln. Wenn die Kinder „ihre eigenen Maßstäbe entwickeln", bedeutet das doch im Endeffekt nur, daß sie auf Grund ihrer Lernkapazität und Lernfreudigkeit entweder Klassenbeste werden oder daß sie auf die schiefe Bahn geraten, wenn ihre Umgebung ihren Interessen nicht entgegenkommt. Zu viele gewalttätige Kinder machen den Einfluß auch des besten Lehrers zunichte. Das fast unvermeidliche Ergebnis in einer Umgebung wie der unsrigen ist dann, daß die Kinder aus reinem Selbsterhaltungswillen zu körperlichen Tätlichkeiten gezwungen werden. Kinder aus gehobenen Schichten drücken im allgemeinen ihre Aggressionen auf andere Art aus, nämlich durch Beschimpfungen und Beleidigungen, die sicher nicht weniger grausam, aber doch andersartig sind. Es ist leichter für ein Kind aus dieser Schicht, sich gegen seine Klassengenossen mit den eigenen Waffen zu verteidigen. Und vielleicht gilt das gleiche im umgekehrten Sinn für die Arbeiterkinder.

Wer in Begriffen wie „die eigenen Maßstäbe" denkt, macht einen grundlegenden Fehler. Er vergißt, daß die Maßstäbe, die ein Kind entwickelt, eng an die Umgebung gebunden sind. Die Frage nach der Wahl der passenden Schule sollte daher so gestellt werden: Hat dieses spezielle Kind in dieser Schule die richtige Umgebung? Das Gerede von der Entwicklung eigener Maßstäbe erweist sich am Ende als sinnlose sozialistische Propaganda.

Das nächste Argument, daß das Kind in einer öffentlichen Schule mit „allen Schichten" in Berührung kommt, ist gleichfalls falsch. Selbst wenn alle Kinder aus den gehobenen Gesellschaftsschichten auf staatliche Schulen geschickt würden, was natürlich nicht der Fall ist, wären sie zahlenmäßig den anderen weit unterlegen. Die Kinder aus den unteren Schichten würden in den öffentlichen Schulen nicht unbedingt mit Kindern der gehobenen Schichten zusammentreffen, einfach weil die Kinder der gehobenen Schichten so dünn gesät sind.

Noch mehr sollte man sich vor dem Argument mit dem verhüteten Standesdünkel in acht nehmen. Klassen sind nur verschieden und nicht moralisch unterlegen oder überlegen. Daher erscheint es zweckmäßig und wünschenswert, daß man mit den Menschen gesellschaftlichen Kontakt pflegt, mit denen man am meisten gemeinsam hat. Unter dieser Voraussetzung sollte man nicht *alle* Schichten, sondern zunächst einmal die eigene kennenlernen. Das Kind aus einer gehobenen Schicht gerät viel eher in Gefahr, Standesdünkel zu entwickeln, wenn sein Benehmen ihm als Schutz gegen die ungewohnten Feindseligkeiten von unbekannten Kindern in öffentlichen Schulen dienen muß. Um die von ihm zu Hause erwarteten Maßstäbe aufrechtzuerhalten, mag es dann mit einem Verhalten reagieren, daß in der Schule und auf der Straße als Standesdünkel gilt.

Man muß ganz einfach lernen, die Möglichkeiten der Zusammenarbeit zwischen Angehörigen verschiedener Schichten allein nach Kriterien der Zweckmäßigkeit zu beurteilen. Soziale Unterschiede lassen sich mit den Unterschieden zwischen den Geschlechtern vergleichen. Männer sind nicht besser oder schlechter als Frauen, sondern nur anders. Daß ähnliches für soziale Schichten gilt, lehrt uns die Selbstbestimmung. Wer das einmal begriffen hat, wird dieses Ergebnis der Selbstbestimmung nicht mehr verletzend oder abstoßend finden.

Kindern eine Aufgabe zu stellen, die selbst die meisten Erwachsenen nicht meistern können, ist ohne Zweifel unsinnig. Wir tun das aber, wenn wir von ihnen fordern, sich in den verschiedensten sozialen Schichten zurechtzufinden, indem wir sie zwingen, zusammen mit zwar guten, ehrenhaften und liebenswerten, aber meist gewalttätigen Arbeiterkindern die überfüllten Schulen zu besuchen. Auf der Straße mischen sie sich viel besser und unter viel günstigeren Umständen als in der nivellierenden Atmosphäre der Schule. Dies trifft natürlich nicht für alle Schulen und alle Gegenden zu, und jede Schule muß nach ihren besonderen Vorzügen und Nachteilen beurteilt werden.

Wir können mit der ganzen Klassenfrage nur fertig werden, wenn wir uns auf den Boden der Tatsachen stellen. Man muß unterscheiden lernen zwischen Vorurteilen gegenüber Dingen, die nicht wichtig sind, und Vorbehalten gegenüber Dingen, die wirklich zählen. Erst dann merkt man, daß die Frage, ob man seine Kinder auf staatliche oder private Schulen schicken soll, nur eine Frage der Zweckmäßigkeit ist und mit „Klassenbewußtsein" herzlich wenig zu tun hat. Das gilt in noch stärkerem Maße für Dorfschulen. Sie sind ein Sonderfall und müssen jeweils nach ihren speziellen Bedingungen beurteilt werden.

Man sollte sich also nach einer Privatschule umsehen, falls man es sich leisten kann und besonders dann, wenn man in einer Mittel- oder Großstadt lebt. Wenn wir hier über unsere eigenen Erfahrungen berichten, kann der Leser selbst die wichtigsten Schlüsse daraus ziehen.

Drei von unseren Kindern haben das Glück gehabt, unter den wenigen erfolgreichen Bewerbern für eine am Ort sehr bekannte private Tagesschule zu sein. Wir waren alle glücklich und erleichtert, als sie die beiden Aufnahmeprüfungen für diese Schule bestanden hatten, obwohl das Schulgeld sehr hoch war.

Was zeichnete nun diese Schule vor anderen verfügbaren aus? Erstens herrschte dort eine ausgesprochene kinderfreundliche Atmosphäre. Zweitens wurde die Umstellung auf den Schulzwang für ein Kind, das bis dahin fast den ganzen Tag draußen gespielt hatte, sehr vorsichtig vollzogen: im ersten Jahr brauchen sich die Kinder nur am Vormittag in der Schule aufzuhalten, der Nachmittagsunterricht nimmt im Laufe der Jahre nur langsam zu. Darüber hinaus sind die Uniformen und die Schuldisziplin zweckmäßig. So hatten zum Beispiel die Schürzen, die alle Mädchen tragen mußten, den Vorteil, daß sich die Kinder ruhig schmutzig machen konnten.

Die Einstellung zum Lernen, die ja nur einen Aspekt des gesamten Schullebens darstellt, war bemerkenswert vernünftig. Schon den Fünfjährigen Lesen und Schreiben beizubringen und den Sechsjährigen Rechenaufgaben zu geben, die sonst erst von viel älteren Kindern bewältigt werden, erscheint auch uns nach reiflicher Überlegung ein gutes Konzept. Unsere Kinder brannten in diesem Alter gerade darauf, diese Dinge zu erlernen. Ein Jahr später wären sie wahrscheinlich nicht mehr so eifrig dabeigewesen. Hätten sie all das nicht gerade zum richtigen Zeitpunkt in der Schule gelernt, so wäre uns die Aufgabe zugefallen, es ihnen selbst beizubringen. Lesen, Schreiben und Rechnen vermittelt ihnen das gleiche Erfolgsgefühl und die gleiche Befriedigung wie jedes andere Spiel.

Die Nähe der Schule, die schöne Umgebung und die Schulgebäude (umgebaute Wohnhäuser und daher viel sachgerechter als die fabrikähnlichen Schulgebäude, in denen sich in endlosen, einförmigen Korridoren ein Klassenraum an den anderen reiht), das alles zählte natürlich auch. Was wir aber nicht vorhersehen konnten und was viel wichtiger war, trat ein: Nach einiger Zeit gingen Leonora und Erica gerne zur Schule. Es gab nur selten Zeiten, in denen dies nicht der Fall war. Sie entwickelten sich zu unabhängigen, selbstsicheren kleinen Persönlichkeiten. Der Erfolg war offensichtlich.

Aber die Schule hatte natürlich auch Mängel. Zuallererst muß man erwähnen, daß es da nur in den beiden Vorschuljahren gemischte Klassen gibt. Wir werden sehr bewußte und wohl durchdachte Hilfestellung geben müssen, damit die Mädchen ohne Scheu mit Jungen umgehen lernen. Es macht direkt Spaß, Leonoras klare Analyse dieser Situation zu hören. Man sollte sich jedoch daran erinnern, daß in vielen gemischtklassigen Schulen die künstlichen und verzerrenden Schranken zwischen den Geschlechtern aufrechterhalten werden und daß die sozialen Beziehungen sich meistens auf alberne Späße beschränken, die keinen echten Kontakt aufkommen lassen. In solchen Fällen mag es sinnvoller sein, mit dem anderen Geschlecht außerhalb der Schule zusammenzutreffen. Wir wollen jedoch die Mängel dieser Schule nicht beschönigen. Jean und ich haben gemischte Schulen besucht und waren sehr zufrieden damit.

Die Schule weist aber noch andere Nachteile auf. Wenn unsere Kinder dort bleiben, kann es geschehen, daß die rein akademischen Fächer künftig einen Großteil ihrer Zeit in Anspruch nehmen, da gerade in diesen Bereichen das Konkurrenzdenken unter den Schülern künstlich angefacht wird. Das Ergebnis einer solchen einseitigen Ausrichtung kann sehr negativ sein, besonders wenn man dabei an die sorgenfreien, in frischer Luft aufgewachsenen Kinder von Summerhill denkt. Wir haben uns jedoch entschlossen, abzuwarten und die Augen offen zu halten. Ein Kind, das sich selbst kennt und seine Wünsche ausdrücken kann, wird schon auf sich aufpassen. Wir haben gelernt, zu unterscheiden zwischen wirklichen Nachteilen und solchen Phänomenen, die uns nur auf Grund unserer eigenen Assoziationen erschrecken. In diese Kategorie fällt zum Beispiel Beten und alles, was mit Religion zu tun hat. Die Erziehung, die wir selbst genossen haben, ist der Grund, weshalb wir Religion mit Ängsten, Tabus und Repressionen in Verbindung bringen. Diese Vorurteile mußten wir überwinden. Es ist gar nicht so einfach, Dinge, die in unserer eigenen Jugend so schrecklich und schädlich waren, als harmlos für die Erziehung unserer Kinder anzusehen. Aber ein Vater, der mit Nachdruck behauptet, daß Religion Unsinn sei, wird nun einmal schief angesehen. Und was soll die Aufregung? Vieles an der Religion ist lächerlich, aber was ist schon vollkommen? Sonderbarerweise empfand Leonora die Religion als Beruhigung. „Sie machen dir zuerst Angst", erzählte sie und meinte damit die Schauermärchen aus der Religionsgeschichte, „und dann versuchen sie, es wiedergutzumachen, indem sie von Jesus erzählen." Selbst wenn Kinder zu Hause anfangen, mit tonloser Stimme Kirchenlieder zu singen, kann das zur Überwindung der Vorurteile der Eltern beitragen.

Der Schulbesuch unserer Kinder hat uns zwei sehr wichtige Dinge klargemacht. Erstens hat sich gezeigt, daß sich ein autonomes Kind bei den Aufnahmeprüfungen zu einer guten Schule ohne weiteres bezüglich Intelligenz und Eignung mit den Konkurrenten messen kann. Zweitens hat sich herausgestellt, daß ein solches Kind auf seine Weise mit der Schuldisziplin und den Regeln der Schulgemeinschaft fertig wird und deshalb auch gern zur Schule geht und sich normal entwickelt. Natürlich können Schwierigkeiten entstehen, wenn sein Freiheitsbedürfnis mit der Forderung nach Disziplin in der Schule kollidiert. Das autonome Kind scheint jedoch solche Situationen mit Verständnis und Selbstdisziplin zu meistern.

Die Resultate unseres Experiments sind entgegen den düsteren Prophezeihungen unserer Kritiker ermutigend. Sie zeigen, wie falsch der Einwand ist, Selbstbestimmung sei grausam, weil das Kind früher oder später völlig unvorbereitet mit der Welt konfrontiert wird. Darüber hinaus bestätigte sich unsere Annahme, daß nicht gleich alles verloren ist, wenn man ein Kind auf eine Schule schicken muß, die nur in beschränktem Maße Freiheit und Selbstbestimmung fördert. Vieles allerdings mag tatsächlich verlorengehen; das ist jammerschade, aber nicht zu ändern.

Unsere Erfahrungen haben gezeigt, daß die Selbstbestimmung das Kind nicht seiner feindlichen Umwelt entfremdet und es dadurch besonders verletzlich macht. Sie bringt vielmehr vitale, sensitive und anpassungsfähige Persönlichkeiten hervor, die sogar weniger unter ihrer lebensfeindlichen Umgebung leiden als andere Kinder. Damit unterstützt und zementiert die Selbstbestimmung nicht etwa die gegenwärtigen gesellschaftlichen Verhältnisse, sondern sie wirkt als ein Teil der biologischen Revolution, deren Ziel der emotional gesunde Mensch ist.

20. Kapitel
Was Liebe und Haß wirklich sind

Leben ist Wachstum. Miteinander leben bedeutet miteinander wachsen. Zu diesem Vorgang müssen wir Liebe und Haß in Beziehung setzen, wenn sie zu sinnvollen und brauchbaren Konzepten werden sollen. Ein einzelner Organismus besteht aus vielen Organen. Jede soziale Gruppierung besteht aus mehreren Individuen. In beiden Fällen ist es das Wachstum, das das Ganze von der bloßen Summe seiner Teile unterscheidet. Wachstum, Leben ordnet die Teile zu einem erkennbaren Muster sowohl im sozialen wie im biologischen Bereich. Wenn sich die Naturwissenschaft mit diesen Prozessen beschäftigt, muß sie eine Quelle, eine Kraft oder Energie annehmen, die diese Organisation der Teile zu einem Ganzen möglich macht und die bewirkt, daß das Wachstum einheitlich, harmonisch und geordnet verläuft.

Im gesunden Körper arbeiten die verschiedenen Organe harmonisch zusammen, man könnte sagen nach inneren und spontanen Regeln. Es gibt keinen Kampf der einzelnen Körperteile um eine intensivere Versorgung mit Blut, es sei denn, das betreffende Organ ist krank. Ähnlich ist es mit sozialen Gebilden oder Gruppen. Sie handeln in eigenregulatorischer Selbstdisziplin, ohne daß sie zu vernünftiger Kooperation gezwungen werden, es sei denn – und das ist in unserer Gesellschaft die Norm – das Individuum ist krank. In unserer Gesellschaft herrscht ein ständiger Kampf um Vormachtstellung, und dieser Kampf läßt solche Zwangsmaßnahmen entstehen wie die christliche Ethik oder die Gesetzgebung, die beide die Strafe in den Mittelpunkt stellen.

Die Harmonie des gesunden Ganzen entspringt sowohl im sozialen wie im biologischen Bereich aus der „Lebensenergie“ mit ihren „allgemeinen Funktionsprinzipien“.

Wilhelm Reich hat uns gelehrt, daß eine solche Energie, eine Lebensenergie, nicht nur eine vage Idee, sondern eine konkrete physikalische Realität darstellt. Wenn wir die Gefühle der Liebe oder des Hasses in uns spüren, erfahren wir diese Energie in direkter Weise als aufbauende oder zerstörende Kraft im sozialen Bereich.

Skeptiker oder Menschen, denen eine derartige Ausdrucksweise verstiegen oder metaphysisch erscheint, seien auf die Experimente Reichs verwiesen, die, wenn auch nur in bezug auf Spannungselektrizität und nicht auf Lebensenergie, zeigten, daß an bestimmten Stellen der Haut die Ladung ansteigt, wenn die Versuchsperson angenehme äußere Reize wahrnimmt. Es läßt sich leicht einsehen, daß dem angenehmen Reiz der Liebe Energieaufladungen allgemeinerer Art entsprechen, die jedoch ebenso körperlich faßbar und real sind.

Auch hierfür gibt es viele konkrete Beweise.

So erstaunlich das klingen mag, wir sind hier nicht weit entfernt von einigen Spekulationen der akademischen Prominenz. Verschiedene Professoren der Soziologie vertreten die Meinung, daß das Verhalten einer Gruppe von Menschen, das heißt ihr soziales Verhalten, am besten verstanden werden kann, wenn man die Individuen als integrierende Teile der Gruppe betrachtet, so wie die einzelnen Organe Teile des Körpers sind. Doch den Grund dafür kennen sie ganz sicher nicht. Sie wagen nicht einmal, Vermutungen anzustellen. Wilhelm Reich sah den natürlichen Prozeß des Körpers im wesentlichen als einen Vorgang der Ladung und Entladung an. Der hochgelehrte Professor Sprott schrieb, daß das Gemeinschaftsleben demselben Zweck diene, nämlich ebenfalls der Ladung und Entladung. Während Reich aber tatsächlich weiß, worüber er redet, und mit konkreten Begriffen umgeht, gibt Professor Sprott nicht an, worin die Ladung besteht bzw. was entladen wird. So muß seine intuitive Methode hinter der kritischen Reichs zurückstehen, auf die die akademische Welt so großen Wert legt. Sein Glaube bleibt reine Metaphysik, und das ist in der Tat eine dürftige Basis für eine soziologische Theorie und eine fragwürdige Grundlage für diese hochakademische Wissenschaft, die sich um Ansehen bemüht, indem sie sich strikt und ausschließlich an statistisches Zahlenmaterial klammert.

Ohne zu sehr ins einzelne zu gehen, sei hinzugefügt, daß wir Reichs Konzept der Ladung und Entladung auf Grund von Beobachtungen weiterentwickelt haben. Wir finden, daß „Anziehung“, „Verschmelzung“ und „Befreiung“ die energetischen Vorgänge besser beschreiben. Im sozialen Leben erlangen diese Vorgänge besondere Intensität. Wir streben unausweichlich eine Entladung oder in unserer Terminologie eine Verschmelzung an, denn darin besteht die grundlegende Funktion der Lebensenergie. Und es gibt zuverlässige Beweise, daß die Liebe, das liebevolle Hingezogensein zu anderen und die Verschmelzung mit anderen, die primäre und fundamentale kreative soziale Funktion darstellt und daß der Haß eine spontane und sekundäre zerstörerische Reaktion ist, die sich einstellt, wenn die Bitte um Liebe wiederholt und entschieden zurückgewiesen wird. Der Haß ist der verzweifelte Versuch, irgendwie doch noch zur Entladung oder Verschmelzung mit einem oder mehreren anderen Menschen, einer Gruppe oder der Gesellschaft zu gelangen. Wir sind als Individuen emotional krank und stecken die Gruppen, die wir bilden und die aus diesen Gruppen hervorgehenden Mitglieder an. Daher übersteigen die gesunden Anziehungskräfte der Liebe und die Verschmelzungen meistens unsere Fähigkeiten. Das Ergebnis ist Haß und Aggression, die in vielen Formen den Hintergrund und den Inhalt eines Großteils unseres sozialen Lebens bilden. Wir predigen Liebe und leben in Haß. Aus Unfähigkeit zur Liebe und aus Furcht vor dem Haß in uns, bekommen wir ganz allgemein Angst vor Gefühlen.

Eine der klarsten Analysen eines Symptoms der Gefühlsunterdrückung durch die üblichen Erziehungsmethoden gibt Ian Suttie. In seinem Buch „Der Ursprung von Liebe und Haß" liefert er eine Menge Beweise dafür, daß Liebe ein primärer Trieb ist. Für diese These ist vor allem das Kapitel über das „Tabu der Zärtlichkeit" von Interesse. Er schreibt hier, daß „Männlichkeit als Tugend im Gegensatz zu kindlicher Zartheit" angesehen wird (und das sogar bei Babies!), obwohl Zärtlichkeit ein wichtiger Aspekt der Liebe ist, daß Namen wie „Schreibaby" und „Mamakind" Bezeichnungen für minderwertige Eigenschaften sind und daß alle diese „minderwertigen" Eigenschaften Manifestationen der Zärtlichkeit sind. Er zeigt, wie wir als erwachsene Menschen – besonders als Männer – uns winden, wenn wir tiefen Gefühlen und Zartheit begegnen, und wie wir sie von uns weisen mit der Begründung, sie seien „sentimental". „Männlich sein" heißt ungerührt sein, emotional unbewegt, hart. Suttie stellt die Frage, wie viele Männer für Babies und, wie man weiterfragen könnte, für andere Männer – dem stehen sogar strenge moralische Normen und das Gesetz entgegen – oder zumindest für ihre Freundinnen oder ihre Frauen wirklich Zärtlichkeit empfinden können: Er unterscheidet genau zwischen solchen Zärtlichkeiten und dem herablassenden Spiel, das sich die Männer auf diesem Gebiet gerade noch gestatten. Er zeigt ferner, wie die Zärtlichkeit, die trotz allem im Liebesspiel und beim Verlieben noch hervortritt, von der Gesellschaft als „Verrücktheit" oder als

„vorübergehende Labilität" Liebender entschuldigt wird. Und er zeigt, daß dieses Tabu der Zärtlichkeit deutlich im Widerspruch steht zur Sanftmütigkeit, die zumindest theoretisch ein Bestandteil der allgemein für akzeptabel gehaltenen christlichen Ethik ist.

Bei Mädchen sieht dieses Tabu etwas anders aus, aber es besteht auch für sie. Als Erwachsene und Mütter glauben sie, ihre Babies, gleichgültig ob Junge oder Mädchen, zu verziehen, wenn sie sie zuviel liebkosen. Kleinen Mädchen wird befohlen, nicht zu weinen, weil sie „schon so groß" seien; sie sollen ihre Zähne zusammenbeißen und Schmerzen ertragen. Ohne Narkose ein Kind in die Welt zu setzen ist seit langer Zeit tabu. Nur ganz allmählich kommt es in unserer Gesellschaft wieder in Mode. Andere Symptome des Tabus zeigen sich in der Einstellung der Psychoanalytiker zur Entwöhnung, die mit Selbstregulation nicht zu vereinbaren ist. Nach Ansicht der Psychoanalytiker muß sich das Kind anpassen, erwachsen und unterdrückt werden. Die Verhärtung seines Herzens ist unvermeidlich. Die Selbstregulation dagegen beruht auf der Ansicht, daß das Kind sich seinem eigenen Tempo gemäß entwickeln wird und daß Zärtlichkeit und Gefühl diesen Prozeß nicht hemmen, sondern fördern werden, obwohl sie das Leid, aber auch die Freuden des Lebens vergrößern können.

Die Tatsache, daß so viele Kinder allen möglichen Tieren, zum Beispiel Fröschen und Fliegen, die Beine ausreißen, geht nicht auf ihre angeborene Grausamkeit zurück, wie man gemeinhin annimmt, sie ist der explosive und übersteigerte Ausdruck zärtlicher, liebevoller Gefühle. Diese Gefühle zu empfinden oder zu äußern, ist den Kindern im allgemeinen ebensowenig erlaubt wie auf Frustationen mit Wut und Geschrei zu reagieren. In beiden Fällen werden sie meistens bestraft.

Als Jonquil geboren wurde, wußten wir bereits, daß unsere älteren Kinder wahrscheinlich nicht so eifersüchtig werden würden, wie dies nach der psychoanalytischen Auffassung zu erwarten war. Nach der Geburt Jonquils kam Nicola, zweieinviertel Jahre alt, mit zwei anderen Kindern ins Zimmer. Erica schlief noch. Ich erzählte Nicola, daß das Baby jetzt endlich aus Mamis Bauch herausgekommen sei und neben seiner Mami im Doppelbett liege. Sie kletterte auf das Bett und setzte sich – ohne eine einzige Ermahnung zur Behutsamkeit und Vorsicht – mit staunenden und glänzenden Augen direkt neben das Neugeborene. Zwanzig Minuten lang saß sie da, sichtbar überströmend vor Liebe, die sich spontan in kleinen freudigen Zuckungen ihrer Schultern äußerte sowie darin, daß sie sehr sanft „liebes Baby" sagte und sich herunterbeugte, um Jonquil zu küssen und zu streicheln mit einer Zärtlichkeit, die man beobachtet haben muß, um sie zu erfassen. Ich weiß, wie zärtlich sie war, denn wenn ich mich rasiert habe, streichelt Nicola manchmal meine Wangen und sagt in demselben sanften Ton „lieber Papi“. Nach ungefähr zehn Minuten streckte ich meine Hand aus, um sie vom Bett herunterzuheben und ihr beim Anziehen zu helfen. Ihr Ärger über diese Störung, die sie daran hinderte, einfach dazusitzen und zu lieben, war außergewöhnlich. Hätte ich auf meiner Absicht bestanden und sie weggetragen, wären ihre Zärtlichkeit und ihre Liebe im Keim erstickt worden und hätten sich sicherlich in Verzweiflung und Grausamkeit verwandelt. Ihr Gesichtsausdruck und die Bestimmtheit ihrer kurzen Gegenwehr waren bei ihr etwas sehr Ungewöhnliches. So oder ähnlich wird vermutlich bei vielen Kindern die erste Reaktion auf die später geborenen Geschwister aussehen. Auf diese Weise entstand – vielleicht in typischer Weise – bei einer Bekannten Haß . . . aus Liebe. Weil sie am zweiten Tag, als das Baby gerade schlief, lärmend ihrer Freude Ausdruck verlieh, fielen ihre Großmutter und ihre Mutter wie Furien über sie her, ganz als wären ihre Glückseligkeit, ihr Lärmen und ihre Liebe ein schlimmes Verbrechen. Von diesem Augenblick an war ihr jede Zuneigung zu dem Neugeborenen ganz unmöglich. Und da sie weiterhin ständig verwehrt wurde, verbrachte sie ihre Kindheit damit, ihren kleinen Bruder und alles, was sie an ihn erinnerte, mit einer unglaublichen, wenn auch unbewußten Leidenschaftlichkeit zu hassen. Dieses Beispiel demonstriert eindrucksvoll, was entsteht, wenn wir die angeborene Liebe unterdrücken. Wir verkehren sie in unerwünschten Haß.

Das Bedürfnis, den eigenen Gefühlen Ausdruck zu verleihen, Gefühlen, die heftig werden, wenn zärtlicher Kontakt ausgeschlossen ist, und sich in Haß verkehren, wenn Liebe unmöglich ist, zeigt sich auch, wenn Babies Erwachsene beißen. Kinder beißen häufig und nicht nur in der Zeit des Zahnens. Sorgfältige Beobachtungen lassen darauf schließen, daß dieses Beißen des kleinen Kindes oft ein verzweifelter Versuch zur Kontaktaufnahme ist, wenn der Erwachsene keine Liebe zeigt. Die Mutter kann, auch wenn sie das Baby auf dem Arm trägt oder wenn sie es stillt, nervös sein. Zu einer Zeit, als wir Grund hatten anzunehmen, daß Leonora sich ein wenig unsicher fühlte, hatte sie die Angewohnheit, mich vollkommen unerwartet in den Nacken zu beißen, insbesondere dann, wenn ich sie mehr aus Pflichtgefühl als aus Liebe auf dem Arm trug. Das war für mich besonders schwer zu ertragen, da ich eine pathologische Abneigung gegen Zwicken und Kneifen habe.

Für gewöhnlich bereitete das Stillen Jeans allen unseren Kindern lebhaftes Vergnügen. Manchmal jedoch, vielleicht weil ihr die Brustwarzen weh taten oder weil sie verstimmt war, konnte sie sich beim Stillen nicht entspannen. Genau dann haben die Babies gebissen, und zwar so oft, daß es sich unserer Meinung nach nur um den verzweifelten Versuch handeln konnte, Kontakt aufzunehmen. In diesem Licht gesehen, ist ihr Verhalten verständlich. Der Moralist aber sieht sich gezwungen, das Neugeborene als „ungezogen" zu bezeichnen! Es sollte doch einzusehen sein, daß eine nervöse stillende Mutter, mag sie auch vor Milch überfließen, darum nicht notwendigerweise auch vor Liebe, einem – erinnern wir uns – tatsächlich vorhandenen energetischen Strom, überfließt. Ist es so unverständlich, daß das Baby diesen Mangel fühlt! Es sucht verzweifelt nach Kontakt und verschafft ihn sich schließlich durch Beißen. Natürlich ist es ein Haßkontakt, und er fügt sich genau in Reichs Theorie über den Ursprung des Masochismus ein. Es ist die einzige seiner Theorien, auf die man eine zwar langwierige, aber erfolgversprechende Therapie aufbauen kann. Sie besagt, daß Masochismus nichts mit dem Todestrieb zu tun hat, wie Freud behauptete, als sich seine Therapie bei masochistischen Patienten als wirkungslos erwies. Masochismus ist nach Reich darauf zurückzuführen, daß in früher Kindheit der Schmerz mit einem Verlangen nach Lust gleichgesetzt wurde, wie im Fall des Babys, das mehrmals in die empfindlichen Brustwarzen seiner Mutter beißt und als Reaktion ebenso regelmäßig von der Mutter einen ärgerlichen Klaps erhält. Für das Kind war es der einzige und verzweifelte Versuch, Kontakt zu seiner Mutter aufzunehmen. Kein Wunder also, daß es viele Masochisten gibt. Die Lehre daraus ist, daß Mütter versuchen sollten, sich beim Stillen zu entspannen. Gelingt ihr das nicht, so ist es weitaus besser, dem Baby in entspannter Atmosphäre die Flasche zu geben und die Liebe über die Arme und den Körper auf den Säugling einwirken zu lassen.

Denn es ist immer gut, wenn wir unsere Schwächen erkennen, auch wenn es sich dabei um Haß auf die, die uns nahestehen, handelt. Nur so haben wir die Möglichkeit, auf den Haß des Kindes in einer Weise zu reagieren, die zu praktikablen und einfachen Lösungen führt. Damit vermeiden wir das Moralisieren und das verhängnisvolle Schuldgefühl, das daraus resultiert.

Man kann beides unterdrücken, sowohl die Liebe als auch den Haß, entweder unbewußt aus Angst vor diesen Gefühlen oder bewußt indem man sich Mühe gibt, den anderen angemessen und gerecht zu behandeln. Die Angst vor den Gefühlen (Haß oder Zärtlichkeit) ergibt sich aus der emotionalen Verkrüppelung unserer Gesellschaft, in der sich die Schuldgefühle von einer Generation zur nächsten vererben. Die Fähigkeit, seine Gefühle willentlich zurückzuhalten, entwickelt sich dagegen in Menschen, die von Liebe erfüllt und ohne Schuldgefühle sind und denen es gestattet war, in kritischen Zeiten mit Haß zu reagieren, ohne daß sie deshalb der Mißbilligung oder moralischen Drohungen ausgesetzt waren.

21. Kapitel
Der biologische Ursprung der Liebe

Die Analyse unserer Beobachtungen führt uns zu folgender Einsicht: Eine gut verlaufende und mit vollem Bewußtsein erlebte Geburt ist der Beginn der ersten grundlegenden Liebesbeziehung zwischen Mutter und Kind.

Wir sind der Meinung, daß jede Abhandlung über die Rolle der Elternliebe in der Erziehung der Kinder mit einer Diskussion dieses Punktes beginnen sollte. Wir setzen voraus, daß Liebe erstrebenswert und notwendig ist. Daß viele Bücher über Erziehung Liebe als ein Grundbedürfnis des Kindes darstellen, ist an sich schon Ausdruck eines unbefriedigenden Zustandes. Daß dies Bedürfnis besteht, können nur die Eltern nachvollziehen, die dazu emotional, rational und geistig in der Lage sind. Oft erkennen die Eltern die Notwendigkeit, Liebe zu geben, aber trotz aller guten Absichten und trotz allen guten Willens sind sie dazu unfähig. Die Liebesbeziehung zwischen Eltern und Kind ähnelt der zwischen Verliebten: den Trost und die Kraft, die Freude und die Lust, die man empfängt, sollte man auch dem Partner geben können. Die Eltern merken, daß sie ebensoviel aus dieser Beziehung gewinnen wie das Kind. Sie ist nichts Einseitiges, das dem Kind nur pflichtbewußte Dankbarkeit abverlangt.

Liebe kann man nicht fordern, man kann sie nicht erzwingen. Sie entwickelt sich spontan und wächst oft nur langsam. Im Kapitel über die Geburt haben wir über ein Experiment mit einer Antilope berichtet. Es zeigte, daß die Antilope, die beim Gebären unter Narkose stand, kein Interesse an ihrem Jungen hatte. Wir haben auch bei Menschen immer wieder beobachtet, daß die Narkose bei der Geburt die Liebesbeziehung unterbricht, die sich während der Schwangerschaft ausbildet und durch den Vorgang des Gebärens einen gewaltigen Auftrieb erhält. Wenn diese Erkenntnis richtig ist, so bedeutet sie, daß viele Mütter, geprägt von der Gesellschaft, in der sie leben, ihren Kindern etwas Wesentliches vorenthalten. Gerade weil es so wesentlich ist, fällt es ihnen schwer, diese Tatsache zu akzeptieren. Unserer Meinung nach gibt es Mütter, die von Anfang an sehr nervös sind. Bei ihnen würde die Geburt, ob sie mit Bewußtsein erlebt wird oder nicht, ohnehin nicht die spontane Liebe zu ihrem Kind hervorrufen. Selbst wenn sie die Geburt bewußt erleben, würden die Spannungen und die Ängste nur Schmerz und Entsetzen entstehen lassen und die natürlichen Freuden verdrängen. Andererseits ist es bemerkenswert, in welchem Ausmaß Mütter während des Gebärens Schmerzen ertragen und trotzdem Liebe empfinden können. Einen anderen Fall stellt die Mutter dar, die trotz einer Narkose-Geburt ihr Kind liebt – manchmal gibt sie allerdings nur vor, es zu lieben, weil es eine vollbrachte Leistung repräsentiert. Genauere Untersuchungen haben immer ergeben, daß solche Mütter ihrem Baby weniger Liebe, Zärtlichkeit und Wärme entgegenbringen, als sie selbst meinten, oder daß ihre Gefühle offensichtlich nicht echt waren.

Wir erkennen also, daß die Mutterliebe einen biologischen Ursprung hat. Die nachhaltige Wirkung des Geburtsaktes ist nur dann vorhanden oder nur dann optimal, wenn die Mutter ihn bewußt erlebt. Der Gedanke, daß durch die Betäubung beim Gebären ihr Verhältnis zu dem Kind von Anfang an belastet wird, ist für die Mutter schwer zu ertragen. Aber nur wenn sie den Mut und die Fähigkeit aufbringt, sich diesem Gedanken zu stellen, kann die Schuld abklingen und neue Liebe entstehen, um im glücklichsten Fall sowohl die Mutter als auch das Kind zu entschädigen.

Genau diese Erfahrungen haben wir mit Leonora gemacht. Jean hatte sich enthusiastisch auf ihr erstes Kind gefreut. Und doch konnte sie ihm nicht dasselbe Gefühl entgegenbringen, konnte nicht in gleicher Weise mit ihm fühlen wie mit den anderen Kindern, weil sie bei der Geburt unter Narkose stand. Körperlich ging es ihr gut, aber ihre Gefühle waren ernsthaft gestört, ebenso wie die des Kindes. Die spontane und leidenschaftliche Liebe der jungen Mutter, die sie anderen Kindern so freudig entgegenbrachte, blieb aus. Trotz alldem entwickelte sich aus ihrem Mitleid mit dem kleinen Lebewesen ein echtes Gefühl, ein intimer und ständig wachsender Strom der Liebe, der sich dennoch deutlich von den Empfindungen unterschied, die Jean für die anderen Kinder hegte.

Wir beide empfanden sehr tief, was geschehen war, und glücklicherweise ermöglichte mir meine Lebensweise als Student der Architektur, dem Kind die entbehrte Liebe weitgehend zu ersetzen. Wenn Liebe tatsächlich ganz einfach ein energetischer Strom von Gefühlen zwischen Menschen ist, dann ist es durchaus möglich, daß ein Vater einem Kind, sogar einem kleinen Säugling, einen großen Teil der Liebe, die es braucht, geben kann. Wir sind der Meinung, daß Leonoras Bedürfnis, häufiger gestillt zu werden, ein Suchen nach Liebe war, die man ihr vorenthalten hatte und die sie so dringend brauchte. Sie regulierte ihren Bedarf, indem sie nach Liebe schrie und glücklich war, wenn ich sie in meinen Armen hielt und ihr liebevolle Gefühle entgegenbrachte. Denn ein sicheres Zeichen dafür, daß die Energie fließt, ist das Gefühl der Liebe.

Alle Kinder haben traurige Erlebnisse, und wenn man sie eingehend genug betrachtet, sind es oft kleine Tragödien. Aber solche Erlebnisse, die man trotz aller Bemühungen nicht abwenden konnte, sind unvermeidlich und nicht ungewöhnlich. Leonoras Schwierigkeiten sind zwar heute noch spürbar – sie ist nun fast neun –, doch beeinträchtigen sie ihr Leben nicht mehr nennenswert. Die noch vorhandenen Symptome lassen sich bis zur Geburt zurückverfolgen. Sie bestehen in einer gesteigerten Angstbereitschaft und darin, daß sie trotz ihrer beachtlichen Selbständigkeit stärker als die anderen vom Urteil der Mutter und des Vaters oder anderer Menschen abhängt. Aber solche Dinge lassen sich sehr schwer erfassen und beschreiben oder auch nur mit Sicherheit erkennen.

Eine Geburt unter Narkose ist immer noch etwas „Normales" in unserer Gesellschaft. Die meisten Geburten im Krankenhaus finden unter Narkose statt, obwohl sich durch die Arbeit der Natural Child Birth Association (Vereinigung zur Förderung der natürlichen Geburt) das Zahlenverhältnis vermutlich jeden Tag etwas verändert. Wenn jedoch, ob aus Versehen – wie bei Leonora – oder mit Absicht, die Geburt erst einmal unter Narkose stattgefunden hat, muß sie als Nachteil und Schaden für Mutter und Kind und für ihre Beziehung zueinander angesehen werden. Das bedeutet, daß das Kind viel mehr Liebe von einem anderen Menschen braucht und daß auch die Mutter besondere Zuwendung und Bestätigung nötig hat, da sie in stärkerem Maße dazu neigt, sich wegen ihres Mangels an Gefühl für das hilflose neugeborene Wesen schuldig zu fühlen. Darüber hinaus läßt sich eine Liebesbeziehung zwischen Mutter und Kind nicht erzwingen, und es ist notwendig, daß die Mutter alle Ressentiments, die sie gegenüber dem Kind, dem Ehemann oder der Gesellschaft hegt, offen und ohne Schuldgefühle Ausdruck verleiht und dabei Zustimmung und Verständnis erfährt. Nur dann entsteht erneut Liebe, die Liebe zweier gemeinsam Leidender, eine Liebe, die außergewöhnlich stark sein kann.

Und nach einiger Zeit kann diese Liebe alle Aspekte umfassen, die für eine gesunde Beziehung zwischen Mutter und Kind notwendig sind.

Werden die Nachteile einer Geburt unter Narkose nicht erkannt, dann ist es leicht möglich, daß Zuneigung vorgetäuscht wird, weil sie eben vorhanden sein soll, und daß Schuld und tiefverwurzelte Ressentiments durch Rationalisierungen verdeckt werden. Dadurch gerät das ganze Familienleben in Gefahr. Für derartige Rationalisierungsversuche sei folgendes Beispiel angeführt, das sich in einem Artikel über Selbstregulation (!) findet (Kursivdruck von mir):

„Sie (die Eltern) müssen in der Lage sein, zu erfühlen, wann das Kind Hilfe braucht und wann es versucht, andere zu tyrannisieren. *6 bis 8 Wochen* alte Kinder versuchen, die Mutter durch Geschrei zu zwingen, immer bei ihnen zu sein. Dennoch lernen die meisten Mütter bald zu unterscheiden, ob das Kind schreit, weil irgend etwas nicht in Ordnung ist oder nur um Aufmerksamkeit zu erlangen."

Dagegen liest man in demselben Artikel:

„Das wesentlichste Bedürfnis der Kinder ist zweifellos ihr Bedürfnis nach Liebe – physisch wie psychisch."

Das ist absolut widersinnig und ein schwerwiegender Fehler für jemanden, der den Anspruch erhebt, an Selbstregulation zu glauben! Ganz sicher gilt das Prinzip, daß der Mensch so viel fordert wie er braucht, auch für die Liebe, jenes körperliche Bedürfnis, das der Autor mit Recht hervorhebt. Ganz sicher schreit das Kind genau nach diesem körperlichen (oder energetischen) Kontakt, den es braucht. Was für eine Erklärung könnte es sonst dafür geben? Warum sollte ein Säugling den Wunsch verspüren, andere zu „tyrannisieren"? Ein seltsames metaphysisches Konzept, es sei denn, es bedeutet: „Er erzwingt die Liebe, die er braucht." Es ist ein Fehler, ein gefährlicher Fehler, so etwas im Zusammenhang mit der Selbstregulation zu schreiben und zahllose Familien damit aufzufordern, ihre schreiende Babies einsam ihrem Elend zu überlassen, um sie nicht zu „verziehen".

Wir möchten hier noch einmal mit aller Deutlichkeit und der aus der praktischen Erfahrung gewonnenen Überzeugung darauf hinweisen, daß die Liebe für ein Kind eine unerläßliche Notwendigkeit für eine gesunde emotionale Entwicklung ist. Ein Kind wird das Ausmaß des gewünschten Liebeskontakts durch Schreien regulieren. Das Geschrei eines Kindes ignorieren heißt, der Selbstregulation die Grundlage entziehen. Außerdem erzeugt ein solches Vorgehen bewußt oder unbewußt Schuldgefühle bei den Eltern. Es gibt sicher viele Menschen, die keine Liebe zu einem Säugling empfinden können, nicht einmal zu ihrem eigenen. Die natürliche Folge davon ist, daß die Kinder nach mehr Kontakt verlangen, obwohl er unbefriedigend für sie ist. Etwas anderes steht ihnen ja nicht zur Verfügung. Vermutlich werden diese Kinder während der ersten Lebensmonate fast ununterbrochen weinen, wenn sie wach sind, weil man sie nicht auf den Arm nimmt. Leonora verhielt sich so ähnlich. Aber es fällt schwer, zuzugeben, daß man überhaupt keine, nicht genügend oder keine echte Liebe aufbringen kann. Und es fällt schwer, zuzugeben, daß das eigene Kind einen schwerwiegenden Schaden bei der Geburt erlitten hat. Nur wenige Menschen schaffen das. Die meisten ziehen sich statt dessen auf den metaphysischen Unsinn von der Herrschsucht des Kindes zurück. Die Gesellschaft stellt Forderungen, die einfach nicht auf einen Nenner zu bringen sind. Einerseits wird Zärtlichkeit als „Verweichlichung“ angesehen, die vermieden werden sollte, andererseits aber wird eine Mutter, die ehrlich sagt, daß sie ihren Säugling nicht liebt, als Bestie gebrandmarkt. Dabei könnten viele Mütter so etwas ernsthaft von sich sagen – und es würde ihnen guttun. Mehrere derartige Fälle haben in der letzten Zeit Schlagzeilen gemacht.

22. Kapitel
Die Kleinfamilie

Es ist traurig genug, daß eine unnatürliche, ohne Bewußtsein erlebte und mit Angst erwartete Geburt ein Mutter–Kind-Verhältnis entstehen läßt, das sich anders entwickelt und viel auffälliger ist als das spontane Verhältnis nach einer natürlichen Geburt. Daß aber die Mutter mit ihren Schuldgefühlen und ihrem unbewußten Groll auf das Kind sich selbst überlassen bleibt, macht das Problem erst wirklich schwierig.

Wie unsinnig die Institution der Kleinfamilie ist, wird deutlich, wenn man sich klarmacht, daß eine Mutter von drei oder vier Kindern das Liebesbedürfnis ihrer Kinder allein kaum befriedigen kann. Auch wir empfinden es als unerträglich, beim Kochen oder Arbeiten dauernd die Kinder um uns zu haben. In anderen Gesellschaften gibt es eine Reihe ganz unterschiedlicher Lebensformen, die den Kindern größere Kontakt- und Liebesmöglichkeiten garantieren. In unserer Gesellschaft aber bilden Vater, Mutter und ein, zwei oder drei Kinder eine mehr oder weniger patriarchalische soziale Einheit. Der Vater arbeitet, die Mutter bleibt bei den Kindern. Die sentimentale Vorstellung von der Anmut und Schönheit dieses Bildes, von der Heiligkeit der Familie, steht in schreiendem Widerspruch zur Realität. Unter günstigen Voraussetzungen können ein Garten und Besuche bei Freunden die räumliche Enge etwas auflockern, die gefühlsmäßige Enge aber bleibt. Drei Kinder mit großem und verschiedenartigem Liebesbedürfnis, drei Kinder ohne gleichaltrige Freunde, drei Kinder, die versorgt werden müssen, die einen Schiedsrichter brauchen, drei Kinder, die Krach machen, durchdringenden und nervenzerrüttenden Krach, das alles stürzt auf die Mutter ein. Die Mutter, die zwangsläufig unter dem Druck einer lebensfeindlichen Gesellschaft und ihrer Tradition leidet. Die Mutter, deren Widerstandskraft auf Grund ihrer eigenen Erziehung nur schwach ist.

Dieser Zustand wird zum Albtraum, wenn erschwerende Faktoren hinzukommen. Etwa eine Krankheit oder eine Schlechtwetterperiode, oder wenn in dieser Familie Gewalttätigkeiten an der Tagesordnung sind. Wenn der Vater nach Hause kommt, macht die Mutter ihrem aufgestauten Ärger Luft. Schließlich hat sie den ganzen Tag nur mit den Kindern Umgang gehabt, und nun endlich erscheint ein Erwachsener. Die Situation ist bis zum Äußersten gespannt. Man begreift mit Schaudern den Hintergrund und zugleich die Unvermeidbarkeit der vielen, vielen grauenvollen Tragödien, von denen die Zeitungen berichten, und der unzähligen anderen, die nur auf den mißhandelten Körpern der Kinder, in ihren verschreckten Blicken und in den Schuldgefühlen der Eltern ihre Spuren hinterlassen.

„Wir waren alle zusammen im Wohnwagen, als es geschah. Sie war ein komisches Kind . . . Ich glaube nicht, daß sie mich liebte. Sie war nicht mein Kind . . . sie ging mir auf die Nerven. Ich stand auf und schlug sie, und sie mußte sich in die Ecke stellen. Nachdem Margaret das Baby gefüttert hatte, kam sie wieder ins Bett. Patsy guckte sich um, sah uns an und fiel hin. Ich stand auf, stellte sie wieder hin, schlug sie und schob sie in die Ecke. Dann schlief ich ein. Kurz darauf wachte ich auf. Sie lag auf dem Boden. Sie tat nicht, was man ihr befohlen hatte. Wir hatten im Wagen ein großes Faß . . . ich packte sie und steckte ihren Kopf hinein. Sie schrie. Ihre Arme verklemmten sich, ich konnte sie nicht herausziehen. Ich rief Margaret, und mit vereinten Kräften kriegten wir sie schließlich heraus. Ich trocknete sie ab, und Margaret hielt sie über den Ofen, aber es half nichts. Sie blieb stumm." – „News Chronicle", 5. März 1955.

Wir übertreiben nicht. Die Statistiken beweisen, wie häufig

solche Fälle sind. Diese Geschichte ist haarsträubend, aber nicht ungewöhnlich. Selbst wenn Patsy mit dem Leben davongekommen wäre, die Familie ihr unglückseliges Leben weitergeführt und der „News Chronicle" die ganze Geschichte nicht gedruckt hätte: wir hätten von unzähligen ähnlichen Fällen berichten können. Von Vätern, die ihr Kind mit kochendem Wasser überschütteten, oder von Müttern, die ihrem Kind die Knochen zerschlugen oder das Haar büschelweise ausrissen oder es die Treppe hinunterwarfen ... Und dann sollte man auch die psychischen Grausamkeiten nicht vergessen, die genauso verletzend und zerstörerisch sein können, aber vor dem Gesetz nicht strafbar sind.

Wenn man gegen die unbefriedigenden Verhältnisse in der Kleinfamilie, die Isoliertheit der Mutter und der Kinder sowie die seltene Anwesenheit des Vaters etwas unternehmen will, muß man erst die Fähigkeit entwickeln, die Situation in der eigenen Familie zu analysieren. Wir haben es versucht. Für alle Beteiligten war es ein harter Test. An der Dauer und Strenge der Isoliertheit läßt sich – wenn überhaupt – nur bewußt und unter beträchtlichen Opfern, etwas ändern. Im Grunde kann man niemandem die Schuld geben. Wer hier nach dem Schuldigen sucht, bringt Kategorien wie Ursache und Wirkung, moralische Urteile und gefährliche Halbwahrheiten ins Spiel.

Und das führt zu nichts. Es ist dringend notwendig, endlich zu erkennen, daß alles, was wir Eltern in bezug auf unsere Kinder tun, seine Ursache in unseren eigenen begrenzten Fähigkeiten hat. Nur wenn man das weiß, wird man nicht in den gefährlichen Teufelskreis gezogen, in den so viele Mütter geraten: Die Mutter läßt ihre schlechte Laune an den Kindern aus (was sie als eigenes Versagen erlebt), und ihr Versagen gegenüber den Kindern versetzt sie in schlechte Stimmung. Das ist nicht etwa ein Scherz oder ein Produkt unserer Einbildung: Wir selbst haben solche traurigen Erfahrungen in unserer Familie gemacht. Kinder sollten nicht von ihren Eltern erwarten, daß sie immer gut gelaunt oder auch nur ausgeglichen sind. Unsere Kinder waren durchaus in der Lage, unsere Gefühlsschwankungen zu verstehen. Wenn sie begreifen, daß ihre Eltern zugleich labil und stabil sind, werden sie sich auch ihrer eigenen emotionalen Konstitution bewußt. Sie lernen, daß alle Menschen gute und schlechte Eigenschaften haben.

Damit die Grausamkeiten sich nicht immerfort wiederholen, schlagen wir folgendes vor:

a) Für alle Kinder, die von zu Hause weg möchten, sollten Internate zur Verfügung stehen, in denen sie so lange bleiben können, wie sie wollen. Diese Institutionen sollten in ihrem Aufbau Summerhill ähneln und vom Staat finanziert werden.

b) Kinder sollten das Recht haben, ihr Elternhaus zu verlassen und in diese Internate zu gehen, wann immer sie es wünschen (was nicht ausschließt, daß sie von Zeit zu Zeit wieder nach Hause kommen können).

c) Die Gesetze über Erpressung sowie tätliche Angriffe und Beleidigungen sollten sich auch auf Vergehen von Eltern an ihren Kindern erstrecken.

All das läuft im Grunde nur darauf hinaus, das Kind als eine Person zu betrachten, die genau wie der Erwachsene Anspruch auf rechtlichen Schutz hat. Gegenwärtig sind Kinder ihren Eltern ausgeliefert und beinahe so unterprivilegiert wie Sklaven.

Ein weniger auffälliges Symptom für die emotionale Enge in unseren Familien ist die Eifersucht. Man hört weniger von Liebe unter Geschwistern als von Eifersucht, von Verachtung für das andere Geschlecht, was oft irrtümlich für komisch gehalten wird, und von der schwärmerischen Zuneigung der jüngeren Schwester zum älteren Bruder und umgekehrt.

Diese sozialen Beziehungen werden stark von der emotionalen Instabilität und der Abgeschlossenheit der Kleinfamilie innerhalb unserer Gesellschaft beeinflußt. Ziman stellt in seinem erstaunlich lebensbejahenden Buch „Eifersucht bei Kindern“ zu Recht fest, daß wir in unseren Familien Eifersucht kaum vermeiden können. Uns bleibt nur übrig, sie als „normal“ anzusehen und allerhöchstens die Bedingungen, die zur Eifersucht führen, ein wenig zu verändern.

Erica zeigte „normale“ Eifersucht. Die Erfahrungen, die wir bei ihr gesammelt haben, werde ich in einem späteren Kapitel genauer beschreiben. Das Problem, mit dem wir uns konfrontiert sahen, entstand aus folgenden Gründen, die alle auf die Mängel des Kleinfamilien-Systems zurückzuführen sind:

a) Erica war bei der Geburt Pennys noch ausschließlich auf ihre Mutter fixiert. Jeans Krankheit nach Pennys Geburt war daher für Erica ein schwerwiegender Liebesverlust, er wurde auch nicht dadurch ausgeglichen, daß ich Urlaub nahm und volle sechs Wochen bei meiner Familie verbrachte. Ich reagierte liebevoll, aber häufig auch gereizt, denn Jean war krank, und ich werde leicht ungeduldig bei Krankheiten.

b) In der Enge der Kleinfamilie wirkten sich die vielen Spannungen direkt auf Erica aus, sie konnte ihnen nicht entfliehen.

c) Die intensiven Emotionen in unserem engen Familienkreise

verhinderten, daß wir früh genug merkten, was wir dem Kind antaten. Und selbst wenn wir manchmal etwas merkten, reagierten wir mit Entrüstung und schufen nur noch mehr Spannungen. Wir waren nicht in der Lage, die Situation zu verändern, und das Kind wiederum konnte nirgendwohin ausweichen. Als schließlich die Symtome deutlich zutage traten, war der Schaden nicht mehr abzuwenden.

Eifersucht ist genauso „normal" wie unser Familiensystem. Die ganz kleinen Kinder haben kaum Gelegenheit, mit jemand anderem als mit ihren Geschwistern zusammenzutreffen. Das schränkt die Möglichkeiten der Auswahl beträchtlich ein. Eifersucht ist eine der negativen Begleiterscheinungen dieser Situation. Natürlich gibt es Ausnahmen. Geschwister können zuweilen ein gutes und entspanntes Verhältnis zueinander haben, ebenso wie es einigen Eheleuten gelingt, eine feste, liebevolle Zweierbeziehung aufzubauen. Die wichtigsten Voraussetzungen für ein liebevolles Verhältnis zwischen Geschwistern sind die Möglichkeit, unter sich zu sein und genügend Raum zum Spielen. Leonora wollte vor kurzem Jean sagen, daß sie sie besonders lieb habe, weil Jean sehr geduldig und zärtlich zu ihr gewesen war. „Mami, ich habe dich am liebsten, nach Erica natürlich." Unsere Kinder verteilen ihre Zuneigung abwechselnd mal mehr auf mich, dann wieder mehr auf Jean, je nachdem, wer von uns beiden gerade am liebevollsten und entspanntesten mit ihnen umgeht. Und sie sagen uns das ganz offen.

Wir sind nicht der Überzeugung, daß Schwestern sich wie „junge Vögel in einem Nest" lieben sollten. Im Gegenteil, wenn wir bedenken, daß junge Vögel auf kleinstem Raum zusammengepfercht sind, empfinden wir es als Glücksfall, daß sie sich trotzdem lieben. Unsere Kinder lieben einander aufrichtig. Das heißt natürlich nicht, daß sie immer und in allem einer Meinung sind. Sie umarmen sich mit echter Zärtlichkeit (was darauf zurückzuführen ist, daß sie es bei uns sehen), kümmern sich umeinander, wenn etwas nicht in Ordnung ist, und protestieren gemeinsam mit unglaublicher Lautstärke, wenn wir großen Unmenschen eine von ihnen gelegentlich schlagen oder anschreien. Es stimmt schon, wir machen manchmal den Versuch, ein Kind zu tyrannisieren. Aber wir können allen Kinderbeschützern zu ihrer Beruhigung versichern, daß es unmöglich ist, drei oder vier autonome Kinder zu tyrannisieren ohne Peitsche oder Gewehr – die man im allgemeinen ja nicht zur Hand hat. Unsere Mädchen bilden eine gemeinsame Front, machen bissige und treffende Bemerkungen über das unvernünftige Verhalten der Erwachsenen und trösten sich gegenseitig mit zärtlichen Umarmungen, bis man sich selbst wie der brutalste Unmensch der Welt vorkommt und um Verzeihung und Verständnis bittet.

Sie nehmen kaum Notiz voneinander, wenn eine sich unvernünftig benimmt oder eine grundlos heult. Aber sie benehmen sich sofort rücksichtsvoll und verzichten sogar auf ein begehrtes Spielzeug, wenn sie merken, daß der anderen dieses Spielzeug heiße Tränen wert ist.

Daß die Reibereien zwischen Kindern häufig auf Mangel an Raum und Ungestörtheit beruhen, entdeckten wir, als wir im September 1957 ein großes altes Haus bezogen. Erica, Leonora und Penny (acht, sechs und vier Jahre alt) hatten bis dahin zusammen in einem großen Raum geschlafen, jede in ihrem eigenen Bett. Jean und ich wurden damals sehr unsanft durch Streitereien, Drohungen und lautstarke Auseinandersetzungen, besonders der beiden Älteren, geweckt. Von dem Tag an, als jedes Kind sein eigenes Zimmer hatte (nur Leonora teilte ihres auf eigenen Wunsch mit der eineinhalbjährigen Nicola), hörte das auf. Es war gerade Ferienzeit, und Erica blieb Tag für Tag sehr lange in ihrem Zimmer, und wenn sie erschien, war sie gut gelaunt und glücklich und suchte keinen Streit mit Leonora. Die Wandlung war erstaunlich und für uns sehr angenehm. Genauso wie Erwachsene wollen auch Kinder von Zeit zu Zeit ungestört sein.

Geschwister können wunderbar miteinander spielen. Wie schon erwähnt, waren Leonora und Erica, Penny und Nicola zu zweit oder dritt oder viert oft stundenlang in ein Spiel vertieft. Wir sind jedesmal überrascht – obwohl wir es nicht sein sollten –, wenn wir von Kindern hören, die nicht allein gelassen werden können, weil sie dann Unheil anrichten. Natürlich gibt es Schwierigkeiten, die auch wir sehen. Geschwister sind, wenn es sich nicht gerade um Zwillinge handelt, verschiedenaltrig und daher nicht unbedingt ideale Spielkameraden füreinander. Der Altersunterschied, zugleich ein Unterschied der Fähigkeiten, hat für die Älteren den Nachteil, daß sie sich nicht in ihren Spielen auf das Niveau der Jüngeren begeben müssen. Für die Jüngeren dagegen ist es oft frustrierend, sich immer wieder den Wünschen der Älteren fügen zu müssen. Dennoch ist die Bereitschaft zum gemeinsamen Spiel unter Geschwistern überraschend groß. Da ist zum Beispiel unsere Zweijährige, die mit ihrer vier Jahre alten Schwester mit dem Kinderwagen spielt. Alle beide möchten wie eine Mutter den Griff in der Mitte anfassen, keines an der Seite wie ein Kind. Da wirft sich Penny, die Ältere, wie sie es von ihren Geschwistern gelernt hat, zu Boden und strampelt vor Ärger. „Gut, dann nimm du ihn in der Mitte“, sagt die zweijährige

Nicola, „ich halt ihn hier", und begnügt sich mit der Seite. Sofort herrscht Frieden.

Die einzig mögliche Erklärung ist, daß die Jüngere das Spiel mit ihrer Schwester als wichtiger angesehen hat und nachgab, um das Spiel zu retten. Ohne Drohungen, Gewissensbisse, Ängste oder Ermahnungen der Erwachsenen und ohne das Bedürfnis nach Vergeltung, Haß oder Erklärungen handelte die Zweijährige einsichtig und liebevoll. Sie tat es nicht deshalb, weil man ihr beigebracht hatte, Liebe sei gut, sondern weil Liebe sich als zweckmäßig und praktisch erwies und weil nur so das Spiel fortgesetzt werden konnte. Die meisten Erwachsenen sind unfähig, sich in ähnlichen Situationen so sinnvoll und sozial zu verhalten.

Noch während ich dies schreibe, bricht erneut ein Konflikt zwischen den beiden aus: beide möchten dieselbe Puppendecke. Wieder einmal stellt Nicola ihre funktionale Großzügigkeit unter Beweis. Aber es läßt sich voraussehen, daß nach dem vierten- oder fünftenmal die Grenzen ihrer Toleranz erreicht sind. So greife ich ein. Ich behandle sie liebevoll und zeige für das Problem der beiden Verständnis. Dann besorge ich Nicola zwei Puppendecken. Automatisch greift sie nach der zweiten, sagt „das ist Pennys" und eilt zum Spiel zurück. Die vernünftige soziale Liebe läßt sich nie völlig zerstören. Doch bricht sie in einem geradezu tragischen Ausmaß zusammen, wenn die haßgeladenen Reaktionen der Umwelt immer wieder auf ein Kind einstürmen, das extrem verletzlich ist, weil es in einer Atmosphäre voll Zärtlichkeit groß geworden ist. Trotzdem bleibt ein Rest seiner Fähigkeit zu rationaler Liebe und Großzügigkeit in dem autonomen Kind beim Kontakt mit der „manchmal verrückten" Umwelt erhalten, der funktionsfähiger und intakter ist – als in einem verwirrten Kind, das auf Grund seiner religiösen und moralischen Erziehung nur Liebe erwartet. Einem solchen Kind bleibt Haß bei anderen und bei sich selbst oft für den Rest seines Lebens unverständlich und bedrohlich. Wenn zwei in dieser Weise verunsicherte Kinder zusammentreffen, entsteht das, was in unserer Gesellschaft für Kinder zwischen vier und acht Jahren als normales Verhalten angesehen wird: Sie haben unterschiedliche Interessen, und wenn sie einen Augenblick ohne Aufsicht, also ohne ständigen moralischen Druck sind, gibt es unweigerlich Streit. Konflikte, die unter Kindern ausbrechen, lassen sich am besten beilegen, indem man – ganz gegen alle Tradition – dem Kind besonders viel Liebe gibt, das sie am nötigsten braucht, und es auch dann nicht rügt, wenn es den Streit vom Zaun gebrochen hat. Wenn man den Aggressionen mit Liebe begegnet (sozusagen die andere Wange hinhält), dann gewinnt das Kind auf fast wunderbare Weise seine Selbstsicherheit zurück und spielt möglicherweise noch lange Zeit ganz friedlich mit den anderen. Man sollte aber immer wieder bedenken, daß Geschwister auf Grund des Altersunterschiedes zwangsläufig besondere Schwierigkeiten haben, die bei gleichaltrigen Kindern nicht auftreten.

Besonders wenn das jüngere Kind etwa zwei Jahre alt ist, muß man aufpassen und die Interessen des älteren schützen. In diesem Alter versteht das Kleinkind noch nicht, welche Spielsachen seiner Schwester und Brüder es zu welcher Zeit nicht anrühren darf. Nach unseren Erfahrungen verursacht das Schwierigkeiten. Sie erwachsen aus dem Zusammenleben verschiedener Altersgruppen in der Kleinfamilie. Kindergärten können hier Abhilfe schaffen – wenn man Glück hat. (Als wir in einer anderen großen Stadt lebten, empfahl man uns dort einen Kindergarten. Später gab Jean einem Mädchen Unterricht, das in diesem Kindergarten gearbeitet hatte. Es erzählte, daß ein Kind dort das Erbrochene wieder aufessen mußte. Dennoch kann man wohl einige Kindergärten empfehlen. Entscheidend ist immer die Kindergärtnerin.)

Das Einzelkind ist natürlich am stärksten gefährdet. Ziman bemerkt zu Recht, daß das Einzelkind in Wirklichkeit ein Symptom für die neurotische Persönlichkeitsstruktur der Eltern ist, in den meisten Fällen für die der Mutter. Das Einzelkind ist oft schon vor seiner Geburt dazu verdammt, allein zu bleiben. Hinzu kommt zwangsläufig eine von dem neurotischen Charakter der Mutter geprägte Erziehung. Wenn dagegen das Kind nur durch einen unglücklichen Zufall das einzige geblieben ist, kann es durchaus ohne allzu große Beeinträchtigungen aufwachsen. Seine Eltern können sich ihm gegenüber wie Kinder verhalten, um die fehlende Gesellschaft von anderen Kindern zu ersetzen. Sie haben zudem genügend Zeit, sich ganz auf das eine Kind zu konzentrieren, so daß es sich zu einem vernünftigen und keineswegs zu einem verzogenen Wesen entwickelt. Allerdings wird es sich später immer etwas fremd unter Altersgenossen fühlen und dann entsprechend reagieren: voller Begeisterung, wenn sich die anderen Kinder vernünftig verhalten, voller Enttäuschung, wenn sie es, wie die meisten Kinder, nicht tun.

23. Kapitel
Familie und Umwelt

Um ein Kind zur Gemeinschaftsfähigkeit zu erziehen, ist es notwendig, ihm mehr Kontaktmöglichkeiten zu bieten, als die archalische, selbstgenügsame Kleinfamilie bereithält.

Wilde Tiere werden in Rudel oder Herden hineingeboren, und primitive Gemeinschaften bieten ihren Kindern mehr Kontaktmöglichkeiten, als wir es tun. Die Beschreibungen der Anthropologen bieten zahlreiche Lösungsmöglichkeiten für diese Probleme. Malinowski schrieb 1929 über die Trobriander, die – das darf man nicht vergessen – das Glück haben, in einer noch weitgehend matriarchalischen Gesellschaft zu leben:

„Diese Freiheit gibt den Kindern Spielraum zur Bildung einer eigenen kleinen Gemeinschaft, einer unabhängigen Gruppe, in die sie ganz von selbst mit vier oder fünf Jahren hineinwachsen und wo sie bis zur Pubertät verbleiben. Wie es ihnen gerade in den Sinn kommt, verbringen sie den Tag bei ihren Eltern oder gesellen sich zu ihren Spielgefährten in ihrer kleinen Republik. Diese Gemeinschaft innerhalb einer Gemeinschaft handelt meistens nach dem Willen ihrer Mitglieder und steht den Älteren oft in einer Art Kollektiv-Opposition gegenüber. Wenn die Kinder sich in den Kopf setzen, etwas Bestimmtes auszuführen, etwa einen Tagesausflug zu machen, so sind die Erwachsenen, ja auch der Häuptling nicht imstande, sie daran zu hindern.

Die Leute werden manchmal böse auf ihre Kinder und schlagen sie in einem Anfall von Wut; doch ebenso häufig habe ich ein Kind zornig auf Vater oder Mutter losschlagen sehen. Ein solcher Angriff wird entweder mit gutmütigem Lächeln hingenommen oder der Schlag wird ärgerlich zurückgegeben; jedoch der Gedanke an klare Vergeltung oder zwangsläufige Bestrafung ist den Eingeborenen nicht nur fremd, sondern direkt zuwider ...“[1]

Die Isolierung kleiner Kinder, die in unserer Gesellschaft als ganz normal empfunden wird, ist tatsächlich eine recht fragwürdige Ausnahme. Wir haben beobachtet, wie sehr sich schon Babies von vier oder fünf Monaten freuen, wenn sie mit Gleichaltrigen zusammenkommen, und wie sie traurig werden, wenn sie wieder allein sind. Das läßt vermuten, daß die meisten Kinder auf etwas sehr Schönes im Leben verzichten müssen, nämlich auf ein organisches, reibungs-

1 Bronislaw Malinowski: „Das Geschlechtsleben der Wilden in Nordwest-Melanesien“. Leipzig und Zürich 1930. S. 37.

loses und allmähliches Hineinwachsen in das Gemeinschaftsleben. Im Gesundheitszentrum von Peckham richtete man sich darauf ein und baute kleine Hütten, in denen die Kleinkinder miteinander spielen können.

Dadurch, daß man ab und zu einmal Freunde einlädt oder sie besucht, entsteht selten eine enge Spielkameradschaft, wie Kinder sie brauchen. Tägliche Spaziergänge in Parks können für die Erwachsenen tödlich langweilig sein, für Kleinkinder aber sind sie eine Quelle des Vergnügens, denn sie treffen dort viele andere Kinder. Daß ein Erwachsener die Kinder ständig dorthin begleiten muß, ist letzten Endes die Folge unserer eigenen Unfähigkeit. Denn bei der Städteplanung – mit ganz wenigen Ausnahmen – werden Fußgängerverkehr und der gefährliche, motorisierte Verkehr rücksichtslos vermischt. Wir stehen mit unserem Kleinfamiliensystem vor einem echten Problem. Wenn wir die diesem System innewohnenden Gefahren berücksichtigen und uns vor Augen führen, welche Vorteile die aufgelockerten zwischenmenschlichen Beziehungen anderer Gesellschaften haben, so scheint eine Lösung des Problems nur darin zu liegen, daß wir mit unseren Nachbarn enger zusammen leben, damit die Kinder echte Kontakte knüpfen können. Auch wenn die anderen Leute keine Anstalten dazu machen, sollte man selbst sein Möglichstes tun, ihre Kinder mit den eigenen zusammenzubringen. Aus diesen Überlegungen heraus entwickelten wir unser erstes, reichlich naives und idealistisches Konzept, das wir voller Unschuld in die Tat umsetzten. In Nottingham hatten wir einen recht großen Garten mit vielen Bäumen. Die Entfernung zu den anderen Häusern war beträchtlich. Die Bäume dämpften den Lärm. Wir hatten ein Kinderzimmer mit viel Spielzeug, einer Rutschbahn und einem Zugang zum Garten. Die Kletterstangen, Sandhaufen und Schaufeln im Garten sowie die Freiheit, die unsere Kinder hier genossen, zogen bald die Kinder der Umgebung an, Kinder aus mittelständischem und gehobenem Milieu. Das war zwar genau das, *was* wir uns gewünscht hatten, nur war es leider nicht so, *wie* wir es uns gewünscht hatten, wie wir es auch nur tolerieren konnten.

Die leidige Geschichte spielte sich folgendermaßen ab. Zuerst entpuppte sich der sechsjährige, zurückhaltende Junge aus der Wohnung über uns, den wir als den idealen Spielkameraden für Leonora angesehen hatten, als Störenfried. Dauernd unterbrach sein „jedenfalls . . . ich habe . . .“ oder „jedenfalls . . . *mein* Papi“, das Spiel der Kinder. Er ließ diesen störenden Worten bald zerstörerische Taten folgen. Kein Wunder, denn schon als Zweijähriger war er von seinem Vater mit einem Lineal geschlagen worden, wenn er gegen die „Tischsitten“ verstieß. Nach und nach hörten wir von seiner Mutter, die darunter litt, noch eine ganze Reihe ähnlicher Dinge. Seine Aggressionen waren also nur verdeckt gewesen, als er in der ersten Zeit Leonora in unserer Wohnung mit scheinbarer Zärtlichkeit umarmte.

Nach kurzer Zeit schon hielten die Eltern ihre Kinder zurück. Ob das an den Freiheiten lag, die sie bei uns genossen, ob die Eltern meinten, die Kinder seien für uns nur eine Last oder ob sie den Altersunterschied zwischen ihren und unseren Kindern für zu groß hielten, fanden wir nie heraus. Wir waren auf jeden Fall erleichtert, denn die bei uns gewährte Freiheit war den Kindern zu Kopf gestiegen wie Wein einem Abstinenzler. Mit viel Takt schickten wir auch die älteren zurück, die von ihren Eltern nicht weggeholt worden waren, da sie den kleineren nur angst machten und ihr Spiel störten.

Eine Reihe kleiner Kinder und einige ältere Schwestern blieben übrig. Unerfahren und überempfindlich wie wir waren, mußten wir mitansehen, wie sich unsere vernünftige, nachdenkliche und großzügige Leonora in eine kleine Dame „Jedenfalls“ verwandelte. Wir waren fassungslos und ganz verzweifelt. Oftmals kam Leonora völlig entsetzt zu uns, nachdem sie durch irgendeinen Vorfall zutiefst erschüttert worden war. Bei den anderen Kindern galten solche Vorfälle meist als normal, bei den Erwachsenen als Ausdruck „instinktiver Aggression“. Zu Anfang hatte Leonora, wenn ein anderes Kind damit prahlte, daß sein Spielzeug „jedenfalls größer“ sei, mit einem echt interessierten „wirklich?“ geantwortet. Sie hat nicht gemerkt, daß die anderen versuchten, sie neidisch zu machen, und ihnen dadurch öfters den Wind aus den Segeln genommen. Erica, Penny und Nicola hatten von Anfang an mehr Erfahrung mit dem in den meisten Kindern aufgestauten Haß, aber auch sie litten darunter. Die Auswirkungen zeigen sich manchmal heute noch, ab und zu ist auch bei ihnen ein Bedürfnis nach Aggression zu spüren. Eine Tatsache, die uns immer wieder erschüttert.

Man muß zu verstehen versuchen, weshalb es zu Schwierigkeiten kam, als wir die Kinder um uns herum wahllos einluden. Andernfalls wird man leicht zynisch oder entwickelt phantastische Vorstellungen von der Einzigartigkeit seiner eigenen Kinder. Man bildet sich ein, sie seien grundlegend verschieden von denen anderer Leute. Im Grunde spiegeln die Schwierigkeiten nur die gleichen traurigen Erfahrungen, die Erwachsene machen, wenn sie versuchen, Kommunen aufzubauen. Kommunen sind rein theoretisch viel bessere Lebensgemeinschaften als die Kleinfamilie. Trotzdem haben sich alle diese Versuche mehr oder weniger als Fehlschläge erwiesen.

In beiden Fällen, in der Spielgemeinschaft für Kinder wie in der Wohngemeinschaft für Erwachsene, hat sich das theoretische Konzept bisher nicht als praktikabel erwiesen. Das heißt, daß die Theorie entweder falsch ist oder nicht alle wichtigen Faktoren berücksichtigt. Obwohl die Vorteile des Zusammenlebens offensichtlich scheinen, kann man es doch nicht in die Tat umsetzen. Der Grund liegt in der destruktiven Wirkung unserer gefühlskranken Gesellschaft. Vom Verstand her mögen wir durchaus bereit sein, die individuellen Eigenarten unserer abgeschlossenen Heime aufzugeben, vom Gefühl her sind wir dazu nicht in der Lage. Das kann zu Erörterungen der Gründe für unser Versagen in Wohngemeinschaften oder in kindlichen Spielgemeinschaften führen und zu nutzlosen Beschuldigungen. Fruchtbarer ist es, einzusehen, daß diese Dinge nicht erzwungen oder organisiert werden können, sondern sich von selbst entwickeln müssen. Nur auf Grund langjähriger Erfahrungen können sich zum Beispiel zwei Frauen über die Möglichkeiten eines engeren Zusammenlebens klarwerden. Erst wenn sie jahrelang gut miteinander ausgekommen sind und genau wissen, daß sie sich vertragen, können sie entscheiden, ob sie eine Küche oder eine Wohnung miteinander teilen oder ob sie auf andere Weise zusammen leben wollen. Wichtig für eine kluge und sichere Entscheidung ist die eigene Erfahrung; Worte, die von jedem anders interpretiert werden können, bilden eine zu unsichere Grundlage.

Das gleiche gilt bei Kindern. Wir können zusammen mit anderen verständnisvollen Erwachsenen eine große Zahl von Spielkameraden für unsere Kinder zusammenbekommen. Wir sind in jeder Hinsicht und zu jeder Zeit offen für Besuch. Kinder, die zu uns kommen, empfinden wir nicht wie so viele Eltern als Eindringlinge, und es stört uns nicht, wenn sie uns in unordentlicher Hauskleidung herumlaufen sehen. Aber manchmal kann die Besucherschar ein emotionales Klima schaffen, das für ein Kind sehr nachteilig ist, obwohl es sich zu jedem einzelnen Besucher hingezogen fühlt. Darum ist es wichtig, den störenden Einfluß anderer Kinder auf das Gefühlsleben unserer Kleinkinder, die sich noch nicht selbst verteidigen können, zu verhindern. Denn solche Einflüsse sind genauso gefährlich wie Grippeviren. Eine gefühlskranke Spielgemeinschaft kann auf Grund dieser „Ansteckungs"gefahr verderblicher sein als gar keine. Man fordert das Schicksal geradezu heraus, wenn man seinen Kindern einen Freundeskreis schaffen will, indem man die Türen für jederman offenhält. Dennoch soll man seine Bemühungen nie aufgeben, für die Kinder und für die Familie einen Freundeskreis zu schaffen, um die Vorteile des Gemeinschaftslebens so weit wie möglich auszunutzen.

Wenn soziale Selbstbestimmung sich *außerhalb* der Familie verwirklichen ließe, könnte man unter günstigen Bedingungen erwarten, daß Kinder ihre Süßigkeiten und Spielsachen bereitwillig teilen, daß sie nachgeben, wenn es angebracht ist, und daß sie genau wissen, wann sie allein und wann sie in Gesellschaft sein wollen. Tatsächlich bestätigen unsere Beobachtungen diese Annahme.

In Summerhill konnten wir durch ein Fenster ein halbes Dutzend sehr kleiner Kinder in einem der Kindergartenräume beobachten. Ein Erwachsener kam herein, stellte ein Paket auf den Tisch, sagte ihnen, für wen es bestimmt war, und verließ den Raum wieder. Der Eigentümer öffnete das Paket und begann den Inhalt zu verteilen. Nach einer Weile verlor er die Lust und bat ein anderes Kind, die weitere Verteilung zu übernehmen. Die eßbaren Sachen im Paket waren allgemein begehrt, aber es gab kein Geschrei, keine Rangeleien, keine Angeberei, keinen Neid. Das war nur in Summerhill möglich. Damals versetzte uns dieses Verhalten der Kinder in großes Staunen. Gleichzeitig aber bewies es uns, daß autonome Gruppen ohne ständige Beaufsichtigung und moralische Führung auskommen können.

24. Kapitel
Wohntherapie

Wir haben festgestellt, daß die Isolierung der patriarchalischen Kleinfamilie eines der Symptome und zugleich eine der Ursachen für die Gefühlskrankheit im sozialen Bereich ist. Wir haben ferner gesehen, daß die Lösung nicht in der zwar mit viel Enthusiasmus, aber wenig Überlegung in Angriff genommenen Gründung von Wohngemeinschaften liegt. Viele dieser Wohngemeinschaften strafen ihren Namen schon bei ihrer Entstehung Lügen und liefern einen traurigen Beweis für die Richtigkeit unserer Feststellung.

Die meisten öffentlichen und privaten Besiedlungspläne gehen immer noch davon aus, daß die Menschen in abgeschlossenen Kleinfamilien leben. Sieht man fehlenden sozialen Kontakt als Krankheit an, so stellt der Umzug in eine Wohnsiedlung eine Krise dieser Krankheit dar. Kürzlich wurde in einer Untersuchung festgestellt, daß die Symptome für emotionale Belastung, die sich an der Einweisung in Nervenkliniken und dem Besuch bei Psychiatern ablesen lassen, in den Neubausiedlungen weit häufiger auftreten als in den älteren Wohnvierteln. Es zeigte sich auch, daß sich diese Krisensymptome in der untersuchten Siedlung in den folgenden Jahren verringerten. Die Menschen fühlen vage, daß die Einsamkeit in einem Siedlungshaus am Rande der Stadt sie zu verschlingen droht. Dazu kommt der Mangel an Einkaufsmöglichkeiten und Unterhaltung. Diese neuen Siedlungen haben gegenüber den alten Wohnvierteln, aus denen die meisten Mieter kommen, nur den einen Vorteil, daß sie nicht so abstoßend unhygienisch und übervölkert sind. Der Umzug in eine neue Siedlung leitet, wie gesagt, für viele eine Zeit sozialer Krisen ein. Wenn wir uns nun die Parallele zur körperlichen Krankheit wieder ins Gedächtnis rufen, wird die Notwendigkeit einer Sozialtherapie für diese kritische Zeit sehr deutlich. Betrachtet man die Gründung einer Wohngemeinschaft als eine Art Therapie, so lassen sich die Vorteile, die aus der größeren sozialen Gesundheit einer derartigen Gemeinschaft erwachsen, besser ausnutzen. Und gleichzeitig vermeiden wir die Fehlschläge, die sich unweigerlich einstellen, wenn man voller Idealismus eine Wohngemeinschaft gründet, aber auf die komplexen Gefühle, die mit ins Spiel kommen, keine Rücksicht nimmt. Daß Neubausiedlungen wirklich unzureichend und schlecht geplant werden, kann ich an Hand eigener Untersuchungen illustrieren. In einer solchen Siedlung zählte man in den ersten zwei Jahren 82 Verkehrsunfälle, das ist weit mehr, als eigentlich zu erwarten war. Wir sind zwar im Verkehr vom Pferdewagen auf Autos und Überschallflugzeuge umgestiegen, aber in der Siedlungsplanung leisten wir noch immer das gleiche wie vor 50 Jahren. Wir sind auf diesem Sektor hoffnungslos antiquiert, die Verhältnisse sind nahezu untragbar geworden.

Die Idee einer Wohntherapie hat sich aus der Feststellung entwickelt, daß mit unserer Gesellschaft etwas nicht stimmt. Ein Wohnungswechsel scheint genau das richtige Mittel zu sein, etwas zu verändern. Die Überzeugung, daß bei uns etwas faul ist, und der Gedanke, daß Gruppentherapie und Siedlungspläne hier Abhilfe schaffen können, ist für mich nichts Neues. Voraussetzung ist allerdings, daß diese Mittel so eingesetzt werden, daß sie die soziale Gesundheit fördern und sie nicht zerstören. Aber ein integrierter Gesamtplan, den ich als Architekt, Therapeut, Städteplaner und Soziologe entworfen habe und der leicht durchführbar und zugleich erfolgversprechend ist, ist in der Tat eine völlig neue Konzeption.

Soziale Krankheit, Einsamkeit und das Verlangen, sich völlig abzukapseln, all das kann man im großen und ganzen auf Angst zurückführen. Es ist in der Hauptsache eine irrationale Angst. Sie läßt sich therapeutisch oft schon allein durch Aufklärung und Information bekämpfen. Ein Beispiel liefert uns der Fall einer wortkargen Frau, die in unserer Straße wohnt. Sie ist Fußpflegerin und wird deshalb abends auch von Männern besucht. Die Nachbarn halten sie deshalb für eine Prostituierte. Sie glauben, sie stelle eine Gefahr für ihre festgefügte bürgerliche Moral dar, weshalb sie bewußt oder unbewußt angegriffen und verleumdet wird, bestenfalls zeigt man ihr die kalte Schulter. Wenn nun die tatsächliche Beschäftigung der Dame in der Nachbarschaft bekannt würde, könnte es einen therapeutischen Effekt auf die sozialen Beziehungen zwischen diesen Leuten und auf die Gemeinschaft als Ganzes haben. Mißtrauen tritt in beinahe unbegrenzten Variationen auf und ist immer im Grunde Angst vor Schmutz, vor Gemeinheit oder Unzüchtigkeit. Dieses Mißtrauen verschlechtert das soziale Klima in unseren Siedlungen und macht sie ungemütlich. Mit Informationen kann man manchmal schon viel erreichen. In einigen Fällen werden dadurch auch individuelle Neurosen erkennbar, die in einer Therapie angegangen werden können. Wenn man sich verliebt, gerät man im allgemeinen in eine Krise, in der man sich seiner selbst bewußt wird und ungeheure Energien entwickelt, um mit den Schwierigkeiten fertig zu werden und sein Schicksal zu verändern. Genauso werden bei einem Umzug, der ja wie gesagt ebenfalls eine Krise hervorruft, Energien freigesetzt. Diese Energien kann man für eine Therapie einsetzen.

Kontakte mit den Bewohnern könnten über die Einwohnerliste oder durch die für die Siedlung zuständigen Makler geknüpft werden. An die Bewohner kommt man am besten heran, wenn man ihnen irgendeinen Vorteil anbietet. Es wäre unklug, ihnen zu erzählen, daß man eine Therapie machen will. Dadurch würde man sie eher verjagen. Es gibt aber auch geschicktere Methoden, diese Information an den Mann zu bringen. Etwas, was wirklich vorteilhaft ist, ist auch attraktiv. Beim Erstellen der Einwohnerliste kann man sofort praktische Vorschläge machen. Man zeigt allen, die telefonisch ihren Namen auf die Liste setzen lassen, die beiden bestehenden Möglichkeiten auf: die traditionelle und die therapeutische, experimentelle. Natürlich mit der Versicherung, daß sie nicht als Versuchskaninchen eingesetzt werden, sondern Teilnehmer eines wahrhaft schöpferischen Experiments sind, in dem alle sich bemühen, das Leben in einer Siedlung erfolgreich zu gestalten, und das sogar finanzielle Vorteile bieten könnte. Noch vor dem Umzug müßten

Versammlungen für alle Interessierten abgehalten werden. Man könnte ihnen klarmachen, wie sie auf dem Gebiet der Architektur und der Planung fruchtbar zusammenarbeiten könnten, wie sie selbst es einrichten könnten, daß gute Freunde nahe beieinander wohnen, u. ä.

Als Trumpfkarte für das Experiment könnte sich der Siedlungsplan erweisen. Dabei erweist es sich als äußerst vorteilhaft, daß die am Experiment interessierten Leute gleichsam die Elite der Einwohnerschaft darstellen. Leute, die sich vor dem Neuen nicht fürchten und bereit sind, ihr Leben und ihre Umgebung zu verbessern. Entscheidend ist, daß sie erkennen, wie der Siedlungsplan tausendfach nur durch sinnvolles Überlegen verbessert werden kann, ohne daß dabei höhere Kosten entstehen. Man braucht die Leute also nur von den Vorteilen des Planes zu überzeugen. Und das sollte auch bei denen gelingen, die anfangs nicht allzu interessiert waren.

Einfach gesagt, liegt der Hauptunterschied zwischen dem herkömmlichen und dem neuen Plan in einer vollständigen Trennung der Fußwege von den Straßen, ohne daß man dadurch auf Garagen und eine direkte Zufahrt von der Straße verzichten müßte. Für die Kinder bedeutet das mehr Sicherheit auf dem Schulweg, beim Einkaufen und beim Spielen. Für die Mütter entfallen die nervenzerrüttenden Ausflüge mit dem Kinderwagen auf gefährlichen Straßen und die Angst, die Kinder könnten sich losreißen und auf die Straße laufen. Man kann diese Vorteile gar nicht oft genug herausstreichen. Meine eigenen Untersuchungen in über 500 Häusern haben ergeben, daß die Gefahren des Straßenverkehrs der Hauptgrund sind, warum die Kinder im Haus bleiben müssen. Dadurch aber werden die emotionalen Spannungen in der Kleinfamilie noch verstärkt. Die Untersuchungen zeigten ferner, daß die Menschen auf sicheren Gehsteigen freundlicher zueinander waren als auf Gehsteigen herkömmlicher Bauweise. Diese Beobachtung ist besonders für die Städteplaner von großer Bedeutung, da ihre Arbeit ja den sozialen Kontakt erleichtern soll. Darüber hinaus stellte ich auf diesen Gehwegen, die dem Fußgänger mehr Sicherheit bieten, auch eine größere Bereitschaft fest, wenigstens zeitweise, auf fremde Kinder aufzupassen.

Das beruhigende Gefühl, daß sie sich keine Sorgen mehr wegen des Straßenverkehrs zu machen brauchten, der sich ja in meinem Projekt wie die Eisenbahn auf bestimmten abgesicherten Strecken bewegt, würde die Mütter von ständiger, entnervender Angst und Anspannung befreien. Die Kinder müßten nicht mehr in unmittelbarer Nähe des gefährlichen Verkehrsstromes spielen und könnten dennoch das Leben auf der Straße von einem sicheren Platz aus beobachten. Solche Zukunftsaussichten sind für die Frauen hier in etwa das gleiche, wie wenn man den Frauen eines primitiven Stammes erzählen würde, daß es im Dschungel bald keine Tiger mehr gäbe. Der Unterschied zum bisher Gewohnten wäre so groß, daß die Anpassung nicht von selbst vonstatten gehen könnte. Hier wäre eine therapeutische Emanzipation sowohl für die Eltern wie für die Kinder notwendig, damit beide die neuen Möglichkeiten voll ausschöpfen könnten. Dies ließe sich aber wohl ohne Schwierigkeiten erreichen.

Innerhalb des verkehrssicheren neuen Siedlungsgebietes könnten Industriebetriebe und Bauernhöfe angesiedelt werden, die Lebensunterhalt, Arbeit und Unterhaltung sichern, ohne den Bewohnern zu schaden. Ähnliche Kombinationen von Wohnung und Industrie existieren bereits und haben sich als erfolgreich erwiesen. Man stelle sich vor, wie Dreijährige in absoluter Sicherheit loszotteln und die Lämmerherden oder das geschäftige Treiben in den Betrieben in seiner ganzen Vielfältigkeit beobachten. Eine wahrhaft zivilisierte und auch für das Gemüt anziehende Vorstellung, zu der man da gelangt.

Dieses neue städtebauliche Konzept, das heute (1971) in Ansätzen überall auf der Welt angewendet wird, hat seinen vielleicht konsequentesten Ausdruck in der Crestwood-Siedlung in Perth, Westaustralien, gefunden. Der Entwurf für diese Anlage stammt aus unserem P.E.E.R.-Institut. Ein lebensbejahender Projektleiter mit dem Mut zum kühnen Ideal legte zunächst jeden einzelnen Park an – für je 18 Häuser ein Gelände von 6000 Quadratmetern (50 m x 120 m) –, bohrte die Brunnen und verlegte die Wasserleitungen, errichtete das Gemeinschaftshaus und baute das Schwimmbad für die ersten 80 Häuser. Und dies alles, bevor auch nur ein einziges Grundstück verkauft war. Jeder, der ein Grundstück erwirbt, wird Mitglied der Kommunalgenossenschaft. Dadurch wird sichergestellt, daß die Parkanlagen, die sechs Schwimmbäder, das Genossenschaftshaus und die Sportplätze in gutem Zustand erhalten bleiben. Diese Gemeinschaftseinrichtungen werden alle nahe bei den Schulkomplexen liegen, wenn der Bebauungsplan mit seinen 1500 Wohnungseinheiten vollendet sein wird. Die Crestwood-Siedlung ist die erste städtebauliche Verwirklichung des Prinzips der Verkehrsentflechtung, wo jedes einzelne Haus direkt an einen ovalen Park grenzt und keines nur an einem Weg liegt, der erst ins Freie führte. Der Bauherr hat ähnliche Planungen in Amerika intensiv untersucht und ist zu dem Ergebnis gekommen, daß die Männer mit ihren Kindern nur dann nach draußen zum Fußballspielen gehen, wenn die Frauen ohne weiteres vom Haus aus ihre Familien zum Essen rufen können. Diese Verhaltenskonstante wurde zum Beispiel eine entscheidende Norm für den ganzen Plan.

Die Idee einer Entflechtung der Verkehrsarten ist also keine Utopie. Ich möchte hierbei darauf hinweisen, daß ich auf dem Gebiet der Planung und der Architektur Erfahrung *habe* vor allem auch, daß ich mich auf diesen Bereich spezialisiert habe. Daher kann ich mit gutem Gewissen behaupten, daß die Ideen durchführbar *sind,* ja daß sie sogar Pfennig für Pfennig billiger als die bisher üblichen Wohnsiedlungen sein könnten.

Natürlich ist die Crestwood-Siedlung nur ein Modell, das entsprechend den örtlichen Gegebenheiten einer Siedlung verändert werden müßte.

Die Idee, den Straßenverkehr von den Fußgängern zu trennen, stammt von einer kleinen Gruppe von Städteplanern, Architekten und Philosophen. Diese Gruppe, zu deren Hauptvertretern Clarence Stein, Henry Wright und Lewis Mumford gehörten, hatte in den zwanziger Jahren in den Vereinigten Staaten starken Einfluß. In der Zeit der Politik des New Deal unter Präsident Roosevelt wurden viele Wohnprojekte nach ihren Ideen gebaut. Doch genau wie die New Deal-Politik setzten sich auch die neuen Vorstellungen nicht richtig durch. Heutzutage wird die Fernhaltung des Verkehrs aus den Wohnbereichen von vielen Städteplanern und Architekten, hauptsächlich in Europa, als unumgänglich angesehen. Radburn war eines der erfolgreichsten amerikanischen Projekte dieser Art. Daher stammt auch der Name Radburn-System für diese neue Art der Siedlungsplanung. Das Einkaufszentrum mit Fußgängerzonen und die Umgehungsstraßen sind fortschrittliche und erfreuliche Erfindungen des Radburn-Systems. Uns selbst hat der Einkauf an einem Ostersamstag im Geschäftszentrum von Coventry tatsächlich großen Spaß gemacht, obwohl wir vier kleine Kinder bei uns hatten. Es gab keine Autos, die sich wie in anderen Städten lärmend durch die Einkaufsstraßen zwängten, gefährliche Situationen heraufbeschworen und die Luft mit Kohlenmonoxyd und Gestank erfüllten. So gesehen, kann man das Geschäftszentrum von Coventry, dank Donald Gibson, als das beste und zivilisierteste Stadtzentrum Europas bezeichnen. Es ist ermutigend, daß viele der neuen Städte in England solche Zentren planen. Harlow zum Beispiel, das diese neue Planungsidee ignorierte, ist jedes Wochenende so hoffnungslos von Kinderwagen verstopft, daß der Planungsstab, der aus Laien besteht, seine Meinung ändern und den Fachleuten Glauben schenken mußte. Um so trauriger ist es, daß immer noch ungefähr die Hälfte der neuerbauten Städte Gesundheit und Leben der Kleinkinder und die strapazierten Nerven der Mütter der motorisierten Streitmacht mit ihrer Raserei, ihrem Lärm und ihrem giftigen Gestank aussetzt.

Ein Einkaufszentrum ganz für Fußgänger verleiht unserem schöpferischen Experiment besondere Anziehungskraft. Daraus könnte sich leicht ein richtiges Zentrum entwickeln, wo jung und alt sich tagsüber und abends treffen, um das ruhige, aber keineswegs langweilige Leben im Freien zu genießen. Obwohl dies ein Buch über Kindererziehung ist und also hauptsächlich von Kindern handeln sollte, möchte ich hinzufügen, daß auch für die alten Leute die Verbannung des Verkehrs aus den Wohnbezirken große Vorteile bietet. Alte Menschen sind ebenso wie Kinder prozentual besonders häufig an Verkehrsunfällen beteiligt. Gibt es einen deutlicheren Beweis für die Gefühllosigkeit unserer Gesellschaft?

Es liegt am Geschick des Planers, ob die Menschen weiterhin an dem Wohnprojekt Interesse zeigen, wenn die Autos von der Vorderseite der Häuser und dem Eingang der Geschäfte verbannt sind. In einem schöpferischen Experiment kann man darauf verzichten, solche Lösungen von oben her anzuordnen. Vielmehr sollten alle Maßnahmen von den Mitgliedern der Siedlung selbst angeregt oder wenigstens verstanden werden. Soweit wie möglich sollten sie auch an der Ausführung beteiligt sein.

Die Entwicklung der Industrialisierung zeigt deutlich, daß allen über kurz oder lang weit mehr Freizeit zur Verfügung stehen wird als heute. Die Zunahme der handwerklichen Hobbies läßt weiterhin erahnen, welchen Beschäftigungen sich die Menschen dann zuwenden werden. Wenn man sich vorstellt, daß in unserem schöpferischen Experiment die Leute zusammenarbeiten, um – sozusagen als gemeinsames Hobby – ihre eigene Umgebung zu verschönern, so erscheinen die Ideen und Vorschläge durchaus praktikabel. Voraussetzung ist allerdings, daß man therapeutisch vorgeht und Mißverständnissen und Gefühlsaufwallungen keine Chance gibt, die Zusammenarbeit zu stören.

Allein dieses „Etwas-zusammen-Tun-und-Erreichen“ entwickelt bei den Beteiligten soziale Bindungen und ein Gefühl der Zusammengehörigkeit, die bedauerlicherweise bisher in den neuen Wohnsiedlungen, und erst recht in den alten, nicht aufkommen wollten. Das zeigt wiederum, wie lohnend der Versuch ist, so ein schöpferisches Experiment zu starten. Ich möchte noch einmal den Unterschied zwischen dem schöpferischen Experiment und dem rein objektiven Versuchsplan eines Soziologen hervorheben. Bei letzterem kommt es lediglich auf die Information an, die man aus dem Experiment gewinnen will. Beim schöpferischen Experiment handelt es sich dagegen um den Versuch, Wissen und kreative Techniken voll auszunutzen und für ein lohnendes Ziel einzusetzen. Wenn man das berücksichtigt, kann man sich als Ergänzung zu den oben angeführten Plänen durchaus auch ein „Kinderhaus" vorstellen, wo die Zwei- bis Siebenjährigen spielen können, ohne daß sie ihre Eltern oder die Eltern sie stören. Ein solches Zusammensein kleiner Kinder hätte auch therapeutische Effekte. Allerdings würde man dazu die Hilfe der Erwachsenen benötigen – keine autoritäre Hilfe, sondern den therapeutischen Beistand eines Experten, der stets auf seiten der Kinder stehen müßte. Es ist anzunehmen, daß immer mindestens einer der Erwachsenen über solche Fähigkeiten verfügt. Er könnte dann so ein Kinderhaus aufbauen und leiten.

Nun zu der Frage nach der optimalen Zahl der Häuser in einer Siedlung. Wir wissen bisher nicht genau, wie viele Häuser sie idealerweise umfassen sollte. Nach unseren Erfahrungen sind in Hinsicht auf die sozialen Funktionen der Gemeinschaft etwa 100 Gebäude gerade richtig. Für Einrichtungen wie das Kinderhaus aber sollte man Untergruppen von 25 bis 40 Familien bilden. Das Kinderhaus würde seinen jugendlichen Bewohnern ein soziales Leben gestatten, das in mancherlei Hinsicht der Kindergemeinschaft der im vorigen Kapitel erwähnten Trobriander ähnlich wäre. Es wäre eine geradezu ideale Methode, um die Kinder von den schädlichen Einflüssen und Traditionen der Kleinfamilie zu befreien. Gleichzeitig würde das Verständnis zwischen Eltern und Kindern gefördert. Diese Kinderhäuser wären das genaue Gegenteil der Kindergärten, die von Erwachsenen geleitet werden und in denen den Kindern nur ein Minimum an Freiheit gestattet, dafür aber ein Maximum an guten Manieren abverlangt wird und in denen alles von den Erwachsenen festgelegt wird.

Für die Eltern böte ein solches Kinderhaus ebenfalls enorme Vorteile. Genaue Untersuchungen haben gezeigt, daß nur in ganz wenigen Wohnungen Möbel vorhanden sind, die in Größe und Funktion für Kinder geeignet sind. Noch viel seltener haben die Kinder ein eigenes Spielzimmer.

In den Jahren seit Erscheinen der ersten Ausgabe dieses Buches konnten die hochfliegenden Pläne eines Architekten immerhin einmal verwirklicht werden. Kinderhäuser, wie ich sie Ende der fünfziger Jahre entworfen hatte, sind inzwischen in abgewandelter Form gebaut worden. In der Siedlung Rockingham Park in Westaustralien wurden sieben Fußgängerunterführungen mit Beleuchtung und Sitzgelegenheiten ausgestattet. Frei variierbare plastische Elemente (*„participation sculpture“*) in den Räumen verleihen ihnen die Atmosphäre von Spielklubzimmern für Kinder. Wir haben nach den Leitgedanken der Educreation einen neuartigen Kindergarten entworfen, der an der Berührungsstelle liegt von einem der meistbegangenen Fußgängerwege und einer Unterführung und der mit den unterirdischen Kinderklubräumen eine harmonische Einheit bildet. Die Wände sind innen und außen mit Reliefs geschmückt, um dem Gebäude ein heiteres Aussehen zu geben. Die Kinder sollen ihren Kindergarten selbst immer wieder neu dekorieren können. Die Möglichkeit zu freier bildnerischer Entfaltung wird ihnen geboten: in die Außenmauern des Hauses sind ringsherum in den Beton Wandtafeln eingelassen, die zum Bemalen einladen. Die strukturierten Wände der Innenräume sind mit einfachsten Mitteln so ausgeführt, daß sie zum Musikmachen und Spielen herausfordern. Die Kinder und das Personal sind von dem Haus begeistert.

Bei diesen schon recht detaillierten Ideen über die Wohntherapie dürfen wir natürlich nicht übersehen, daß viele Faktoren die Vorstellungen der Städteplaner und Reformer gefährden können. Am schwierigsten ist wohl der Anfang. Man müßte gleich zu Beginn genügend Stoßkraft entwickeln, um die offen zutage tretenden Vorurteile zu überwinden, die immer und überall auftreten, wo etwas Neues versucht wird.

In unserem Fall sind die Vorzüge, wie Sicherheit für die Kinder und Kosteneinsparungen, so offensichtlich, daß zumindest bei öffentlichen Projekten die zuständigen Politiker zur Unterstützung gewonnen werden könnten. Denn eine derartige Siedlung würde ihnen ganz sicher Popularität einbringen. Man kann auf die Politiker natürlich auch Druck ausüben, indem man Material über den Zusammenhang von Siedlungsplanung und Verkehrsunfällen veröffentlicht. Bei privaten Projekten könnte vielleicht eine der Stiftungen, die sich mit sozialen Problemen befassen, fördernd eingreifen. Die Hauptkosten entstehen beim Bau der Wohnhäuser, und sie stellen einen sicheren finanziellen Wert dar, der auch bei einem totalen Mißerfolg des Experiments nicht fallen würde.

ANSICHT VON SÜDEN

WESTEN

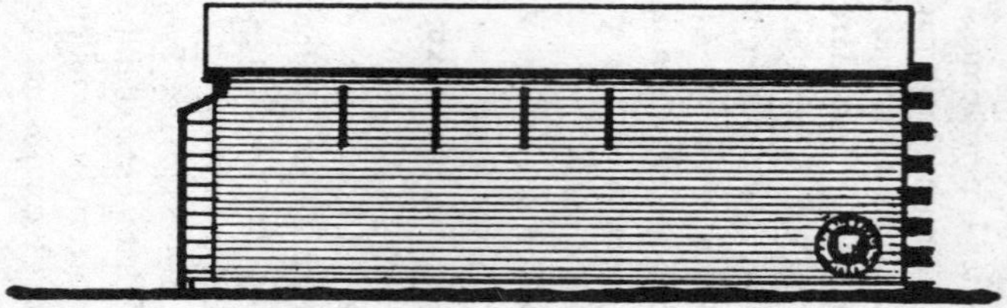
NORDEN

OSTEN

LÄNGSSCHNITT

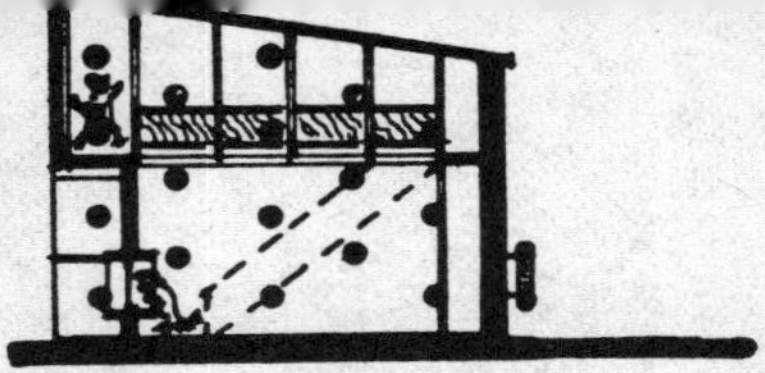

QUERSCHNITT

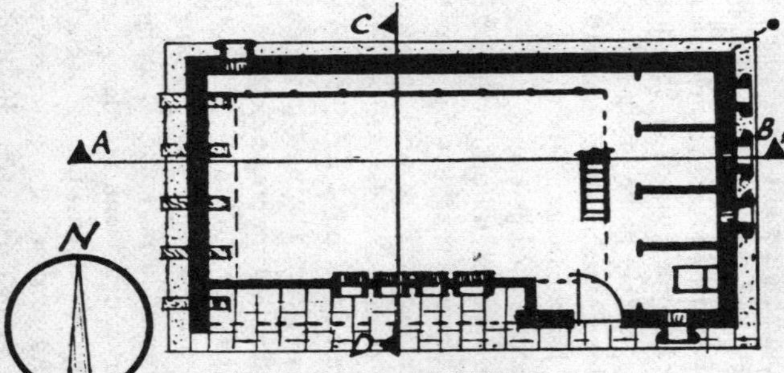

GRUNDRISS PARTERRE

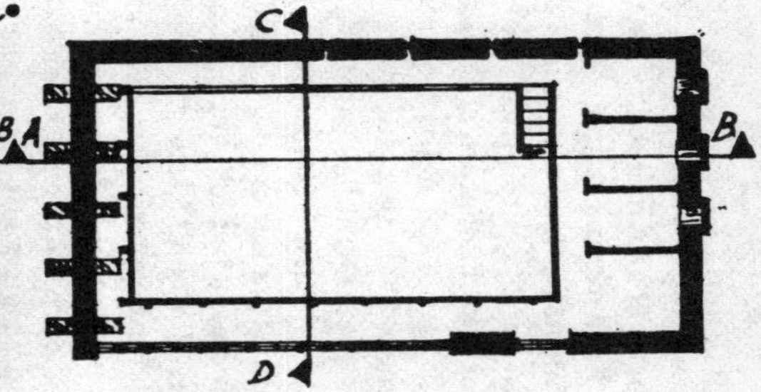

OBERGESCHOSS

Entwurf für ein Kinderhaus (Architekt Paul Ritter). Die Bauteile und ihre Funktion: ein großer, hoher Raum zum Toben mit ringsumlaufender Galerie; sieben kleine, niedrige Spiel- und Ruhezimmer auf die beiden Geschosse verteilt; Klo neben dem Eingang. Alle Fensternischen sind so tief, daß die Kinder darin sitzen können. Auf der Außenwand sind die Fensterrahmen von alten Autoreifen umringt. Die Baumaterialien sind Ziegelstein, waagerechte Täfelung (zum Reinschnitzen!), Betonblöcke mit eingelassenen Balkensprossen und Drahtglas. Das Regenwasserrohr ist aus Stahl – zum Klettern. Der Hase, oder irgendein anderes Erkennungszeichen, ist aus Sperrholz, farbig bemalt. Die Kosten eines solchen Kinderhauses in einfacher Ausführung sind gering. Wenn sich dreißig Familien die Baukosten teilen, entfällt auf jede Familie ein Betrag, den man zum Beispiel für ein Dreirad aufbringen muß.

25. Kapitel
Therapie der Emotionen

In den meisten Büchern über Kindererziehung gibt es auch ein Kapitel über typische Kinderkrankheiten. Masern, Windpocken und Mumps sind verhältnismäßig leicht zu kurieren und erfordern nur geringe Pflege. Genau das Gegenteil trifft jedoch für Gefühlsstörungen zu, die in den meisten Büchern nicht erwähnt werden, weil die Symptome als durchaus normal gelten. Nur selten wird erwähnt, wie herausfordernd diese Störungen auf mitfühlende Eltern wirken. Während die körperlichen Krankheiten oft von alleine heilen, verschwindet eine Störung in den Gefühlsfunktionen des Kindes nicht von selbst, sie beeinflußt außerdem die Gefühle anderer Menschen. Wir sorgen ganz selbstverständlich bei einem körperlich kranken Kind für gute Pflege. Ein gefühlskrankes Kind dagegen halten wir nicht automatisch für pflegebedürftig. Wie viele Eltern begegnen denn Aggressionen und Wutausbrüchen mit Liebe und Sympathie?

Bei einer körperlichen Krankheit ist der Körper angegriffen, erleidet Schmerzen und reagiert mit Fieber. Bei emotionalen Störungen werden Gefühl und Verstand in Mitleidenschaft gezogen, Ängste und Aggressionen entwickeln sich. In seltenen Fällen reagieren eingeschüchterte Kinder mit Teilnahmslosigkeit, ähnlich wie ein entkräfteter Körper kein Fieber mehr bekommen kann.

Die Anhänger der Selbstbestimmungsmethode betrachten, im Gegensatz zu den Psychoanalytikern, anhaltende Aggression als Symptom einer Gefühlskrankheit und nicht nur als „mangelnde Anpassung". Die verschiedenen Formen der offenen oder verborgenen Aggression sind kaum zu zählen. Sie kann sich gegen das Kind selbst, gegen andere, gegen Tiere oder das Spielzeug richten. Der Psychoanalytiker verhindert solche Aggressionen oder lenkt sie in andere Bahnen, damit das Kind sich nicht dem Haß und der Ablehnung seiner Eltern aussetzt. Das mag in vielen Fällen richtig sein. Wer sich mit der Selbstbestimmung beschäftigt, erkennt allerdings, daß das Kind den Haß nur fürchtet, weil es gefühlsmäßig unsicher ist. Die Aggressionen zu steuern oder zu unterdrücken, ist, wenn überhaupt nötig, absolut zweitrangig. Wichtiger ist, daß das Kind sie auslebt und überwindet. Denn nur dann kann die Störung, deren Symptom die Aggressionen sind, schließlich bewältigt werden. Das Ausleben der Aggression kann durchaus von Haßgefühlen gegen Vater und Mutter begleitet sein, die Eltern sollten das Kind sogar dazu ermutigen. Entscheidend ist, daß dem Kind dabei klarwird, daß es ruhig hassen darf, ohne deshalb abgelehnt zu werden.

Die Eltern müssen das Dilemma erkennen, in dem das Kind sich befindet, das Bedürfnis, seinen Haß abzureagieren und trotzdem eine Rückversicherung zu bekommen. Diese elterliche Sympathie muß natürlich durch eine Heilung der ursprünglichen Störung, die der Instabilität und Furcht zugrunde liegt, ergänzt werden. Das erfordert von seiten der Eltern große emotionale Sicherheit und Stärke, denn sie handeln ja als Therapeuten. Eine Rolle, die bei der engen Beziehung zum Kind mit vielen Schwierigkeiten verbunden ist.

Eltern können trotzdem geradezu ideale Therapeuten sein. Zum Beispiel besteht im Eltern–Kind-Verhältnis schon von vornherein die Übertragung, die sich der Psychoanalytiker zu Beginn seiner Therapie erst langsam erarbeiten muß, bevor er mit irgendwelchen Reaktionen des Patienten rechnen kann. Einem Kind alle zwei Stunden einen Umschlag machen, das kann jede Schwester. Im Gegensatz dazu wird man weit und breit kaum jemanden antreffen, der bei einer Gefühlstherapie helfen kann; und wenn man jemanden findet, wird er nicht gerade billig sein. Nur wenn die Therapie als absolut notwendig für das Kind, ja für die Gesundheit der ganzen Familie angesehen wird, kann man die dafür erforderliche Ausdauer und Geduld aufbringen. Am schwierigsten ist es, den scheinbaren Teufelskreis zu durchbrechen, der durch liebevolle Behandlung des Kindes entstehen kann. Man nimmt zum Beispiel sein Kind auf die Knie und erlaubt ihm, seinen Haß abzureagieren. Wenn man ihm dadurch etwas von seiner Furcht nimmt und ihm das Gefühl der Sicherheit vermittelt, wird es höchstwahrscheinlich als nächstes etwas ausgesprochen Aggressives tun. Das scheint dann für viele der endgültige Beweis, daß Liebe hier keinen Zweck hat. Dabei erprobt das Kind nur seine Lage. Liebt man mich auch wirklich? Es ist außerordentlich wichtig, in solchen Situationen nicht abweisend zu reagieren. Aber gerade dazu neigt man oft. Man hat seine Liebe gezeigt und ist daher gegenüber dem Haß des Kindes doppelt anfällig und verwundbar. Man hat sich verausgabt. Von der Sympathie ist nur noch wenig übriggeblieben. Aber gerade auf diesen Rest Sympathie kommt es an, er ist in solchen Augenblicken unendlich kostbar.

Die Situation ist besonders prekär für alle jene, die an die „moderne“ Methode nicht recht glauben oder nicht das richtige Gefühl für sie entwickeln und sich daher die Vergeblichkeit ihres Bemühens selbst einreden. „Bitte, ich habe ihn liebevoll behandelt, aber es hat nichts genützt.“ Dabei ist das oben erwähnte Testen der Situation durch das Kind etwas ganz Normales. Als wir unseren Kindern beibrachten, nicht mit den wertvollen Büchern in den unteren Regalen zu spielen, wiederholten wir gewöhnlich mehrmals „Das gehört Papi". Gleichzeitig gaben wir ihnen etwas anderes in die Hand und sagten dabei „Das gehört Nicola" oder „Das gehört Leonora". Sie versuchten es trotzdem von Zeit zu Zeit immer wieder, nahmen die Bücher heraus und sahen uns fragend oder sogar herausfordernd an. Wenn sie uns fragend anblickten, sagten wir „Ja, das gehört Papi", wenn sie uns aber herausforderten, ignorierten wir ihren Blick. Dann zeigten die kleinen Schlingel meistens ein erstaunliches Maß an Selbstkontrolle. Sie ließen die Hände von den Büchern und gaben sich zufrieden. Wir hatten ihnen deutlich gemacht, daß die Bücher gar nicht so wichtig waren. (Andere Dinge, wie zum Beispiel Steckdosen, sind dagegen wichtig.)

Man begeht einen Fehler, der nur allzu häufig gemacht wird, wenn man einen regelrechten Aufstand veranstaltet, sobald dem Kind etwas Wertvolles in die Finger kommt. In fortschrittlichen Familien hat das meistens keine schlimmen Folgen für das Kind. Im Gegenteil, so eine Szene ist ihm wahrscheinlich sogar angenehm, da es auf diese Weise die allgemeine Aufmerksamkeit auf sich lenken kann. Deshalb darf man sich nicht wundern, wenn das Kind fortan noch viel schlimmere Dinge anstellt, um von neuem einen solchen Aufstand zu entfachen.

Alle Gefühlsstörungen gehen letztlich auf Frustrationen der biologischen Funktionen zurück. Diese Frustrationen können durch mangelnde Liebe und Anerkennung von seiten der Bezugspersonen – meistens also der Eltern – entstehen. An die Stelle der Freude tritt dann beim Kind die Angst. Liebe und Sicherheit können willentlich oder auch unbewußt und ohne Absicht verweigert werden. Die fehlende Liebe verursacht dann bei den Kindern die verschiedensten Symptome: Eifersucht, Aggressionen, Wutausbrüche, Angst vor der Dunkelheit und deshalb vorm Schlafengehen, Abneigung gegen das Essen und Rückfall in frühkindliche Verhaltensweisen wie Bettnässen oder Daumenlutschen.

Anthropologie und Selbstbestimmung haben bereits bewiesen, daß die wirkliche oder eingebildete Eifersucht bei Kindern, unter Einschluß des Ödipuskomplexes, nichts weiter ist als die für unsere Kultur charakteristische Furcht vor Liebesentzug. Man hat lange angenommen, daß es bei Kindern, die mit ihren Eltern im gleichen Schlafzimmer schlafen und den Geschlechtsakt miterleben, auch wenn es dunkel ist, notwendigerweise zu emotionalen Störungen kommen müßte. Wir haben bereits darauf hingewiesen, daß diese Entwicklung nicht unbedingt eintreten muß, wenn der Geschlechtsverkehr nicht sadistische oder perverse Züge aufweist. Auch der Geschlechtsneid, den Freud als unvermeidlich ansah und mit dem Ödipuskomplex in Verbindung brachte, ist in unserer Gesellschaft, ja wahrscheinlich in allen patriarchalischen Kulturen, durchaus „normal“. Der Penisneid entsteht aus der Bevorzugung des Mannes. Aber, wie die Anthropologie bewiesen hat, braucht es grundsätzlich keinen Geschlechtsneid zu geben. Auch in unserer Gesellschaft ist die Bevorzugung des Mannes nicht überall anzutreffen. Ich erinnere mich an die ernsthaft und temperamentvoll vorgebrachte Klage eines kleinen Jungen aus unserer Nachbarschaft, der seine Mutter fragte, ob er nicht bald Brüste bekäme. Ich brauche nicht zu betonen, daß es in jener Familie keinen Penisneid gab. Der Ödipuskomplex selbst hängt offensichtlich mit der Abgeschlossenheit unseres Familienlebens und dem extremen emotionalen Klima in der Kleinfamilie zusammen.

Selbstbestimmung ist das beste Vorbeugungsmittel gegen Gefühlskrankheiten. Aber in einer lebensfeindlichen und gefühlsarmen Gesellschaft ist sie natürlich keine Garantie dafür, daß emotionale Störungen nicht doch auftreten, besonders dann, wenn das Kleinkind zum erstenmal mit der Außenwelt in Berührung kommt. Gefühlskrankheiten sind ansteckend, und so wird sich das Kind, ob es nun autonom erzogen ist oder nicht, beim ersten Kontakt mit anderen höchstwahrscheinlich infizieren. Vielleicht wird es aber auch, wenn es von klein auf mit anderen zusammen ist, eher immun. Doch das können wir nicht beweisen, denn es gibt noch keine Gemeinschaften, die Selbstbestimmung praktizieren und die Kinder von den ersten Monaten an miteinander aufwachsen lassen.

Es dürfte daher instruktiv sein, die emotionalen Störungen und Krankheiten, die wir bei unseren Kindern erlebt haben, zu beschreiben und zu diskutieren, und zwar an Hand der jeweiligen Symptome. Beinahe jedes Symptom kann aus einer Reihe von Ursachen entstehen. Doch das Symptom ist nun einmal der einzige Anhaltspunkt für die Eltern, der ihnen zeigt, daß das Kind in Schwierigkeiten ist. Wie die Therapie zur Erkenntnis der Ursachen führt und damit zu einer sofortigen, oder auch nur sehr langsamen Heilung, kann man aus folgenden Beispielen ersehen.

Eifersucht

Wir haben sowohl „normale Eifersucht“ als auch grenzenlose Liebe bei unseren Kindern beobachten können. Die Psychoanalytiker nehmen die Eifersucht der Kinder auf jüngere Geschwister als unvermeidlich hin. Leonora war nicht eifersüchtig. Als die Geburt

Ericas unmittelbar bevorstand, zeigte sie, damals gerade zwei Jahre alt, genau das, was wir erwartet hatten: Vorfreude und ruhiges, sachliches Interesse. Sie wußte, woher die Kinder kommen und beschäftigte sich mit der Frage, wie das Baby geboren werden würde, und mit den positiven und negativen Auswirkungen auf sie und uns. Das sah dann etwa so aus. Leonora sagte mit Nachruck: „Baby will aus dem Bauch, ganz schön schwer." Sie wanderte nackt umher und betrachtete nachdenklich ihren Bauch: „Leonora auch ein Baby?"

„Eines Tages bestimmt."

„Kommt Leonoras Baby aus dem Nabel?"

„Nein, aus deinem Pipiloch."

Wieder angestrengtes Nachdenken, dann: „Kommt Mamis Baby auch aus dem Pipiloch?"

„Stimmt."

Strahlend und mit leicht triumphierendem Unterton schloß sie: „Mamis Baby kommt aus dem Pipiloch." Da Leonora erst zwei Jahre alt war, wußte sie über die anatomischen Verhältnisse noch nicht genau Bescheid. Sie lernte erst etwas später, daß es eigentlich drei Löcher gibt: ein Pipiloch, ein Babyloch und ein Puploch.

Leonora verschlief Ericas Geburt und wachte erst eine Stunde später auf. Als ich sie ins Schlafzimmer brachte, hatte Jean, entgegen allen Ratschlägen, wie man Eifersucht vermeiden soll, und gegen unsere Abmachung, Erica in ihren Armen. Ich war alamiert und beobachtete Leonoras Reaktionen mit Besorgnis. Aber was ich sah, vertrieb alle meine Befürchtungen. Ihr Gesichtsausdruck spiegelte nur Freude und Aufregung wider und bewegte mich zutiefst. Sie war nicht im geringsten über das Baby in den Armen ihrer Mutter beunruhigt, für sie war es am richtigen Platz. Es war ja in den neun Monaten noch näher bei ihrer Mutter gewesen! Obwohl sie sonst durchaus Wörter wie Dromedar, Riesenrhinozeros und Rhododendron richtig aussprechen und grammatisch einwandfreie Sätze bilden konnte, war sie offensichtlich jetzt zu aufgewühlt, um klar zu formulieren. So fragte sie stammelnd, während ihre Augen glänzten und sie am ganzen Körper zitterte: „Ich ... geb ... sie ... ein ... Kuß ...?" und das tat sie, sehr zart und gefühlvoll.

Sie blieb auch, bis wir im nächsten Jahr nach Nottingham zogen und sie dort mit anderen Kindern in engen Kontakt kam, von jeglicher Eifersucht vollkommen frei. Das bewies uns eindeutig, daß Eifersucht nicht „normal" zu sein braucht. Wenn Erica ihr auf die Nerven ging, sagte Leonora das offen. Wir versuchten ihr dann zu helfen. Aber wenn wir ihr erklärten, daß wir dazu nicht in der Lage seien, bewies sie immer die Fähigkeit, den Ärger spielend zu bewältigen und sich selbst zu helfen. Sie blieb liebevoll und verständig, ohne eine Spur von Eifersucht, obwohl wir sie sorgfältig beobachteten, vor allem in kritischen Zeiten, wie bei der Geburt eines neuen Geschwisterchens, beim Stillen und vielen anderen weniger gravierenden Anlässen. Sie reagierte niemals gereizt. Sie hatte selbst genug Liebe erhalten und hatte nichts dagegen, daß Erica ebensoviel bekam. Sie reagierte sehr feinfühlig auf Ericas Schreien. Wer behauptet, man solle ein Baby ruhig schreien lassen, hat sicherlich nicht gleichzeitig ältere Kinder gehabt, die ein sehr feines Gespür für die Bedürfnisse des Babys zeigen. Jedenfalls dürfte es nicht leicht sein, die anderen Kinder davon zu überzeugen, daß das Baby nur versuche, Herr im Hause zu sein. Kinder können mit metaphysischen Erklärungen wenig anfangen.

Es ist anzunehmen, daß Leonora auch im geheimen nicht eifersüchtig war, denn als autonom erzogenes Kind hätte sie ihre Eifersucht sicher offen gezeigt. Es gab auch keinen Grund, weshalb Leonora ihre Gefühle hätte verbergen sollen.

Erst Erica machte uns mit der „normalen" Eifersucht bekannt. Diese Eifersucht richtete sich hauptsächlich gegen Penny, aber auch gegen Leonora. Als Baby hatte Erica ein enges und wirklich gesundes Verhältnis zu ihrer Mutter. Sie war weitaus stabiler als Leonora. Sie schlief jede Nacht durch und machte uns in keiner Weise Schwierigkeiten. Es war fast zu schön, um wahr zu sein. Eigentlich nehmen ja die Anhänger strenger Disziplin diese Errungenschaft für sich allein in Anspruch.

Mit einem Jahr war sie ein ausgezeichnet entwickeltes Kind. Eine gute Bestätigung unserer Ansichten über Geburt und frühe Kindheit! Mit Leonora, die durch befreundete Kinder gefühlskrank geworden war und sich ihr gegenüber ausgesprochen neurotisch verhielt, ging sie sehr verständnisvoll und tolerant um. Sie selbst blieb vor der Ansteckung bewahrt. Als Jean mit Penny schwanger ging, zeigte sie großes Interesse.

Es war ein unglückliches Zusammentreffen widriger Umstände nach Pennys Geburt, eine Mischung aus Leonoras emotionalen Störungen und unseren eigenen Spannungen, die Erica unglücklich und damit unsicher werden ließen. Nachher erkannten wir das deutlich, aber wir brauchten einige Zeit, um den Schaden wiedergutzumachen.

Und so wurde sie eifersüchtig: Die Symptome zeigten sich, wenn Penny gefüttert, umhergetragen oder auf irgendeine Weise umsorgt wurde. Ziman schreibt: „Ein Kind ist eifersüchtig, wenn es etwas haben will, das jemand anders hat." Wir können nur hinzufügen, daß es immer *Liebe* will. Ein eifersüchtiges Kind hat nicht genug Liebe erhalten. Leonora hatte genug bekommen, und keine Provokation machte sie auf die neugeborene Erica eifersüchtig. Erica dagegen empfing durch widrige Umstände und durch das Versagen ihrer Eltern eine Zeitlang nicht genügend Liebe. Sie wurde auf Penny eifersüchtig, ohne besonders provoziert worden zu sein. Aber sie wurde erst nach dem Liebesentzug eifersüchtig. Vorher wußte sie, genau wie Leonora, nicht einmal, was wir taten, wenn wir der Eifersucht vorzubeugen suchten.

Jetzt dagegen beanspruchte sie alle Liebe und Aufmerksamkeit für sich. Dieses Bedürfnis nach Zuwendung drückte sich zum Beispiel darin aus, daß sie neidisch wurde, wenn Leonora zur Schule oder zum Zahnarzt (!) ging. Wir mußten Erica daran hindern, Penny weh zu tun, und das ist keine einfache Aufgabe, wenn drei Kinder und ein Haus zu versorgen sind. Die heftige Eifersucht des autonomen Kindes nahm sich zuweilen wirklich gefährlich aus. Das Leben in der Kleinfamilie verschärfte die Situation noch weiter. Eine Mutter mußte zwischen drei zu Eifersucht und Haß neigenden Kindern, die durch die Umstände gezwungen waren, auf viel zu engem Raum zu wohnen, ein Gleichgewicht herstellen. Erica hatte keine andere Gesellschaft als Leonora und Penny. Und bei ihnen konnte sie ihr Liebesbedürfnis nicht stillen, denn sie beneidete die beiden. Von einem anderen Kind außerhalb der Familie dagegen hätte sie durchaus diese Zuneigung bekommen können.

Wir machten Erica klar, daß sie Penny ernsthaft verletzen könne. Dies erwies sich als ein scheußliches Abschreckungsmittel und zugleich als eine völlig falsche Methode. Sie verursachte bei ihr Furcht vor dem Verlust der elterlichen Liebe, wie sie die Psychoanalyse beschrieben hat. Wir schafften es nicht, Erica begreiflich zu machen, daß wir sie und ihr Problem sehr wohl verstanden und grundsätzlich akzeptierten. Aus ihrem Blickwinkel sah sie nur, wie sehr wir uns um Penny sorgten. Und so entstand in ihr das Verlangen, zu verletzen, zu vernichten! Wir drohten mit Strafen, um sie davon abzuhalten, Penny weiterhin weh zu tun (all dies hätte therapeutisch viel geschickter gemacht werden können). Aus Angst, unsere Liebe völlig zu verlieren, stellte sie ihre Angriffe auf Penny ein. Diese Angst zeigte sich auf dramatische Weise. Erica wurde sehr furchtsam. Sobald Penny sich der Treppe näherte, schrie sie, aus Furcht, Penny könne möglicherweise hinunterfallen, sie schrie, wenn wir das Tor zur gefährlichen Straße offenließen, obwohl Penny sich sicherlich nicht hinausgewagt hätte, sie schrie immer aus Furcht, daß Penny sich verletzen könne. Natürlich wünschte sie, da sie Penny nicht mehr selbst schlagen durfte, daß diese Dinge geschehen. Und da sie sich das wünschte, fühlte sie sich auch verantwortlich dafür und fürchtete den Liebesentzug der Eltern.

Alle typischen Symptome zeigten sich bei Erica: sie machte wieder ins Bett, verlangte nach der Flasche und wollte bei allen möglichen und unmöglichen Anlässen auf dem Arm getragen werden. Ich brauche nicht extra zu betonen, daß wir alles daransetzten, ihr zuerst einmal das Gefühl wiederzugeben, daß wir sie noch liebten. Es ist einfach, solche Fälle zu beschreiben, sie in der eigenen Familie zu erleben, kostet sehr viel Kraft. Das Leben steht nicht plötzlich still, damit man sich ausruhen, eine Bestandsaufnahme machen oder auch nur nachdenken kann. Sogar während der Nacht stellt das verunsicherte Kind einen auf die Probe, indem es nach der Flasche verlangt. Rückblickend stellt man dann fest, daß nur eine Periode der eigenen Stärke und Liebesfähigkeit den Teufelskreis von Eifersucht und Spannungen hätte durchbrechen können. Der lange Weg der Gesundung beginnt und endet mit Liebe.

Der Wendepunkt war erreicht, als Jean eines Tages auf Ericas endloses Gewimmer und Geschrei einmal anders reagierte. Sie sagte nicht, was wir sonst sinnloserweise immer taten, sanft oder auch wütend „Hör auf zu schreien“, sondern zärtlich „Schrei, soviel du willst, ich hab dich lieb, und ich werde dich in die Arme nehmen, solange du schreist“. Wir gaben ihr auch eine Stoffpuppe, die sie die Treppe hinunterwerfen konnte und bekräftigten sie in der Vorstellung, dies sei Penny. Nach einigem Zögern tat sie dies mit wahrer Wonne.

Erica wurde wieder gesund. Die intensive Zuwendung hat im allgemeinen genügt, und zu Krisen ist es seitdem nur noch gekommen, wenn weitere Geschwister geboren wurden oder Jean aus einem anderen Grunde im Bett bleiben mußte. Solange sie eifersüchtig war, konnte Erica nie genug Zuneigung und Aufmerksamkeit bekommen. Sie verlangte mehr und mehr, so daß unsere Geduld und unser Erfindungsreichtum fast erschöpft waren. Aber schließlich wurde sie wieder glücklicher, gewann ihren Frohsinn zurück und konnte sogar ein gewisses Maß an Vernachlässigung zugunsten der anderen Kinder ertragen. Am meisten freute uns, daß wir sie wieder mit ihren Geschwistern drei oder vier Stunden lang beim Spielen allein lassen konnten. Ihre Furcht, daß Penny auf der Treppe oder auf der Straße etwas zustoßen könnte, verschwand allmählich. Die beiden entwickelten ein liebevolles Verhältnis zueinander, das gegenwärtig besonders eng ist.

Furcht vor dem Schlafengehen bei einer Zweijährigen

Trotz aller Erfahrung und aller Bemühungen, das Kind zu verstehen, kommt es nur allzuleicht vor, daß man es mißversteht und daß man versucht, ihm seine eigenen Wünsche aufzuzwingen. Unsere Versuche, den Gedankengängen eines Kindes zu folgen, können sich als sehr unzulänglich erweisen. Im Frühling, ein Vierteljahr vor ihrem dritten Geburtstag, weigerte sich Leonora eines Abends, zu Bett zu gehen. Davor hatte sie oft selbst den Wunsch, schlafen zu gehen, geäußert, wenn sie müde war. Doch diesmal waren sogar unsere sonst immer erfolgreichen Vorschläge und unsere ganze Überredungskunst vergeblich. Es wurde später und später. Die nervösen Eltern nahmen ihre Zuflucht zu Schmeicheleien, sogar zur Bestechung, indem sie versprachen, eine ganz außergewöhnliche Geschichte zu erzählen – vergebens. Es wurde wirklich spät. Leonora ist oft mit erstaunlich wenig Schlaf ausgekommen, doch diesmal gingen Aufbleiben und Müdigkeit Hand in Hand. Sie zwang sich, wach zu bleiben. Jeder Versuch der verzweifelten Eltern, sie mit Gewalt ins Bett zu bringen, rief ein mitleiderregendes, angstvolles und herzzerreißendes Geschrei hervor. Und nicht nur das, denn ein autonomes Kind läßt sich nicht so einfach durch finstere Blicke und harte Worte einschüchtern.

Voller Verzweiflung behielten wir sie in unserem Zimmer, bis sie um 23 Uhr auf dem Fußboden einschlief. Das Ganze wiederholte sich an den darauffolgenden Abenden. Wir wurden immer besorgter und das Kind immer nervöser, sobald die Schlafenszeit herankam. Jede Nacht sammelten wir sie buchstäblich vom Boden auf, wo sie eingeschlafen war und legten sie angezogen ins Bett. An manchen Abenden überkam sie der Schlaf erst um Mitternacht, und dann war nicht leicht auszumachen, wer erschöpfter war, Leonora oder ihre Eltern. Wir suchten verzweifelt nach der „Ursache" und der Lösung dieses Problems.

Endlich machten wir eines Tages die entscheidende Entdeckung. Leonora hatte die Angewohnheit, auf und ab zu gehen und sich dabei Geschichten zu erzählen, während Jean die tägliche Hausarbeit verrichtete. Jean dachte über andere Dinge nach, als sie plötzlich die Ohren spitzte und hörte, wie Leonora von einer Spechtfamilie erzählte, deren Kind während der Nacht in einem Krankenhaus verschwand. Sofort erkannte Jean, was für Narren wir gewesen waren.

In der Wohnung unter uns lebte eine Dame mittleren Alters, die Leonoras beste Freundin war. Sie zeigte dem Kind gegenüber eine endlose Geduld und spielte stundenlang mit ihr. Sie war, wie ihr

Mann und ihre Tochter, Malerin, und durch sie lernte Leonora noch vor ihrem zweiten Lebensjahr alle Farben kennen. Nun war diese Dame eines Nachts ernsthaft erkrankt und eilig ins Krankenhaus gebracht worden. Als Leonora am nächsten Morgen aufwachte, war ihre Freundin verschwunden. Obwohl eine besorgte und angstvolle Stimmung in unserem Hause herrschte, schien Leonora davon kaum berührt zu sein. Sie gab sich mit der Erklärung zufrieden, daß ihre erwachsene Freundin in ein Krankenhaus gebracht worden sei, um gesund zu werden. Aber offensichtlich hatte sie sich selbst gesagt: „Wenn Frau W. verschwindet, während ich schlafe, darf ich nicht einschlafen, sonst verschwinde ich auch.“ (Wir fragten uns, ob sie vielleicht Erinnerungen daran besitzt, wie sie selbst in jene „höllische“ Maschinerie des Entbindungsheimes, die man „Nachtstation für Säuglinge“ nennt, geriet, in dem die Babies sich gegenseitig durch verzweifeltes Schreien aufweckten.)

Zuerst versuchte Leonora, ununterbrochen wach zu bleiben. Rückblickend ist es wirklich erstaunlich, daß wir nicht sofort erkannten, was los war. Vielleicht waren wir zu sehr in das Geschehen verwickelt und zu sehr mit unseren eigenen Problemen und unserer eigenen Erschöpfung beschäftigt. Nachdem wir Leonora bis ins einzelne klargemacht hatten, warum sie nicht ins Bett wollte und daß ihre Ängste unbegründet waren, wurde es etwas einfacher. Aber normal war ihr Zustand noch keineswegs, und so warteten wir voller Sehnsucht auf die Rückkehr der befreundeten Dame aus dem Krankenhaus. Doch auch ihre Rückkehr änderte zu unserem größten Erstaunen und Erschrecken nichts an Leonoras Ängsten. Es kam uns nun so vor, als seien diese Ängste nichts anderes als die Nachwirkungen eines Traumas, das sie in jener Nacht erlitten hatte, als ihre Freundin ins Krankenhaus gebracht wurde. Wir gingen mit Leonora in ein Krankenhaus und zeigten ihr die Betten. Es nützte nichts. Was nun?

Während wir noch immer mit dem Problem rangen, mußte Frau W. erneut ins Krankenhaus eingeliefert werden. Es geschah um neun Uhr abends, Leonora war natürlich noch wach. Die Szene war schauerlich – Dunkelheit, Krankenwagensirene, häßliche rote Decken, die besorgte Tochter, der Ehemann und Frau W. ausgestreckt auf der Bahre. Entgegen allen Ratschlägen gaben wir jedoch nach, als Leonora entschieden verlangte, „zuzusehen“. Das Geschehen wirkte auf uns Erwachsene sehr deprimierend, und wir machten uns schon Sorgen um Leonora. Das stellte sich bei ihr ein therapeutischer Effekt ein: sie schien tatsächlich freier und fröhlicher als in den vergangenen Wochen. Triumphierend erklärte sie, daß sie nun alles über Krankenhäuser und Ambulanzen wüßte. Das Geschehen hatte sie nicht erschreckt. Sobald das Unbekannte zum Bekannten wurde, konnte sie es in ihren Erfahrungsbereich integrieren. Jetzt glaubte sie uns, daß Frau W. im Krankenhaus gesund würde. Sie beruhigte sich noch in der gleichen Nacht, und ihre Ängste verschwanden in kurzer Zeit.

Angst beeinträchtigt Schlafen und Essen eines dreieinhalbjährigen Kindes

Die Begegnung mit Patsy war nur das hervorstechendste Beispiel für Leonoras im Eiltempo nachgeholte Gemeinschaftserziehung. In Liverpool mit seinen Mietskasernen, die keine Gärten haben (es gab einen einzigen Park in der Nähe), konnten sie nur unter Aufsicht mit fremden Kindern spielen. Die krankhaften Tendenzen dieser Kinder mußten durch ständige Überwachung in Schach gehalten werden. So kam es, daß Leonora mit dreieinviertel Jahren noch nie mit dem „wirklichen Leben", mit den in unserer Gesellschaft als normal angesehenen gefühlskranken Kindern, konfrontiert worden war.

Das rächte sich nun . . . Einiges davon ist schon in anderem Zusammenhang beschrieben worden. Wir möchten nur betonen, daß wir uns von vornherein darüber klarwaren, daß der Schock des Zusammentreffens mit den unterdrückten Kindern unserer Gesellschaft ihren Schlaf stören könnte. Aber auf eine so extreme Reaktion waren wir nicht gefaßt. Ihre große Furcht vor dem Schlafen und ihre Abneigung gegen das Essen bereiteten uns viel Kummer.

Leonora veränderte sich innerhalb einer Woche völlig. Zuvor war sie zu den Mahlzeiten immer mit dem Ruf „ich habe solchen Hunger" herbeigeeilt, hatte von allen neuen Gerichten gekostet und praktisch alles, was man ihr vorsetzte, mit großem Appetit gegessen. Jetzt kam sie herein mit einer Miene, die uns an ihre Freundin Patsy erinnerte, und sagte schon „ich mag nicht", bevor sie etwas probiert hatte. Sie ließ sogar ihre Lieblingsgerichte stehen. Etwas Neues versuchte sie schon gar nicht. Wir verstanden erst nach einiger Zeit, was geschehen war. Leonora lebte nur von Kartoffeln und Butter, Brot und Hefe – alles Dinge, die Patsy gerne mochte. Ihre Gesten glichen genau denen Patsys.

Die Auswirkungen auf Leonoras Schlaf waren genauso drastisch. Das Gefühl der Angst war bis dahin völlig fremd geblieben. „Hast du hiervor oder davor Angst? " war sie in der Vergangenheit oft von Erwachsenen gefragt worden, aber man konnte deutlich erkennen, daß das Wort „Angst" damals für sie keine Bedeutung besaß.

Nun jammerte sie, daß „Eulen sie holen“ würden. So zeigten wir ihr Eulen, erklärten, daß sie ganz harmlos seien, und hatten für eine Nacht diese Furcht gebannt. Als nächstes kamen die Löwen. Die Angst davor hielt so lange an, bis ich den Einfall hatte, eine Promenadenmischung von Hund aus unserer Gegend als „kleinen Löwen“ auszugeben. Irgendwie, völlig unerwartet und auf nahezu magische Weise, verscheuchte das die Traumlöwen. Aber unmittelbar danach kamen „Eingeborene“. Das dauerte wiederum eine ganze Weile, bis uns beiden die Erleuchtung kam: Leonora fürchtete sich nicht vor etwas Bestimmtem, sie hatte sich bei Patsy mit genereller Angst angesteckt. Die erwähnten speziellen Ängste waren nur Symptome, die ohne Zweifel auch von jenen beschränkten Erwachsenen verursacht waren, die ständig fragten, „*Wovor* hast du denn Angst?“

Patsy war nicht etwa ein besonders unartiges oder gestörtes Kind. Ganz und gar nicht. Ihr Leben wurde dadurch erschwert, daß sie die dritte Tochter war und schon nach 15 Monaten der langersehnte Sohn der Familie geboren wurde. Aber sie übte einen besonders großen Einfluß auf Leonora aus, da die Bindung zwischen den beiden sehr eng war. Patsy war ein glückliches, phantasievolles und tolerantes Mädchen von zweieinhalb Jahren und aus der großen Kinderschar unserer Umgebung zweifellos die beste Spielkameradin für Leonora. Leonora fühlte sich ganz entschieden zu ihr hingezogen und umgekehrt.

Das schlimmste an Leonoras Ängsten war, daß sie jede Nacht aufwachte und in unser Schlafzimmer kam. Ob es nun ein Uhr oder fünf Uhr war, sie erschien jede Nacht. Zuerst versuchten wir, je nachdem, wie müde und abgespannt wir selbst waren, Leonora sanft oder weniger sanft wieder in ihr eigenes Bett zu bringen. Aber ihre Furcht versetzte sie in einen bemitleidenswerten Zustand, dazu kam die Kälte, die längere Ausflüge aus dem Bett nicht gerade ratsam erscheinen ließ. Uns blieb nichts anderes übrig, als sie für den Rest der Nacht zu uns ins Bett zu nehmen.

Viele Leute trösten ihre Kinder in der Nacht, indem sie sie zu sich ins Bett holen. Man sollte das noch viel öfter tun. Schließlich versucht das Kind nur, auf diese Weise seine verlorengegangene Sicherheit zurückzugewinnen.

Nicht der nächtliche Besuch, nein, die Anspannung ist die Ursache für die Schlaflosigkeit der Eltern. Waren wir nervös, dann verschlechterte sich Leonoras Zustand noch mehr und ihre Unsicherheit wurde größer. Um es klar zu sagen: Die gesamte Familie durchlebte eine Krise, die drei Monate dauerte. Während einer der angespanntesten Perioden dieser Zeit ließen wir uns dummerweise von dem Gerede über die Entstehung von „Gewohnheiten" beeinflussen und versuchten jedesmal, Leonora in ihr Bett zurückzubringen, sobald sie bei uns auftauchte. Dabei machten wir die Erfahrung, daß ein autonomes Kind mehr Energie und Vitalität besitzt als beide Eltern zusammen. Sie blieb Sieger. Und das war nicht verwunderlich, denn sie wurde getrieben von einem verzweifelten Bedürfnis nach Wärme und Sicherheit. Sie kam weiterhin in unser Bett.

Es ist bemerkenswert, wie vernünftig und liebenswert sie tagsüber war. Erica schlief bei all der Unruhe jede Nacht ungestört durch und merkte von der ganzen Aufregung nicht das geringste.

Ungefähr acht Monate lang besuchte Leonora uns des Nachts (manchmal gleich nach dem Zubettgehen, manchmal später, manchmal erst um sechs Uhr morgens). Es heißt, Kinder gewöhnten sich in derartigen Fällen so sehr daran, daß sie davon nur schwer wieder loskommen. Unser oben erwähnter vergeblicher Versuch schien diese Theorie zu bestätigen. Aber dann erwies sie sich doch als völlig falsch.

Gegen Ende dieser acht Monate nämlich zeigten sich bei Leonora erste Anzeichen einer wiedergewonnenen Sicherheit. Unser im allgemeinen ruhiges und entspanntes Familienleben hatte ihr geholfen. Wir kamen zu der Überzeugung, daß Leonora nun mit ein wenig Hilfe in ihrem Bett bleiben könne (und zwar *bevor* der Zustand für uns unerträglich geworden wäre). Unsere Freunde spotteten über unseren Plan. Die Ausführungen in Benjamin Spocks Buch zu diesem Problem schienen ihnen Recht zu geben.

Wir erklärten Leonora, daß es für längere Zeit ihr Vorrecht gewesen sei, in unser Bett zu kommen. Nun aber, da sie sich selbst wieder besser fühle (was wir mit Beispielen belegten), müsse sie Rücksicht nehmen auf das neue Baby, das in Mamis Bauch immer größer werde und im Bett viel Platz wegnehme. Sie hörte uns aufmerksam zu. Ihre außerordentlich vernünftige Reaktion darauf war ein Ausdruck ihres gesunden Wesens. Nach ein oder zwei Nächten, in denen sie aufwachte, aber friedlich hinnahm, daß wir sie in ihr eigenes Bett zurückschickten, wurde unser Nachtleben richtig einsam. Sie kam nur noch morgens zu einer kurzen Umarmung in unser Bett. Es hat sich wieder einmal gezeigt, wie belanglos das Gerede von den Gewohnheiten ist und welche starken emotionalen Kräfte ein erstgeborenes und sehr behütetes, aber autonom erzogenes Kind entwickelt, das dem Druck von Haß und Furcht begegnen muß.

Aber auch die Hintergründe der Situation, in der sich Leonora damals befand, spielten eine Rolle. Zuerst hatte es einen für sie beunruhigenden siebenwöchigen Aufenthalt bei Verwandten und dann bei Freunden gegeben, während ich in Nottingham nach einer Wohnung suchte. Da ich im Leben der Kinder immer eine bedeutende Rolle gespielt habe, vermißte mich Leonora sehr. Als wir endlich eine Wohnung hatten, setzte wieder eine schwierige Periode ein. Leonora war schon immer ein sehr feinfühliges, frühreifes Kind gewesen. Sie hatte eine lebhafte Phantasie und erzählte die erstaunlichsten Geschichten, während sie aufgeregt in der geräumigen Wohnung umherlief. Sie besaß ein überraschend gutes Auffassungsvermögen, Ereignisse wie Personen konnten sie tief beeindrucken. Und so traf sie Patsy. Sie war ihre erste wirkliche Freundin. Patsy brachte sehr oft, manchmal zwei- oder dreimal am Tag, ihre zwei älteren Schwestern und ihren jüngeren Bruder mit. Sie selbst war ein ausgezeichneter Spielkamerad mit angenehmen Manieren. Die beiden spielten einträchtig, behandelten einander großzügig und mußten niemals die Hilfe von Erwachsenen in Anspruch nehmen, um ihre Streitigkeiten zu schlichten. Ich vermute, daß gerade diese enge Freundschaft Patsy dazu trieb, ihre geheimsten Ängste Leonora mitzuteilen. Eines Tages, als ich mich leise dem Badezimmer näherte, in dem sich die beiden schon eine ganze Weile aufhielten, erfuhr ich, warum Leonora von Patsys Furcht angesteckt worden war. Warum sie in unser Bett kam, und warum Wölfe und Eingeborene ihr Angst einflößten.

„Die Eingeborenen kommen", flüsterte Patsy voller Furcht. „Sie werden die Herzen herausschneiden und sie verbrennen", fügte Leonora aufgeregt hinzu, und ich erkannte, daß dies schon wochenlang so gehen mußte. Entscheidend war dabei nicht so sehr, was sie sagten, sondern die Atmosphäre der Furcht, die sie um sich geschaffen hatten.

Die beiden waren so eng befreundet, daß wir uns erst nach längerem Zögern dazu entschlossen, Leonora von Patsy zu trennen. Es war sehr traurig, daß gerade Leonoras erste Freundin sie so negativ beeinflußte. Leonora verstand unsere Entscheidung recht gut, aber sie sehnte sich trotzdem nach Patsys Gesellschaft. Glücklicherweise verließ Patsy bald darauf mit ihren Eltern Nottingham.

Das Essensproblem versuchten wir zu lösen, indem wir all die schönen Dinge erwähnten, die ihr entgingen, und nebenbei durchblicken ließen, wie gut sie uns selbst schmeckten. Wir machten ihr auch klar, daß ihr Verhalten von Patsy beeinflußt war und daß sie nicht nötig hatte, sich so zu benehmen, da sie sich ja in einer anderen Lage befand als ihre Freundin. Dabei beschuldigten wir Patsy niemals, sondern machten nur deutlich, wie verschieden ihr Leben von dem Leonoras war. All das verfehlte seine Wirkung nicht. Langsam bekam Leonora wieder Appetit. Allerdings zeigen sich bei ihr noch heute – fünf Jahre danach – Spuren dieser Störung. Sie ißt keine Krusten (und Erica macht ihr das nach), sie läßt von jedem Stück Kuchen das zurück, was sie mit den Fingern berührt hat, gelegentlich macht sie auch noch genauso ein Gesicht wie Patsy. Aber sie verstand, was mit ihr los war, und freute sich mit uns, als sie zu Beginn des Heilungsprozesses merkte, daß sie nicht mehr so sehr unter ihrer Störung litt. Ericas Appetit war in dieser ganzen Zeit gewaltig. Sie wurde nicht von Leonora angesteckt. „*Ich* esse das", reagierte die Zweijährige jedesmal, wenn Leonora ihr Essen zurückwies.

Als Erica ein wenig später sich gleichfalls zu fürchten begann und nicht allein schlafen gehen wollte, rückten wir ihr Bett näher an das Leonoras heran. Das beruhigte sie, und beide freuten sich sehr darüber. In dieser Periode ging Leonora zur gleichen Zeit wie ihre jüngere Schwester zu Bett, unter der Bedingung allerdings, daß sie wieder aufstehen konnte, sobald Erica eingeschlafen war.

Plötzliche Wiederkehr alter Gewohnheiten

Für die Diagnose von Gefühlskrankheiten bei Kindern ist das Einfühlungsvermögen in das von den Erwachsenen selbst geschaffene emotionale Klima sehr wichtig. Penny begann mit dreieinhalb, ganz im Gegensatz zu ihren Geschwistern, jeden Abend um halb elf nach dem Töpfchen zu rufen. Wir merkten, daß wir auf diese Weise ihre Bedürfnisse am besten befriedigen konnten. Sie trank gerne vor dem Schlafengehen noch eine Flasche, wollte aber auch nachts in einem trockenen Bett schlafen. Und nur, wenn sie abends noch einmal aufs Töpfchen ging, konnte sie vermeiden, morgens im Nassen aufzuwachen oder uns während der Nacht zu wecken. So taten wir etwas, worüber wir wir bei anderen immer gelästert hatten. Wir nahmen sie, wenn wir zu Bett gingen, auf ihr eigenes Verlangen hin noch einmal hoch. Dies störte ihren Schlaf kaum und schien uns zu dieser Zeit die beste Lösung zu sein. Nachdem sie monatelang trocken geblieben war, hatte sie eines Nachts, als ich kam, um sie mit der gewohnten Zärtlichkeit auf den Topf zu setzen, ins Bett gemacht. Wir glaubten zuerst, das läge an der Kälte. Als sie sich mitten in der Nacht erneut naß machte, waren wir vollends überzeugt, daß es nur die Kälte sein könne. Und so betrogen wir uns selbst auch in den folgenden Nächten, in denen sich dieses ungewöhnliche Verhalten wiederholte. Endlich brachten wir es fertig, uns der Wirklichkeit zu stellen: Unsere Aufgabe war es, herauszufinden, was sie gefühlsmäßig beeinträchtigte, denn ganz offensichtlich hatte ihr Verhalten weder mit der Kälte noch mit dem übermäßigen Trinken etwas zu tun. Wenn man erst einmal diesen schmerzhaften Prozeß der Selbsterforschung eingeleitet hat, läßt der Erfolg gewöhnlich nicht lange auf sich warten. Wir fanden heraus, daß einer von uns Penny wütend angebrüllt hatte. Zuerst hatte sie kaum darauf reagiert (immer ein gefährliches Zeichen) und seitdem verschiedentlich Verhaltensweisen gezeigt, die mit dem Bettnässen im Zusammenhang standen. So trösteten wir sie mitfühlend, bekannten zum x-tenmal (und dazu braucht man Energie!), daß sich alle und besonders die Eltern manchmal verrückt benehmen, und erinnerten sie immer wieder an den Vorfall, der sie unserer Meinung nach so sehr getroffen hatte.

Das Ergebnis? Noch in der gleichen Nacht blieb Penny trocken und ist seitdem trocken geblieben. Das zeigt die typische Feinfühligkeit von Kindern, die Haßausbrüche nicht gewohnt sind. Man muß sich vorsehen, wenn man über die eigenen Kinder spricht. Denn die Leute schließen gewöhnlich aus dem Vergnügen an eigenen Kindern, daß man ihre Fehler übersieht. Wir übersehen weder die Fehler unserer Kinder noch übersehen wir, daß man Selbstbestimmung mit Eltern wie uns in der bestehenden Gesellschaft nur begrenzt durchführen kann.

Herauszufinden, was ein Kind beunruhigt, ist manchmal schwierig. Noch schwieriger aber ist es, sich einzugestehen, daß man womöglich selbst das Kind beunruhigt hat. Unweigerlich stellt es sich heraus, daß irgend jemand die Schuld hatte. Aber die eigenen Fehler zuzugeben, ist ja gewöhnlich nicht einfach. Wenn man seinen Kindern mit Haßgefühlen begegnet, befindet man sich ohne Zweifel bereits in einem labilen und emotional gestörten Zustand. Und in genau diesem Zustand oder unmittelbar danach muß man auch noch die Energie zur Selbstkritik aufbringen. Erst dann kann man anfangen, den Schaden wiedergutzumachen. Kein Wunder, daß hier manchmal ein echter Teufelskreis entsteht, den man durchbrechen muß.

Erwachsene Besucher, die nervös sind oder in anderer Weise die Kinder stören, sind häufig die Ursache für Ängste und deren körperliche Symptome, zum Beispiel die Verstopfung. Die direkten emotionalen Symptome der Angst wie Launenhaftigkeit, irrationales Verhalten, „schlechte Manieren" usw. sind ausnahmslos Versuche, Aufmerksamkeit zu erregen und mehr Sicherheit zu erlangen.

Fehlende Bereitschaft, Eigentum mit anderen zu teilen, und genereller Mangel an Toleranz

Ben war ein goldiges Kerlchen, zweieinhalb Jahre alt, und seine Eltern gehörten zu unseren ältesten Freunden. Sie beobachteten und bewunderten die bei uns praktizierte Selbstbestimmung und waren überzeugt, daß dies die richtige Erziehungsmethode sei.

Ben war ein Einzelkind und daher glücklicherweise genausowenig am Besitz von Spielsachen interessiert wie Leonora im gleichen Alter, als sie ebenfalls noch unser einziges Kind war.

Aber gerade deshalb stellte er für Penny eine alarmierende und unerklärliche neue Drohung dar. Mit ihren drei Schwestern und einigen Nachbarskindern war sie in einer besitzbewußten, wenn auch meistens toleranten, nachgiebigen und großzügigen Kinder-„Gemeinschaft" aufgewachsen. Wir Eltern merkten nichts, bis es zu spät war. Penny zeigte deutlich Feindseligkeit. Die Erwachsenen schienen sie nicht zu verstehen, dabei war sie doch im Recht. Die Feindseligkeit ergriff nach ein oder zwei Tagen auch von Erica Besitz, und was ursprünglich ungeschmälertes Vergnügen hätte sein können, wurde für uns Eltern bald zur Qual. Denn die Gefühle unserer alten Freunde wurden strapaziert, und das führte zu verbitterten und lautstarken Auseinandersetzungen, bei denen Fehler der Kinder auf irrationale und sinnlose Weise interpretiert wurden. Darin liegt eine besonders große Gefahr, und deshalb erzählen wir die Geschichte. In solchen Situationen ist es weit besser und nützlicher, wenn man früh genug einsieht, daß das Kind recht hat, daß beide Kinder recht haben. Die Eltern können nur helfen, wenn sie sich diese Tatsache ständig vor Augen halten. Hier taucht ein soziales Problem auf, das nur gelöst werden kann, wenn man sieht, daß beide Kinder recht haben und daß beide verschieden behandelt werden müssen.

Wir zogen aus diesem Fall eine weitere Lehre: Es kann von großem Wert sein, sich mit eventuell auftretenden Problemen vorher zu beschäftigen und Vorbeugungsmaßnahmen zu ergreifen. Wenn Güte und Toleranz durch die individuelle Liebe der Eltern zu möglichen und natürlichen Verhaltensweisen für die Kinder geworden sind, kann die soziale Anpassung allmählich eingeleitet werden. Hätten wir das vorher beherzigt, hätten wir uns viel Kopfzerbrechen ersparen können. Die Freundschaft blieb jedoch bestehen. Wir hoffen, künftig besser mit solchen Problemen fertig zu werden.

Im täglichen Umgang, wenn die Kinder in der Schule mit traditionell erzogenen Kindern und mit Lehrern, die die Selbstbestimmung nicht anwenden, zusammentreffen, tauchen häufig Gefühlsstörungen auf. Wenn es sich um leichte Störungen handelt, kann man mit Hilfe von Erklärungen, Sympathiebeweisen und Rückenstärkung aller Art damit fertig werden. Leonora ist in der Schule öfters durch Geschichten erschreckt worden, in denen, wie in den herkömmlichen Märchen, Grausamkeiten und Gewalt eine Rolle spielten. Diese Furcht wird noch durch Ängste verstärkt, die häufig bei traditionell erzogenen Schulkindern anzutreffen sind. Wie bereits erwähnt, beschrieb Leonora diese Situation so: „Sie machen dir angst, und dann wollen sie es gutmachen, indem sie dir von Jesus erzählen." Aber die Angstreaktionen der Kinder sind damit gewöhnlich nicht zu beheben. Leonora war beinahe acht, als sie eines Tages verlauten ließ: „Mami, ich hoffe, du regst dich nicht auf. Aber ich werde später einmal meine Kinder hauen." – „Wirklich? " antworteten wir beiläufig. „Ja, ich stelle mir das schön vor und denke mir immer Geschichten aus, in denen Lehrer vertrimmt werden." – „Soll ich denn auch eine Mami werden, die haut? " fragte Jean. Ganz nonchalant, als wäre das völlig nebensächlich, erwiderte Leonora: „Nein, das ist was anderes." Sie hatte natürlich recht.

Leonora und Erica bekommen oft durch ihre Kontakte mit der Außenwelt Anfälle von Aggressionen und Sadismus. Das Kichern über Toilettendinge, das Spotten, weil sie keine Hemdchen tragen, und zahllose andere nicht näher bestimmbare Geschehnisse lassen bei den beiden Aggressionen entstehen, die nichts als der verzweifelte Versuch einer Energieentladung sind, weil ihre liebevollen Annäherungsversuche immer wieder zurückgewiesen werden.

Leonora und Erica, die in ihrem Temperament sehr verschieden sind, wurden besonders dadurch negativ beeinflußt, daß sich in der Schule feindliche Gruppen bildeten. Es ist aufschlußreich, daß keine von beiden das gut findet. Beide lehnen es ab, sich einer der beiden Gruppen anzuschließen. Sie wollen nicht einem Teil der Klasse feindlich gegenüberstehen. Sie sind so erfinderisch und diplomatisch, daß sie es immer wieder schaffen, entweder keiner oder beiden Gruppen anzugehören. Friedlichen und nicht aggressiven Gruppen schließen sie sich gerne an.

Obwohl das Krankenhaus genau wie andere schon erwähnte soziale Institutionen einen Sonderfall darstellt, muß man es als soziale Einrichtung untersuchen und Widerstand gegen das leisten, was in diesem Zusammenhang als „normal" angesehen wird. Es gibt genug Beispiele dafür, glücklicherweise nicht in unserer eigenen Familie, daß Kinder aus vernünftigen Elternhäusern bei der Einlieferung in ein Krankenhaus einen Schock erleiden. Wenn sich dann dort, wie vorgeschrieben, auch noch die Aufmerksamkeit der Experten auf den kleinen Patienten konzentriert, ist psychischer Schaden und damit eine Minderung der Genesungskraft oft unabwendbar. Wir halten es für ein Unrecht, die Eltern von ihrem Kind fernzuhalten, wenn es in einem Krankenhaus liegt. Braucht es doch gerade dann seine Eltern ganz besonders, wie jeder feinfühlige und vernünftige Mensch einsehen wird. Operationen im Haus oder andere ungewöhnliche, aber vernünftige Methoden sind schon ausprobiert worden. Ja, man hat sie sogar in fortschrittlichen Rundfunksendungen befürwortet. Man sollte solche Methoden immer als Alternative in Betracht ziehen, anstatt aus purer Gewohnheit das Kind in eine Klinik zu verfrachten, nur weil der Arzt es sagt und man sich selbst nur allzu gern in dem Glauben wiegt, daß dort für all die Dinge gesorgt wird, für die man selbst nicht die Verantwortung übernehmen will. Einer der ersten, die den gefühlsmäßigen Zustand und die emotionalen Bedürfnisse von kranken Kindern berücksichtigt haben, ist Harry Bakwin. Es war faszinierend, wie er im Rundfunk über seine siebzehn Jahre zurückliegenden Beobachtungen berichtete: Der allgemeine Gesundheitszustand eines Babys, das in einem antiseptischen und sterilen Glaskäfig untergebracht war, verschlechterte sich ständig, obwohl alle Symptome eines Magenkatarrhs, mit dem es eingeliefert worden war, verschwunden waren. Schließlich entschied Dr. Bakwin, daß das Baby ebensogut zu Hause sterben könne. Zu seinem Erstaunen jedoch erholte sich das Kind bei seiner Mutter in weniger als einem Tag. Diese Erfahrung überzeugte ihn, daß die liebevolle Nähe der Eltern von größter Bedeutung ist. Das Bemerkenswerte daran ist, daß eine einzige emotionale Erfahrung und nicht etwa ein ganzer Haufen von Statistiken diesen Mann überzeugte! In der von ihm geleiteten Klinik werden die Schwestern ermutigt, die Babies zärtlich zu umsorgen und in die Arme zu nehmen. Eltern können ihre Kinder jederzeit besuchen, und die Ärzte machen gelegentlich ihre Visiten mit einem Baby auf dem Arm. Es war faszinierend, wie er bekannte, daß Liebe und körperlicher Kontakt für den Heilungsprozeß notwendig seien, daß er aber nicht wüßte, warum dies so sei.

Andererseits ist es gut möglich, daß ein Kind nach seiner Rückkehr aus dem Krankenhaus keine Erleichterung, sondern Abneigung gegen seine Angehörigen zeigt, weil es ihnen die Schuld an seiner Einlieferung gibt. Die British Medical Association hat kürzlich für die Krankenhäuser sehr fortschrittliche Empfehlungen auf diesem Gebiet erlassen.

Therapeutische Hilfe ist eine notwendige Ergänzung der Selbstbestimmung. Obwohl das keine leichte Aufgabe ist, erfordert sie doch weit weniger Arbeit, verursacht weniger Aufregung und Mühe als die in den meisten Elternhäusern üblichen Erziehungsmethoden. Darüber hinaus dient alles, was an Arbeit und Schwierigkeiten entsteht, einem für die Kinder wie für die Eltern positiven Ziel. Man kann die Erfahrung machen, daß eine ehrliche Haltung den Kindern gegenüber auch einen therapeutischen Effekt auf die Eltern hat. Nur wirkliche Liebe zwischen den Ehegatten gewährt den Erwachsenen die notwendige Sicherheit, auch mit Gefühlsausbrüchen und Krisen fertig zu werden, die mit den therapeutischen Fortschritten in Richtung auf ein weniger von Furcht bestimmtes, erfülltes Leben nun einmal verbunden sind.

26. Kapitel
Wahrheit, Unwahrheit, Gegenwahrheit

Der Begriff „Gegenwahrheit" wurde von Wilhelm Reich in seinem letzten bedeutenden Buch „Die Ermordung Christi" geprägt. Gegenwahrheit ist ein brauchbarer Ausdruck, denn er steht für Ideen, die etwas Licht in das Dunkel um die wichtigsten Aspekte der Kindererziehung bringen. Wenn man den Unterschied zwischen Wahrheit, Unwahrheit und Gegenwahrheit bei der Anwendung der Selbstbestimmung beachtet, erspart man sich viel Mühe. Man versteht auf einmal, wenn auch nicht ohne Schmerzen, alles, was einen sonst zur Verzweiflung oder in den Zynismus treiben kann.

Für Reich ist Wahrheit die „ganze Wahrheit", also das, was grundlegend und generell an jedem einzelnen Ding wahr ist. Unwahrheit oder Lüge ist das Gegenteil von Wahrheit, ein Widerspruch durch Fakten, ein ganz eindeutiges Phänomen. Gegenwahrheit jedoch ist die Wahrheit, die für kranke Personen und eine kranke Gesellschaft gilt und beide treffend schildert. Sie besteht aus Halbwahrheiten. Ich möchte ein Beispiel geben. Es ist eine Gegenwahrheit, daß Kinder, die – wie allgemein üblich – in ihrem Sexualleben unterdrückt worden sind, sadistisch und masochistisch werden. Aber das ist natürlich nicht die grundlegende Wahrheit, denn nur sexuell unterdrückte Kinder werden überhaupt von diesen Gefühlskrankheiten befallen. Es trifft keinesfalls auf Kinder im allgemeinen zu. Das Wissen, daß Kinder masochistisch und sadistisch werden, wenn man sie sexuell unterdrückt, ist nur ein Teil der gesamten Wahrheit über Kinder. Die Wahrheit enthält also Gegenwahrheit, aber nicht umgekehrt. Das haben nur wenige erkannt, und so werden Gegenwahrheiten produziert und wieder und wieder zitiert, als wären sie bindende, unumgängliche Wahrheiten. Wir haben schon beschrieben, wie oft zum Beispiel die Psychoanalyse genau das getan hat.

Wir glauben, daß es sich bei der Selbstbestimmung um eine Wahrheit handelt, denn sie umfaßt unserer Erfahrung nach alle Tatsachen und Beobachtungen, denen wir bei der theoretischen und praktischen Beschäftigung mit Erziehungsfragen begegnet sind. Es ist ungemein wichtig, daß man Gegenwahrheiten wie zum Beispiel die, daß Selbstbestimmung in bestimmten Familien nicht durchführbar ist, nicht irrtümlicherweise dazu benutzt, um die Wahrheit zu widerlegen. Eine solche Gegenwahrheit zeigt nur, daß sich die Selbstbestimmung in einzelnen Familien als nicht praktikabel erwies und nicht, daß sie generell nutzlos ist. Die einzige vernünftige und sinnvolle Reaktion wäre in diesem Fall, die Ursache für das Versagen der Selbstbestimmung herauszufinden. Aber Gegenwahrheiten in theoretischen Abhandlungen oder in Debatten aufzudecken, stellt nur einen Teil unserer Aufgabe dar. Weit gefährlichere Konsequenzen ergeben sich, wenn wir uns vor der folgenden Erkenntnis verschließen. Wegen der großen Verbreitung der Gegenwahrheiten in unserer Gesellschaft kann das pädagogische Prinzip der Selbstbestimmung in vielen Fällen nicht angewandt und daher auch nicht empfohlen werden. Das ist die ungeschminkte, harte Wirklichkeit. Sie ignorieren hieße das Unglück geradezu herausfordern. Die Feststellung „die Selbstbestimmung ist für deine Kinder nicht anwendbar", ist zwar deprimierend, aber in vielen Fällen der einzig vertretbare und richtige Weg. Selbstbestimmung stellt für alle jene Kinder eine Gegenwahrheit dar, von denen man furchtsamen Respekt und Anständigkeit, Gehorsam und Konformität erwartet; für Kinder, die für sexuelle Spiele, Geschrei und lautes Gelächter bestraft oder getadelt werden; für Kinder, denen es nicht gestattet ist, in Wut auszubrechen, ja noch nicht einmal, laut zu rufen oder zu schluchzen oder in irgendeiner Weise aus der Rolle zu fallen. Für solche Kinder wäre Selbstbestimmung eine Katastrophe. Die Kinder solcher Eltern lehnen die Selbstbestimmung auch immer ab. Es wäre sehr aufschlußreich, herauszufinden, wieso und warum sie recht haben. Ebenso haben viele Lehrer die Erfahrung gemacht, daß das Experiment, den Unterricht in der Klasse nach den freiheitlichen Methoden Neills zu gestalten, in einem tragisch-komischen Fiasko endet, solange alle anderen Lehrer an der Schule, wie üblich, harte Disziplin fordern. Die unterdrückten Schüler sind außerstande, die unerwartete Freiheit positiv zu nutzen. Das ist die bittere Wahrheit. Es ist jedoch eine Gegenwahrheit, wenn man auf Grund dieser beobachteten Tatsachen behauptet, die Klasse habe die Freiheit „mißbraucht". Gerade diese Gegenwahrheiten stellen eine wirkliche Gefahr dar, die den Lehrer um seine Stellung und die Eltern um die Gesundheit ihrer Kinder bringen kann.

Leute, die Wahrheit – etwa die Wahrheit der Selbstbestimmung – predigen, ohne die oben erwähnten Implikationen zu verstehen, oder die so tun, als könne man diese Erziehungsmethode nach Belieben auf alle anwenden, hat Reich als „Hausierer in Sachen Wahrheit" bezeichnet. Sie handeln verantwortungslos, selbst wenn sie es unwissentlich tun. Und sie lassen die Oberflächlichkeit der Kommunikation durch das geschriebene oder gesprochene Wort glasklar hervortreten. Wir haben alle unsere Erfahrung mit Mißverständnissen gemacht. Mißverständnisse sind stets das Ergebnis oberflächlicher Kommunikation zwischen Leuten, die sich nicht genauer kennen. Im Hinblick auf das „Predigen" über Selbstbestimmung ist diese Tatsache so bedeutsam, daß man sie unbedingt demonstrieren und illustrieren muß. Reichs Ansicht darüber in seinem Buch „Die Ermordung Christi" ist ausgesprochen radikal.

„Wahrheit soll nicht proklamiert, sondern vor und mit anderen Menschen gelebt werden. Das ist möglich. Aber nur dann, wenn diese Wahrheit eine wahre Wahrheit ist, keine erfundene, selbstgebastelte, die lautstark propagiert wird. Die Wahrheit muß ein Stück des Menschen selbst sein, so wie die Arme, die Beine und das Gehirn. Man soll aber auch nie versuchen, eine Wahrheit zu vertreten, die man mit seinem Wesen nicht vereinbaren kann. Sie wird schon dadurch zu einer Lüge, und zwar zu einer Lüge, die schlimmer ist als die, die sich organisch als Notwendigkeit im sozialen Leben entwickelt hat" (S. 174).

Einige Beispiele für die Oberflächlichkeit von Worten und die Unfähigkeit von Leuten, Wahrheit zu leben, haben wir schon besprochen. Wir erwähnten, wie unsere Pläne, Kinder frei und ohne Vorbehalte in unseren Garten einzuladen, ein unglückliches Ende fand. Ähnlich gelagert sind die zahlreichen Versuche, eine Kommune zu gründen; beinahe alle schlugen fehl. Sie alle basierten auf theoretischen Absprachen über die künftigen Lebensregeln, waren gesprochene oder geschriebene Abmachungen. Die wahre, lebendige Wirklichkeit des Zusammenlebens erwies sich dann als etwas völlig anderes. Mangelnde Berücksichtigung der Gegenwahrheit über die Bildung von Kommunen und blindes Vertrauen zu den wortreichen „Hausierern in Wahrheiten", die „schlicht an Kommunen glauben", haben die Versuche schon vor ihrem Beginn zum Scheitern verurteilt. Man sollte dies unbedingt bei der Selbstbestimmung berücksichtigen, da die Bildung einer größeren, loseren Gemeinschaft, als es die übliche Kleinfamilie ist, für die Selbstbestimmung von Vorteil sein könnte. Unter den negativen Auswirkungen von Gemeinschaften jedoch, die zwar zum Nutzen der Kinder gebildet wurden, aber dann das erstrebte Ideal bei weitem nicht erreichten, würden eben diese Kinder in jedem Fall leiden.

Besonders an Margaret Ribbles Ansichten über Sexualität konnten wir zeigen, wie Worte etwas entschieden Widersprüchliches besagen können. In Anlehnung an die Psychoanalyse hat auch Maria Montessori Gegenwahrheiten als Wahrheiten ausgegeben. Ihre Schriften illustrieren das grundlegende Unvermögen von Worten. Anläßlich eines Vortrags, den wir hielten, wurde die Meinung geäußert, daß Selbstbestimmung schon vor fünfzig Jahren von Frau Montessori entdeckt worden sei und deshalb nichts Neues darstelle. Frau Montessori hat ohne Zweifel Anspruch auf Ruhm. In einer Zeit, in der Kinder ganz offen brutal und grausam behandelt wurden, setzte sie sich für humane Methoden ein. Sie erweiterte unser Wissen über die Vorgänge des Lernens und setzte sie in Beziehung zum Alter und zur Gefühlswelt des Kindes. Sie entwickelte ihre Theorien auf Grund eigener Beobachtungen und ergänzte und vervollkommnete sie ständig. Trotzdem rechtfertigen einige 1964 gehaltene Vorträge nicht die Behauptung, Frau Montessori habe die Selbstbestimmung entdeckt. Sie enthüllte auf mannigfachen Gebieten bemerkenswerte Wahrheiten. Ihre Aussagen mögen durchaus mit einigen von denen übereinstimmen, die von Befürwortern unserer Methode geschrieben wurden, aber hierin zeigt sich wieder nur das Unvermögen von Worten. „Wir müssen voll von Liebe sein, Liebe ist in der Natur eine Form der Energie." Mit diesem Satz kommt Montessori der Wahrheit recht nahe, allerdings nur in Worten, denn für sie ist Energie nur psychisch. „Menschen haben nicht nur den Instinkt, der sie nach Glück, Nahrung, sexueller Freiheit und Reichtümern streben läßt. Sie haben auch einen Instinkt, der sie hemmt, der ihre Kraft, ihre Liebe, ihr Leben hemmt." Sie illustriert das durch Beispiele von Verstümmelungen unter Primitiven, vom Fasten in allen Religionen. „Der Mensch ist bereit zu leiden. Warum? Um zu überleben, hat sich der Mensch an seine Umgebung angepaßt, aber das beantwortet die Frage nicht völlig, denn der Mensch hat auch einen Instinkt, der ihn drängt zu leiden. Er bewundert das Leiden.

Männer und Frauen empfinden beim Leiden Glück; sie empfinden es wie eine Übung. Es ist nicht wahr, daß der Mensch alles tun wird, um nicht zu leiden – der Mensch gibt seinen Sohn her, damit er verwundet oder auf irgendeine Weise verletzt wird, und seine Tochter, damit ihre Ohren durchbohrt werden, da sie sonst nicht als schön gilt! Man wird in eine Gemeinschaft aufgenommen, nur weil man sich irgendwelchen besonderen Leiden unterzogen hat."

Diese Ansicht hat vieles mit dem Todestrieb Freuds gemeinsam, auch mit dessen Nachteilen. Primäre und sekundäre Triebe werden durcheinandergebracht, indem man sie alle als Instinkte zusammenfaßt, wie Wahrheit und Gegenwahrheit. Das Versagen der Montessori-Methode in der Familie oder in der Schule kann damit, genau wie bei der Freudschen Therapie, aus dem Instinkt des Kindes zum Leiden erklärt werden. Und so wird mit einer vollständigen Kehrtwendung aus einer lebensbejahenden Auslegung der Erziehung eine gänzlich lebensfeindliche Interpretation. Da wir Frau Montessori niemals persönlich kennengelernt haben, wissen wir natürlich nicht, welche der beiden Interpretationen sich mit der Wirklichkeit ihrer eigenen Beziehungen zu Kindern deckte. Wenn ein Kind verträumt mit seinen Genitalien spielt, läßt sie es dann gewähren, oder „nimmt sie sanft seine Hand weg", wie Margaret Ribble vorschlägt? Man kann darauf keine Antwort geben. Nirgendwo sind wir ihren Ansichten über die Sexualität von Kindern und Kleinkindern begegnet; vielleicht hat sie das Thema für unwichtig gehalten.

Die Theorien Montessoris gründen sich auf Beobachtungen, aber es sind Beobachtungen von mehr oder weniger gefühlskranken Menschen. Sie ignoriert sogar anthropologische Untersuchungen, wenn sie generalisierend behauptet, Pubertät sei eine Krise. Malinowski und später Margaret Mead haben eindeutig nachgewiesen, daß erst unser Gesellschaftssystem dieses Entwicklungsstadium zu einer Krise macht. Dies gilt keinesfalls für alle Systeme auf der Erde.

Wo ist hier die Gegenwahrheit? In Worten ist Montessori durchaus eine Vorkämpferin der Selbstbestimmung. Vom Inhalt her zeigen sich bei ihr aber deutliche Unterschiede. Für sie gehören das Durchbohren der Ohrläppchen, die Beschneidung und die Unterdrückung des Sexualtriebes bei Jugendlichen zu jenen Leiden, denen ein Mann seinen Sohn aussetzt, weil er ihrer Ansicht nach einen Leidensinstinkt besitzt. Man muß sich klarmachen, daß auch die Worte, die in das Konzept der Selbstbestimmung passen, tatsächlich eine ganz andere Haltung widerspiegeln. Man sollte einmal den Test machen und sich die lebensfeindliche Anwendung der Montessori-Methode in unzähligen Fällen genau ansehen. Eine

Methode, die sich so einfach auslegen läßt, ist immer suspekt, selbst wenn man die Größe und Menschlichkeit ihrer Arbeit berücksichtigt und ihre Bedeutung für unsere Zeit und noch mehr für den Zustand in Italien vor fünfzig Jahren, als Montessori ihr Werk begann. Dennoch stellt es eine weitere Gegenwahrheit dar, daß man ohne weiteres sein Kind in eine Montessori-Schule schicken sollte. Der Direktor kann zufällig eine außerordentlich lebensbejahende Einstellung haben. Dann ist die betreffende Schule sicher die beste von allen verfügbaren. Es kann aber auch anders sein. Der Name „Montessori-Schule" allein ist jedenfalls noch keine Garantie für eine gute Ausbildung.

Die richtige Anwendung von Gegenwahrheiten gehört für Eltern, die es mit Selbstbestimmung versuchen, zur notwendigen Entwicklung ihrer „Manieren". Offener Haß Kindern gegenüber kann sehr schädlich sein, wenn er von Außenstehenden, besonders von Lehrern, gezeigt wird. So etwas kann den Kindern entsetzliche Qualen verursachen. Nur wenn wir die Gegenwahrheiten kennen, können wir Verhaltensweisen vermeiden, die bei vielen Gelegenheiten zu Haßausbrüchen gegen die Kinder führen. Man versteht den Standpunkt des anderen und findet den richtigen Zugang zu ihm. Wenn ein Lehrer in der Schule ein Kind bestraft und man daran Anstoß nimmt, kann man natürlich hingehen und ihm erzählen, er solle ab sofort damit aufhören. Man kann ihm sagen, daß es ohnehin ein großes Unglück sei, daß das eigene Kind in seine lausige Schule gehen müsse und daß er es nicht noch schlimmer machen solle. Das kann durchaus die Wahrheit sein! Aber man würde wahrscheinlich nur Haßgefühle wecken, wie so oft, wenn man die Wahrheit sagt.

Daher sollte man sich lieber vor Augen halten, daß Gegenwahrheit auf jeden Lehrer anwendbar ist. Man sollte hingehen und ihm in seiner Sprache zu verstehen geben, daß das Kind „sensitiv" sei oder daß es ihn „so sehr schätze" oder daß er „dem Kind so viel bedeute" und man ihm daher „außerordentlich verbunden wäre", wenn er das Kind ein bißchen anders behandeln würde. Man betrachte das als eine besondere Gunst seinerseits, und außerdem sei es doch zum gegenseitigen Besten. Gleichzeitig kann man ihm durchaus beistimmen, daß das Kind manchmal wirklich eine Nervensäge ist und daß man selbst natürlich in jeder Weise mit dem Lehrer zusammenarbeiten wolle. Das ist eine Gegenwahrheit, aber nur auf diese Weise kann der Lehrer zustimmen. So werden auch keine Haßgefühle geweckt. Und wenn die Kinder (wie unsere) ebenfalls Verständnis dafür aufbringen, daß „jeder manchmal verrückt ist" und daß Lehrer es nicht leicht haben, dann ist die Gegenwahrheit eine wertvolle und wirksame Waffe im Kampf gegen eine feindliche Umwelt. Diese Methode ist nicht neu, aber das gegenseitige Verständnis, das man mit ihr erreicht, ist tiefer, als wenn man moralische Gesichtspunkte ins Feld führt. Es ist eine opportunistische Methode, denn man versucht, nicht alle, sondern die geeignetsten und wirksamsten Mittel einzusetzen, um sein Ziel zu erreichen.

Der Versuch, jemanden zu überzeugen, daß Selbstbestimmung eine für ihn zweckmäßige Einstellung sein kann, ist der Anfang eines therapeutischen Prozesses. Man muß darauf gefaßt sein, daß man es dabei mit ungestümen und gefährlichen Reaktionen zu tun bekommt, die durch Angst ausgelöst werden. Nur denjenigen Eltern kann man mit einiger Sicherheit helfen, die auf der Suche nach einer lebensbejahenden Haltung sind, die durch das, was sie bislang getan haben, beruhigt sind, die bereit sind, die Verantwortung für das zu tragen, was sie etwa bei ihren ersten beiden Kindern falsch gemacht haben, und die dennoch nicht durch die entstandenen Schuldgefühle paralysiert sind. Bedauerlicherweise sind solche Fälle selten. Wir sprechen hier von unseren Bemühungen, den Leuten etwas über die Selbstbestimmung zu erzählen und ihnen am Beispiel unserer eigenen Kinder klarzumachen, was es bedeutet, sich auf das Experiment der Selbstbestimmung einzulassen. Ein Buch über dieses Thema zu schreiben, ist ein weitaus bequemerer Weg, sein Wissen an den Mann zu bringen, als etwa seine Methode in Vorträgen darzulegen. Es ist viel einfacher, sein Gesicht zu wahren, wenn die Angriffe einem Buch gelten. Haß und Abwehrreaktionen treffen den Autor in der Regel nicht mit voller Gewalt, und es wird immer genügend Leute geben, die bereit sind, sich die Wahrheit aus den Zeilen eines Buches herauszusuchen und sogar um weitere Informationen zu bitten. Gewöhnlich begegnet man als Bücher- oder Artikelschreiber drei Arten von Lesern. Ein großer Teil der Leser liest das Buch und verwirft das Gelesene sofort; ein weiterer, ebenfalls großer Teil der Leser stimmt manchem zu, lehnt das Wichtige ab und nimmt das Unwichtige an, Worte bedeuten für sie nur das, was sie selbst in ihnen sehen möchten; ein dritter Teil endlich, für den das Buch eigentlich geschrieben wurde, begreift das Wesentliche sofort und betrachtet die Einzelheiten nur als Ergebnis einer richtigen oder falschen Anwendung des Wesentlichen. Denn auch Autoren, besonders solche, die Pionierarbeit leisten, neigen dazu, Fehler zu machen!

Vielleicht möchte der Leser wissen, wie wir beurteilen können, ob ein Besucher, der von uns eingeladen wurde, weil wir meinten, er könne von unserer und wir von seiner Gesellschaft profitieren, „reif" für die Selbstbestimmung ist. Es kann sich auch – was häufig vorkommt – um ein junges Ehepaar ohne Kinder handeln. Die Antwort ist, daß wir es aus seiner Haltung gegenüber *unserer* Beziehung zu den Kindern ablesen. Die Betonung liegt auf dem Wort „unserer". Man kann die Last, mit den Kindern auszukommen, nicht dem Besucher aufbürden. Unsere Kinder mögen auf Grund bestimmter Assoziationen einzelne Besucher nicht, sind ein andermal nicht in der Stimmung für Gesellschaft und lehnen einen dritten ab, weil er unfreiwillig und gezwungenermaßen ein Spiel vorzeitig unterbrochen hat. Doch im allgemeinen begrüßen sie Besucher mit Enthusiasmus. Wiederum ist die Scheu, die unsere Kinder – wenn auch selten – bei einigen Besuchern gezeigt haben, kein Zeichen unpassender Unsicherheit. Sogar Erwachsene müssen sich zusammennehmen, um einen guten Eindruck zu machen, wenn sie irgendwo eingeführt werden. Eine Bekanntschaft mit einer neuen Person erfordert in jedem Fall beträchtliche Energie und Mühe und ist bei einem sensitiven Kind mit hohen Erwartungen und Risiken verbunden. Der Besucher kann ein Geschenk mitgebracht haben oder auch nicht. Er kann ein Auto haben und sie zu einer Fahrt einladen. Er kann möglicherweise nur in der Erwachsenensprache reden und überhaupt eine Last sein, kalt und unzugänglich, oder er kann – noch schlimmer – einer jener verabscheuenswürdigen Typen sein, die meinen, es mache Kindern Spaß, zur Begrüßung in die Wange gekniffen oder durchgeschüttelt zu werden. Die Ablehnung, mit der Kinder solchen gefühllosen Vertraulichkeiten, solchen obszönen und gehemmten Versuchen von Zärtlichkeit begegnen, muß man miterlebt oder in seiner eigenen Kindheit selbst erlebt haben, wenn man ihre Tragweite ganz erfassen will. Man sollte nicht erwarten, daß der Besucher mit den eigenen Kindern auskommt oder diese mit ihm. Empfängt man denn selbst die ganz speziellen Freunde des Ehegatten immer mit offenen Armen? Der Unterschied besteht nur darin, daß wir gelernt haben, uns aus der Affäre zu ziehen und unsere Abneigung zu verbergen, während autonome Kinder solche gesellschaftlichen Manöver noch nicht so gut beherrschen.

Wir erkennen also zukünftige Freunde an ihrer Reaktion auf unser Verhältnis zu den Kindern. Ein Beispiel soll zeigen, was ich meine. Unsere Kinder schmiegen sich gern sanft und zärtlich an uns an, und ich selbst umarme sie besonders gern, wenn ich mich mit Leuten unterhalte. Es ist für mich gleichsam eine Versicherung, daß ich meine Zeit nicht verschwende. Ich trage Babies oft mit mir herum, und die Freude, das Baby in meinen Armen zu fühlen, zeigt sich immer sehr deutlich auf meinem Gesicht. Manche Besucher spotten darüber. Das ist nichts als ein Verteidigungsmechanismus, denn sie vertragen nicht, wenn jemand reines und tiefes Vergnügen empfindet. Andere ignorieren es oder versuchen, mir zu beweisen, daß Tragen schädlich ist, weil dadurch das Baby verwöhnt wird. Offene Zärtlichkeitsbeweise irritieren diese Leute. Es gibt aber auch Besucher, die unser Vergnügen teilen. Für sie, die das Gefühl der Zärtlichkeit nachempfinden können, ist natürlich die Selbstbestimmung am ehesten akzeptabel.

Als Junge wunderte ich mich stets über die Unterlegenheit des menschlichen Nachwuchses gegenüber jungen Tieren. Die Jungen von Hunden, sagte ich mir, von Katzen, Pferden, Schafen, Kühen, Kaninchen, Löwen, Tigern und Bären sind alle so anschmiegsam und süß. Bei menschlichen Babies dagegen konnte ich nichts dergleichen feststellen. Erst als ich mein eigenes Baby herumtrug und die Zärtlichkeit von ihm zu mir und von mir zu ihm überströmen spürte, merkte ich, daß meine Annahme falsch gewesen war. Als Gegenwahrheit basierte sie natürlich auf Fakten: Babies, wie ich sie sah, unberührbar und in weißes Leinen gewickelt, wurden nur angefaßt, um zu sehen, ob sie in die Windeln gemacht hatten, und nur von überspannten Frauen liebkost, die in gequältem Falsett sprachen. Ich hatte damals noch nicht die Wahrheit erfahren. Ich hatte noch niemals eine Mutter, geschweige denn einen Vater mit einem Baby so unsentimental umgehen sehen, wie man es mit jungen Hunden tut, die man gern hat. (Daß der Tierschutzverein nicht auch gleichzeitig ein Kinderschutzverein ist, ist Ausdruck für die gleiche Gegenwahrheit.) Man kann einwenden, daß junge Hunde niedlicher sind, daß Babies nicht ebenso süß auf unsicheren Beinen umhertapsen können wie sie. Wenn man die viel längere Wachstumsperiode beim Menschen berücksichtigt, dann kommt der Zeitabschnitt, in dem Babies ähnlich süß aussehen, in dem Alter, wenn sie zu krabbeln und zu laufen beginnen. Ericas erstaunliche Vorwärtsbewegungen in der Hockstellung zeigten auf bezaubernde Weise die Lockerheit ihrer Beckenmuskeln. Einige Leute sahen das, andere wiederum nicht. Besonders wenn unsere Kinder ein Bad nehmen, werden in uns Gefühle wach, wie man sie gegenüber jungen Hunden hegt. Leonora steigt als erste aus der Wanne, wickelt sich in ein Handtuch und läuft durch den langen Gang zum Ofen in der Halle, um sich zu trocknen. Als nächstes folgt Erica nach und als Höhepunkt dann Penny und Nicola, die hinter den beiden anderen herrennen, die Handtücher auf die gleiche Weise umgehängt wie die älteren Schwestern. Menschen, die das Auftauchen soviel bezaubernden jungen Lebens aus den Wellen des Bades nicht im Innersten rührt, werden sich wahrscheinlich auch dem Gedanken der Selbstbestimmung gegenüber wenig geneigt zeigen.

Liebevolle Handlungen sieht man zu Hause und auf der Straße recht selten. Wenn wir zwei Kinder erblicken, die sich voller Anteilnahme und Liebe umarmen, dann bewegt uns das irgendwie, denn in England trifft man nicht oft auf solche Zeichen von Zuneigung. So sind wir jedesmal tief berührt, wenn sich unsere Kinder umarmen, und suchen bei unserem Gast nach ähnlichen Reaktionen. Einige finden es niedlich oder auch spaßig – eine reine Verteidigungsreaktion, die mit Humor verbrämt wird. Andere übersehen es, trotz unseres offenkundigen Vergnügens. Andere wieder teilen unsere Freude. Das wird dann meist zum Ausgangspunkt einer Diskussion, warum diese Kinder zu einer so seltenen und doch so einfachen und einleuchtenden Handlung fähig sind.

Solche Erfahrungen und viele andere Begebenheiten aus dem täglichen Leben befähigen uns, darüber zu entscheiden, ob es Sinn hat oder nicht, mit jemandem über Selbstbestimmung zu sprechen. Ein Freund mag zum Beispiel ein großartiger Musiker sein, aber er kann unsere Kinder nicht ausstehen. Trotzdem zieht uns sein Charakter an – wegen seiner Toleranz und seines Verständnisses anderen gegenüber. In so einem Fall versuchen wir, sein Musizieren möglichst dann zu genießen, wenn die Kinder nicht in der Nähe sind. Auf diese Weise wird die Stimmung nicht verdorben. Uns ist klar, daß hier die Musik einen wertvollen Aspekt unserer Beziehung darstellt und daß diese Beziehung ausgebaut werden sollte. Wir gehen aber nicht das Risiko ein, unserem Freund die Prinzipien der Selbstbestimmung, die für ihn unverständlich, unwichtig oder unanwendbar ist, vorzubeten und ihn dadurch zu vertreiben. Das Wissen um Gegenwahrheiten wird uns diesen Freund erhalten, genauso wie uns das Wissen um die Wahrheit der Selbstbestimmung viele andere gewonnen hat, mit denen uns ein ehrliches und tiefempfundenes Verhältnis verbindet.

27. Kapitel
Wozu der ganze Aufwand?

„Wozu der ganze Aufwand, die ganze Mühe? Was unterscheidet die Selbstbestimmung von anderen Methoden, nach denen fortschrittliche Leute ihre Kinder erziehen?"

„Was man Gegenwahrheit nennt, das ist die Wirklichkeit. Und so wird es immer sein, man kann es nicht ändern. Warum also seine Kinder so erziehen, als ob die rauhe Wirklichkeit nicht existiere oder als ob man sie ändern könne? Wozu der Aufwand?"

Solche Fragen kann man oft hören. Sie sollen im Grunde nur andeuten, daß derjenige, der sie stellt, die Selbstbestimmung für eine künstlich geschaffene und überflüssige Modeerscheinung hält. Sie zehren an unserer Kraft und verwirren uns besonders in Augenblicken der Schwäche, wenn Unterstützung so dringend nötig ist. Tatsächlich erhalten wir selten Unterstützung. Verwandte und Bekannte, die unsere Methode ablehnen oder ihr mißtrauen, sind in der Überzahl. Sie stellen mit Vorliebe solche anzüglichen Fragen oder deuten sie zumindest an. Darum erscheint es uns nützlich, hier schriftlich klare Antworten zu formulieren, die einem in Augenblicken der Unsicherheit zustatten kommen.

Die bündige, intellektuelle Erwiderung auf die erste Frage lautet: Selbstbestimmung liefert neue Richtlinien für die Erziehung. Daß diese auch von den „normalen, progressiven" Eltern benötigt und gewünscht werden, haben wir schon angedeutet. Die „Fortschrittlichen" wählten die Psychoanalyse als Grundlage ihrer Überlegungen. Wir haben genügend Mängel in den Theorien der Psychoanalyse aufgedeckt, um jedem klarzumachen, daß diese Leute sich in genau dem gleichen Dilemma von unaufhebbaren Widersprüchen befinden wie andere, die sich nicht als fortschrittlich bezeichnen. Die Richtlinien für die Erziehung, die die Psychoanalyse aufstellte, führen zu keinem Erfolg. Den endgültigen Beweis dafür erbrachte eine Untersuchung, die 1956 in dem gelehrten Werk „Mental Health and Mental Disorder" (Hg. A. Rose u. a.) in London veröffentlicht wurde. Aus einer großen Anzahl von Kindern wurde eine Gruppe nach den von den Psychoanalytikern als richtig hingestellten Kriterien aufgezogen. Sie wurden an der Brust gestillt. Das Sauberkeitstraining setzte relativ spät ein. Wenn sie in die Hose machten, wurden sie nicht bestraft, und sie durften während des ersten Lebensjahres bei der Mutter schlafen. Bei einer anderen Gruppe wurden diese Methoden nicht angewendet. Um den Erfolg der beiden verschiedenen Erziehungsmethoden beurteilen zu können, beobachtete man, wie häufig gewisse Zeichen von Unsicherheit und Unausgeglichenheit in jeder Gruppe auftraten. Die Untersuchung ergab fast keine statistisch signifikanten Unterschiede zwischen den Gruppen.

Die klinische Erfahrung zeigt, daß die Vorhersagen der Psychoanalytiker manchmal tatsächlich eintreten, das heißt, daß bestimmte Ereignisse oder Verhaltensweisen tatsächlich die auf Grund der psychoanalytischen Theorien erwarteten Auswirkungen zeigen. Die Psychoanalyse hat jedoch versäumt, genaue Angaben zu machen, *wann* ihre Theorien anwendbar sind und *warum*. Der Vorteil der Selbstbestimmung liegt darin, daß sie uns diese Informationen gibt. Man betrachte zum Beispiel das Bruststillen: Wir wissen, daß die Wirksamkeit des Stillens von dem Energiefluß zwischen Mutter und Kind abhängt. Der „normale" Vorgang des Stillens als solcher ist dabei – und damit stehen wir im Gegensatz zur Auffassung der Psychoanalytiker – nicht das eigentlich Wesentliche ... statt Liebe kann das Kind mit der Milch nämlich auch Haß einsaugen, um es ganz einfach auszudrücken. Wenn aber Liebe zwischen Mutter und Kind fließt, dann haben die Psychoanalytiker sofort recht, dann ist das Bruststillen günstiger als das Füttern mit der Flasche. Erst die Selbstbestimmung liefert eine Antwort auf die Frage, warum das Bruststillen in einigen Fällen empfehlenswert ist, in anderen nicht. Diese qualitativen Unterschiede beruhen auf der Lebensenergie. Die Lebensenergie, von Wilhelm Reich entdeckt und beschrieben, ist ein grundlegendes Konzept in Theorie und Praxis der Selbstbestimmung.

Was für das Stillen zutrifft, gilt auch für andere Bereiche. Wenn Eltern ihr Kind schlagen, also körperlich züchtigen, so bedeutet das unter Umständen nichts anderes, als daß sie die Geduld verloren haben. Das ist nicht weiter schlimm. Schlimm wird es für das Kind erst, wenn das Schlagen von Moralpredigten begleitet ist und Schuldgefühle weckt. Ein Kind, das in einer sexbejahenden Familie aufwächst, braucht nicht unbedingt aufgeklärt zu werden. Ein Kind, das früh an den Topf gewöhnt wird, muß nicht in jedem Fall anale Komplexe entwickeln. Man muß dabei nur völlig entspannt und liebevoll mit ihm umgehen und darf keine anderen Motive haben als vernünftige, ehrliche und triftige Gründe. Masturbation kann zu gewissen Zeiten ohne Schaden für das Kind unterbrochen werden. Entscheidend ist allein, welche Gefühle die Eltern dazu veranlassen und welche Gefühle beim Kind ausgelöst werden, also wie es um den Energiefluß zwischen Eltern und Kind bestellt ist. Es kann sogar ein intensives negatives Erlebnis für das Kind sein, wenn die Eltern es beim Masturbieren gewähren lassen, sich aber gleichzeitig in ihren Gefühlen verletzt zeigen und dem Kind vorsätzlich ihre Liebe entziehen, um auf diese Weise indirekt eine belehrende Wirkung zu erzielen. Ein solches Verhalten ist dem Kind weitaus abträglicher als ein kurzer, harter Klaps auf die Finger und eine ruhige, liebevolle Erklärung im nachhinein. Sexualaufklärung durch Eltern, die vor den dabei auftretenden Gefühlen Angst haben, kann sich viel ungünstiger auswirken als gar keine Aufklärung. Eltern, die eine Abneigung gegen Kot haben, sich aber jahrelang zwingen, dagegen anzugehen, weil sie nicht zu früh mit dem Sauberkeitstraining anfangen wollen, können mit ihrem unterdrückten Widerwillen dem Kind mehr schaden, als wenn sie es behutsam und nachsichtig an den Topf gewöhnen. Es gibt noch zahlreiche ähnliche Beispiele. Hat man erst einmal den energischen Charakter der Gefühlsbindungen erkannt und gelernt, oberflächlichen Gefühlen zu mißtrauen, dann wird es möglich, sich durch die verwirrenden Aussagen der Psychoanalytiker einen Weg zu bahnen, und all die scheinbaren Widersprüche lösen sich schließlich in Nichts auf.

Die in der Untersuchung des oben genannten Buches gesammelten Informationen betreffen nur das offen zutage Liegende. Die Untersuchung liefert reine Fakten, bloße Ja- oder Nein-Antworten. Die hinter den Antworten liegenden Probleme werden nicht berücksichtigt. Die Selbstbestimmung dagegen gewährt tiefere Einsichten. So ist es durchaus verständlich, daß irgendwelche Untersuchungsergebnisse die Psychoanalyse als oberflächlich entlarven. Sie widerlegen keineswegs die Theorie der Selbstbestimmung.

Wenn jemand, der die üblichen progressiven Ansichten vertritt, mit dem psychoanalytischen Rezept ein Fiasko erleidet und dem Rezept – und nicht dem Koch – die Schuld gibt, so ist es sehr wahrscheinlich, daß er zu disziplinären Erziehungsmethoden zurückkehrt. Viele haben das getan. Er wird sich den altbewährten Methoden nicht etwa zuwenden, weil er sie auf jeden Fall und überall für richtig hält, sondern weil sie die einzige Alternative zu seinem vergeblichen Versuch mit der freiheitlichen Methode darstellt. Und da er nicht mit der Gegenwahrheit vertraut ist, wird er *seinen* Fehler auch als unvermeidbar für alle anderen betrachten. Die theoretische Grundlage ist hier sehr wichtig und die Kenntnis von Wilhelm Reichs Arbeiten auf diesem Gebiet als Ergänzung für die Selbstbestimmung unter wechselnden Bedingungen unbedingt erforderlich. Wenn man diese Arbeiten in den größeren Zusammenhang der Selbstbestimmung stellt, erkennt man erst ihre wahre Bedeutung.

Die zweite Frage, mit der wir dieses Kapitel begannen, lautet eigentlich: „Warum die Welt ändern, wenn es unmöglich ist?" Sie ist mit ihren versteckten Anspielungen viel zu allgemein gehalten, um eine Antwort in der einen oder anderen Richtung geben zu können, die durch eindeutige Beweise abgesichert wäre. Aber da die Dinge so stehen, daß bald nur noch radioaktive Trümmer existieren werden, wenn wir diese Welt nicht ändern, scheint das einzig Vernünftige die Annahme zu sein, daß die Welt und die Menschen in ihr veränderbar sind, genauso wie wir uns selbst und unsere Umgebung verändern können. Das klingt zwar optimistisch, bedeutet jedoch nicht, daß wir die Augen vor der Erkenntnis verschließen, wie wenig zwei von zwei Milliarden Menschen auf der Welt wirklich erreichen können.

Man kann dem bedrückenden Gefühl der völligen Bedeutungslosigkeit, das einen angesichts dieser Aufgabe befällt, nur entgehen, wenn man das Leben und die Erziehung seiner Kinder sowohl als Selbstzweck als auch als Mittel zum Zweck ansieht. Das glücklichere Leben, das die Selbstbestimmung unseren Kindern bis heute ermöglicht hat, ist ein bleibender Wert, selbst wenn in diesem Augenblick die Wasserstoffbombe explodieren würde. Es ist Selbstzweck. So werden auch diese gerade geschriebenen Zeilen, selbst wenn sie sich in Nichts auflösten anstatt in Druckbuchstaben auf weißem Papier zu erscheinen, Teil unseres erfüllten Lebens gewesen sein und ihren Sinn in sich selbst gehabt haben. Darüber hinaus aber können alle diese als Selbstzweck verstandenen Handlungen auch Mittel zu einem höheren Zweck sein. Eine glückliche Kindheit ist so gesehen Selbstzweck und Mittel zum Zweck, und ob wir damit die Welt besser machen können, wie wir hoffen und glauben, ist angesichts dieser gesunden, erfüllten Kindheit ohne Bedeutung.

Wir vertreten natürlich unsere Ansichten zur Selbstbestimmung nicht nur, weil sie das Leben unserer Kinder gesünder und glücklicher machen, sondern weil es ganz einfach in der Natur des Erwachsenen liegt, seine Energien für die Erhaltung und Förderung der Gesundheit um ihn herum nach Kräften einzusetzen. Darin sind wir Opportunisten. Wir glauben, daß Opportunismus zum Wesen der Natur gehört. Die Bohne trauert nicht, weil keine Stange da ist, sondern rankt sich an allem hoch, das sie gerade finden kann. So grämen auch wir uns nicht über das, was wir leider *nicht* für die zwei Milliarden tun können, sondern halten voller Opportunismus nach Gelegenheiten Ausschau, um das Leben einiger Leute und unser eigenes Leben zu erleichtern. Gelegentliche Enttäuschungen verstärken nur unseren opportunistischen Drang. Dieser Opportunismus hat nicht die negative Bedeutung, den das Wort heute angenommen hat. Jede gesunde und normale Beziehung muß Vorteile für beide Seiten bieten. Mit Selbstsucht oder Egoismus hat Opportunismus in diesem Zusammenhang nichts zu tun. Auf der anderen Seite sollte man ihn auch nicht mit Altruismus, Menschenliebe oder Gutmütigkeit verwechseln. Menschen, die ständig danach streben, Märtyrer zu sein oder zu geben, ohne jemals zu empfangen, sind für uns keine Opportunisten. Beide Einstellungen sind ungesund. Eine echte soziale Beziehung befriedigt, wie die Realität des Energieflusses zeigt, beide Seiten. Das gilt auch für Eltern und Kinder.

In aktiver Hoffnung zu leben, alles zu tun, was der Verwirklichung dieser Hoffnung dient, und alles zu unterstützen, was in uns gesund ist, das ist der wahre Opportunismus. Die auf diesem Gebiet verpaßten Gelegenheiten sind ein Symptom für die Krankheit des einzelnen und der Gesellschaft.

Deshalb wollen wir mit einem Beispiel für diesen Opportunismus schließen, der ja auch das Leitmotiv in all den vorherigen Kapiteln war.

Es war der Tag, an dem ich immer drucke. Mit der elektrischen Verfielfältigungsmaschine ziehe ich die Kopien unserer zweimal im Monat erscheinenden Zeitschrift ab. Ich mache das alles an einem Tag, gewöhnlich am Wochenende. Da gerade Ferien waren, befanden sich alle vier Töchter im Hause. Da gibt es immer zwei Möglichkeiten: Entweder bleiben sie dem Raum, in dem ich arbeite, fern, oder sie kommen herein und helfen mit. Und hier nun kommt der Opportunismus ins Spiel. Ich hatte häufig, wenn ich auf dem Gebiet der Architektur oder der Forschung arbeite oder während des Schreibens und Druckens die Kinder bei mir im Zimmer. Furchtsamen Respekt vor dem Arbeitsraum des Vaters gab es nicht. Der *funktionale* Respekt der Kinder vor meinem Eigentum reichte völlig aus, um einerseits das Vergnügen der Kinder an der Benutzung meines Arbeitsraumes nicht zu stören, andererseits die in Reichweite der Kinder befindlichen Dinge vor Zerstörung zu bewahren. Nichts von Wert wurde jemals in Unordnung gebracht oder vernichtet, gleichgültig, ob ich anwesend war oder nicht. Im Hinblick auf die Arbeit war es allerdings nicht ganz so einfach. Die Forderungen der Kinder, besonders wenn sie noch ein wenig unsicher sind, stören die Konzentration. Aber die Freude, die ich beim Kontakt mit den Kindern empfinde, und der Vorteil, den meine Töchter davon haben, mich bei der Arbeit beobachten zu können, gleichen den Ärger, das Geschrei und die gelegentlichen

Zornesausbrüche aus. Ich weigere mich, meinen Arbeitsraum für die Kinder zu sperren. Manchmal allerdings verlangen es die Umstände, und dann respektieren die Kinder das Verbot ohne Murren.

Ebenso vermeide ich, mehr als nötig außerhalb des Hauses zu arbeiten. Was sind schon die Störungen und das Geheul, das ihre kleinen Unfälle begleitet und das mich zur Hilfe ruft, gegen die Freude, die ich empfinde, wenn ich sie im Garten spielen sehe oder wenn sie mich ab und zu in meinem Zimmer besuchen.

Oft erkennen die Kinder von selbst, wann man mich am besten allein läßt. Sie wissen, daß es in dem Augenblick woanders weit lustiger ist, und verschwinden schleunigst. Da ich seltener im Arbeitsraum bin als Jean in der Küche und da der Arbeitsraum auf der Sonnenseite der Wohnung liegt, zieht er sie besonders stark an. Ich habe dort viele Sachen, mit denen sie sich gerne beschäftigen und die große Anziehungskraft ausstrahlen. Väter, die lieber ungestört arbeiten, sollten bei ihren Kindern nie den Eindruck erwecken, daß sich im Arbeitszimmer attraktive, aufregende Dinge befinden.

Bei mir gibt es kleine Zeichentische und riesige Papierbögen. Das Abziehen fasziniert meine Kinder besonders: jedes Kind sucht sich dann beim Spielen irgendeinen Gegenstand, z. B. den Ofen oder den Drehstuhl, als Kopiermaschine aus.

Und so stehen die vier da, nachdem sie mir einen Augenblick Ruhe zur Konzentration auf die komplizierten Vorgänge und auf meinen Arbeitsplan gelassen haben, und warten auf den ersten Bogen, der aus der Maschine kommt. Sie benutzen die Fehldrucke und spielen stundenlang, ohne mir allzu sehr im Weg zu stehen. Es setzt mich immer wieder in Erstaunen, wie häufig die Kinder mich fragen, ob sie ein bestimmtes Stück Papier nehmen dürfen. Sie haben es sich angewöhnt, nachdem ich sie darum gebeten hatte. Nun fragen sie mich sogar nach einem Stück Papier aus ihren eigenen Schubläden, wenn es so aussieht, als sei es eins von meinen.

Je weiter die Arbeit vorankommt, desto knapper wird der freie Raum: Packpapier, fertige Sachen, Probeabzüge, Matrizen, Farbtuben und Abfall liegen herum, auch auf dem Boden. Doch der Spaß, den ich an den Kindern habe (obwohl ich gelegentlich ein oder zwei Abzüge verderbe, weil meine Aufmerksamkeit abgelenkt wird), macht die Druckarbeit abwechslungsreicher und lebhafter, als wenn ich sie rein mechanisch und nur auf höchste Effektivität bedacht durchführen würde. Natürlich ist Effektivität notwendig, und sie wird auch erzielt. Das erfordert weit mehr Energie, als wenn keine Kinder da wären. Aber ein volles Leben verlangt eben auch vollen Energieeinsatz. Manchmal wünsche ich mir allerdings, die Kinder würden verschwinden. Wenn alles schiefgeht, wenn die Schwierigkeiten sich häufen, dann sage ich ihnen, daß sie rausgehen sollen. Manchmal nützt es, manchmal verschlimmert sich dadurch die Situation – es kommt ganz auf unsere Stimmung an. Aber ob sie nun gehen oder nicht, die Kinder lernen, Leute in den kritischen Augenblicken und in Augenblicken, in denen sie sich konzentrieren müssen, nicht zu stören. Sie haben etwas übers Vervielfältigen und Korrekturlesen erfahren und auch darüber, daß Leute mißmutig werden, wenn etwas schiefgeht. Und wenn sie oder ich genug von unserem Zusammensein haben, dann verschwinden sie. Was für eine Erleichterung! Plötzlich braucht man viel weniger Energie, und die Konzentration fällt einem ganz leicht. Aber schon nach kurzer Zeit vermisse ich sie, besonders wenn ich sie ausgelassen draußen herumtoben sehe oder höre.

So, das wär's. Diese Beschreibung soll lediglich einen Anhaltspunkt liefern. Nur wer selbst Erfahrungen gesammelt hat und nicht nur die Erfahrungen anderer kennt, kann wirklich nachvollziehen, worüber wir sprechen.

Das Verhältnis zwischen Eltern und Kindern spiegelt die Gefühle wider, die sie füreinander empfinden. Das weiche Händchen Pennys oder Nicolas, das mein Gesicht streichelt, ihr zärtlich gemurmeltes „lieber Papi", Ericas fragend hochgezogene Augenbrauen und ihr süßer Mund, Leonoras Phantasiereichtum, all dies und noch viele andere spontane Äußerungen und angenehme Wesenszüge rühren uns so tief, weil sie zu unseren Kindern gehören. Unseren Kindern, die wiederum uns zugetan sind.

Unser Experiment begann mit einem Dilemma. Wir wenden die Theorie der Selbstbestimmung an, weil sie dieses Dilemma offenlegt und definiert. Wir erkennen, daß wir in der gegenwärtigen Übergangsphase keine Idealisten sein können und dürfen. Wenn wir nur ein kleines Stückchen auf dem Weg zu einem besseren Leben vorankommen, war unsere Mühe nicht umsonst. Und so spannen wir unsere Kräfte und die unserer Kinder in gemeinsamer Anstrengung an, um diesen winzigen Schritt zu tun. Wir versicherten Leonora, als sie zwei Jahre und neun Monate alt war, daß wir sie lieb hätten, selbst wenn wir ärgerlich würden. Sie antwortete: „Ich hab euch auch lieb, selbst wenn ihr ärgerlich seid." Ja, selbst ein sehr kleines Kind kann seinen Eltern aktiv helfen, ihre Führungsrolle besser zu erfüllen. „Ich bin nicht so groß wie ihr, vergeßt das nicht", sagte Leonora mit tiefem Ernst in etwa dem gleichen Alter. Und wir hatten es tatsächlich vergessen.

Kapitel 28
Selbstbestimmung und Psychoanalyse

Die Psychoanalyse forderte zuerst Freiheit für das Kind, später brachte sie Gründe vor, die dagegen sprachen. Ein Vergleich des Selbstbestimmungsprinzips mit der derzeitigen Ansicht der Psychoanalytiker über Kindererziehung ist sehr aufschlußreich. Es ist für uns auch wichtig, unsere Position im Verhältnis zu anderen Ansichten und Theorien über Erziehung klar zu bestimmen.

Es hat sich gezeigt, daß viele Erkenntnisse, die die Psychoanalyse seit ihrer Begründung durch Freud hervorgebracht hat, nur für den begrenzten von der abendländischen Kultur geprägten Bereich Westeuropas gültig sind. Freud glaubte, der Ödipuskomplex sei universell, doch die Anthropologen konnten zeigen, daß er nur in bestimmten Kulturen auftritt. Auch andere psychoanalytische Lehrmeinungen haben begrenzte Gültigkeit. Wir werden uns mit den Ansichten von Melanie Klein, Ella Freeman Sharpe, Susan Isaacs und anderer Entwicklungspsychologen besonders befassen. Von Selbstbestimmung sprechen heißt über einen idealen Zustand reden und nicht über das sogenannte normale Verhalten, das die Gesellschaft im allgemeinen zeigt. Die psychoanalytischen Theorien gelten nur für die gerade bestehenden Verhältnisse, die für die Selbstbestimmung keine Rolle spielen, so daß die Ansichten der Psychoanalyse keine Gültigkeit für die Selbstbestimmung haben können. Diese Tatsache wird von den Analytikern oft genug übersehen.

Wir haben schon erwähnt, daß viele Erkenntnisse der Psychoanalyse kulturspezifisch sind, daß sie nur für bestimmte Kulturen überhaupt Gültigkeit haben. Darüber hinaus aber sind sie auch innerhalb einer Kultur nicht unverändert gültig. Ihre Bedeutung und Anwendbarkeit liegt darin, daß sie das, was war, und auch das, was voraussichtlich sein wird, erklären helfen. Und wahrscheinlich werden sie noch lange ihre Gültigkeit behalten, trotz unseres Strebens nach Selbstbestimmung.

Es ist also durchaus wichtig, die Thesen der Psychoanalyse zu kennen. Andererseits ist es notwendig, die allgemeine Gültigkeit der psychoanalytischen Ansichten in Frage zu stellen. Schon die wenigen Erfahrungen, die wir mit der Selbstbestimmungsmethode sammeln konnten, haben manchen Beweis für die begrenzte Gültigkeit der Psychoanalyse erbracht.

Es gibt Eltern, die erkennen, daß es sich lohnt, von den Kindern zu lernen und die Umwelt ihnen anzupassen, und zwar nicht so weit, wie es erforderlich wäre, sondern so weit, wie es möglich ist.

Das gilt besonders für Eltern, die sich zur autonomen Erziehung bekennen. Kinder können uns dank ihrer Spontaneität und ihrer kindlichen Offenheit ein ganz ausgezeichnetes Vorbild sein. Daraus resultiert, daß der Ansatzpunkt der Erziehung, wie ihn die Psychoanalyse formuliert hat, falsch ist. Das folgende Zitat stammt, wie alle in diesem Kapitel, aus der Anthologie „On the Bringing up of Children" („Über die Kindererziehung"), die von John Rickman herausgegeben wurde.

„Es fällt nicht schwer, einzusehen, daß wir in eine festgefügte menschliche Gemeinschaft hineingeboren werden. In diese Gemeinschaft müssen wir hineinwachsen und ihr müssen wir uns anpassen, wenn wir nicht geächtet oder ins Gefängnis gesteckt werden wollen. Schon in der ersten Gemeinschaft, zu der das Kind nach der Geburt gehört, der Familie, gibt es feste Verhaltensmuster, an denen sich das Kind orientieren muß" (S. 2, Ella Freeman Sharpe).

Nur für den, der überzeugt ist, daß die bestehende „festgefügte menschliche Gemeinschaft" und die Familie in ihrer derzeitigen Form wert sind weiterzubestehen, ist diese Aussage sinnvoll. Wir sind davon nicht überzeugt, und das ist der eigentliche Grund, weshalb wir nach neuen Wegen in der Kindererziehung suchen. Es gibt Methoden, unangepaßt zu leben, die nicht ins Gefängnis führen. Deshalb scheint es uns viel vernünftiger, zu untersuchen, welche Bedeutung eine mögliche Änderung der Gesellschaft und der Familie, das heißt eine Anpassung dieser Institutionen an die Bedürfnisse der Kinder hat.

Darin liegt der hauptsächliche Unterschied zwischen einer großen Anzahl von Psychoanalytikern und den wenigen, die die Möglichkeiten der Selbstbestimmung erkannt haben. Die meisten Psychoanalytiker gründen ihre Ansichten sowohl auf normale als auch auf therapeutische Fälle. Sie sehen die Hilflosigkeit der Säuglinge, die Ungezogenheit und Grausamkeit der Kinder, den Mangel an Kooperationsbereitschaft bei den Erwachsenen, in vielen Fällen sogar die Therapie und das große Unheil der Kriege als negative Gegebenheit an, die unvermeidlich sind. Dann werden Theorien entworfen, diese Gegebenheiten zu erklären. Freud entwickelte zu diesem Zweck die Theorie des Todestriebes. In neuerer Zeit haben soziologisch orientierte Analytiker die Behauptung aufgestellt, Einschränkungen des Kindes in der Erziehung seien in allen Gesellschaften notwendig. Diese Restriktionen führen dann dazu, daß das Kind Haß gegenüber seiner Mutter empfindet, einen Haß, der nicht ausgelebt werden kann und unweigerlich zu einem Konflikt führt. Denn das Kind empfindet sowohl Haß als auch Liebe für die Menschen, von denen es abhängig ist, für seine Mutter und für die Gesellschaft. Das nennen die Neofreudianer Ambivalenz. Sie sehen sie als primär und unvermeidlich an. Erwachsenwerden bedeutet in ihren Augen die mehr oder weniger geglückte Anpassung an diesen Haß gegenüber der Mutter und der Gesellschaft. Einer Gesellschaft, die – wie selbst die Psychoanalytiker zugeben – unberechenbar, grausam und krank sei.

In den Augen derer, die die Selbstbestimmung befürworten, sind hingegen nur die Liebe und die Sexualität primäre Bedürfnisse. Nach ihrer Ansicht können die Restriktionen so weit abgebaut werden, daß die Kinder ohne Haß gegen die Eltern und die Gesellschaft aufwachsen. Sie sind weiterhin der Ansicht, daß das Erwachsenwerden ein schöpferischer Vorgang ist, der leicht und mit gutem Erfolg auch die Stadien überwindet, die in unserer heutigen Gesellschaft als besonders problematisch angesehen werden – ich denke da etwa an die Phase der Entwöhnung oder an die Pubertät. Dafür möchte ich ein Beispiel geben. Die Ansicht, daß die Entwöhnung als negativ anzusehen sei, da das Kind dabei seiner Mutter entfremdet werde, ist sehr einseitig. Man vergißt die schöpferische Freude des Kindes darüber, daß es ein selbständiger Mensch wird. Diesen Aspekt stellt die Theorie der autonomen Erziehung in Rechnung. Die Knospe verwandelt sich ohne Hilfe des Gärtners in eine Blüte. Ganz ähnlich verhält es sich mit dem Entwöhnungsprozeß. Er ist ein spontaner Vorgang, der eigentlich völlig unproblematisch ist. Erst die Gesellschaft macht ihn zum Problem.

Mit Hilfe von Zitaten aus dem obenerwähnten Buch möchten wir in einiger Ausführlichkeit zeigen, wie sich die unterschiedlichen Ansichten der beiden Theorien auswirken. Es erscheint uns durchaus nützlich, einige Mühe darauf zu verwenden, denn in letzter Zeit hat sich die Meinung festgesetzt, die Idee der Freiheit in der Erziehung, die Neill, Bertrand und Dora Russell vor etwa 30 Jahren aufbrachten, könne als „widerlegt" angesehen werden. Es waren die Psychoanalytiker, die den Kampf gegen die Idee der Freiheit für Kinder anführten. Ihre Argumente waren stichhaltig, aber sie trafen nicht auf alle Fälle zu. Sie hatten gute Gründe, die freiheitliche Methode in manchen Familien als undurchführbar oder nicht ratsam anzusehen – vielleicht sogar in der Mehrzahl der Familien. Aber in einer Zeit größerer Veränderungen ist es oft nur eine Minderheit, die auf dem richtigen Weg ist und die sich letzten Endes durchsetzt. Deshalb sind die Ratschläge, die nur die bestehenden Verhältnisse zugrunde legen, so gefährlich und irreführend. Sie lassen das, was sein könnte, außer acht.

Weder Bertrand und Dora Russell und A. S. Neill, noch die anderen, die sich vor ihnen schon für die Freiheit des Kindes eingesetzt haben, wußten genau, wie stark die Emotionalität der Eltern und Lehrer, von denen sie diese Freiheit forderten, gestört war. Sie forderten von Menschen, die dazu gefühlsmäßig gar nicht in der Lage waren, das Zugeständnis der Freiheit und den Umgang mit ihr. Das mußte einfach schiefgehen und die Idee der Freiheit für Kinder in Mißkredit bringen. Wenn Menschen, die sich ihrer Gefühle nicht ganz sicher sind, ihren Kindern Freiheit geben wollen, gestatten sie ihnen in Wirklichkeit Zügellosigkeit. Manchmal wollen sie auch ihre eigenen schlechten Kindheitserfahrungen kompensieren, wobei ihre freiheitliche Erziehung zur Farce wird. In diesen Fällen scheuen sich die Eltern auch, auf ihren eigenen Rechten zu bestehen, oder sie sind dazu gar nicht in der Lage. Das typische Ergebnis ist in all diesen Fällen das völlig verzogene Kind.

Genauere Aufschlüsse darüber, welche Rolle der Charakter des Erwachsenen in der Kindererziehung spielt, brachten erst die Arbeiten Wilhelm Reichs. Sie ermöglichten es uns, verantwortungsbewußt und sinnvoll für die neue pädagogische Einstellung einzutreten. Es muß auf jeden Fall vorausgesetzt werden, daß der Erwachsene seinen Charakter kennt. Für die Erziehung ist die Eltern–Kind-Beziehung von großer Bedeutung. Darum ist es auch keineswegs absonderlich, zu behaupten, daß das, was angestrebt werden soll, und das, was erreicht werden soll, von den Fähigkeiten eines wesentlichen Faktors dieser Beziehung, nämlich der Eltern, abhängt.

Summerhill, Neills Schule der autonomen Erziehung, ist keineswegs als Fehlschlag anzusehen. Sie war ein Erfolg all die 30 vertrackten Jahre lang, die sie schon existiert, und das trotz der unzähligen Anfeindungen und der enormen Schwierigkeiten. Die psychoanalytische Auffassung von der Ambivalenz der Gefühle wurde dabei eindeutig widerlegt. Es ist Reich mit kasuistischem Material und einigen anderen Analytikern mit ausgeklügelten Experimenten gelungen, zu zeigen, daß der Sexualtrieb, den Freud Libido nannte, der einzige primäre Trieb ist. Jede aggressive Regung ist sekundär und kann vermieden bzw. in einer Therapie ausagiert werden. Schon 1935 hatte Ian Suttie, ein Schotte, diese Möglichkeit in seinem brillanten Buch „Der Ursprung von Liebe und Haß" hervorgehoben. Aber die Ansichten der Neill-Gegner waren nicht so anspruchsvoll, sie waren leichter eingängig und erlangten mehr Publizität. So kam es zu der unbewiesenen Behauptung, das Streben nach Freiheit sei zum guten Teil reine Augenwischerei.

In der bereits erwähnten Anthologie findet man ein gutes Beispiel dafür, wie die Behauptung, Neills Schule sei ein Fehlschlag, ohne Beweise, ohne einen Schimmer von Plausibilität aufgestellt wurde. Und dieses Buch hatte ohne Zweifel großen Einfluß und trug wesentlich dazu bei, das Gerücht, „freiheitliche" Kindererziehung sei ein falsches Konzept, nicht wert, weiter beachtet zu werden, am Leben zu erhalten und zu verbreiten.

Ella Sharpe schreibt:

„Von Zeit zu Zeit werden neue revolutionäre Methoden der Kindererziehung angepriesen. Die absolut ‚freie' Schule, in der die Kinder ungehindert ‚machen konnten, was sie wollten', war eine solche Revolution. Im Zuge der Auflehnung gegen unbedingten Gehorsam und Repression, die die Menschen hindern, sich zu entfalten, begrüßten die Eltern solche ‚freien' Schulen als Rettung ihrer Kinder und als Boten eines neuen Zeitalters. Zwar war das Alte falsch, aber das Neue war darum nicht richtig. Es handelte sich nur um ein Ausschwingen des Pendels in die andere Richtung" (S. 8).

Heute wissen wir, daß man den Kindern nur dann mehr Freiheit geben kann, wenn die Erwachsenen, die sich um das Kind kümmern, über außergewöhnliche Kraft verfügen. Und das in einer leblosen, kranken Gesellschaft voller Irrtümer und Mängel.

Trotz ihrer Libido-Theorie scheinen die Psychoanalytiker zu vergessen, daß das Kleinkind von Anfang an in einem schöpferischen Prozeß steht, der unserer Kultur und ihren Anforderungen entsprechend modifiziert wird. Als das Wichtigste sehen sie den Konflikt zwischen Liebe und Haß an, die Ambivalenz. Das führt zu der negativen Auffassung, viele Gegebenheiten, mit denen wir zu kämpfen haben, seien ausschließlich durch einen Konflikt verursacht. Wenn wir uns jedoch einige dieser angeblich grundlegenden, ausschlaggebenden und unvermeidlichen Konflikte näher ansehen, so erkennen wir, wie sie vermieden werden können. Wir wollen einmal überlegen, in welcher Position der Vater ist.

Susan Isaacs schreibt:

„Die ersten Beziehungen des Kindes zu seiner Mutter und zu seinem Vater sind sehr kompliziert. Anfangs besteht die Welt des Kindes natürlich hauptsächlich aus der Mutter. Aber schon in der zweiten Hälfte des ersten Lebensjahres und ganz besonders vom zweiten bis vierten Lebensjahr an zeigt das Kind auch für den Vater Interesse und versucht, von ihm Liebe zu erhalten. Diese Hinwendung zum Vater geschieht jedoch nicht allein um seiner selbst willen. Damit verhält es sich vielmehr folgendermaßen. Die Mutter war notwendigerweise die Ursache für die erste Frustration . . . und so auch das erste Ziel der Wut. Das Kind wendet sich darum bis zu einem gewissen Grad von ihr ab und gleichzeitig seinem Vater zu, der ihm ja noch keine Enttäuschung und Frustration bereitet hat und demnach auch noch nicht das Ziel seines Ärgers war“ (S. 180).

Das mag in einigen Fällen zutreffen. Aber es ist auch möglich, daß der Vater das Kind gleich von Anfang an in den Arm nimmt, es trockenlegt und ihm die Flasche gibt. In den ersten Wochen vielleicht sogar mehr als die Mutter, denn er ist kräfiger, und es fällt ihm leichter, mit dem Kind auf dem Arm auf und ab zu gehen und dem Kind die Behaglichkeit und den Rhythmus zu vermitteln, den wiegende Arme geben können. Für solche Fälle träfe die oben gegebene Erklärung, warum sich das Kind dem Vater zuwendet, nicht zu. Also müßte auch der Konflikt ausbleiben.

Bezüglich der Entwöhnung nehmen die Psychoanalytiker an, daß das Kind gar kein Verlangen habe, zu fester Nahrung überzugehen. Wenn es dürfte, so sagen sie, würde es an der Brust saugen, bis ... nun, die Analytiker allein wissen die Antwort. Und nicht immer folgt dem Kind ein jüngeres Baby nach, das den Platz bei der Mutter beansprucht. Das kann also auch nicht das Kriterium sein.

Melanie Klein schreibt:

„Der kritische Punkt in der jeweiligen Entwöhnung ist erreicht, wenn der Verlust vollständig, das heißt die Brust oder die Flasche unwiderruflich dahin ist“ (S. 41).

Und Ella Sharpe droht:

„Früher oder später müssen die Eltern und das Kind einsehen, daß die Zeit der Brust- oder Flaschenfütterung vorbei ist und daß seine Majestät das Baby abdanken muß“ (S. 21).

Das mag in gewisser Weise für das durchschnittliche und unsichere Kind zutreffen. Es gilt aber keineswegs für das gesunde, sichere Baby, das von sich aus Gefallen an Neuem findet. Dieses Kind gibt das Saugen allmählich und ganz von selbst auf. Es trinkt immer weniger aus der Brust und weist schließlich beides zurück: die Brust und die Flasche.

Nach Melanie Klein könnte dieser Fall nie eintreten.

„Die Mutterbrust gibt ... entweder volle Befriedigung oder gar keine ...“ (S. 32).

„Zunächst ist die Brust der Mutter das Ziel anhaltenden Verlangens ...“ (S. 33).

Eltern, die Selbstbestimmung praktizieren, haben festgestellt, daß es keinen Grund gibt, dem Kind die Brust zu verweigern, wenn es sie wünscht. Das stimmt mit der falsch verstandenen Beobachtung überein, daß das Baby anhaltend nach der Brust der Mutter verlangt. Wenn das Baby aber satt ist, wird es die Brustwarze loslassen. Wo bleibt da das anhaltende Verlangen? Die Frage, ob man dem Kind die Brust verweigern soll, weil es sonst habgierig werden könnte, stellt sich erst gar nicht. Das Baby reguliert bei der Brustfütterung seinen eigenen Bedarf, solange es sich sicher fühlt. Und das Prinzip der Selbstbestimmung gibt ihm diese Sicherheit. Damit ist auch die Auffassung der Psychoanalytiker widerlegt, daß die Mutter dem Kind die Brust verweigern müsse und daß diese Frustrationen Haß gegen die Mutter erzeugen und gleichzeitig von den ersten Stunden an Ambivalenz.

Das Selbstbestimmungsprinzip impliziert, daß das Vergnügen, das Kinder empfinden, wenn sie handeln, diese Handlungen rechtfertigt und erklärt. So gesehen scheint die folgende Aussage für gesunde Kinder zutreffend.

„Wir wollen uns einmal ansehen, was geschieht, wenn die Schuldgefühle und die Furcht vor dem Tod der Mutter (die auf Grund der unbewußten Wünsche entsteht, die Mutter zu töten) richtig behandelt werden . . . Sie führen zu dem Verlangen, das Unrecht wiedergutzumachen . . . Ich habe in Analysen kleiner Kinder gefunden, daß dieses Streben nach Wiedergutmachung die Antriebskraft war für alle konstruktiven Tätigkeiten und Interessen sowie für die soziale Entwicklung“ (S. 38, M. Klein).

„Das Kind fühlt, daß jede Veränderung wahrscheinlich eine Veränderung zum Schlechten ist. In jedem Fall ruft sie in ihm ein Gefühl der Unsicherheit hervor, das selbst sehr unangenehm ist“ (S. 127, S. Isaacs).

„Der Wunsch des Kindes, zwei Erwachsene, die es beieinander sieht, zu trennen . . .“ (S. 180, S. Isaacs)

„Das durchschnittliche Kind kann die Rückversicherung, die es braucht, schon in der harmloseren Kontrolle eines geregelten Lebens finden und in der ruhigen, aber entschlossenen Art, in der jeder einigermaßen empfindsame Erwachsene echten Aggressionen und dem Ausdruck destruktiver Tendenzen Grenzen setzt“ (S. 212, S. Isaacs).

In der Wirklichkeit ist es viel wichtiger, dem Kind die Möglichkeit zu geben, seine Aggressionen abzureagieren. Dabei gilt es nur, darauf zu achten, daß sich das Kind keinen bleibenden Schaden zufügen kann. So wird man das Kind auch dann voll akzeptieren, wenn es seiner Aggressivität freien Lauf läßt. Als Beispiel möchte ich den folgenden Fall anführen, den ich selbst erlebt habe. Ein Kind reagierte seine aggressiven Gefühle dadurch ab, daß es Tausenden von wilden Blumen die Köpfe abschlug. Diese Gewohnheit behielt es bis zu seinem zehnten Lebensjahr bei. Es wurde zwar nicht direkt darin bestärkt, aber auch nicht daran gehindert. So schlug es auf jedem Spaziergang mit wahrer Begeisterung auf die Blumen ein. Ich möchte dazu bemerken, daß das Kind sich auf bestimmte Aggressionsobjekte beschränken kann. Unsere Beobachtungen sind den Ansichten der Psychoanalytiker genau entgegengesetzt. Man kann ein selbstsicheres autonomes Kind bei einem Wutanfall ohne jedes Risiko ermutigen, diese Aggressionen auch gegen die Eltern zu richten. Die Psychoanalytiker nehmen an, daß ein solches Verhalten den grundlegenden Konflikt zwischen Liebe und Haß, den das Kind in der Beziehung zu seinen Eltern empfindet, hervorruft und verstärkt. Diesen Konflikt sehen die Psychoanalytiker als unumgänglich an, weil das Kind eben gewisse Frustrationen erfahren muß.

Da es in der autonomen Erziehung überflüssig ist, dem Kind etwas grundsätzlich zu verweigern, gibt es auch keine emotionalen Konflikte. Wenn man ein Kind ermutigt, den Haß, den es gegen seine Eltern fühlt, auszuagieren, so gibt man dem Kind Sicherheit. Damit gewinnt die Liebe wieder die Oberhand und keine Spur von Ambivalenz oder verborgenem Haß bleibt übrig. Man muß sich jedoch hundertprozentig darüber im klaren sein, daß man den Haß des Kindes auch ertragen kann, bevor man das Kind ermutigt, sich abzureagieren. Das erfordert von den Eltern großes Maß emotionaler Kraft und Sicherheit.

Ein weiteres Beispiel, wie Verallgemeinerungen aus dem Verhalten schlecht behandelter Kinder abgeleitet werden, stellt die vielgerühmte These Charlotte Bühlers dar, die von Merell Middlemore in dem bereits erwähnten Buch zitiert wird. Man liest da, daß „das Kind von seiner Geburt an bis zum dritten Monat öfters Äußerungen des Unbehagens als des Behagens zeigt und daß es in den Perioden des Wachseins mehr schreit und weint als zufrieden daliegt. Allgemein gesagt, empfindet es das Kind als ausgesprochen unangenehm, wenn es berührt oder herumgetragen wird, wenn es Licht sieht oder jemanden sprechen hört."

Wir vertreten demgegenüber die Ansicht, daß man das Weinen beim Kind fast völlig verhindern kann, wenn man ihm gegenüber nur sensibel und aufgeschlossen genug ist. Diese Behauptung stützt sich ebenso wie die von Charlotte Bühler auf Beobachtungen, aber auf Beobachtungen an gesunden Kindern. Damit wird ein weiteres Argument entkräftet, das die Analytiker für ihre These anführen, daß das Leben des Kindes voller Kümmernisse sei.

Hier wird nicht nur ein gradueller, sondern ein grundlegender Unterschied zwischen dem Selbstbestimmungsprinzip und der Annahme der Psychoanalytiker sichtbar, daß Frustrationen bis zu einem gewissen Grade unvermeidlich seien und daß „Gefühle aggressiver Art einerseits und Gefühle angenehmer, erotischer Natur andererseits ... (die Verschmelzung beider ist der Sadismus) eine dominierende Rolle im ersten Lebensabschnitt des Kindes spielen" (S. 36, M. Klein).

Es besteht auch ein wesentlicher Unterschied im sozialen Verhalten und seinen Motiven zwischen gesunden Kindern und den Kindern, die die Psychoanalytiker beobachten, um die Ergebnisse dann zu verallgemeinern. Bei autonom erzogenen Kindern haben wir festgestellt, daß auch die Jüngsten soziale Kontakte aufnehmen können, denn gegenseitige Sympathie ist bei ihnen ebenso vorhanden wie bei Erwachsenen. Es gibt Kinder, die sich schon im Alter von nur wenigen Monaten gern haben und anfangen zu schreien, wenn sie getrennt werden. Der emotionale Kontakt wird vom Kind gesucht, weil ihm das Freude macht. Man darf nicht aus den Augen verlieren, daß die Psychoanalytiker die verängstigten Kinder unserer Gesellschaft beobachten, die man in Kindergärten antrifft, und daraus Schlüsse ableiten, wie den folgenden:

„Wenn ein Kind die Möglichkeit sieht, sich mit anderen Kindern im gleichen Alter und mit gleichen Fähigkeiten zu identifizieren, begreift es, daß es damit seine Stellung gegenüber den Erwachsenen, vor denen es ein wenig Angst hat, oder gegenüber den in seiner Vorstellung – angsteinflößenden ‚bösen' Eltern festigt. So entdecken die Kinder, daß es Freude macht, zusammen zu sein, und sie unternehmen vieles gemeinsam, was sie vorher alleine niemals gewagt hätten ... Das Kind merkt, welche Befriedigung soziale Kontakte geben können" (S. 198, S. Isaacs).

So sehen Kinder aus, deren Gefühlswelt nicht in Ordnung ist und die in einer Welt leben, in der Erwachsene in der Tat ihre Feinde sind.

In einer Gesellschaft, wie sie A. S. Neill gegründet hat, konnte man ganz andere Beobachtungen machen. Vor etwa dreißig Jahren stellte Neill die These auf, daß es möglich und sinnvoll sei, Kinder über sich selbst bestimmen zu lassen.[1] Er wußte sehr wohl, daß auch Erwachsene ihre eigenen Rechte haben. Er erkannte, daß Kin-

1 Unterstützung erhielt er von Bertrand Russell, der noch mit 85 Jahren der „Summerhill-Gesellschaft" beitrat. Russell, selbst einer der Pioniere der freien Schule, wollte damit nicht nur seine Einstellung bekräftigen, sondern auch Neill und seinen Schülern im Kampf gegen die Schwierigkeiten helfen, mit denen sie in einem mehr oder weniger organisierten Schulsystem konfrontiert werden.

der in vielem auf die Betreuung durch die Erwachsenen angewiesen sind. Und er war sich darüber im klaren, daß sich ein solches Vorhaben nicht mit wenigen Worten darstellen ließ.

Angeregt durch die Arbeiten von Homer Lane, sah Neill in seiner Schule eine Gemeinschaft, die den Kindern viele – für damalige Verhältnisse unglaublich viele – Freiheiten einräumen sollte. Allgemein wurde das Experiment als ungeheuerlich angesehen. Aber die Menschen, die ihre Gefühle als Bestandteil ihres geistigen Rüstzeugs betrachten, hatten so 30 Jahre lang die Möglichkeit, zu beobachten und zu lernen. Wer ein Bild von Summerhill zeichnen will, muß die Freude vermitteln können, die man dort findet. Das Experiment Summerhill rechtfertigt sich selbst. Darüber hinaus aber liefert es einen eindeutigen Beweis für die Möglichkeiten der autonomen Erziehung. Die Kinder in Summerhill bewegen sich frei und ungehemmt. Sadismus und jene jugendliche Unbeholfenheit, die man in unserer Gesellschaft als unvermeidlich ansieht, fehlen dort. Das sind die Kriterien, nach denen man Neills Schule beurteilen sollte. Man begegnet in Summerhill spontaner Vernunft und einer Lebensfreude, wie sie nach Aussage der Anthropologen nur noch in einigen kleineren, abgeschlossenen Kulturen in verschiedenen Teilen der Erde vorkommt. Akademiker sehen sich solche Experimente an und empfinden dabei nichts. Sie verlangen, daß man sie durch Zahlen überzeugen solle. „Wie viele ihrer ehemaligen Schüler scheitern an der Gesellschaft, Mr. Neill?“ – „Wie groß ist der Anteil derer, die es zu etwas gebracht haben?“ – „In welchen Berufen?“ – „Wie, Mr. Neill“, rufen sie dann erstaunt aus, „Sie haben darüber keinerlei Zahlen? In dem Fall läßt sich über ihr pädagogisches Experiment nichts sagen. Außer vielleicht, daß es recht interessant ist.“ Und damit ziehen sie wieder ab. Sie sehen „Erziehung“ nur als Vorbereitung, als Ausbildung, und sind nicht fähig, zu erkennen, daß sie auch Selbstzweck sein kann. Sie kümmern sich nicht darum, daß Neill sich selbst, seine Methoden und seine Ergebnisse, auf seine eigene Weise überprüft, nämlich mit dem Gefühl. Täten sie es, so kämen sie schnell zu der Überzeugung, daß Neill seine Schule nicht so lange geführt hätte, wenn sie gesellschaftliche Versager oder Menschen, die mit dem Leben nicht fertig werden, hervorgebracht hätte. Wäre der ideelle Erfolg ausgeblieben, so hätte der materielle „Erfolg“ – Neill fährt Zeit seines Lebens schrottreife Autos – das Experiment schon lange zum Scheitern gebracht.

Eingehendere Untersuchungen würden wohl ein für diese Kritiker sehr überraschendes Ergebnis bringen. In den allerersten Jahren der Schule übernahm Neill gerade die Kinder, die an anderen Schulen versagt hatten und in anderen Erziehungssystemen zu Schaden gekommen waren. Seine nahezu unmenschlichen Anstrengungen, seine unerschütterliche Geduld machten aus diesen Versagern brauchbare Mitglieder von Summerhill, die im späteren Leben ihren Mann standen in einer Gesellschaft, die alle feindlich behandelt, die das Leben genießen wollen.

Neill hat viele interessante Bücher über die autonome Erziehung in seiner Schule geschrieben. In einem von ihnen erwähnt er einmal die Tatsache, daß wir dringend ein Buch über autonome Erziehung in der Familie brauchen. Diese Bemerkung war es, die den Anstoß zu dem vorliegenden Buch gab. Ich möchte die Gelegenheit benutzen und an dieser Stelle die Thesen darlegen, die den Ausgangspunkt für unser kreatives Familienexperiment bildeten und in neun Jahren von fünf Kindern und zwei in typischer Weise unvollkommenen Eltern bestätigt wurden.

1. Das Kind ist schöpferisch veranlagt. Es handelt sich dabei um den energetischen Vorgang der Anziehung (zu Menschen, zum Essen, zum Wissen, zum Schlaf usw.), weiterhin um den Vorgang der Verschmelzung (das Wort, das am besten die Freude an all diesen Dingen beschreibt) und um den Vorgang der Befreiung (das heißt, um die Fähigkeit und den Wunsch, etwas Neues in Angriff zu nehmen, wenn die Spannungslösung in der Verschmelzung adäquat gewesen ist). Diese These erklärt die Fähigkeit des Kindes, spontan zu fühlen, ob es genug von einer Sache hat oder ob es noch mehr will . . . also das Prinzip der Selbstbestimmung.

2. Da diese Fähigkeit zur Selbstbestimmung in unserer Gesellschaft bisher unbeachtet geblieben ist, ist es gut möglich, daß Traditionen und überlieferte Wertvorstellungen, mit denen das Kind aufwächst, falsch sind. Deshalb müssen wir unseren eigenen Einstellungen mißtrauen und statt dessen die Kinder genauer beobachten. Dieser Sachverhalt läßt auch den Schluß zu, daß eine Regeneration unserer Gesellschaft nur auf der Grundlage neuer Erkenntnisse möglich ist. Darum müssen wir soviel Kraft wie möglich aufbringen, um unsere Gesellschaft nach den Bedürfnissen der Kinder umzugestalten.

3. Ein befriedigender energetischer und somit auch emotionaler Kontakt kann nur zu einem Menschen aufgenommen werden, der selbst emotional einigermaßen intakt ist, und zu Menschen, die auf ihren eigenen Rechten bestehen. Damit schließt die autonome Erziehung von vornherein die Möglichkeit, Kinder zu verwöhnen, aus. Verzogene Kinder sind Produkte verschiedener Erziehungsstile, de-

ren gemeinsamer Nenner die Schuldgefühle der Eltern sind. Schuldgefühle hindern die Eltern, ihre eigenen Rechte zu wahren.

4. Die Umwelt des Kindes ist ablehnend und lebensfeindlich eingestellt. Man muß mit dieser Umwelt rechnen, wenn man ihren späteren Einfluß neutralisieren will. Das geschieht, indem man die beträchtlich gesteigerten intellektuellen und emotionalen Fähigkeiten der autonomen Kinder ausnutzt. Seine Fähigkeit zu rationaler Einsicht ermöglicht es dem autonomen Kind, zu verstehen, daß Eltern, Lehrer, Freunde und andere Menschen zum Teil andere Einstellungen haben, kurz, daß „jeder mal verrückt ist". Zwar lassen sich nicht alle Frustrationen, die diese Verrücktheit mit sich bringt, vermeiden. Das Kind wird immer noch leiden und zu Wutausbrüchen Zuflucht nehmen müssen. Aber viele der ernsthafteren Konflikte, die entstehen, weil der Vater oder die Mutter als allmächtige Respektpersonen erscheinen, lassen sich umgehen.

5. Kindererziehung ist – in des Wortes eigentlicher Bedeutung – Therapie. Ständig müssen die negativen und krankhaften Einflüsse, denen das Kind ausgesetzt ist, ausgeglichen werden. Wie in jeder Psychotherapie ist es in der Erziehung äußerst wichtig, daß sich das Kind der vollen Anerkennung seiner Eltern sicher ist. Weiterhin ist von Bedeutung, daß auch die Aggressionen des Kindes akzeptiert werden und daß es gerade da Rückhalt spürt, wo es von der Gesellschaft getadelt wird. So entsteht im Kind kein Konflikt, sondern eine größere Frustrationstoleranz gegenüber der mißbilligenden Haltung der Gesellschaft. Neill hat lange Zeit Kinder in seiner Schule vor Rückfalldiebstählen bewahrt, indem er ihnen, wenn sie erwischt wurden, noch ein Geldstück dazu gab. Dieselbe Taktik verfolgen wir in der Erziehung. Wir gewähren dem Kind im weiteren Sinne den therapeutischen Groschen, bevor es ihn mit Gewalt nimmt.

6. Kinder können durch ihre Tendenz, andere zu imitieren, günstig beeinflußt werden. Das gilt natürlich nur, wenn das Verhalten, das imitiert werden soll, nicht unecht wirkt. Die Phantasie wird immer dann zum Zuge kommen, wenn brauchbare Information fehlt. Und sie kann dann eine nicht unbedeutende Rolle spielen. Die Eltern sollten ihre Meinungsverschiedenheiten nicht vor den Kindern verbergen, obwohl die Kinder sie gar nicht gerne miterleben. Man kann aber auch in Konflikten den Kindern gegenüber aufrichtig und ehrlich bleiben. Darüber hinaus ist es für die Eltern ein heilsames Training, wenn sie vor den Kindern ihren Standpunkt klar und verständlich darlegen müssen. Dadurch wird in den meisten Fällen eine subjektiv verzerrte Darstellung der Sachlage, um

die es in dem Streit geht, vermieden. Schließlich ist der Beitrag, den die Kinder zur Wiederherstellung des häuslichen Friedens und zur Rückkehr zur Vernunft leisten, nicht unwesentlich. Meine Frau und ich hatten uns am Sonntagmorgen gestritten. Bald danach kam die sechsjährige Erica aus ihrem Zimmer und sagte ruhig: „Ich habe oben gewartet, bis ihr aufhört, euch so verrückt aufzuführen!" Sie hatte sich vernünftiger verhalten als wir.

Vierter Teil

Aktuelle Ergänzungen zur deutschen Ausgabe: Wie sehen Eltern und Kinder der Familie Ritter ihr Experiment nach zwanzig Jahren? Geschrieben 1971

„Die immer offen gezeigte Zuneigung, die Paul und Jean füreinander hegten, haben meines Erachtens ganz entscheidend dazu beigetragen, daß ich eine körperliche Beziehung nur als Ausdruck und Ausweitung einer Liebesbeziehung für wünschenswert halte.“

Diesen Satz schrieb Erica 1971 mit 19 Jahren in ihrem Kommentar zur Selbstbestimmung. 1959 war das englische Original dieses Buches erschienen, das über die ersten zehn Jahre eines durchdachten, schöpferischen Experiments berichtete. In dem Buch „Educreation“, das 1966 erschien, trugen wir theoretische und praktische Erkenntnisse aus weiteren Experimenten zur Erziehung und zur Ausbildung an Universitäten bei.

Die deutsche Ausgabe von „The Free Family“ führt das erste und zweite Experiment weiter fort – und hier ist uns zugleich der entscheidende Beweis gelungen: der Text von 1959 besitzt noch immer Gültigkeit, und alle sechs autonom erzogenen Kinder geben einen positiven Rückblick; wir haben an keinem dieser Texte etwas geändert.

Manchmal denke ich an all die Vorbehalte, die wir vor 21 Jahren zu hören bekamen, als wir uns entschlossen, Leonora autonom zu erziehen. Welche Flut von Entschuldigungsbriefen müßten wir eigentlich heute erhalten! Welche entsetzlichen Dinge wir da mit den armen hilflosen Kindern vorhätten, wie sehr wir das eines Tages bereuen würden, wenn der Konflikt mit der Umwelt unsere Kinder zugrunde gerichtet haben würde. Wer selbst Kinder hatte, wußte es ohnehin besser, unsere eigenen Eltern eingeschlossen.

Aber was nutzen uns Entschuldigungen? Wir wollten jung und alt die Erkenntnis vermitteln, daß unsere Methode durchführbar ist. Daß wir das wollten, war sowohl hinderlich als auch fördernd für uns. Wir haben viele andere Menschen kennengelernt, die dieselbe Methode anwandten wie wir, wir haben ihre Kinder aufwachsen gesehen. Und wir können eines ganz sicher sagen, nämlich daß die Selbstbestimmung nicht nur bei Leuten wie uns Erfolg hat. Die letzten 15 Jahre haben uns eindeutig die Vorteile und die Richtigkeit unserer Erziehungsmethode gezeigt.

Man konnte voraussehen, daß sich der Unterschied zwischen den Generationen vergrößern würde. Unsere Gesellschaft und ihre Normen ändern sich in immer schnellerem Tempo, so daß der Unterschied zwischen den alten und den jungen Menschen notgedrungen immer größer werden muß. Kürzlich waren Jean und Penny nach langer Zeit wieder einmal im Kino. Jean war überrascht und erstaunt, wie freizügig Sexualakte auf der Leinwand dargestellt wurden. Die siebzehnjährige Penny konnte über ihre altmodische Mutter nur lächeln. Daß so etwas in einer Familie vorkommt, in der Sexualität keineswegs ein Tabu ist (wie unsere Bilbliothek beweist, in der viele Bücher enthalten sind, die in vielen Ländern erst kürzlich freigegeben worden sind), zeigt, wie rapide sich die Gesellschaft wandelt.

Die gesellschaftliche Entwicklung der letzten Jahre gleicht dem Geschehen in einem Film, der mit Zeitraffer aufgenommen wurde. Die jungen Menschen von heute haben die Fesseln der Tradition fast gänzlich gesprengt. Sie haben sich unabhängig gemacht und entscheiden selbst, was gut und böse, was richtig und falsch ist. Man kann heutzutage anziehen, was man will, und man braucht das nicht anzuziehen, was man ablehnt! Das verstehen wir unter Freiheit.

Die Gefahr liegt nicht darin, daß mit den Kleidern der vorhergehenden Generation auch deren Sitten, deren Vorurteile und deren Abneigungen abgelegt werden. Nein, was uns wirklich bedroht, sind die Gewalttätigkeiten von Halbwüchsigen, die keine Liebe kennen, die als Babies schlecht behandelt und als Kinder vernachlässigt worden sind. Den Menschen, die in ihrer Jugend solche in unserer Gesellschaft üblichen Brutalitäten kennengelernt haben, fehlt die Fähigkeit zur gesunden Selbstverwirklichung. Sie haben keine andere Möglichkeit, als bis zum Äußersten zu gehen, um ihren entsetzlichen geistigen und körperlichen Zustand auszugleichen, ihre innere Leere oder Starrheit oder wie immer man es nennen will.

Man muß bei vielen Dingen, die unter innerem Druck stehen, aufpassen, daß sie nicht explodieren – so ist es auch bei den jungen Menschen. Wie sehr sie heute therapeutische Hilfe brauchen, sieht man daran, daß sie den Unterschied zwischen Zügellosigkeit und Freiheit nicht mehr kennen. Die Drogensucht, unerwünschte Schwangerschaften, die Ausbreitung der Geschlechtskrankheiten und die größtenteils destruktiven Protestaktionen an den Universitäten sind Symptome einer reaktiven Gewalt. Sie haben an sich keinen konstruktiven Sinn und zeichnen sich durch eine Fehleinschätzung gesunder Entwicklungen aus. Sie sind sekundäre Erscheinungen, Reaktionen auf eine Frustration der Gefühle und auf ein ungesundes, lustloses Leben.

Oft sind diese Erscheinungen als verzweifelte Anstrengung zu verstehen, den lähmenden Eindrücken der frühesten Kindheit zu entgehen: Säuglinge schreien ohne Hoffnung in Glaskäfigen, an denen Schwestern vorbeilaufen, sie werden von ihren Müttern getrennt, sie werden ohne Gefühl aus dem Mutterleib gerissen und müssen hungern, weil man nach der Uhr arbeitet. Auch später müssen sie noch viel erdulden, mehr als sie ertragen können.

Solchen schädlichen Eindrücken und Erlebnissen kann man nur mit therapeutischen Methoden entgegenwirken. Man muß sich ihrer bewußt werden, um zu einer lebensbejahenden und schöpferischen Einstellung zu gelangen. Das geschieht in der Tat. Es gibt immer mehr junge Menschen, die ein gesundes Gefühl und eine positive Einstellung zu sich selbst, zu ihren Eltern und zu ihrer kranken Umwelt entwickeln. Aber die großen Protestaktionen zeigen auch, daß ihnen schöpferische Methoden fehlen, sich Klarheit darüber zu verschaffen, was sie wollen und wie sie es erreichen können. Und es sind schließlich Menschen unserer Generation, die für das verantwortlich sind, was heute geschieht: für Regierungsmaßnahmen gegen Umweltverschmutzung, gegen Zigarettenrauchen, gegen Polizeiaktionen, aber auch für die Stärke der öffentlichen Proteste und dafür, ob diese Proteste in allen sozialen Schichten Resonanz und Anhänger finden.

Die Art, wie sich heute Gruppen zusammenfinden, um Menschen zu helfen, wünschenswerte therapeutische Ziele zu erreichen – etwa das Rauchen oder zwanghaftes übermäßiges Essen aufzugeben –, eröffnet viele Möglichkeiten für einen vollen therapeutischen Angriff auf die Krankheiten unserer Gesellschaft. Wir brauchen die Kraft all derer, die sich in ihrem Wirken an der Gesundheit orientieren. Diese Kraft ist sehr real und wartet nur darauf, eingesetzt zu werden. Wer Freiheit finden und sie genießen will, muß härter arbeiten, Verständnis und Toleranz aufbringen und zur Zusammenarbeit bereit sein. Gruppentherapie, unterstützt durch Werbung und Fernsehen, scheint das geeignete Heilmittel und Prophylaktikum zu sein. Sie sollte in unserer Gesellschaft zur Norm werden.

Es ist bedauerlich, daß ausgerechnet die Familie die Gruppe ist, in der am wenigsten erreicht werden kann. Dabei können sich die meisten von uns nicht von ihr lösen.

Aber für mich ist Opportunismus ein natürliches Prinzip. Deshalb wollen wir lieber sehen, wo und wie wir handeln können, statt zu jammern und zu schimpfen und endlos auf die ideale Ausgangssituation zu warten. Wir sollten nicht immer nur wollen, wir müssen handeln. Die Selbstbestimmungsmethode ist nicht nur dazu da, damit Kinder gesund und glücklich aufwachsen können, sie vermittelt auch Eltern und Studenten die Einsicht, daß es realisierbare Alternativen zur gewaltsamen Lösung gibt. Sie fördert die Fähigkeit zur Zusammenarbeit mit Menschen anderer Generationen. Sie erzeugt in Eltern und Kindern das Gefühl größerer Lebenslust.

Paul Ritter

Paul Ritter, geb. am 6. 4. 1925, Architekt, Stadtplaner, Soziologe, Lehrer, Autor mehrerer Schriften und Bücher, Verleger, Direktor des P.E.E.R.-Instituts, Stadtrat.

Wenn ich an meine Jugend denke, werde ich ganz traurig. Ich sehe mich, wie ich – ähnlich dem kleinen Mark – wilden Blumen die Köpfe abschlage. Zum Entsetzen meiner Mutter. Ich versuchte meine Aggressionen auf wilde Blumen zu beschränken. Wenn man bedenkt, daß ich Kinder oder Katzen hätte quälen können, waren meine zerstörerischen Handlungen relativ harmlose Spielereien. „Ich schlug ihnen die Köpfe ab, weil ich ärgerlich war", sagte Mark. Ein Kind erleidet in dieser gefühlskranken Welt notgedrungen zahlreiche Frustrationen. Daß unsere Gesellschaft sich so verhält, ist zwar eine Tatsache, diese Tatsache ist aber nicht unvermeidlich. Wenn ich darüber nachdenke, wie viele Frustrationen ich als Erwachsener in dieser Gesellschaft erdulden mußte, kann ich ein Kind sehr wohl verstehen, wenn es etwas Dampf abläßt.

Wer aber denkt, diese Aggressionen, dieser Ärger seien angeboren, sollte die Sache noch einmal überdenken. Ich neige nicht zu körperlicher Gewalt. Ich habe in meiner Jugend wahrscheinlich weniger Kämpfe ausgetragen als die meisten Jungen. Was habe ich, seitdem ich den Blumen die Köpfe abschlug, nicht alles unternommen, um jenes destruktive Verhalten zu entschuldigen.

Im Jahre 1959, dem Jahr, in dem die erste Ausgabe dieses Buches erschien, verdiente ich meinen Lebensunterhalt als kleiner Lehrer an einer Architektenschule. Ich hatte dabei sehr viel Zeit für andere Dinge. In den großen Ferien sollten wir uns erholen, um ausgeruht das Semester zu beginnen. Alles, was ich damals tat, entsprang einer integrierten, orgonomischen, funktionalen Sichtweise.

Ich ersann neue Techniken und probierte sie im Unterricht aus, trotz widriger Umstände. Ich veröffentlichte die Ergebnisse. Schließlich fanden sie ihren endgültigen Niederschlag in dem Buch „Educreation", das nach jahrelanger Arbeit 1964 erschien.

Ich entwarf eine Anzahl Gebäude, bei denen ich die Ideen, die ich meinen Studenten vermittelte, praktisch anwandte. Ich stellte zahlreiche orgonometrische Experimente an und beschäftigte mich mit Orgontherapie. Weiterhin gab ich die Zweimonatsschrift „Orgonomic Functionalism" heraus, sie erschien von 1954 bis 1964. 1957 folgte das Buch „Reich Memorial Volume".

Ich führte zwei Untersuchungen durch, um die idealen Bedingungen in sehr dicht und weniger dicht besiedelten Gebieten zu eruieren und zu analysieren. Beide waren sehr umfangreich und hätten Stoff für eine Doktorarbeit abgegeben. Die Untersuchungen dauerten vier Jahre. Die Ergebnisse wurden veröffentlicht und finden heute überall Verwendung. Zwei Arbeiten, die darauf aufbauten, wurden von zwei königlichen Instituten in England mit Preisen ausgezeichnet. Und dennoch wurden sie nicht anerkannt als Arbeiten zur Erlangung eines akademischen Grades. (In meinen Augen ist das allerdings auch eine Bestätigung – und zwar keine schlechte!) Einer meiner Freunde hatte das vorhergesehen, denn er kannte die Vorurteile der zuständigen Leute. Zum Glück hatte ich bereits zwei akademische Grade.

Die Untersuchungen fanden auf der ganzen Welt ihren unmittelbaren Niederschlag in den Planungen zur Umweltgestaltung. Etwa 80 Artikel von mir wurden in verschiedene Sprachen übersetzt. Und erst vor kurzem stellte ich fest, daß in Sydney und Canberra Argumente aus meinen Artikeln verwandt wurden, um den Bau eines Wohngebiets ohne Straßenverkehr durchzusetzen. Das war 1961, lange bevor ich daran dachte, nach Australien auszuwandern.

Wir entwickelten in England ein erstes großes, privat finanziertes Projekt, in dem die Trennung von motorisiertem Verkehr und Fußgängerverkehr geplant war. Unser Modell wurde als außergewöhnliche Arbeit auf Ausstellungen gezeigt, wo es buchstäblich Millionen Menschen sahen, so zum Beispiel auf einer Ausstellung des Wohnungsbauministeriums in einem Schaufenster in der Oxford Street in London und der ebenfalls in London veranstalteten Ausstellung „Das ideale Heim“.

Von 1962 an machte ich Gastreisen ins Ausland und hielt Vorträge über meine Experimente auf dem Gebiet der Erziehung und Stadtplanung. Zusammen mit einer Wanderausstellung kam ich in einige Städte der USA, nach Stockholm, Sydney, Amsterdam und Kopenhagen. Ich hatte meinem Unternehmen den Namen ITSPRO gegeben. Das förderte die Zusammenarbeit, denn wieviel leichter ist es, mit dem International Traffic Segregation Planning Research Office zusammenzuarbeiten als mit einem einfachen Menschen namens Paul Ritter. Auch wenn es um dieselbe Sache geht.

Ich kann gut Vorträge halten, besonders Lichtbildervorträge. Überhaupt verbreite ich meine Ideen hauptsächlich durch Vorträge. Ich habe innerhalb von 5 Jahren an ungefähr 100 Universitäten in 20 Ländern Vorträge gehalten. Meine Vorträge befaßten sich mit den Themen: autonome Erziehung, Architektur und Erziehung und mit den Arbeiten Wilhelms Reichs. Ich sprach über meine Arbeiten und Untersuchungen auf dem Gebiet der Städteplanung und Architektur.

Zu meinem großen Erstaunen fand ich schon sehr früh offizielle Anerkennung in England. Ich erhielt die beiden bereits erwähnten Preise und wurde in den Rat des Royal Institutes of British Architects gewählt, was für mich hohe Anerkennung bedeutete. Man mußte dazu 2000 Stimmen von anderen Architekten bekommen, unter denen viele erfahrene Londoner Architekten waren. Ich war das „enfant terrible" aus der Provinz, wie „The Architects Journal" meinte. 1963 wählte mich diese Zeitschrift auch zu ihrem „Mann des Jahres". Die Studentenorganisationen akzeptierten 1963 meine Pläne und machten sie zu den ihren. Auf vielen Konferenzen sprach ich als Gast, sehr oft auch auf Studentenversammlungen. Das tue ich noch heute. In den sechs Jahren, die ich nun in Australien lebe, war ich auf elf Konferenzen Gastredner. Das ist ein unerreichter Rekord. Er zeigt, daß eine integrierte, orgonomische, funktionale Sichtweise gute Kontaktfähigkeiten bietet, wenn sie als Therapie eingesetzt wird.

1964 erschien das umfangreiche Lehrbuch „Planning for Man and Motor". Es wurde zu einem Bestseller auf dem Gebiet und zu einem Wegbereiter für die Idee der Trennung der Verkehrsarten in der ganzen Welt. Das Buch basierte auf einer sorgfältigen Analyse der verschiedenen Bedürfnisse von Mensch und Maschine. Es wird von Studenten benutzt, was vielleicht die beste Empfehlung ist. Es will dazu beitragen, daß die Menschen sicherer leben können.

Ich arbeitete immer mit einer kleinen funktional denkenden, kreativen Gruppe zusammen. Wir vollbrachten manche originelle Tat. So bauten wir zum Beispiel die gesamte Innenstadt von Nottingham im Modell nach. Und zwar in dreifacher Ausführung, einmal wie sie 1863 aussah, dann wie sie 1963 aussah, und schließlich so wie sie in Zukunft nach unseren Plänen aussehen sollte. Das Zukunftsmodell war von mehreren ehemaligen Studenten angefertigt und anschließend zusammengesetzt worden. Diese Modelle stellten tatsächlich etwas dar. Heute stehen sie im Nottinghamer Heimatmuseum. Es war das erste Mal, daß im Modell gezeigt wurde, wie sich Städte verändern können. Die Ausstellung wurde von Lord Snowdon, dem Schwager der Königin, eröffnet. Er betrachtete die Modelle, zeigte auf eine kleine Lücke, wo ein Haus herausgefallen war, und fragte: „Was ist das? " Das war sein ganzer Kommentar. Dieses Modell und auch andere Arbeiten wurden im Fernsehen im In- und Ausland gezeigt.

1963 brach in der Architektenschule von Nottingham die emotionale Pest aus. Unsere Modelle, die so große Anerkennung in der ganzen Welt gefunden hatten, sollten von der Kunstschule in die Universität gebracht werden. Dabei wurde all das, was uns lieb war und woran wir 12 Jahre experimentiert hatten, zerstört. Der Leiter und die Angestellten, die daran beteiligt waren, wurden nicht wieder eingestellt. Die Studenten gingen auf die Barrikaden, denn der Einfluß der letzten Jahre war in ihnen noch lebendig. Umsonst. (Etwa sechs Jahre später wurde der Direktor entlassen, und es stellte sich heraus, daß die Schule in einem verheerenden Zustand war.) Ich war frei für neue Aufgaben. Auf einer Vorlesungsreise rund um die Welt hatte ich auch in Perth in Australien Station gemacht, weil mein alter Professor sich dorthin zurückgezogen hatte. Er hatte eine sehr positive Einstellung zum Leben. Ich sagte mir, wenn er sich ausgerechnet diesen Ort ausgesucht hat, wo ihm doch die ganze Welt offengestanden hätte, so muß es schon seine eigene Bewandtnis mit Perth haben. Ich war gerade auf der Suche nach einem neuen Wohnort. Die Bedingungen, die er erfüllen mußte, waren: gutes Klima, damit Jean weniger Schwierigkeiten mit ihren Beinen hätte, viele Sonnentage, die ich zu meiner Arbeit im Freien brauchte, geringe Umweltverschmutzung (dieses Thema war damals noch lange nicht aktuell), gute Lebensbedingungen, gute Arbeitsbedingungen, das Gefühl, heimisch zu sein. Ich war von Perth gleich begeistert. Ich hielt vier Vorträge, wurde eingeladen und willkommen geheißen. Ein Jahr später kam ich als Stadtplaner zurück und ließ mich hier nieder.

Perth war wunderbar. Monatelang fühlte ich unruhevoller Geist mich hier zu Hause. Ich arbeitete in einem neu begründeten Amt. Und im Laufe von anderthalb Jahren war der erste strategische Bauplan für eine australische Stadt fertig und vom Stadtrat genehmigt. Und das, obwohl es kaum Vorbilder auf diesem Sektor gab. Dieser Plan wurde dank des Erzbooms in Westaustralien schneller verwirklicht, als man es sich hätte träumen lassen.

Aber die Pest brach abermals aus. Soviel Begeisterung konnte ein neuer Angestellter der Stadt, der Leiter der Verwaltung, nicht ertragen. Nach Vorkommnissen, über die man allein ein Buch schreiben könnte, und einer Sammlung von 10 000 Einwohnerunterschriften zu meinen Gunsten wurde ich entlassen. Das wirbelte viel Staub auf. Ich ließ mich als unabhängiger Kandidat für das Parlament aufstellen, obwohl ich erst zweieinhalb Jahre hier wohnte. Ich erhielt 11 % der Stimmen, mehr als ein unabhängiger Kandidat je erhalten hatte. Ich ließ mich daraufhin bei der Stadtratswahl aufstellen, aber es fehlten mir 13 Stimmen. Ich fand, daß es bei der Wahl nicht mit rechten Dingen zugegangen war. Ich legte Protest ein und bekam Recht. Die neue Wahl gewann ich. Knapp ein Jahr nach der überstürzten Entlassung saß ich in dem Rat, der mich entlassen hatte. Ich sah mich in der komischen Lage, gegen mich selbst wegen meiner ungerechtfertigten Entlassung einen Prozeß zu führen. Die Angelegenheit wurde von einem Gericht zu meiner vollen Zufriedenheit entschieden. Ich erhielt als Entschädigung 4000 Pfund. Ohne meine therapeutische Einstellung hätte ich das alles nicht durchgestanden. Was wichtig für die Arbeit in einer Stadtverwaltung war, wußte ich nun, ich hatte meine Lektion gelernt. Das Amt leistete von nun an gute Arbeit, trotz erneuter widriger Begleitumstände.

Wir arbeiteten zehnmal mehr als sonst üblich und hatten doch immer Freude an der Arbeit. Diese Freude griff auch auf andere Menschen in Perth über, auch auf andere Abteilungen. Unsere Abteilung war mehr als nur eine unter vielen städtischen Ämtern. Obwohl sie neu eingerichtet war und wir den anderen Abteilungen einen Teil ihrer Zuständigkeiten nahmen, was immer zu Reibereien führen kann, gelang es uns, gut mit ihnen zusammenzuarbeiten. Jetzt als Stadtrat, als „Stadtvater", sehe ich die Sache von der anderen Seite. Perth ist klein. Westaustralien umfaßt zwar ein riesiges Gebiet, aber im Durchschnitt lebt nur ein Mensch auf zweieinhalb Quadratkilometer. Perth ist die abgelegenste Hauptstadt der Welt. Es eignet sich aber ausgezeichnet zu effektiver Arbeit. Ich kann hier gut die vielen internen Einflüsse beobachten, die immer eine Rolle spielen. Und ich kann meinem derzeitigen Hauptinteresse fröhnen, dem Studium der Zusammenarbeit und des Zusammenwirkens. Perth ist eine geradezu ideale „Insel" für ein solches Studium, weil die äußeren Einflüsse, die in anderen Städten dominierend sind, hier gänzlich wegfallen.

Im Moment beschäftige ich mich mit folgenden Arbeiten:

1. Eine psychiatrische Klinik für Patienten, die der Meinung sind, daß Geisteskrankheiten eine Krise darstellen, die eine Erweiterung der Persönlichkeit mit sich bringen kann.

2. Ein Arbeits- und Freizeitzentrum für Jugendliche, in Auftrag gegeben von einem reichen Privatmann, der seine philantropischen Ideen in die Tat umsetzen möchte. Das Zentrum soll wie ein Klub organisiert werden. Junge Mieter, die zu Hause zuwenig Platz haben, können hierher kommen und arbeiten. Die hauptsächlichen Funktionen des Zentrums sind die Bereitstellung von Werkzeug,

Arbeits- und Lagerräumen, sowie die Möglichkeit des Umgangs mit anderen, die über die unterschiedlichsten Fähigkeiten verfügen.

3. Entwurf für ein Wahrzeichen der Stadt, einen Eisen-Obelisken. Er soll 15 Meter hoch werden und wird voraussichtlich 40 000 Pfund kosten. Er soll aufgestellt werden, wenn Westaustralien seinen 1 000 000. Einwohner begrüßen kann. Der Obelisk ist ein schöpferisches Experiment, es wirken an ihm 40 Verwaltungsstellen und viele private Vereinigungen mit.

4. Ein abgerundeter kupferner Ikosaeder, bestehend aus 20 vierflächigen Würfeln, der sich über einem See dreht und von innen beleuchtet ist. Der Ikosaeder ist die Basis aller Strukturen, wie mein Freund Buckminster Fuller entdeckt hat. Er ist darum ein tiefsinniges Symbol für das Schöpferische. Die Tatsache, daß Fuller gleichzeitig mit Reich aber völlig unabhängig von ihm herausgefunden hatte, daß die Überlagerung zweier Spiralen für die Menschen alle Struktur, alles Leben und alles Sein beinhaltet, war mir eine große Befriedigung. Deshalb nahm ich auch beide nebeneinander in mein Buch auf.

5. Eine Untersuchung über die Herstellung und die Benutzung von Asbestzementdächern – eine umwerfende Neuerung.

6. Das Buch „Planning in Australia“ und eine Spezialbibliothek.

7. Beratung des Stadtsanierungsplans für Sydney, der von dem früheren Plan für Perth ausgeht.

Mit etwa 45 Jahren befand ich mich komischerweise in einer Position, die ich mir nie erträumt hätte. Ich war Stadtrat und durch meine Skulpturen ebenso bekannt wie durch meine Planungen. In der Schule hatte man mir gesagt, meine Kunst sei zu nichts nütze. Ich übernahm diese Meinung und behielt sie auch später auf der Architektenschule und danach bei.

Aus wirtschaftlichen Gründen mußte ich eine neue Technik für sieben „Gemeinschaftsskulpturen“ entwickeln. Dabei machte ich eine Menge Entdeckungen. Ich stellte zum Beispiel fest, daß ich Skulpturformen gießen konnte, obwohl ich darin nie ausgebildet worden war. Die Ergebnisse gefielen nicht nur mir, sondern auch anderen. Aus dieser Technik entstanden wiederum neue Techniken. Mein Eifer wurde sogar in einer Zeitung karikiert: Mein Abbild war zu sehen, das die ganze Stadt mit Skulpturen überdeckte. Ich bin über all das ein bißchen besorgt. Auf anderen Gebieten bin ich ein alter Fuchs. Ein Bildhauer jedoch ist für mich ein Mensch, der alles, auch ein menschliches Gesicht, in Stein hauen kann. Leonora kann das, ich aber nicht.

Wenn ich vorhin alle meine Leistungen ausführlich dargestellt habe, so geschah das nicht nur aus Eitelkeit. (Jeder ist ein bißchen eitel, gefährlich wird es erst, wenn jemand glaubt, er sei nicht im geringsten eitel.) Ich wollte auch zeigen, daß man trotz der Erziehungsmethoden, die wir anwandten, erfolgreich sein kann. Es ist heutzutage selten, daß jemand, der mit Ehren überschüttet wird, eine lebensbejahende Einstellung zur Erziehung und Öffentlichkeitsarbeit hat. Meine therapeutische Haltung hat sich im Umgang mit der kranken Gesellschaft trotz widrigster Umstände als effektiv erwiesen.

Ich möchte nun einige Begebenheiten erwähnen, in denen ich mit der emotionalen Pest konfrontiert wurde. Zwei Doktorarbeiten in Soziologie, die auf jeweils vierjährigen Forschungsarbeiten beruhten, wurden zurückgewiesen. Eigentlich wäre ich also Dr. Dr. Ritter. Zweimal bin ich in einer sogenannten Dauerstellung gekündigt worden, obwohl meine Arbeit nicht bemängelt wurde. (Im Gegenteil, in beiden Fällen hatte ich den guten Ruf meines Arbeitgebers mitbegründet.) In beiden Fällen war ein einzelner kranker Mensch schuld. In beiden Fällen steckte eine Clique dahinter, die mich loswerden wollte. Und beide Male blieb ich in meiner Stellung und ließ mich nicht unterkriegen. Wenn mich jemand sucht, ich bin noch hier in Perth. Wenn fortschrittliche Menschen mich brauchen, sei es für Stadtplanung, Orgonomie oder Selbstbestimmung, ich bin allzeit bereit. Das schöpferische Experiment geht weiter.

Mein Leben war nicht immer eitel Freude. Wenn ich es aber als Experiment, und zwar als schöpferisches Experiment ansehe, so finde ich es ganz lehrreich. Ich trage mich mit dem Gedanken, ein Buch zu schreiben, in dem ich einiges von dem berichte, was ich gelernt habe. Das Buch soll außerdem die Bedeutung der menschlichen Fähigkeit zur Zusammenarbeit und zum Zusammenwirken aufzeigen, die in der Geschichte eine entscheidende Rolle spielte. Aber dennoch gibt es keinen, der diese Fähigkeit lehrt. Der einzige Professor für Soziologie der Zusammenarbeit, von dem ich gehört habe, ist der berühmte H. Infield. Er lebt in Jerusalem – allerdings ohne Stellung!!

15 Jahre ist es nun her, daß wir die ersten Kapitel für das Buch „The Free Family“ schrieben. Ich will mir noch einmal ins Gedächtnis rufen, wieviel Freude uns unsere Einstellung, die Selbstbestimmung, gebracht hat. Unsere Familie ist für alle ihre Mitglieder die erfreulichste Gesellschaft. Wenn die Familie sich zusammenfindet und miteinander spricht und lacht, steht das Fernsehzimmer

leer. Aber diese Zusammenkünfte sind selten, denn acht sehr beschäftigte Menschen haben nicht oft alle zugleich Zeit.

Es erfüllt mich mit Freude, daß wir nun zusammenarbeiten können. Leonora schreibt einen geschichtlichen Abriß für eines meiner Bücher. Erica arbeitet mit mir im Institut. Ich bin in der Lage, den Rat meiner Kinder einzuholen und zu befolgen, meine Bemerkungen werden nicht als Offenbarung angesehen. Wir spüren keinen Unterschied zwischen den Generationen. Ich habe das Gefühl, daß das, was wir gemeinsam haben, das beste ist. Wir verhalten uns natürlich und zweckmäßig, ohne uns unserer Taten oder unserer Körper zu schämen. Es gelang uns, die Kinder dazu zu bringen, diese Artikel zu schreiben, und wir haben darüber wie über jede Arbeit sachlich und nüchtern gesprochen. (Wer jemals mit anderen zusammen an einem Buch gearbeitet hat, weiß, was das bedeutet. Damit zeigt sich aber auch, daß die emotionalen Spannungen, die übrigens von der Kleinfamilie noch gefördert werden, überwunden werden können.) All das erscheint mir wie eine reiche, unaufhörliche Ernte, die mein Leben zu einem wahren Fest macht.

Meine Kinder hielten immer fest zu mir. Ob ich nun einflußreicher Stadtrat war oder Angestellter derselben Stadt und heftigen Attacken ausgesetzt. Sie haben die Wahrheit, die so oft mit Füßen getreten wurde, instinktiv gefühlt.

Die persönlichen Probleme und Freuden sind für alle gleich, für arm und reich. Die Unterschiede liegen im subjektiven Bereich. Wir waren arm und sind reich. Dadurch hat sich lediglich unser Horizont etwas erweitert, sonst hat es keine Rolle für uns gespielt.

Es bereitet mir oft mehr Spaß, meine Kinder zu beobachten, wie sie alle zusammen vor dem Fernsehgerät sitzen, als selbst fernzusehen. Daß Leonora, die abhängigste von allen, uns ohne den Satz: „Bin ich froh, daß ich endlich von Zuhause wegkomme!“, den man oft genug hören kann, verläßt, freut mich ganz besonders. Sie war schon 21, älter als die meisten Kinder, die aufs College gehen, aber so wie sie das Haus verließ, habe ich mir das immer vorgestellt. Acht Menschen waren neun Jahre lang eng aneinander gekettet. Leonora hatte das Haus kaum jemals verlassen, höchstens für einen Besuch von ein paar Wochen. Es ist völlig in Ordnung, daß sie nun geht. Da gibt es keine emotionalen Spannungen oder Vorwürfe. Sie sucht jetzt ihren eigenen Weg, unabhängig von der Familie. Sie schreibt zwar häufig Briefe, aber man merkt auch in ihnen, daß ihre Unabhängigkeit wächst.

Mark ist genau wie ich früher. Immer wieder, wenn ich am Ende meiner Geduld bin und drauf und dran, ihn anzuschreien oder ihn zu verprügeln, fallen wir plötzlich Episoden aus einer längst vergessenen Zeit ein. Dann finde ich haargenau mich selbst in seinen provozierenden Handlungen, seinem Verhalten, seinen Taten und seinem Geschrei wieder. Im Gegensatz zu mir begreift er aber, was vorgeht. Ich kann meine zärtlichen Gefühle für Mark ausdrücken. Ich kann ihm die Nestwärme geben, die er braucht, und ich verzichte auf das heute übliche „Freund-Freund"-Verhalten des Vaters zu seinem Sohn. Ich erinnere mich, daß auch ich früher gerne schmuste, und auch ich war ein Junge. Unsere orgonomische, funktionale Philosophie, die wir in 20 Jahren entwickelt haben, kann einfache und befriedigende Antworten auf die Probleme der Kinder geben. Sie kann Einsichten vermitteln über die Menschen, ihre Beziehungen, und über uns selbst. Und das stimmt uns optimistisch. Die Kinder kommen zu uns mit Problemen, auf die sie in den Vorlesungen an der Universität keine Antwort erhalten. Bei uns bekommen sie eine Antwort. Allgemeine Funktionsprinzipien erklären viel mit wenigen Worten. Sie vermitteln Erkenntnisse, die über die rein technische Beherrschung von Dingen und Zusammenhängen hinausgehen. Dadurch erhält man ein untrügliches Gefühl für das wahrhaftig „Passende und Wichtige" und lernt es zu erkennen und zu begreifen. Kinder können lernen, aggressiven Meinungsdifferenzen auszuweichen (das ist in der westlichen Zivilisation ein weitverbreitetes, zwangsneurotisches Symptom). Sie lernen Zonen der Übereinstimmung vergrößern, und erkennen die wahrhaft grundlegenden Unterschiede und respektieren sie als solche. Das ist ausschlaggebend für die Fähigkeit zur Zusammenarbeit und zum Zusammenwirken.

Man kann sich vorstellen, daß es bei uns bei den Mahlzeiten hoch hergeht, wenn acht Extravertierte alle zugleich darüber reden wollen, was sie gerade tun. Wir warnen zwar unsere Besucher vorher, aber dennoch sind sie gewöhnlich überwältigt von dem Radau und dem Hin und Her der Gespräche, die die Zeit wirklich vollständig ausfüllen. Aber auf diese Weise wissen meist alle anderen, was der einzelne gerade tut.

Im Jahre 1958, kurz bevor die englische Ausgabe der „Free Family" erschien, geschah einmal folgendes. Nicola begann während eines Einkaufsbummels in einem überfüllten Warenhaus zu schreien. Ich bückte mich und sah mich einmal um, wobei ich feststellen konnte, was das Kind sah. Nichts als Kleider und Beine. Überhaupt nichts Interessantes. Was ich gesehen hatte, machte einen tiefen Eindruck auf mich. Ich stellte daraufhin die Ausstellung „Mit den Augen des Kindes gesehen" zusammen. Ich hatte einen kompletten

Haushalt aufgebaut, aber in zweieinhalbfacher Vergrößerung. Viele Eltern zeigten sich beeindruckt. „Jetzt kann ich verstehen, warum mein Kind hier nicht sitzen will“, sagte eine Mutter, als sie die Riesenklobrille sah. Die Ausstellung wurde mehrmals im Fernsehen gezeigt und sogar in die USA übertragen. Vielerorts wurde sie nachgeahmt. Aber nicht immer wurde sie positiv bewertet.

Obwohl man für eine solche Ausstellung einen großen Raum braucht, sollte sie zur Dauereinrichtung in großen Städten werden. Den Eltern, die, wie ich, manchmal vergessen, daß sich das Kind wie ein Wurm in einer Erwachsenenwelt vorkommt, könnte sie als Gedächtnisstütze dienen. Die Hände des Vaters oder der Mutter, die so freigebig alles Gute geben, die aber auch schlagen und verletzen, erscheinen den Kindern riesig. Es ist ein harter Brocken, den man schlucken muß, wenn man die Konsequenzen daraus ziehen will. Aber wie soll man sich sonst über die Lage der Kinder klarwerden.

Mein Name ist in Westaustralien in aller Munde. Den Kindern macht das nichts aus. Mark sorgt dafür, daß meine Bäume nicht in den Himmel wachsen. Er moniert beim Fernsehen: „Ich will nicht schon wieder Papi sehen, ich will Donald Duck!“ Aber die Älteren kommen noch zu meinen Vorträgen und diskutieren sie mit mir, wohlwollend, aber kritisch. Sie sind allerdings in ihrer Kritik nicht so unerbittlich wie Jean. Sie zeigen Interesse an meinen Artikeln, wie ich an ihren. Sie nehmen Anteil an den öffentlichen Problemen, mit denen ich als Stadtrat konfrontiert werde. Und sie helfen mir voller Begeisterung dabei.

In Westaustralien gibt es staatliche und private Schulen. Wie in England gilt es auch hier als fein, in eine Privatschule zu gehen. Diese Schulen verfügen über bessere Möglichkeiten und oft auch über die besseren Lehrer. Die Klassen sind kleiner, die Spielplätze größer. Sie sind aber alle religiös eingerichtet, haben keine gemischten Klassen und sind größtenteils zu weit entfernt. Die Kostenfrage hätte sich für uns sicherlich lösen lassen. Wir haben viel darüber diskutiert. Doch dann schickten wir unsere Kinder doch auf eine der staatlichen Schulen, denn auch die sind den Bedürfnissen der Kinder durchaus angepaßt. Außerdem sind hier Jungen und Mädchen zusammen. Nach sechs Jahren kann man nur sagen, daß unsere Entscheidung richtig war. Auch unsere Kinder würden das nicht abstreiten. Aber dennoch würden wir uns eigentlich ganz andere Schulen wünschen.

Ich habe mich immer gefragt, ob ein wirklich talentierter Künstler am Anfang seiner Laufbahn zum Üben angehalten werden sollte. Ich habe die Antwort gefunden: Nein. Jonquil zum Beispiel ist kein großes Talent. Aber sie übt mit großem Eifer Geige und Tanzen, und niemand mußte sie je dazu ermahnen. Bei Mark war es ähnlich, als er noch Lust am Klavierspiel hatte. Man kann sich leicht vorstellen, daß ein wirklich hervorragend begabter Künstler den ganzen Tag übt, ohne daß jemand ihn dazu zwingt. Die Kinder zeigten immer Selbstdisziplin, wenn es notwendig war. Ihr Eifer beim Schneidern und Kochen bewies das. Ja, sie lernten innerhalb kürzester Zeit Schreibmaschine schreiben, als sie es brauchten. Die Nervosität der Frauen in ihren kritischen Tagen wird von allen (auch von Mark) berücksichtigt, was viel zur Vermeidung von Spannungen beiträgt. In einem Haushalt, in dem die Frauen das Übergewicht haben (nur zahlenmäßig), ist das von größter Wichtigkeit. A. S. Neill hatte in seiner Besprechung dieses Buches 1959 geschrieben, „daß wir unsere besten Seiten hervorheben". Gut, wir zeigten aber auch ein Foto mit der Unterschrift: „Autonome Kinder reagieren mit Vehemenz, wenn sie unglücklich sind." Ja, und auch die Eltern tun das.

Alle unsere Kinder haben auf der Schule Erfolg. Das ist vielleicht nicht wichtig, aber es macht uns die Arbeit leichter. Wenn sie keinen Erfolg hätten, wären sie als Gruppe besser als andere, autoritär erzogene Kinder damit fertig geworden.

Wie könnte man nun die Ergebnisse eines 22jährigen schöpferischen Experiments zusammenfassen? Man könnte vielleicht so sagen: Trotz eines überschwenglichen, mit mancherlei Vorurteilen belasteten und hoffnungslos geistesabwesenden Vaters, trotz einer oft nervösen Mutter, sind wir in der Lage, zusammenzuarbeiten, gemeinsam Probleme zu lösen, Freude an unseren Unterhaltungen zu haben, uns gegenseitig zu helfen. Das ist uns durch die therapeutische Einstellung möglich. Wir stellen uns gemeinsam den Problemen, die in einer sich rasch verändernden Gesellschaft entstehen. Wenn wir miteinander sprechen, lächeln wir Eltern über die verwirrten, reichen Kinder und Jugendlichen von heute. Sie haben so viele Möglichkeiten, die ihnen als selbstverständlich erscheinen. Sie hingegen lächeln bei unseren Geschichten über den jämmerlichen Puritanismus, der unsere Jugend in der westlichen Zivilisation beherrschte.

Ich glaube, wir beschreiten neue Wege mit unserem bewußten, schöpferischen Experiment, dessen Ergebnisse hier gesammelt wurden. Die Einstellung erweist sich auch unter widrigen Umständen als praktikabel. Gibt es einen besseren Test für den Wert einer Idee? In der Geschichte dieser kranken Welt gibt es viele Ideen, gute Ideen, die sich nie durchsetzten, weil der Zustand, in dem sich die Gesellschaft befand, das nicht zuließ. Dank der Arbeiten Wilhelm Reichs kann dieser Krankheitszustand durch die therapeutische Einstellung einkalkuliert werden. Deshalb kann diese Lebensauffassung auch dort effektiv sein, wo Religionen jahrtausendelang versagten.

Jean Ritter

Jean, geb. am 20. 5. 1924 (46). Lehrerin, Mitglied in verschiedenen Kommitees (z. B. dem „Kommitee für verlassene Frauen in Westaustralien").

Jetzt, da ich dies hier schreibe, 13 Jahre nachdem das Buch seinen ersten Verleger gefunden hat, fühle ich mich als völlig anderer Mensch. Keineswegs etwa nur dreizehn Jahre älter. Im Gegenteil, ich fühle mich jetzt, wenige Wochen vor der Geburt meines siebenten Kindes, jünger, aufgeschlossener und sexuell interessierter als je zuvor. Ohne Frage hat das mit dem Wandel der äußeren Umstände etwas zu tun. Wir leben nun seit sechs Jahren in Westaustralien. Zu unserem Haus gehören sechs Morgen Land. Welch ein Unterschied zu den winzigen Gärten in Nottingham.

Der tägliche Existenzkampf ist nicht so aufreibend und die Sonne scheint häufiger (wobei ich nicht behaupten will, daß mir die 35 Grad Celsius des australischen Hochsommers im Januar oder Februar sehr willkommen sind). Ich kann viel öfter in leichter Kleidung umherlaufen und meinen Körper viel besser wahrnehmen und genießen. Einen großen Teil des Jahres kann ich mehrmals täglich in unserem kühlen Swimmingpool im Garten ein Bad nehmen. Die Umweltverschmutzung ist hier, wo wir wohnen, noch gering. Wir leben zwar an einer Hauptstraße, aber dennoch praktisch auf dem Land. Bei uns gibt es massenhaft Obst, gutes Essen und immer noch hausgemachtes Brot. Es dürfte dem Leser nicht schwerfallen, die dreizehn Jahre zu überbrücken und den derzeitigen Zustand unserer Familie in das Gesamtbild einzuordnen. Die Texte, die jeder von uns geschrieben hat, sollen dabei helfen.

A. S. Neill sagte in einer Besprechung unseres Buches, daß es schade sei, daß nicht eines unserer Kinder ein Junge sei. Damit wäre unser Experiment seiner Meinung nach überzeugender geworden. Mark Timothy Ritter wurde am 10. Januar 1962 geboren. Er sah etwas skurril aus, lang und mager wie er war. Dabei wog er nur sechs Pfund. Die Schwangerschaft war schwierig und unangenehm. Etwa im fünften Monat verursachten meine Gallensteine heftige Koliken. Das erste Mal waren sie in unserem Urlaub auf einer der Kanalinseln aufgetreten. Wir hatten dort schon des öfteren Urlaub gemacht und uns im Sommer einen Monat lang ein Haus gemietet, von dem aus man einen herrlichen Blick über die See hatte. Es waren immer sehr erholsame Ferien. Auf der Insel gab es keine Autos und damals auch noch kein Fernsehen. Dafür waren wir ganz von der Natur umgeben. Wir lebten nach dem Rhythmus der Gezeiten des Meeres und nicht nach der Uhr. Oft wanderten wir langsam zum Strand, ausgerüstet mit Schinken und Wurst. Dort machten wir mit Treibholz ein Feuer an und verbrachten den Tag mit Schwimmen und Steinesammeln. Es war ein herrlicher Familienurlaub in einer wunderschönen Gegend – allerdings wohl kaum der geeignete Platz für eine heftige Kolik.

Aber ich hatte Glück im Unglück. Auf der Insel lebte ein sehr guter Arzt, der mir einen Besuch abstattete. Die Schmerzen, die mir heftiges Erbrechen verursachten, waren so stark, daß ich schon ohnmächtig wurde. Ich war erleichtert, als wir nach Nottingham zurückkehrten. Diese Schmerzen, die mich lähmten, und das Erbrechen verließen mich auch die nächsten Monate nicht. Sie erreichten drei Wochen vor dem vermutlichen Geburtstermin ihren Höhepunkt. Meine Hausärztin riet mir sehr zu, in die Klinik zu gehen und einen Kaiserschnitt machen zu lassen, wobei dann auch gleich die Gallensteine hätten entfernt werden können. Sie hatte schon den Telefonhörer in der Hand, um die Klinik anzurufen. Aber Paul bestand darauf, zuerst noch einen Internisten zu Rate zu ziehen. Der Facharzt erschien innerhalb kürzester Zeit und erwies sich als ein äußerst liebenswürdiger Mann. Seiner Meinung nach sollte ich im Bett bleiben und eine völlig fettfreie flüssige Diät essen. Dann würden die Beschwerden nachlassen und ich könnte mein Kind ganz normal zur Welt bringen. Ich beschloß, seinem Rat zu folgen.

Ich hatte einige Ahnung von Biologie und so konnte ich auch unserer Jüngsten, Jonquil, die gerade dreieinhalb war, genau erklären, was gerade vor sich ging. Die Kinder waren großartig und halfen ganz selbstverständlich auf ihre Weise. Aber so ist es ja immer, erst in einer Krisenzeit erkennt man die wirklichen Freunde. An ein sehr erfreuliches Erlebnis erinnere ich mich ganz genau. Die Direktorin der Schule hatte die gesamte Bügelwäsche abholen lassen. Als ich sie ordentlich gebügelt zurückerhielt, waren auch alle notwendigen Reparaturen ausgeführt. Auch waren die beiden Studenten, die zu dieser Zeit bei uns wohnten, eine große Hilfe. Einer von ihnen war „für ein paar Tage“ zu uns gezogen, als seine Eltern die Stadt verließen. Und er blieb ein paar Jahre. Er verhielt sich unseren Mädchen gegenüber wie ein älterer Bruder und war nie ein Spielverderber. (Vielleicht ist er heute verheiratet und findet manches, was er damals auf dem Gebiet des Kochens und der Kleinkinderpflege lernte, ziemlich nützlich.) Weiterhin half uns ein wohltätiger Verein, der uns eine Haushaltshilfe sandte. Solche Vereine gibt es in einigen englischen Städten. Sie helfen Familien, deren Mütter aus irgendeinem Grund ausfallen. Nachträglich wurde mir auch klar, unter welch enormer Belastung zu dieser Zeit Paul gestanden hat. Als ich einige Jahre später den Wunsch nach einem weiteren Kind äußerte, zeigte sich auf seinem Gesicht eine Spur jener Angst, die er damals für mich empfunden haben muß. Er hatte sich diese Angst nicht anmerken lassen.

Ich hatte in der Zeit der erzwungenen Bettruhe ausreichend Gelegenheit zum Nachdenken. Ein Gedanke ging mir dabei immer wieder durch den Kopf. Da ich schon durch meine Krankheit sehr geschwächt war, mußte ich noch mehr als bei den früheren Geburten in den kritischen Momenten völlige Kontrolle über mich behalten; ich mußte meine Atemtechniken sehr sorgfältig anwenden, um meine Kräfte zusammenzuhalten. Ich wußte, daß mich die Preßwehen in der Austreibungsperiode am meisten Kraft kosten würden. Ich wollte deshalb versuchen, erst dann mit eigenen Muskelspannungen die Wehen zu unterstützen, wenn sie ganz stark sein würden. Die Wehen begannen erst einige Wochen nach dem erwarteten Geburtstermin. Ich war zu dieser Zeit wieder auf den Beinen. Die Kontraktionen fingen gegen Mittag an, und ich blieb auf, bis etwa um neun Uhr die Hebamme kam. Das entspannte, flache Bauchatmen half mir sehr. Dadurch, daß ich mich nicht zu früh anstrengte, machte ich eine für mich völlig neue Erfahrung. Ich konnte die Anstrengungen verfolgen, die das Kind unternahm, um herauszukommen. Es war ein köstliches, angenehmes Gefühl. Die zweite Periode bestand lediglich aus einer einzigen langanhaltenden Kontraktion. Sie war so stark, daß ich mich sehr zusammennehmen mußte. Mein Atem ging heftig und stoßweise. Aber schon nach kurzer Zeit höchster Anspannung war das Kind geboren. Ich schrie: „Es ist ein Junge! Ein Junge!“ – Paul sagte mir später, daß ihm erst da klargeworden sei, wie sehr ich mir doch einen Jungen gewünscht hatte.

Von den Mädchen schlief nur Jonquil. Es war halb zehn, und da die Hebamme einverstanden war, kamen die Kinder herein und begrüßten ihren kleinen Bruder, der noch an der Nabelschnur hing. Vielleicht akzeptierten sie ihn deshalb von Anfang an als einen der ihren und zeigten keinerlei Eifersucht. Penny hatte die Theorie aufgestellt, daß Mark am Himmel herumgeflogen sei, und da ihm unsere Familie gefallen habe, sei er zu uns gekommen.

Wie bei jeder Geburt, erhielten die Kinder kleine Geschenke. Es erfüllt mich mit besonderer Freude, daß jetzt, da ich das schreibe, die beiden Jüngsten (Jonquil ist fast 13 und Mark 9) unzertrennliche Spielgefährten sind, die man immer und überall zusammensieht.

Wir hatten uns vorgestellt, daß ein Junge unter fünf Mädchen eine Menge Schwierigkeiten haben würde. Es gab auch einige, aber nicht die, die wir erwartet hatten. Zur allgemeinen Überraschung war ich trotz meiner Krankheit in der Lage, das Kind mit der Brust zu nähren. Ich konnte zwar nicht so lange stillen, wie bei den anderen, aber immerhin doch vier Monate lang. Auch Mark wurde nach Bedarf gefüttert, und seine Tabelle sah der der anderen Kinder sehr ähnlich. Nur anfangs trank er mehr als die anderen, er hatte ja auch etwas aufzuholen.

Ich möchte hier noch ein Wort zur Flasche sagen. Ich habe schon erwähnt, daß die Mädchen zum Teil noch mit sechseinhalb Jahren aus der Flasche getrunken haben, besonders abends vor dem Schlafengehen. Ich hatte mich schon öfters gefragt, ob dabei nicht das Vorbild der jüngeren Geschwister, die an der Brust gestillt oder aus der Flasche gefüttert wurden, eine Rolle gespielt hat. Aber auch Mark, der keine jüngeren Geschwister hatte, trank bis zum sechsten Lebensjahr jeden Abend sein Fläschchen. Dann ließ er es ganz plötzlich sein. Vielleicht ist das einer der Gründe, weshalb alle unsere Kinder nicht rauchen. Sie hatten in ihrer Jugend ausreichend Gelegenheit zum Saugen. Dadurch brauchten sie später keinen Saugersatz (nämlich Zigaretten).

Das größte Problem entstand, als ich eine schwere Wochenbettdepression (Puerperalpsychose) bekam. Ihre Intensität wechselte, und sie dauerte insgesamt ein halbes Jahr. Ich verzichtete auf die Hilfe von Medikamenten, verbrachte aber Stunden damit, Bücher zu studieren und meine eigenen Gedanken und Handlungen zu analysieren. Ich versuchte auch eine Selbsttherapie, die in Entspannungs- und Atemübungen bestand. Ich gewann Klarheit über meine Vergangenheit – ein sehr anstrengender, ja erschöpfender Vorgang. Ganz plötzlich, wie sie gekommen war, verschwand die Depression wieder. Ich spürte, daß ich über dem Berg war und konnte mich des Lebens wieder freuen. Vielleicht hätte ich doch einen Arzt aufsuchen sollen, aber ich wußte von ein oder zwei Freundinnen, die das getan hatten. Sie waren mit Medikamenten und Elektroschocks behandelt worden. Eine von ihnen hatte trotz dieser Behandlung

Selbstmord begangen. Aber ob es nun richtig gewesen wäre, zu einem Arzt zu gehen oder nicht, auf jeden Fall war ich nach der Krankheit ausgeglichener als zuvor.

Zwei Jahre später unterzog ich mich einer Gallenblasenoperation. Dabei wurden 64 Steine entfernt.

Als Mark geboren worden war, hatten viele unserer Freunde, die ebenfalls Jungen hatten, gesagt, nun würden wir ja merken, daß Selbstbestimmung zwar für Mädchen geeignet sei, nicht aber für Jungen. „Jungen", so sagten sie, „sind sehr viel schwerer auf das Töpfchen zu gewöhnen als Mädchen" und ähnliches mehr. Aber meine Erfahrungen sehen ganz anders aus. Kaum daß Mark stehen konnte, machte er mit Freude sein „Bächlein". Alles andere folgte bald, und mit zwei Jahren war er vollkommen sauber. Bei einigen seiner Schwestern war das in diesem Alter noch nicht der Fall. Das hat auch nichts mit der Fähigkeit zu koordinierten Muselbewegungen zu tun, denn Mark lernte erst relativ spät alleine gehen. Er konnte ganz flink krabbeln, aber nichts konnte ihn dazu bringen, auf seinen zwei Beinen zu laufen, bis er 22 Monate alt war. Seitdem rennt er allerdings überall herum.

Mark aß weniger, aber dafür öfter als die anderen, und ich mußte mich so manches Mal selbst daran erinnern, daß er bestimmte und nicht ich. Er war und ist heute noch energiegeladen und aktiv. Süßigkeiten ißt er in rauhen Mengen, vor allem Schokolade und Honigkuchen. Aber er mag auch Zucker, den er in großen Mengen mit Cornflakes und Milch zu sich nimmt – seine Zähne jedoch sind sehr gut. Wir essen auch sehr viel Äpfel, fast 40 Pfund jede Woche. Jeden Abend knabbern wir als letztes gemeinsam eine Möhre oder einen Apfel. Ich muß noch hinzufügen, daß Mark, genauso wie seine Schwestern in ihrer frühesten Jugend, alle möglichen Sachen ißt. Gestern zum Beispiel bestand seine Mahlzeit aus folgenden Gängen: eine kalte Hühnerkeule, drei Äpfel, ein verlorenes Ei mit Toast und Butter, eine Scheibe Toast mit Hühnersülze, ein Glas Milch, zwei Stückchen Lakritze, drei Karamelbonbons, ein Eis, eine halbe Zitrone und schließlich noch ein Glas Milch. Er hatte allerdings die Tage davor sehr wenig gegessen, denn er war viel mit einem Freund zusammen gewesen, der sehr mäkelig ist und schlecht zu essen scheint. In der Regel nimmt er nicht soviel zu sich, ja oft bringt er sein Schulbrot wieder mit nach Hause. Seinetwegen habe ich die Essenszeit auf 5 Uhr nachmittags gelegt, denn zu dieser Zeit hat er am ehesten Hunger. Paul, der morgens um halb sechs aufsteht, frühstückt sehr ausgedehnt, dafür läßt er dann manchmal das Abendessen ausfallen.

Ich hatte mit der Erziehung des Jungen keine größeren Schwierigkeiten als mit der unserer Mädchen. Das heißt nun keineswegs, daß Mark ein Engel ist. Er ist ein intelligenter, netter und energischer Junge. Zuweilen benimmt er sich sehr aggressiv. Aber es gibt keinen Grund, ihn zu schlagen. Wir haben ihn jedoch oft ausschimpfen müssen. Wenn er sich dabei im Unrecht fühlt, zieht er sich in sein Zimmer zurück. Wenn er aber glaubt, selbst ungerecht behandelt zu werden, schreit er zurück. Er hat ein enormes Gerechtigkeitsgefühl. Er hat damit schon manchen Ärger verursacht, wenn er sich gegen Lehrer auflehnte, die das eine sagen und das andere tun.

Wenn er Schwierigkeiten hatte, steckte meist mehr dahinter, als man auf den ersten Blick erkennen konnte. Schlagen hätte bei ihm nichts genutzt, es hätte höchstens ein Gefühl des Grolls in ihm wachgerufen. Aber Geduld und liebevolle Gespräche mit seinen Eltern oder auch mit einer seiner Schwestern, halfen ihm oft genug, mit seinen Problemen fertig zu werden. Zur Zeit vermißt er Leonora sehr, die zum Studium in die Oststaaten gegangen ist. Die beiden hatten in den letzten Wochen oft Kricket miteinander gespielt. Ich konnte sie bei ihren Gesprächen belauschen. Es war wirklich rührend, wie die 21jährige Schwester mit dem 9jährigen Bruder fachsimpelte. Seine Trauer über die Abreise seiner ältesten Schwester wurde etwas gemildert, als Penny ihn zu den beiden Kricket-Endspielen mitnahm.

Mark hat von Anfang an relativ wenig Schlaf gebraucht. Im allgemeinen schläft er gut, doch von Zeit zu Zeit leidet er an Schlafstörungen, die aber immer einen tiefergehenden Grund haben. In der ersten Zeit nach unserer Ankunft in Australien, als er sich auf eine ganz neue Lebensweise umstellen mußte, kam er nachts immer in unser Bett. Gerade als ich schon dachte, daß das wohl nie wieder aufhören würde, endete es. Mich irritierte in der ersten Zeit, daß ich abends nicht nach oben gehen mußte zum Schlafen. Die Umstellung von einem dreistöckigen Haus auf ein einstöckiges kann beinahe traumatisch sein.

Sowohl mit Jonquil als auch mit Mark hatten wir Schwierigkeiten in bezug auf die Toilette. Ich glaube, daß sie auf die falsche Erziehung einiger Nachbarskinder zurückzuführen waren. Auf Grund meiner Erfahrung und meiner größeren Selbsterkenntnis hatte ich bei Nicola, Jonquil und Mark am Anfang weniger Probleme als bei den drei älteren Kindern. Wir hatten Erfahrungen gesammelt und wurden mit den unterschiedlichen Situationen besser fertig. Da unsere Methode bei Leonora, Erica und Penny so erfolgreich gewesen war, fühlten wir uns viel sicherer. Wir hatten keinerlei Angst vor der Zeit, wenn sie zur Schule gehen würden. So traf es uns wie ein Blitz aus heiterem Himmel, als Jonquil sich im Alter von vier Jahren auf einmal weigerte, zur Toilette zu gehen. Sie zeigte größte Angst davor und wollte keinesfalls alleine gehen. Nach einigen Tagen gelang es mir, den Grund dafür herauszubekommen. Jonquil berichtete in Andeutungen von Geschehnissen auf den Toiletten in der Schule, bei denen ältere Mädchen eine Rolle spielten. Sie besuchte zu dieser Zeit die Vorschule einer sehr fortschrittlichen Privatschule. Ich rief die Direktorin an und fragte sie auf gut Glück, ob sie etwas von diesen Geschehnissen wisse. Sie war leicht eingeschnappt – die Lehrer und Lehrerinnen würden ihre Aufsichtspflicht genauestens erfüllen. Es wäre undenkbar, daß auf den Toiletten in der Schule etwas vorkommen könnte. Sie wollte dennoch diesbezügliche Nachforschungen anstellen. Als sie mich nach einigen Tagen wieder anrief, war sie sehr zerknirscht. Die Schule hatte eine neue Toilette erhalten, die zwar auch beaufsichtigt wurde, aber nicht genau genug. Die Direktorin hatte herausgefunden, daß in der Tat einige ältere Mädchen die jüngeren terrorisierten, indem sie sie kopfunter über das abfließende Wasser hielten oder indem sie sie einsperrten. Die Direktorin und ich schieden im besten Einvernehmen. Jonquil aber behielt ich für den Rest des Schuljahres zu Hause, denn es dauerte eine Weile, bis die Folgen dieses traumatischen Erlebnisses beseitigt waren.

In meiner Kindheit war ich von sehr vielen Tabus und Einschränkungen in bezug auf die Toilette und die Sexualität umgeben. So wurde mir, wenn ich meine Genitalien berührte, angedroht, daß eine befreundete Krankenschwester mich zunähen würde. Die Folge war, daß ich bei der Erziehung meiner Kinder auf diesem Gebiet große Schwierigkeiten hatte. Nur mein gesteigertes Selbstbewußtsein und mein Einfühlungsvermögen in die Bedürfnisse meiner Kinder ließen mich diese Hindernisse überwinden. So waren mir die älteren Kinder eine große Hilfe, als Mark kurz nach seinem Schuleintritt begann, alle möglichen Straßenausdrücke für die Toilette und die damit verbundenen Verrichtungen zu benutzen. Ganz offensichtlich ahmte er jemanden nach. Die Mädchen konnten sein Verhalten völlig ignorieren. Zu meinem Entsetzen löste es aber in mir heftige Angst aus. Es gelang mir nur mit großer Mühe, diese Angst zu überwinden und den kleinen Mark nicht allzu ungerecht zu behandeln. Ich glaube, ohne die Hilfe der Mädchen wäre mir das nie gelungen. Nach einigen Tagen stellten wir fest, welchen Jungen Mark nachahmte. Es war ein „netter" Junge aus der Nachbarschaft, den ich kannte und als Spielkameraden für Mark akzeptiert hatte. Die Schwierigkeit für Mark bestand nun darin, daß er wußte, wie gerne ich seinen Kameraden mochte, und daß er sich deshalb nicht vorstellen konnte, daß ich einen Teil des Benehmens dieses Jungen als antisozial und unerwünscht ablehnte. Wir erklärten Mark, daß manche Eltern mit emotionalen Schwierigkeiten zu kämpfen hätten, wenn sie ihren Kindern eine vernünftige Einstellung zu den körperlichen Funktionen beibringen wollten. Daraufhin verschwanden die Ausdrücke schnell aus Marks Repertoire. Und der Nachbarsjunge langweilte ihn von da an nur noch. Man kann sich leicht vorstellen, daß bei dieser Geschichte das Wort „unanständig" – moralisierend gebraucht – negative Folgen gehabt hätte. Noch schlimmer hätten natürlich Schläge gewirkt. „Unanständig" wird in unserer Familie nur als Scherzwort benutzt, und dann auch nur für einen Erwachsenen und nicht für ein verwirrtes Kind.

Die Sexualerziehung war bei Mark ebenso problemlos wie bei den Mädchen. Ich habe seine Fragen immer verständlich und ehrlich beantwortet. Er hatte Verständnis dafür, daß es manchen Eltern nicht so leicht fiel wie uns. Einige Dinge fand er geradezu faszinierend. Eines Tages teilte er mit seine Beobachtung mit, daß ihm seine Genitalien einmal größer und einmal kleiner erschienen. Ich erklärte ihm, daß der Hodensack je nach Witterung verschieden groß sei, um für den Samen eine gleichbleibende Temperatur zu garantieren. Er zeigte sich sehr interessiert. In der Tat ist die Sexualerziehung für viele Menschen noch eine problematische Sache. Ich habe in den sechs Jahren, die ich nun in Australien lebe, eine Menge Gespräche über Sexualerziehung geführt. Viele dieser Gespräche fanden in Versammlungen mit Eltern statt, deren Kinder in die Vorschule gingen. Zwei Probleme tauchten bei meinen Gesprächspartnern immer wieder auf. Erstens fehlten den Eltern selbst die simpelsten anatomischen und physiologischen Kenntnisse. Und zweitens war die Verständigung der Eltern mit ihren Kindern oft schon von früh an gestört. Ich bin der Meinung, daß Eltern, wenn sie überhaupt mit ihren Kindern reden können, auch über die Sexualität mit ihnen reden sollen. Ich selbst habe mich nie gescheut, zuzugeben, daß ich etwas nicht wisse. Ich halte die Antwort: „Ich weiß nicht, aber komm, wir wollen sehen, ob wir das herausfinden können" für besser, als etwa zu sagen: „Jetzt nicht, du siehst doch, ich bin beschäftigt." Und wie oft geben Eltern die zweite Antwort, wenn sie einmal auf eine Frage nichts zu erwidern wissen.

Trotz meiner eigenen schlechten Erziehung gelang es mir, mit meinen heranwachsenden Töchtern im Gespräch zu bleiben. Erica beschreibt einen der seltenen Fälle, in denen es einmal anders war. Das lag daran, daß ich eine sehr lebhafte Phantasie habe. Ich hatte mich damals sehr eingehend mit einigen Fällen von Vergewaltigung beschäftigt, über die die Zeitungen berichtet hatten. Sonst wäre es gar nicht dazu gekommen. (Ich habe in der Zwischenzeit einige der Jungen kennengelernt und festgestellt, daß meine Angst völlig unbegründet war.) Eines möchte ich klar herausheben. Durch diesen Vorfall ist weder bei Erica noch bei mir ein ungutes Gefühl zurückgeblieben, noch hat unsere gegenseitige Zuneigung gelitten.

Fünfzehn Jahre ist nach meinen Feststellungen das schwierigste Alter, um Sexualprobleme zu erörtern. Gleichzeitig ist dies das Alter, in dem es am wichtigsten ist, dem Kind das Gefühl zu vermitteln, daß es mit allen seinen Problemen zu seinen Eltern kommen kann. Die Eltern müssen immer offen und bereit sein. Oftmals werden die Probleme nur vorsichtig und zögernd von den Kindern angeschnitten. Zeigen die Eltern dann auch nur die geringste Ungeduld oder sind sie gerade nicht zu einem Gespräch aufgelegt, so lassen die Jugendlichen das Thema sofort wieder fallen.

Einer der faszinierendsten Filme, die ich je gesehen habe, war „Citizen Kane“. Er führte drastisch vor Augen, daß verschiedene Menschen eine Person in völlig unterschiedlicher Weise erleben können. Das sollte man immer vor Augen haben, wenn man die Beziehungen in der Familie beurteilt. Unsere Kinder können durchaus einen Menschen mögen, ja sogar sehr gern haben, den wir selbst nicht ausstehen können. Man muß sich darüber klar sein, daß die Kinder diesen Menschen ganz anders sehen als die Eltern.

Ich habe immer versucht, die Freunde und Freundinnen meiner Kinder zu akzeptieren. Im allgemeinen ist mir das mehr oder weniger gut gelungen. Ich habe die Menschen immer aus dem Gefühl heraus beurteilt und hatte sehr oft recht damit. Selbst Paul hat oft meinem Urteil über andere Menschen mehr vertraut als seinen eigenen Ansichten. Die Gesellschaft von Masochisten zum Beispiel beraubt mich meiner gesamten Energie und Lebenskraft. Die älteren Mädchen kennen meine Fähigkeit natürlich. Schon des öfteren hatte Leonora, nachdem eine Beziehung in die Brüche gegangen war, zu mir gesagt: „Nun sei mal ehrlich und sage mir, was du wirklich über ihn gedacht hast.“ Ich muß mir immer wieder vor Augen führen, daß es mir gar nicht zusteht, die Liebschaften und Bekanntschaften meiner Kinder zu beurteilen. Zum Glück fühle ich für die meisten ihrer Freunde eine echte Zuneigung und kann gut mit ihnen auskommen.

Aber zurück zu meinem Ausgangspunkt, meiner siebten Schwangerschaft. Ich merkte erst ungefähr im dritten Monat, daß ich schwanger war. Die üblichen Anzeichen hatten sich nämlich nicht eingestellt, auch die Periode war nicht ausgefallen. Paul und ich waren im Urlaub in Sydney. Ich fühlte mich dort sehr abgespannt und hatte mehr und mehr das Gefühl, eine „Geschwulst“ im Bauch zu haben. Ich fürchtete, daß es Krebs sei oder zumindest eine Eierstockgeschwulst, was ich auch offen aussprach, sogar Paul gegenüber. Als ich wieder zu Hause war, ging ich zu meinem Arzt und teilte ihm meine Befürchtungen mit. Ein Aufschub wäre sicherlich wenig sinnvoll gewesen. Er untersuchte mich sehr eingehend, dann sah er mich lachend an und sagte: „Es ist kein Krebs, Sie sind im dritten Monat.“ Ich war so erleichtert, daß ich nur antwortete: „Ist das alles? “ Er versicherte mir, daß er ganz sicher sei. Aber er ließ noch eine Laboruntersuchung machen, um jeden Irrtum auszuschließen.

Es war ein schwerer Schlag. Ich hatte mein Leben vollkommen auf die Versorgung meiner Familie, auf die soziale Arbeit und auf meine gesellschaftlichen Verpflichtungen als Gattin eines Stadtrates ausgerichtet. Und es war mir möglich, gelegentlich mit Paul auf Reisen zu gehen. Man bot mir an, das Kind abzutreiben, obwohl es dafür keine medizinische Indikation gab. Das lehnte ich rundweg ab. Ich gestehe jeder Frau das Recht zu, ein unerwünschtes Kind abtreiben zu lassen. Aber für mich kam das überhaupt nicht in Frage. Es war von Anfang an mein Baby, oder genauer gesagt, unser Baby, denn Paul dachte genauso wie ich.

Die Kinder wußten ebenfalls von Anfang an Bescheid. Wir haben ihnen immer alle Neuigkeiten mitgeteilt, gute und schlechte. Alle waren glücklich darüber. Penny, die gerade 17 Jahre alt war, sagte zum Beispiel: „Wie herrlich! Diesmal bin ich schon alt genug, um alles genau mitzubekommen.“ Jonquils erste Reaktion: „Das geht nicht, du bist zu alt.“ Aber sie revidierte ihre Ansicht sehr bald, als sie sah, wie glücklich ich war. Auch Mark zeigte sich überaus interessiert und wollte ganz genau wissen, wie das vor sich ging. Er wollte in der Tabelle sehen, wie groß das Kind schon war und anderes mehr. Er fragte zum Beispiel: „Woher wißt ihr, daß das Kind genau im April geboren wird? “ Wir erwarteten das Kind genau in dem Monat, in den unsere silberne Hochzeit fiel.

Es war eine Selbstverständlichkeit, daß ich dieses Kind ebenso wie die anderen zu Hause bekommen würde. Aber hier in Australien ist eine Hausgeburt noch ziemlich unbekannt. Ich hielt es für möglich, eine Hebamme für eine Hausgeburt zu finden, aber das stellte sich als nicht so einfach heraus. Die Hebammen arbeiten alle in den Kliniken und sind selten bereit, eine Hausgeburt vorzunehmen. Aber auch wenn sie bereit sind, dürfen sie es nur in Anwesenheit eines Arztes. Ich versuchte, ein oder zwei Ärzte zu einer Hausgeburt zu überreden. Aber sie lehnten ab. Sie waren darauf gar nicht eingerichtet – und außerdem, in meinem Alter! Dabei hat mir jede der bisherigen Schwangerschaften mehr Beschwerden bereitet als diese. Ich hatte keine Rückenschmerzen, keine Krämpfe, ich war ruhiger und weniger melancholisch, und auch mein Sexualleben war aktiver. Meine Töchter, vor allem Erica, waren gleichfalls maßlos enttäuscht, daß ich das Kind nicht zu Hause bekommen konnte.

Da ich mich schon sehr früh mit den Arbeiten von Dick Read beschäftigt hatte, machte ich mir eine Menge Gedanken und las viel über die natürliche Geburt. In England hatte ich der Vereinigung zur Förderung der natürlichen Geburt angehört und hatte sogar manchmal Wehmutter gespielt. (Dabei war es meine Aufgabe, bei der Mutter bleiben und darauf zu achten, daß sie die Kontrolle über sich behielt. Auch mußte ich ihre Entspannung und ihre Atmung überprüfen.) Ich hatte beobachtet, daß sich viele Frauen nicht entspannen können, und so war ich auf eine Methode gestoßen, die ich über den bedingten Reflex erreichen wollte, daß die Frauen sich während der Geburt richtig verhalten. Ich möchte nicht behaupten, daß irgendeine Technik der anderen überlegen sei. Jede Frau ist anders, jede Geburt ist anders. Was für eine Mutter geeignet ist, braucht noch lange nicht für eine andere geeignet zu sein. Ich vermute, daß auch meine Technik eine Mischung aus verschiedenen anderen ist.

Aber Kliniken hatte ich nun einmal in schlechter Erinnerung. Ich wollte mich daher vorher unbedingt vergewissern, daß die Klinik meine Techniken akzeptierte und daß Paul bei mir bleiben konnte. Aber als ich die Schwester Oberin aufsuchte, stieß ich auf offene Ablehnung. Die Schwester war der Meinung, daß es nicht meine Sache sei, wie die Geburt verlaufe. Zu meiner Atemtechnik sagte sie kurz angebunden: „Sie träge allenfalls zur Verkrampfung bei." Es war das erste Mal, daß ich wirklich bedauerte, schwanger zu sein. Lieber gar kein Kind, als ein Kind auf diese Weise zur Welt bringen! Nach einigen Tagen raffte ich mich wieder auf und stellte weitere Nachforschungen an. Sie führten glücklicherweise zu einer überraschenden Entdeckung. Nicht weit entfernt gab es eine Klinik, in der fünf Ärzte arbeiteten, die die Methoden der natürlichen Geburt praktizierten. Ich machte einen Besuch bei einem der Ärzte. Es war ein ruhiger, dem Leben zugewandter Mann, der bescheiden und höflich wirkte und dabei viel Wärme, Zuversicht und Ruhe ausstrahlte. Er gestattete Paul und mir, die Kreißsäle zu besichtigen. Am meisten freute mich, daß hier nicht solche Betten standen wie in der Klinik, in der ich Leonora zur Welt gebracht hatte. Die Betten hier waren bequem, mit aufstellbarem Rückenteil, Armlehnen und Fußstützen. Sie waren wie geschaffen, die Anstrengungen während der zweiten Periode erträglicher zu machen. Als ich den Arzt verließ, war ich sehr erleichtert und glücklich.

Jetzt, da ich diese Zeilen schreibe, ist es noch einen Monat hin, bis ich mein siebtes Kind, ein australisches Kind, bekommen soll.

Leonora Ritter

Leonora, geb. am 2. 6. 49 (22), Diplomarbeit an einer Universität in New South Wales in Australien über städtische Probleme im Sydney des 19. Jahrhunderts.

Ich möchte gleich zu Beginn eines klarstellen: Ich glaube an die Selbstbestimmung. Ich werde meine Kinder genauso erziehen wie meine Eltern mich erzogen haben. Da ich nach den Prinzipien der Selbstbestimmung aufgewachsen bin, nehme ich an, daß ich größere Fähigkeiten besitze als meine Eltern und daher die Selbstbestimmungsmethode effektiver anwenden kann. Ich werde durch konventionelle Moralbegriffe und traditionelle Werte weniger behindert sein.

Der Glaube eines autonomen Kindes an seine Erziehung muß besonders überzeugend wirken. Denn es ist nicht zu willenlosem Gehorsam gegenüber den Eltern, sondern zur kritischen Haltung gegenüber Ideologien erzogen. So vertrete ich die Selbstbestimmung nicht, weil meine Erziehung mir gar keine andere Alternative ließ, sondern weil ich mit der Fähigkeit, meine Umgebung zu erkennen und zu analysieren, aufgewachsen und selbst zu dem Schluß gekommen bin, daß dies die gesündeste und brauchbarste Erziehungsmethode ist.

Kinder haben in dieser Welt keine Bürgerrechte. Der größte Vorteil, den ich unserer Familie verdanke, bestand darin, daß ich zu Hause die gleichen Rechte wie alle genoß und, da meine Eltern immer auf meiner Seite waren, niemals der Außenwelt völlig hilflos gegenüberstand. Immerhin war es eine angenehme Überraschung, als von meinem sechzehnten Lebensjahr an auch andere Leute begannen, mir Rechte zu gewähren und Pflichten zu übertragen. Meine einundzwanzig Jahre sieht man mir nicht an, ganz im Gegensatz zu einigen meiner jüngeren Schwestern, die oft für die älteren gehalten werden. Es ist ernüchternd, wenn Leute, die mich herablassend und sonst irgendwie unmöglich behandeln, weil sie mich für vierzehn halten, plötzlich zuvorkommend, wenn nicht sogar verlegen reagieren, wenn sie merken, daß sie mit einer Erwachsenen sprechen. Ist ihnen denn nicht klar, daß auch Kinder Gefühle haben? Es ist ein Jammer, daß so viele „Erwachsene“ auf dieser Erde Kinder nicht mit der gleichen Höflichkeit behandeln können, die sie für sich selbst in Anspruch nehmen.

Meine Eltern haben mich in der Familie immer als vollwertigen und gleichwertigen Partner behandelt, soweit es meine Fähigkeiten nur zuließen. Da ich und meine Schwestern immer an allen Neuigkeiten, Problemen und Feiern teilhatten, wuchs in uns ganz natürlich das Gefühl der Verantwortung. Die Fähigkeit, Verantwortung bei der Hausarbeit zu übernehmen, entwickelte sich bei mir allerdings nur langsam. Mir fiel es bis zum vierzehnten Lebensjahr ausgesprochen schwer, zu helfen, während meine Schwester Erica schon in weit jüngerem Alter im Haushalt mitarbeitete. Aber genauso, wie unsere Eltern uns zu einem Teil ihrer Welt machen, versuchen wir, ein Teil der kleinen Welt unserer Familie zu werden, und das schließt auch die Mitarbeit ein. So muß zum Beispiel Jean[1] selten nach den Mahlzeiten den Tisch abräumen. Es erscheint uns ganz natürlich, daß wir, nachdem sie gekocht hat, unseren Teil beim Aufräumen leisten. Da wir auch nur Menschen sind, tun wir es nicht immer mit Begeisterung. Manchmal murren wir ganz schön untereinander.

Unsere Mitarbeit hat nichts mit dem moralischen Konzept der Pflichterfüllung zu tun. Bei uns hilft jeder entsprechend seinen Fähigkeiten. Das trifft vor allem zu, wenn irgendeiner von uns sich deprimiert oder unwohl fühlt oder anderweitig beschäftigt ist und deshalb nicht einspringen kann. Dann hält niemand eine Moralpredigt über die verderbliche Faulheit, sondern hat Verständnis dafür, daß der andere nicht helfen kann oder nicht helfen mag. So hatte ich zum Beispiel kürzlich eine Erkältung. Ich half Mark (9) und Jonquil (12) beim Abräumen des Frühstückstisches, als Mark sich zu mir umdrehte und sagte: „Laß nur sein, wir werden schon allei-

1 Ich werde nicht von meinem Vater oder meiner Mutter, sondern von Paul und Jean sprechen, genauso wie ich es gegenüber meinen Freunden tue. Jemand fragte mich einmal, ob ich es nicht für unehrerbietig halte, Eltern mit ihrem Vornamen anzureden. Der Frager hatte offensichtlich den Gedanken der Selbstbestimmung nicht verstanden.

ne fertig, wenn du nicht helfen kannst." Unsere Hilfeleistungen werden aber niemals als etwas Selbstverständliches hingenommen. Im vergangenen Jahr brauchte ich regelmäßig erst spät in der Universität zu sein. Ich räumte also fast immer den Frühstückstisch auf, während Jean die jüngeren Geschwister zur Schule brachte. Obwohl sie selbst eine Wagenfahrt von acht Meilen hinter sich hatte und diese Hilfe beinahe von mir erwartete, bedankte sich Jean doch jedesmal und vermittelte mir dadurch das Gefühl, daß meine Arbeit anerkannt werde.

Viel zu viele Leute sehen die Erziehung ihrer Kinder als einen Balanceakt zwischen der eigenen Nachgiebigkeit und der Möglichkeit an, von den Kindern Gehorsam zu erzwingen. Das Dilemma entsteht, weil sie das Eltern–Kind-Verhältnis als einen Konkurrenzkampf empfinden. Die Selbstbestimmung löst dieses Problem. Dadurch, daß sich das Eltern–Kind-Verhältnis auf Zusammenarbeit gründet, wird das Leben für beide Teile so angenehm wie möglich. Das heißt, daß die Eltern ihr Recht auf ein angenehmes Leben verteidigen und ihren Kindern gleichzeitig die Möglichkeit gewähren, über sich selbst zu bestimmen. Die Kinder bekommen damit all das, was sie sich wünschen und was sie brauchen. So erklärten mir meine Eltern, als ich noch klein war, daß sie am Abend gerne allein sein möchten und bestanden auf ihrem Recht auf Frieden und Ruhe zu bestimmten Zeiten. Außer bei besonderen Gelegenheiten, etwa wenn ich aufbleiben und mir eine bestimmte Fernsehsendung ansehen durfte, ging ich deshalb zu einer festgesetzten Zeit in mein Schlafzimmer. Jedoch hatte auch ich meine Rechte. Meine Abwesenheit befriedigte das Bedürfnis meiner Eltern, ein wenig Ruhe zu haben. Ich aber konnte, obwohl ich meistens selbst den Wunsch hatte, ins Bett zu gehen, aufbleiben und spielen oder lesen, solange ich nur in meinem Zimmer blieb.

Mein Verschwinden zu einer festgesetzten Zeit ist nur ein Aspekt unseres auf Zusammenarbeit basierenden Verhältnisses, aus dem die Kinder den Vorteil ziehen, daß die Eltern guter Laune sind, denn ruhige Abende schonen die Nerven der Eltern. Ein anderer Aspekt der kooperativen Methode ist scheinbares Nachgeben. Ich beobachtete kürzlich einen Fall im Haus einer Freundin. Ihr elf Monate alter, autonom erzogener Sohn war gereizt, weil er Zahnschmerzen hatte. Er wies sowohl sein Mittagessen wie auch ein Glas Milch zurück. Man konnte ihm nichts recht machen. Seine Mutter versuchte alles mögliche. Sie goß die Milch in seine Flasche und versuchte, sie ihm auf diese Weise einzuflößen. Er zeigte schon ein wenig Interesse, war aber immer noch nicht glücklich. Schließlich nahm meine Freundin ihren Sohn auf den Arm und gab ihm die Flasche. Dieser zärtliche Trost war offensichtlich genau das, was er wollte und brauchte. Er trank die ganze Flasche aus, ließ sich dann bereitwillig in sein Stühlchen setzen und aß sein Mittagessen auf. Seine Laune wurde im Laufe des Nachmittags immer besser. So hatte sich die anfängliche Mühe seiner Mutter und ihr Eingehen auf sein Bedürfnis doch gelohnt.

Wir sind als Kinder mit dem Gefühl aufgewachsen, daß wir zusammen mit unseren Eltern dafür zu sorgen hatten, daß in unserem täglichen Familienleben alles glattging. Meine autonome Erziehung hat in mir mehr Fähigkeiten geweckt als die orthodoxe Erziehung, der meine Eltern ausgesetzt waren. So ist es nicht erstaunlich, daß ich heute das Gefühl habe, daß meine Eltern genauso von meiner Toleranz und meiner Geduld profitieren wie ich von der ihrigen. Es ist viel leichter, tolerant und geduldig mit ihnen umzugehen, weil sie nie vorgegeben haben, vollkommen zu sein. Vielmehr waren sie immer bereit, zuzugeben, daß sie wie jeder andere „manchmal verrückt" sind.

Als dieses Buch veröffentlicht wurde, war ich zehn Jahre alt. Ich freute mich, daß unsere Familie dadurch bekannt und berühmt wurde, aber so richtig verstand ich doch nicht, worum es eigentlich ging. Die Erkenntnis, daß unsere Familie wirklich etwas Besonderes war, dämmerte mir erst einige Jahre später, als ich entdeckte, daß sogar meine eigenen Schulkameraden von ihren Eltern bestraft wurden. Strafe war in meiner Erziehung ein völlig unbekanntes Konzept. Daß Paul mich anschrie, wenn ich ihn störte, ist ganz natürlich. Ich würde mich genauso verhalten. Aber diesen Ausbrüchen fehlte der moralische Zwang, dem Kinder wehrlos ausgeliefert sind. Die Tatsache, daß Eltern sich ihren Kindern gegenüber so offenkundig feindlich und unfair verhielten, schockierte mich. Wenn ich heute jemanden ein Kind bestrafen sehe, werde ich von der Ungerechtigkeit einer Situation abgestoßen, in der ein menschliches Wesen ein anderes verletzen kann, nur weil der kleinere und hilflose Mensch sich nicht einer möglicherweise befremdenden, unverständlichen und unvernünftigen Verhaltensnorm anpassen will. Autonome Erziehung bedeutet, daß das Kind sich, soweit das sinnvoll ist, seine eigene Norm setzt. Die notwendigen Einschränkungen werden dem Kind erklärt. Dadurch werden sie ihm verständlich und, wenn die Eltern vernünftig sind, auch einsichtig. Das Experiment, das meine Eltern mit uns durchführten, liefert den Beweis, daß gesunde Kinder rationale Wesen sind, die auch ohne Strafe vernünftig reagieren. Wenn Kinder nicht vernünftig reagieren, macht Strafe die

Angelegenheit nur noch schlimmer. Denn eine ausbleibende Reaktion des Kindes geht immer auf eine psychische Störung oder auf fehlendes Verständnis zurück, und beides läßt sich durch Strafe nicht beheben.

In ihrem Buch drücken meine Eltern ihre grundlegenden Ideen so aus: „Da die Fähigkeit zur Selbstbestimmung in unserer Gesellschaft ignoriert wurde, tendieren Tradition und das ganze Wertsystem, in denen das Kind aufwächst, dazu, falsche Normen zu setzen."

Schon bevor ich den Wert der Selbstbestimmung entdeckte, kam ich öfters mit Phänomenen in Berührung, die auf diesen falschen traditionellen Normen beruhten. Keines dieser Erlebnisse konnte mich gegen die Selbstbestimmung einnehmen. (Man hat mich gelegentlich darauf hingewiesen, daß gerade ich durch meine Erziehung unfair behandelt worden sei, da ich früher oder später doch mit der „wirklichen" Welt in Berührung kommen müßte.) Vielmehr habe ich auf Grund meiner eigenen Kriterien begonnen, diese Werte und ihren falschen Ursprung zu verstehen. Dadurch erhält meine Ablehnung um so mehr Gewicht.

Während meiner Kindheit wendeten meine Eltern viel Mühe auf, mich vor der Außenwelt zu beschützen. Sie wählten Bücher und Fernsehsendungen für mich aus. Letzteres war besonders einfach, solange wir noch keinen eigenen Fernsehapparat hatten und sie mir einfach sagten, wann ich die Nachbarn besuchen durfte. Dabei verbargen meine Eltern mir nicht, daß sie sozusagen eine Zensur ausübten. Ich wußte, daß sie es taten. Sie erklärten mir, daß es notwendig sei, weil viele Sendungen „verrückt" seien. Ich akzeptierte das Urteil meiner Eltern, denn ich glaubte an ihre Integrität. Sie versuchten, mich besonders vor Gewalt zu beschützen. Ich erinnere mich noch deutlich, daß ich mit ungefähr sechs Jahren eine Spielzeugpistole gefunden hatte und sie mich überredeten, sie wegzuwerfen. Heute glaube ich, daß eine derart scharfe Zensur nicht richtig war. Mark durfte so viele Pistolen besitzen und so viele Cowboy-Programme sehen, wie er wollte. Jetzt sitzt er weniger vor dem Fernsehapparat als ich und nimmt seine Coltsammlung äußerst selten einmal vor. Als ich etwa zehn Jahre alt war, gaben meine Eltern ihre strenge Zensur auf. Ich schaffte mir sofort eine Sammlung von Revolvern an, über die ich eifersüchtig wachte und die ich im Schlaf unter meinem Kopfkissen verborgen hielt. Meine jüngeren Geschwister, denen meine Eltern größere Freiheiten gewährten, hatten keine solchen Probleme. In diesem Fall hätte ihr Glauben an die Kraft der Selbstbestimmung stärker sein sollen.

Die einzige für Kleinkinder wertvolle Zensur besteht im Schutz vor extrem furchteinflößenden Dingen. Eine Zensur also, die sehr schwer zu beurteilen ist. In diesem Zusammenhang muß ich auf die falschen traditionellen Werte zurückkommen, denn für mich gehörten die überlieferten Märchen zu den grauenvollsten Dingen in meiner Kindheit. Spiegelfechterei und übernatürliche Ereignisse konnte ich nicht kontrollieren, und da ich ohne moralische Konzepte aufgewachsen war, fiel es mir schwer, daran zu glauben, daß die guten Feen über die bösen siegen würden. Mit Cowboys und Detektiven war es etwas anderes. Revolver und Fäuste unterlagen menschlichem Willen, und es war ganz logisch, daß die Guten immer gewannen, denn die konnten besser kämpfen und denken als die schlechten. Wirklich furchteinflößend sind nach meiner Erfahrung – und nach der meiner jüngeren Geschwister – Erzählungen, in denen übernatürliche und alltägliche Dinge miteinander vermischt sind. Ich erinnere mich besonders an eine Geschichte, die uns im Alter von sieben Jahren in der Schule vorgelesen wurde und so der Kontrolle meiner Eltern entging. Die Geschichte handelte von einem Drachen (übernatürlich), der im Abflußrohr der Badewanne (alltäglich) lebte. Dieser spezielle Drache wurde am Ende der Geschichte von einem zehn Zentimeter großen Helden getötet. Noch ein paar Jahre später ließ ich den Stöpsel so lange wie möglich in der Wanne stecken und rannte dann so schnell ich konnte davon. Auch Mark wurde vor kurzem von einer Fernsehsendung fast zu Tode erschreckt, in der das alltägliche Konzept eines kranken Mädchens mit dem übernatürlichen des personifizierten Todes, der in einer Pferdekutsche umherfuhr, verquickt war.

Die Fähigkeit eines autonomen Kindes, mit einer feindlichen Umwelt fertig zu werden, wird in der Schule auf die härteste Probe gestellt. Bevor ich zur Schule ging, hatte ich aus den Erzählungen anderer Kinder den Eindruck gewonnen, daß es sich dabei um einen großen, finsteren Turm handle. Als ich dann herausfand, daß die Schule weiträumig und luftig war und ganz gewöhnliche Menschen darin umhergingen, war meine erste Reaktion sehr positiv. Darum war es auch äußerst wichtig, daß meine Eltern mir die Schule schon vor dem eigentlichen Schulbeginn zeigten. Ich war mit dem Ort und den Leuten vertraut, bevor ich es mit ihnen aufnehmen mußte. Und da es ein Teil der mir bekannten Welt war, fürchtete ich mich nicht so sehr.

Wie schon in „The Free Family“ erwähnt, suchten meine Eltern die Schule für mich und meine Geschwister mit aller Sorgfalt aus. Das war von großem Vorteil. Ich besuchte diese Schule zehn Jahre lang, und mit dieser Zeit verbinden sich eine Menge glücklicher, aber auch weniger glücklicher Erinnerungen. Als ich die Schule mit fünfzehn Jahren verlassen mußte, weil wir nach Australien auswanderten, tat es mir leid. Obwohl ich nicht dazu gezwungen war, ging ich die letzte Woche vor unserer Abreise noch jeden Tag zur Schule.

Wie gut auch die Schule als Ganzes sein mag, am wichtigsten ist immer noch der einzelne Lehrer. Besonders wenn die Kinder zu jung sind, um ihre Rechte wahrzunehmen, und sich nicht an ihre Eltern um Beistand wenden können. Auf der Schule kam ich zum erstenmal mit völlig irrationalen und ungerechten Erwachsenen in Berührung. Zuvor hatte ich volles Vertrauen in die Welt der Erwachsenen gesetzt. Doch dieses Vertrauen wurde schon kurz nach Schulbeginn erschüttert, als ich in Schwierigkeiten geriet wegen einer Sache, mit der ich nichts zu tun hatte, und mich dann wirklich in die Nesseln setzte, als ich meine Unschuld zu beweisen suchte. Andere Kinder kamen ungeschoren davon, weil sie schon lange nicht mehr auf die Gerechtigkeit der Erwachsenen bauten. Ich glaubte an die Erwachsenen, als ich fünf Jahre alt war, und schätze auch heute noch die ältere Generation. Für mich gibt es also kein Generationsproblem. Wenn die meisten Kinder schon mit fünf Jahren das Vertrauen in die Integrität ihrer Eltern und Lehrer verloren haben, darf man sich nicht über daraus entstehende Generationskonflikte wundern. Ohne Vertrauen ist Kommunikation sehr schwierig, und ohne Kommunikation verringert sich das gegenseitige Verständnis. Mangel an Kommunikation ist die Ursache des Gegensatzes zwischen den Generationen. Zugegeben, Kommunikation ist nicht immer einfach, schon gar nicht in gespannter Atmosphäre und nicht einmal mit den Menschen, denen man vertraut. Daher war es für uns manchmal leichter, anstatt mündlich schriftlich miteinander zu verkehren. Einige Mitglieder unserer Familie tauschen noch immer Briefe aus, wenn die Situation es erfordert.

Meine Eltern halfen mir, wenn ich Schwierigkeiten in der Schule hatte, in verschiedener Weise. Erstens stellten sie sich immer auf meine Seite. Ob sie nun glaubten, daß die Schule recht hatte oder nicht, immer vermittelten sie mir das Gefühl, daß ich mich auf sie verlassen konnte, wenn die Lehrer mir einmal über waren. So behielt ich mein Vertrauen in die Erwachsenen, obwohl sie mir manchmal sehr albern vorkamen. Ich kann mich noch erinnern, daß meine Eltern wahre Schlachten für mich ausfochten, als ich einmal ungerechterweise von einem Lehrer bedroht wurde. Manche Leute befürchteten deshalb, daß ich nie auf meinen eigenen zwei

Füßen würde stehen können. Ich kann all jene beruhigen, die Angst haben, für ihre Kinder einzutreten. Auf mich hatte das genau die entgegengesetzte Wirkung, ich erlangte dadurch größere Selbstsicherheit. Und als ich elf war, beschloß ich, meinen Eltern nichts von einem über mich verhängten Schularrest zu erzählen. Ich fühlte, daß es an der Zeit war, für mich selbst zu kämpfen und ihre Hilfe nicht weiter in Anspruch zu nehmen.

Zweitens erklärten sie mir bereits in meinem fünften Lebensjahr, daß auch Lehrer nur Menschen seien, also „auch manchmal verrückt" handeln könnten. Sie machten mir klar, daß auch die Lehrer sich manchmal nicht wohl fühlten und daß es für sie nicht einfach sei, mit sechsundzwanzig Kindern fertig zu werden, von denen die meisten nicht so vernünftig wären wie ich. Auf dieser Basis erschien es mir ganz natürlich, mit den Lehrern zusammenzuarbeiten, weil sie nicht Feinde waren, sondern nur Leute, die ihren Beruf ausübten. Meine Einstellung den Lehrern gegenüber hatte manchmal zur Folge, daß ich – vor allem als ich noch jünger war – wenig Freunde in der Klasse besaß. Meine Klassenkameraden betrachteten mich als Außenseiter, weil ich ihre feindseligen Gefühle gegen die Lehrer nicht teilte. Für mich handelten sie unvernünftig, indem sie gegen Regeln verstießen, die oft sinnvoll schienen, oder irgendeinem armen Lehrer übel mitspielten, für den ich meist nur Mitleid empfinden konnte. Einige Regeln und Lehrer fand ich tatsächlich unvernünftig, und es gab auch Zeiten, in denen der Druck der Gruppe zu stark wurde. Dann beteiligte ich mich an den Albernheiten. Aber ich erinnere mich, daß ich mich freiwillig bei Lehrern entschuldigte, die ich durch meine Albernheiten geärgert hatte. Ich tat es, weil ich sie nicht als Feinde betrachtete, und weil ich auch den Erwachsenen Gefühle zugestand. So hatte ich zu den Lehrern oft ein besseres Verhältnis als zu meinen Klassenkameraden. Meine Beziehungen zu ihnen wurden nicht durch Angst beeinträchtigt. Allerdings war auch der Umgang mit den Lehrern manchmal schwierig, da ich dazu erzogen worden war, unabhängig zu denken. Ich mußte schon in frühem Alter lernen, mich „diplomatisch" zu verhalten.

Eine Methode meiner Eltern, mir die „menschliche" Seite der Lehrer zu zeigen, bestand darin, sie zum Kaffee einzuladen, schon als ich noch sehr jung war. Ich vermute, daß hinter diesen Einladungen das zusätzliche Motiv steckte, mich den Lehrern in meiner häuslichen Umgebung zu zeigen. Die Lehrer sollten erkennen, daß ich an Zusammenarbeit gewöhnt war und nicht so sehr an das Prinzip des Gehorsams. Als ich vierzehn war, übernahm ich es selbst, die Einladungen auszusprechen. Diese Besuche bereicherten mich ungemein: Erstens stammen aus dieser Zeit zwei sehr gute Freunde, und zweitens lernte ich die Eigenart der Lehrer weit besser verstehen.

Der Vorteil, daß nie künstliche Barrieren zwischen mir und meinen Lehrern bestanden, wirkt sich noch jetzt auf der Universität aus. Auch hier wird meiner Ansicht nach das Verhältnis zwischen Professoren und Studenten durch unnötige Furcht und Respekt von seiten der Studenten gestört. Ich erreiche dagegen ein Maximum an Zusammenarbeit mit meinen akademischen Lehrern (einige sind dazu allerdings fähiger als andere) und ziehe aus ihrem Wissen und ihrer Erfahrung einen maximalen Nutzen.

Eine Legende möchte ich gern zerstören, nämlich die, daß sich Kinder zu Faulpelzen entwickeln, wenn man ihnen bei ihren Schularbeiten hilft oder sie zu Hause behält, wenn sie sich nicht wohl fühlen. Diese Ansicht stimmt mit meiner Erfahrung nicht überein. Solche Vorstellungen beruhen auf moralischen Voraussetzungen statt auf funktionalen. Wie vielen Erwachsenen ist es möglich, Dichtung oder Kunst zu genießen oder sich mit Mathematik zu beschäftigen, ohne daß sofort eine Denksperre eintritt? Und das alles nur, weil man ihnen in ihrer Jugend auf diesen Gebieten das Gefühl der Unfähigkeit vermittelt hat. Wird ein Kind wegen eines Versagens auf einem Gebiet bestraft oder lächerlich gemacht, so wird es entmutigt, weitere Versuche zu unternehmen, und es entsteht in ihm ein Gefühl der Hoffnungslosigkeit und der Niederlage. Ähnlich bedenklich ist es, gute Arbeiten durch Lob oder Preise zu belohnen. Gegen solche Maßregelungen sollte man nach Kräften etwas tun. Meine Eltern halfen mir oft bei meinen Schulaufgaben, besonders im Zeichnen, Aufsatzschreiben und Dichten, bis etwa zu meinem dreizehnten Lebensjahr. Die Wirkung war der, die man allgemein vorausgesagt hatte, genau entgegengesetzt. Da die Lehrer diese Gemeinschaftsarbeiten lobten und ich vom Zusehen lernte, wie man zeichnet und schreibt, wuchsen sowohl mein Zutrauen zu mir selbst als auch meine Fähigkeiten. Für diejenigen, die alles gern mit Zahlen belegt sehen wollen: In meinem Abgangszeugnis hatte ich eine Zwei in Englisch und im ersten Jahr auf der Universität im gleichen Fach sogar eine Eins. Und das alles, obwohl meine Eltern keinen Wert auf schulischen Erfolg legten. Pauls Reaktion auf gute Noten war gewöhnlich: „Kleine Streberin." Für diejenigen, die andere Erfolgskriterien anlegen, hier meine Lieblingsbeschäftigungen: Gedichte schreiben und Zeichnen.

Auch dadurch, daß man seinem Kind einmal erlaubt, zu Hause zu bleiben, wenn es nicht gern in die Schule gehen möchte, richtet man keinen Schaden an. Ich blieb manchmal einen oder auch nur einen halben Tag zu Hause, ging aber andererseits auch dann zur Schule, wenn ich krank genug war, um ein Fehlen zu rechtfertigen. Natürlich hatte ich Glück, daß mir die Schule die meiste Zeit Freude machte. Aber die Möglichkeit, die Schule schwänzen zu können, wenn ich wirklich wollte, gab mir nicht nur das Gefühl, daß meine Eltern auf meiner Seite waren, sondern auch, daß ich die ganze Schulsituation beherrschte. Darüber hinaus entwickelte ich, da meine Erziehung nicht vom Zwang diktiert wurde, ausgeprägte Kriterien zur Beurteilung verschiedener Lehrer und verschiedener Erziehungspraktiken. So reagierte ich bei meinem Eintritt in die Universität auf die Möglichkeit, Vorlesungen und Seminare frei zu wählen, nicht, indem ich mich um alles drückte, sondern indem ich jeden Professor oder Assistenten nach seinen Vor- und Nachteilen beurteilte. Wenn es mir nach einigen Vorlesungen so schien, als profitiere ich von den Vorlesungen weniger als vom Lesen eines wissenschaftlichen Buches, so ließ ich die Vorlesung aus und arbeitete allein auf diesem Gebiet. Um wiederum die zu befriedigen, die auf gute Examensnoten Wert legen: Ich erzielte gute Ergebnisse in Geschichte und erhielt ein Stipendium. Für die anderen kann ich nur sagen, daß mir der akademische Bereich des Universitätslebens ebensoviel Freude bereitete wie der gesellschaftliche.

Die Tatsache, daß ich nie zur Arbeit getrieben wurde, sondern selbst darüber bestimmen konnte, wirkte sich vielleicht am stärksten darin aus, daß ich später ohne Schwierigkeiten meine Arbeit zeitlich einteilen konnte und innerhalb von vier Jahren nur ein Referat zu spät abgab.

Meine Eltern schrieben 1959: „Man muß mit der feindlichen, lebensverneinenden Umgebung rechnen und Gegenmaßnahmen ergreifen", und: „Wir versuchen, unsere Kinder wählen und sich nach ihren eigenen Kriterien entwickeln zu lassen, soweit es irgend möglich ist."

Daß es auch beim Prinzip der Selbstbestimmung begrenzende Faktoren gibt, gegen die man zum Teil Gegenmaßnahmen treffen kann, wenn man sie erkennt, ist uns klar. Aber das ist im Buch selbst hinreichend besprochen. Es gibt allerdings noch einige zusätzliche Punkte, die ich gerne erwähnen möchte.

Zu den begrenzenden Faktoren gehören die „wirklich gefährlichen Dinge". Außer den allgemein als gefährlich akzeptierten Dingen wie Elektrizität, Autos, Feuer, Gift und Höhe möchte ich noch Zigaretten nennen. Obgleich das Problem verschiedene Aspekte hat, komplexer als die anderen ist und im allgemeinen nur Jugendliche betrifft, werden doch Zigaretten mehr und mehr als wirklich gefährlich erkannt. Weil man sich so leicht daran gewöhnt, kann schon das erste Päckchen Zigaretten eine echte Gefahr darstellen. Es ist sehr mühsam und oft sogar unmöglich, chronische Raucher zum Aufhören zu bewegen. Darum sollte man junge Leute dazu bringen, gar nicht erst anzufangen. Erschwert wird diese Aufgabe natürlich dadurch, daß Rauchen mit emotionalen Bedürfnissen verquickt ist, wie etwa dem Saugbedürfnis. Bei einem autonomen Kind allerdings gibt es diese Bedürfnisse überhaupt nicht oder nur in geringem Ausmaß, da dem Baby erlaubt wurde, seine Saugtätigkeit selbst zu regulieren und sein Bedürfnis zu stillen. Ihm sollte es daher sehr viel leichterfallen, Nichtraucher zu bleiben.

Die Gefahr dieser Angewohnheit liegt darin, daß sie, obgleich wirklich gefährlich, dennoch gesellschaftlich akzeptiert wird. Wenn man einem Kind sagt: „Steck den Finger nicht in die Steckdose, denn das kann deinen Tod verursachen", so kann das Kind diesen Satz verhältnismäßig leicht akzeptieren, weil eben auf der Welt nicht überall Leute herumlaufen, die ihre Finger voller Begeisterung in sämtliche Steckdosen bohren. Das Problem ist noch größer, wenn ein oder auch beide Elternteile Raucher sind. In diesem Fall müssen die Eltern sowohl sich selbst als auch dem Kind gegenüber zugeben, daß sie sich dumm und asozial benehmen und zudem sich und andere gefährden.

Meine Eltern sind Nichtraucher, und Rauchen ist im Hause nicht erlaubt, da Jean davon übel wird. Im letzten Jahr, zu meinem einundzwanzigsten Geburtstag, waren über hundert Gäste im Haus, und niemand rauchte. Zigaretten waren mir unbekannt, bis wir in meinem dreizehnten Lebensjahr nach einem Besuch auf den Kanalinseln zollfreie Zigaretten für Großvater mitbrachten, der hinsichtlich des Rauchens unbelehrbar war.

Teils aus Neugier, teils weil ich meine ungewöhnliche Furcht vor dem Streichholzanzünden gerade überwunden hatte und nun die neue Fertigkeit beweisen wollte und teils weil eine große Zahl der Kinder in der Schule gerade zu rauchen begann, kaufte ich mir eine Schachtel Zigaretten und probierte sie aus. Meine Eltern waren natürlich entsetzt. Sie hätten mir ohne weiteres verbieten können, zu rauchen. Das wäre aber ein Fehler gewesen, selbst wenn unser Verhältnis das zugelassen hätte. Die verbotenen Kirschen schmecken immer am süßesten, besonders wenn ein Kind an vernünftige Erwachsene gewöhnt ist. Meine Eltern gingen das Problem von drei Seiten an.

Zuerst erklärten sie mir das Pro und Kontra in nicht-moralischen Begriffen. „Viele Leute rauchen. Warum? Rauchen gewöhnt man sich häufig in Gesellschaft an, man hat bei Parties etwas in den Händen. Außerdem befriedigt es eine Reihe emotionaler Bedürfnisse (ein Zeichen von Schwäche und Unsicherheit also). Einmal gewährt das Saugen Befriedigung, zum andern kommen sich die Leute dadurch erwachsen vor und fühlen sich zugehörig zu einer gleichgearteten Gruppe. Weiterhin wird das Rauchen von Leuten gefördert, die ihr Geld in der Tabakindustrie investiert haben. Die Reklame macht es scheinbar attraktiv, indem mit dem Image des Rauchers das Bild von jungen, gutaussehenden Männern und schönen Mädchen verbunden wird. Du kannst gern rauchen, aber nicht hier im Haus, denn wir können den Geruch nicht ausstehen. Bevor du dich ernsthaft entschließt, mit dem Rauchen anzufangen, hier einige Fakten: Tabak ist eine teure Droge, die zur Abhängigkeit führt; Nichtraucher leben länger; Rauchen ist anti-sozial, weil die Nichtraucher dem Geruch und dem Gift nicht entfliehen können, und es ist die am weitesten verbreitete Form der Luftverpestung in unserer unmittelbaren Umgebung."

Zweitens erwähnten sie den sozialen Druck. Paul sagte nur: „Warum erzählst du den Kindern in der Schule nicht, daß du es aufgegeben hast. Dann steht es eins zu null für dich. Einige Kinder sehen im Rauchen ein Zeichen ihrer Freiheit. Die Tatsachen widerlegen das. Nichtrauchern steht es jederzeit frei, Raucher zu werden, aber Raucher sind viel zu sehr von ihrem Tabak abhängig, um Nichtraucher werden zu können."

Drittens führten sie mir vor Augen, daß mir das Rauchen gar nicht wirklich behagte, indem sie mir für die wenigen übriggebliebenen Zigaretten ein Paket Schokoladenzigaretten anboten, die ich bei weitem vorzog. Ich willigte in den Tausch ein und bin seitdem ein leidenschaftlicher Nichtraucher (Leonora gründete sogar einen sehr erfolgreichen Nichtraucherklub in der Schule. P. R.). Obwohl viele meiner Freunde, die rauchen, viel Rücksicht zeigen, glaube ich, daß Rauchen ein ernstes Problem darstellt. Es ist nicht einfach, langjährige Raucher zum Aufgeben ihrer Angewohnheit zu bewegen. Meiner Ansicht nach sollte mehr getan werden, um das Rauchen gesellschaftlich zu ächten. Dann würden weniger junge Leute sich die Mühe machen, es zu versuchen. Ein Rauchverbot wäre zwecklos. Aber man kann seine Kinder auf die Gründe für das Rauchen und auf die Vor- und Nachteile aufmerksam machen und so darauf hinwirken, daß es unmodern wird.

Alkohol wirft nicht ganz die gleichen Probleme auf. Wie beim Tabak, erhöht ein Verbot nur die Anziehung. Im Gegensatz zum Tabak aber kann man die Auswirkungen des Alkohols leicht feststellen. Im allgemeinen wird man nicht davon abhängig und kann den vernünftigen Gebrauch von Alkohol erlernen. In unserer Familie wird nicht viel getrunken, aber zu Weihnachten gibt es bei uns zum Beispiel Apfelwein. Ich bekam meinen Teil, wann immer ich wollte. So wuchs ich mit der Kenntnis über die Wirkungen des Alkohols auf und fühlte mich nicht besonders zum Alkohol hingezogen. Ich trinke gelegentlich ganz gern ein Glas Wein und habe eine Vorliebe für Champagner, aber ich brauche nicht unbedingt zu trinken. Wenn ich Auto fahre, trinke ich überhaupt keinen Alkohol, und wie bei anderen Dingen habe ich gelernt, mich zu beherrschen und selbstgezogene Grenzen zu beachten. Trunkenheit ist eher ein Zeichen von Schwäche als von Stärke.

Der zweite begrenzende Faktor, der anti-soziale, verdeutlicht den Unterschied zwischen unserer Familie und der heutigen, alles gestattenden Gesellschaft. Unsere Erziehung schloß das Konzept ein, daß „auch Erwachsene Rechte haben". Wie bereits beschrieben, ist es im Zweifelsfall ein ausgezeichnetes Kriterium, sich zu fragen: Wie würde ich in der gleichen Situation handeln, wenn es nicht um mein Kind, sondern um meinen Freund ginge? Als das Buch geschrieben wurde, sollte es vor allem Eltern, die zu streng waren, die neuen Ideen nahebringen. Es erschien in einer Zeit, als die Kinder noch unter der Ungleichheit und dem Mangel an Freiheit litten. Heute ist das Pendel meinem Empfinden nach teilweise zu weit in die andere Richtung ausgeschlagen. Jetzt sind es die Eltern, die Ungleichheit und Freiheitsbeschränkungen durch ihre Kinder erleiden. Wie viele „progressive" Eltern gestatten ihren Kindern, sich auf eine so frühreife, unmanierliche und zerstörerische Weise zu benehmen, die ihre besten Freunde zu Feinden machen würde. Kinder verstehen, daß auch Eltern nur Menschen sind, und meiner Meinung nach schadete es mir überhaupt nicht, daß meine Eltern gelegentlich einmal aus der Haut fuhren. Temperamentsausbrüche kommen als eine natürliche Reaktion immer dann vor, wenn man mit seiner Geduld absolut am Ende ist. Diese Ausbrüche machen den Kindern deutlich, daß von einem gewissen Punkt an anti-soziales Verhalten für andere Leute unerträglich wird. Es wird ihnen auch verständlich, daß verschiedene Leute unterschiedliche Schwächen und Toleranzgrenzen haben. Nach meiner Erfahrung und dem, was ich bei anderen beobachtet habe, verstehen Kinder Temperamentsausbrüche und sind auch schnell bereit, zu vergeben. Darum ist es besonders gefährlich, wenn Erwachsene einem Kind etwas nachtragen. Es bedeutet für das Kind nicht nur den Verlust von Zuneigung, vielmehr tut es Kindern im allgemeinen wirklich leid, daß sie den Erwachsenen ärgerlich gemacht haben, und sie zeigen beinahe unmittelbar danach wieder ihre Zuneigung. Die Ablehnung eines solchen Wiederannäherungsversuches kann auch den Erwachsenen ernsthaft verletzen. Denn sobald das Kind erkennt, daß es keinen zärtlichen Kontakt aufnehmen kann, reagiert es mit Haß und Verachtung. Das kann dann in einer Familie, in der Haß auf die Eltern sich nicht nach außen entladen kann, sondern aufgestaut wird, sehr gefährlich werden. Meine Eltern erkannten „das Bedürfnis, emotional zu kommunizieren, mit Wutausbrüchen, wenn zärtlicher Kontakt ausgeschlossen ist, mit Haß, wenn Liebe unmöglich ist . . .“ Daher sind die Gefahren in unserer Familie weit geringer.

Wir verstehen es und fürchten uns nicht davor, unseren Gefühlen Luft zu machen. Wenn jemand die Geduld verliert und aufbraust, ist es uns möglich, sehr schnell zu den familiären Aktivitäten zurückzukehren, ohne daß einer von uns sich verletzt oder peinlich berührt fühlt. Das zu erwähnen ist besonders wichtig, weil Jean sagt, daß ihr ein solches Verhalten als Teenager sehr schwergefallen ist.

Die Leute werden „aggressiv, gleichsam als eine letzte verzweifelte Zuflucht, nachdem sie bei zärtlichen Kontakten wieder und wieder enttäuscht worden sind“. Sogar bei mir trifft das zu. Als ich jünger war, hatte ich jemanden besonders gern. Eine zärtliche Annäherung aber war auf Grund von Tabus unmöglich. Daraufhin spielten in meinem Verhältnis zu dieser Person Aggressionen eine bedeutende Rolle. Heute bin ich für derartige anti-soziale Verhaltensweisen zu alt. Offene Aggression wird durch subtilere Formen ersetzt, zum Beispiel durch schneidende Bemerkungen, Witze und Spott auf Kosten des anderen. Es mag befremdend klingen, aber ich bin glücklich, daß ich bei bestimmten Gelegenheiten so schlagfertig bin. Es ist eine Möglichkeit, emotionale Kontakte aufzunehmen und so die Enttäuschungen, die aus der Tabuisierung der Zärtlichkeit resultieren, zu überwinden. Darüber hinaus aber ist es eine nützliche Methode zur Selbstverteidigung in einer auf Konkurrenzkampf aufgebauten Welt. Solche gezielten, verletzenden Bemerkungen sind in der Familie unnötig, denn wir kennen kein Konkurrenzdenken und haben auch keinen Stolz zu verteidigen. Zudem ist zarter, liebevoller Kontakt untereinander erlaubt. Es läßt sich allerdings auch zu Hause nicht immer vermeiden, schneidende Bemerkungen zu machen, denn man kann diese Angewohnheit nicht so plötzlich ablegen, wenn man draußen war und wieder nach Hause kommt. Aber die Hauptsache bleibt, daß unsere Beziehungen und Kommunikationsmöglichkeiten gut genug sind, so daß man einfach darauf hinweisen kann, „das war eine unerwünschte Bemerkung, denn sie war provokativ". Wenn man solche Bemerkungen unwillentlich macht und keinen bestimmten Zweck damit verfolgt, kann man sie normalerweise leicht korrigieren. Gefährlicher kann es werden, wenn man umgekehrt Verhaltensweisen, die in der Familie üblich sind, in eine Welt hinausträgt, in der aggressives Verhalten die doppelte Funktion der Selbstverteidigung und der Kontaktaufnahme hat. An sich unerwünschtes Verhalten ist eben manchmal nötig, um zu überleben.

Trotz dieser Begrenzungen in der Außenwelt sind die Auswirkungen unserer Erziehung nicht auf ein gutes Verhältnis zu unseren Eltern beschränkt geblieben. Vielmehr gestattet uns unsere Erziehung ein besseres Verhältnis zum Leben: wir verstehen und entschuldigen Menschen mit geringen Fähigkeiten, und profitieren vom Zusammensein mit wertvollen Menschen. Als ich jung war, versuchte ich immer, das Beste in jedem Menschen und jeder Bekanntschaft zu sehen. Heute habe ich gelernt, daß ich dabei manchmal zuviel an Substanz zusetze. Obgleich ich einiges von meinem Optimismus bei der Begegnung mit neuen Menschen eingebüßt habe, vermute ich dennoch, daß ich im Innersten in meinen Gefühlen für meine Familie und meine engen Freunde kindlich geblieben bin. Das ist die positive Seite bei sensitiven Kindern, die „sich nicht gegen Haß gewappnet haben". Ich besitze diese Sensitivität noch immer, aber ich habe gelernt, wie man vermeidet, verletzt zu werden. Ich schätze diese Eigenschaft, denn ich bin ja auch nicht gegen die Liebe gewappnet.

Ich bin noch immer tiefer Gefühle und spontaner Zärtlichkeiten meinen Eltern, meinem Bruder und meinen Schwestern und in seltenen Ausnahmen auch Freunden gegenüber fähig. Aber in der Welt außerhalb der Familie habe ich erfahren, daß offen zur Schau getragene Zuneigung gesellschaftlich nicht akzeptiert wird, und deshalb reagiere ich da kaum spontan. Ich bedaure das, denn ich glaube, daß jedes enge Verhältnis etwas verliert, wenn Zärtlichkeit darin keinen Platz hat. Aber da ich der Zuneigung innerhalb unserer Familie sicher bin, kann ich es mit den Enttäuschungen in der Welt draußen aufnehmen. Meine Anpassungsfähigkeit innerhalb und außerhalb der Familie beweist, daß die Selbstbestimmung die Integration in die Gesellschaft nicht gefährdet, selbst wenn unsere Kriterien von den gesellschaftlich akzeptierten Verhaltensnormen abweichen. Ja, da die Selbstbestimmung die Selbstdisziplin fördert, fällt es uns sogar noch leichter, von der Gesellschaft akzeptiert zu werden. In „Freie Kindererziehung in der Familie" heißt es:

„. . . die Furcht vor Gefühlen . . . stammt aus einer emotional kranken Gesellschaft, in der die Schuld von Generation zu Generation vererbt wird. Die Fähigkeit, selbstbewußt und beherrscht zu sein, entsteht auf der anderen Seite in den Menschen, die in ihrem Leben genügend Liebe und keine Schuld erfahren haben."

Als meine Eltern mit ihrer Erziehungsmethode begannen, meinten einige Leute, sie könnte zur Promiskuität führen. Das ist nicht geschehen. Eine solche Ansicht ist für mich völlig absurd. Die grundlegende Idee der Selbstbestimmung besteht ja gerade darin, daß die Kinder die Fähigkeit entwickeln, ihren eigenen Verbrauch an Nahrung, Schlaf und Zuwendung selbst zu bestimmen, und das von Geburt an. Auf diese Weise lernen sie, mit Nahrung, Schlaf und Zuwendung vernünftig umzugehen und nur das zu beanspruchen, was sie wirklich zu bestimmten Zeiten brauchen. Da wir als Kinder so viel Liebe erhielten, wie wir wollten, das heißt wie wir benötigten, war zu erwarten, daß wir mit einer vernünftigen Einstellung der Liebe gegenüber aufwachsen würden. Wir waren immer sicher, daß wir Zuneigung bekommen würden, wenn wir darum baten, und das schloß auch den körperlichen Kontakt ein, den wir brauchten. Daher ist Promiskuität, die ich als undifferenzierten Geschlechtsverkehr definiere, nicht notwendig. Es ist eine sehr unzulängliche Art, sein Liebesbedürfnis zu stillen. Wir haben das nicht nötig.

Dieselbe vernünftige Haltung bestimmt unser Verhältnis zum Essen, zur Kleidung, zum Schlaf usw., wahrscheinlich deswegen, weil Selbstdisziplin das Resultat der Selbstbestimmung ist. Wenn einem als Kind immer gesagt wird, wann man zu Bett zu gehen hat, was man anziehen soll, wann man lernen soll, dann hat man, wenn diese Restriktionen aufgehoben werden, kaum die Fähigkeit, diese Dinge richtig zu beurteilen und zu handhaben. Man sollte Vertrauen in die Urteilsfähigkeit eines Kindes setzen, dann wird es diese Fähigkeit auch entwickeln. Und wenn man einem Kind die Gründe für die eigenen Entscheidungen angibt, dann wird es auch Vertrauen in die elterliche Urteilsfähigkeit entwickeln. Es wird auch hier bemerken, wann Entscheidungen und Urteile unvernünftig sind, aber wenn man nicht vorgibt, vollkommen zu sein, ist das völlig belanglos. Es spricht keineswegs gegen die Selbstbestimmung, wenn ein Teenager etwas tut, was einem unvernünftig vorkommt. Ich blieb zum Beispiel zwei- oder dreimal die ganze Nacht auf, obwohl ich müde war. Die Gesellschaft der anderen und die Unterhaltung waren mir einfach wichtiger als der Schlaf. Gelegentlich sagten mir meine Eltern, daß ich unvernünftig sei. Ich akzeptierte das nicht und hielt sie für unvernünftig. In diesem Fall sahen wir die Sache eben verschieden an. Aber das Großartige in meiner Beziehung zu meinen Eltern war die Bereitschaft auf beiden Seiten, diese Unterschiede als Unterschiede zu tolerieren. Wir machten keine moralische Angelegenheit daraus. Es fällt uns Kindern ganz leicht, Jean zu sagen, wohin wir gehen und wann wir nach Hause kommen werden, und wir rufen ganz selbstverständlich zu Hause an, wenn es später werden sollte. Denn wir wissen genau, daß Jean nie den moralischen Zeigefinger hebt, auch wenn sie nicht einverstanden ist. Und das Bescheidsagen halte ich für ein Gebot der Höflichkeit, damit Jean sich keine Sorgen macht.

Gegner unserer Erziehungsmethode prophezeiten uns von Zeit zu Zeit, daß wir ein amoralisches, asoziales und zügelloses Verhalten entwickeln würden. Diese Vorhersagen erwiesen sich als völlig verfehlt. Im Gegenteil, man wirft mir oft genug vor, mein soziales Gewissen sei übertrieben stark ausgeprägt und ich sei eine Puritanerin, weil ich nicht rauche, mich weigere zu trinken, wenn ich Auto fahre, und Orangensaft dem Kaffee vorziehe! Kommilitonen fragten mich einmal, ob ich Drogen nähme. Meine Antwort: „Nein, ich esse Karotten" verblüffte sie. Karotten üben auf mich eine beruhigende Wirkung aus, wenn der Druck des Studiums zu hart wird. Sie schmecken besser als Kaugummi und sind nicht schädlich wie Drogen. Ich habe niemals das Verlangen gespürt, Drogen auszuprobieren (mit Ausnahme von Zigaretten). Ich genieße das Leben, so wie es ist, ich bin keine Spielernatur, die ihre Gesundheit oder gar ihr Leben riskiert, nur um sich eine körperliche Sensation zu verschaffen. Ich glaube, einer der Vorteile der autonomen Erziehung liegt darin, daß wir die Fähigkeit haben, das Leben zu genießen, und niemals das Verlangen nach solchen Hilfsmitteln fühlen. Indem unsere Eltern uns die gleichen Rechte gewährten, haben sie uns Selbstachtung gelehrt, die uns die Einsicht vermittelt, daß selbstzerstörerische Handlungen wie der Konsum von Rauschgift und Alkohol sich nicht lohnen.

Die Achtung vor sich selbst bedingt gleichzeitig die Achtung vor den Rechten anderer. Aus dieser Rücksichtnahme auf andere entstehen ganz natürlich gute Manieren. Schlechte Manieren als Selbstzweck sind genauso sinnlos wie gute Manieren als Selbstzweck. Leute, die meine Erziehung kannten, haben öfters ihr Erstaunen darüber geäußert, daß ich „danke" und „bitte" so ungezwungen gebrauche. Nun, Höflichkeit und Rücksicht erleichtern das menschliche Zusammenleben und sind daher wertvoll. Leute, die durch schlechte Manieren zeigen wollen, daß sie frei sind, beweisen nur das Gegenteil. Etwas anderes, das unsere Umwelt immer wieder beeindruckt hat, ist unsere Abneigung gegen eine unflätige Ausdrucksweise. Flüche berühren mich nicht, aus dem gleichen Grunde habe ich auch keine Verwendung dafür. Schmutzige Worte schaffen mir bei Enttäuschungen keine besondere Erleichterung, und andere Ausdrücke, die ich benutze, beeindrucken wiederum die anderen nicht besonders. So nenne ich zum Beispiel schlechte Fahrer, die mir in den Weg kommen, Bananenköpfe.

Im Anschluß an Vorträge über Selbstbestimmung bin ich nach meinem Verhältnis zur Religion gefragt worden. Die Idee der Selbstbestimmung würde erfordern, daß man mit der Religion wartet, bis das Kind alt genug ist, um selbst zu wählen. Das ist aber nicht ganz einfach, denn die meisten Kulturen sind mit einer bestimmten Religion eng verknüpft. Ich persönlich besuchte in der Schule den Religionsunterricht, weil in den oberen Klassen diskutiert wurde und ich das spannend fand. So kamen in der Schule in Nottingham in den Religionsstunden Christen aller Konfessionen und auch einige Nichtchristen zusammen und tauschten ihre Ansichten und Erfahrungen aus. In Australien hatten die verschiedenen Konfessionen getrennten Religionsunterricht. Nach einigen Stunden anglikanischen Religionsunterrichts bat ich meine Eltern, mich befreien zu lassen. Kurz nach meinem zehnten Lebensjahr ging ich einige Zeit zum Kindergottesdienst, weil einige meiner besten Freundinnen daran teilnahmen. Ich hörte auf, weil es einfach zu mühsam war, sich jeden Sonntag herauszuputzen. Ein wenig später hatte ich eine religiöse Phase, in der ich glaubte, Gott sei allmächtig und könne alles ins Gleichgewicht bringen. Doch ging ich während dieser Zeit nicht zur Kirche. Dann begann ich mich zu fragen: Was ist, wenn es keinen Gott gibt? Seit meinem fünfzehnten Lebensjahr ist Religion für mein Leben unwichtig geworden, obwohl ich ihre Bedeutung für andere durchaus sehe. Ich pflegte mit Anhängern der Religion leidenschaftliche Debatten zu führen, um sie davon abzubringen, aber jetzt glaube ich, daß diejenigen, die religiös sind, ihren Glauben brauchen. Man sollte nicht versuchen, ihnen ihre Religion hinwegzudiskutieren. Als einzige Gegenleistung verlange ich von ihnen, daß sie meinen Atheismus ebenfalls tolerieren.

Wenn eine Religion für jeden Menschen Bedeutung haben soll, dann müßte sie den Grundsatz vertreten: „Sei dir selbst treu." Ich vertraue auf die Fähigkeit der Menschheit, durch Selbstbestimmung zu gesunden. Mein Verhalten wird davon bestimmt, daß ich nur das tue, was nützlich und erfreulich ist, wenn möglich sollte beides zugleich sein und was so wenig wie möglich die Rechte anderer beeinträchtigt. Gleichzeitig versuche ich, alles, was ich in dieser Welt nicht mag, zu tolerieren, wenn ich es schon nicht ändern kann.

Zu den wertvollsten Büchern, die ich gelesen habe, zähle ich die frühen Werke von A. S. Neill, in denen er nach Lösungen sucht. Sie verschafften mir Einsichten in eine kranke Welt, die den Autor veranlaßt hat, seine neuen Prinzipien aufzustellen. Ich bin noch immer über die Unvernunft, die Intoleranz und die Gewalt in dieser Welt entsetzt, aber meine Weltanschauung ermöglicht mir, diese Dinge besser zu verstehen und daher besser mit ihnen fertig zu werden. Jeder, der versucht, seine Kinder autonom zu erziehen, muß erkennen, daß er diese Methode nur so weit realisieren kann, wie es seinen Fähigkeiten entspricht. Weiterhin sollte er weder sich noch sonst irgend jemand für vollkommen halten. In der Familie gibt es Zeiten, in denen alles schiefgeht und in denen Streit auf der Tagesordnung steht. Trotzdem kann ich nur den Satz meiner Eltern wiederholen: „Selbstbestimmung ist eine Wahrheit, weil sie unserer Erfahrung nach alle Phänomene und Tatsachen einschließt, denen wir in der Theorie und in der Praxis der Erziehung begegnet sind."

Erica Ritter

Erica, geb. 12. 8. 1951 (19), Studium der Anthropologie und der Architektur, Kurse als Kindergärtnerin an der Universität von Westaustralien.

Wenn man seinen Schulfreunden die Prinzipien der Selbstbestimmung erklärt, so überschlagen sie sich nicht gerade vor Begeisterung. Sie beschließen auch nicht spontan, ihre Kinder von nun an nur nach dieser neuentdeckten Methode zu erziehen. Diese Erkenntnis dämmerte mir erst im Laufe der letzten Jahre. Heute habe ich es sogar aufgegeben, mich an Diskussionen über Erziehung in der Schule zu beteiligen, weil ich ständig niedergeschrien wurde. Immer wieder drückten meine Diskussionspartner ihre Belustigung, ihr Entsetzen oder ihr Erstaunen über meine Dummheit oder meinen Idealismus aus, wenn ich den Standpunkt vertrat, daß die autonome Erziehung eine erfolgreiche Methode ist. Und immer stellte jemand die unfaire Frage, auf die es keine Antwort gibt: „So, und was ist bei mir falsch?" Langsam wurde mir klar, daß es für Kinder im Schulalter wirklich schwierig, wenn nicht gar unmöglich ist, die

Unzulänglichkeiten der eigenen Erziehung einzusehen. Sie mögen direkt oder indirekt ihre Eltern angreifen – wehe jedoch, wenn ein anderer das tut. Ich hielt also bald meinen Mund. Doch dann nahmen wir eines Tages Goldings Buch „Herr der Fliegen" in der Schule durch. Darin tauchten Begriffe auf wie „Erbsünde" und Sätze wie „der Mensch ist von Geburt an schlecht und wird nur durch die Zivilisation in seinen niederen Trieben gezügelt". Als ich nach Hause kam, sprach ich mit Leonora darüber. Dann las ich Neill und kehrte am nächsten Tag mit der phantastischen Entdeckung zur Schule zurück, daß die Jungen in dem Buch sich nur deshalb so grausam benahmen, weil ihre Erziehung unfrei gewesen war. Ich zögerte zunächst, meinen Einfall bekanntzugeben, denn ich fürchtete, die anderen könnten ihn dann in der Prüfung verwenden und er würde seine Originalität einbüßen. Wie wenig kannte ich doch meine Mitschüler! Sie hatten vorher über meine Ideen gelacht – und sie lachten auch diesmal. So gab ich es endgültig auf. Man könnte mir vorwerfen, ich sei keine begeisterte Streiterin für die autonome Erziehung gewesen, aber ich war zu der Ansicht gelangt, daß es niemandem nützt, wenn man die Prinzipien der Selbstbestimmung ständig verkündet. Es sei denn, der Zuhörer steht seiner eigenen Erziehung bereits kritisch gegenüber – und in diesem Fall sucht er selbst das Gespräch mit mir. Wer wie ich in blindem Eifer seine Überzeugung anderen zu predigen versucht, setzt sich nicht nur dem Gespött der Leute aus – darüber kann man noch hinwegsehen –, sondern erleidet die größten Frustrationen.

So soll ich jetzt, drei Jahre nach meinem letzten Versuch, „die Selbstbestimmung an den Mann zu bringen", ein Kapitel über meine Gefühle, Einstellungen, Ideen zur autonomen Erziehung und kritische Anmerkungen dazu schreiben. Ich muß gestehen, ich bin völlig außer Übung. Leonora fällt diese Aufgabe nicht so schwer, denn sie hat häufig vor Müttergruppen Reden über Selbstbestimmung gehalten. Daher weiß sie, was die Leute über diese Erziehungsmethode wissen möchten, was für Zweifel und Ängste sie beschäftigen und welche Fragen sie stellen. Ich kann hier nur meine persönliche Meinung äußern und mich mit den sogenannten Gefahren der Selbstbestimmung auseinandersetzen, denen sich Paul und Jean gegenübersahen.

Man hatte sie gewarnt, daß wir später der Promiskuität verfallen würden. Nun, die Promiskuität der Teenager auf der ganzen Welt ist heutzutage eine bedauerliche Tatsache. Die zu freie Erziehung der Jugend wird allgemein dafür verantwortlich gemacht. Aber in Wirklichkeit liegt es nur dann an der Freiheit, wenn gleichzeitig

Liebe und Zuwendung von den Eltern verweigert werden. Unsere Eltern geben uns Liebe im Überfluß. Daher hat die freiheitliche Erziehung bei uns nicht zur Promiskuität geführt. Ich bin bisher erst dreimal mit einem Jungen „ausgegangen". (Ich benutze die Anführungszeichen, weil das Ausgehen meistens darin besteht, daß ich den Freund mit nach Hause nehme.) Jedesmal war es eine Liebesbeziehung – die körperliche Anziehung spielte dabei eine normale Rolle. Jean hat mir angeboten, Empfängnisverhütungsmittel zu besorgen, falls ich sie brauche. Ich hätte also jederzeit Geschlechtsverkehr haben können, aber der Gedanke ist mir nie gekommen. Auch jetzt erscheint er mir nicht sehr verlockend. Die immer offen gezeigte Zuneigung, die Paul und Jean füreinander hegten, haben meines Erachtens ganz entscheidend dazu beigetragen, daß ich eine körperliche Beziehung nur als Ausdruck und Auswirkung einer Liebesbeziehung für wünschenswert halte. Jean und Paul haben sich nie vor Promiskuität gefürchtet. Sie haben uns stets aufgefordert, unsere Freunde mit nach Hause zu bringen. Daher brauchten wir uns nie, wie andere in unserem Alter, heimlich zu treffen.

Jedoch auch hier spielt der Satz „auch Eltern haben Rechte" eine Rolle. Jeans moralische Erziehung machte es ihr selbst unter günstigen Umständen sehr schwer, die Liebesbeziehungen ihrer Töchter zu Jungen ohne Vorbehalte und Befürchtungen zu akzeptieren. In Zeiten, in denen zusätzliche Sorgen die potentiell vorhandenen Ängste noch verstärken, muß man Rücksicht nehmen und versuchen, diskret zu handeln. Allerdings übersteigt das oft die eigenen Fähigkeiten. So wollte ich vor einem Jahr kurz nach dem Examen mit sechs Jungen über Nacht zum Fischen in den Busch fahren. Dummerweise erzählte ich, daß ich das einzige Mädchen in der Gruppe sei. Dadurch entstand ein Konflikt zwischen Jean und mir, den ich leicht hätte vermeiden können. Jeans Reaktion versetzte mich in Erstaunen. Wäre ich klüger gewesen, hätte ich sie allerdings voraussehen können. Sie sprach sich energisch gegen den Ausflug aus, weil ich nur einen der Jungen näher kannte. Vorstellungen von Vergewaltigung und ähnlichem schwirrten ihr durch den Kopf. Paul kam nach Hause, und ich hoffte, er würde Jeans Irrationalität erkennen und meinen Absichten zustimmen. Doch zu meinem neuerlichen Erstaunen gestand er zwar ein, daß Jean unvernünftig sei, bat mich aber trotzdem, nicht mitzugehen. Seiner Ansicht nach verursachte die ganze Angelegenheit unnötige Aufregung, und da der Ausflug schließlich nichts Besonderes sei, sollte ich lieber ein andermal daran teilnehmen, wenn die Spannungen sich gelegt hätten. Ich war damit nicht einverstanden. Die unsinnigen Ängste meiner Eltern verstimmten mich. Ich konnte sie einfach nicht verstehen. Ich sagte Paul, ich würde es ihm sehr übelnehmen, wenn ich zu Hause bleiben müsse. Wir stritten noch darüber, als das Auto kam und meine Freunde mich abholten. Ich ging. Ich hatte mich auf den Ausflug gefreut und ließ mir den Spaß daran nicht verderben. Jeans Ängste verfolgten mich nicht. Ich machte mich schneller von ihnen los, als ich es für möglich gehalten hätte. Wichtig ist an diesem Vorfall, daß meine Handlungsweise keine Rebellion, kein Aufruhr gegen die Eltern war. Sie hatte nichts von der Revolte der heutigen Jugend, denn mein gutes Verhältnis zu Jean und Paul wurde davon nicht berührt. Ich ging, weil ich nicht in der Lage war, zu bleiben. Es war ein Zeichen meiner Selbständigkeit und ein Zeichen für die Unerschütterlichkeit unserer Beziehungen, daß ich gehen konnte, ohne mich schuldig zu fühlen. (Einen Kompromiß hatten wir allerdings vorher noch ausgehandelt. Ich hatte mich bereit erklärt, unseren Hund als Leibwache mitzunehmen.)

Vielleicht sollte ich hier darauf hinweisen, daß mir Jeans lebhafte Phantasie fehlt und daß ich den Leuten oft mehr vertraue, als gerechtfertigt scheint.

Unsere gute Beziehung beruht meiner Meinung nach darauf, daß ich mich immer akzeptiert fühle, daß Jean und Paul immer auf meiner Seite stehen. Sie haben zwar stets betont, daß sie als Eltern auch nur Menschen und daher fehlbar seien. Aber sie haben für mich so viele Schlachten geschlagen (im allgemeinen mit Lehrern) und gewonnen, daß ich regelrecht enttäuscht war, als es das erste Mal keinem von beiden gelang, meine Schwierigkeiten im Umgang mit anderen Menschen zu lösen. Ich möchte noch einmal betonen, daß ich nicht enttäuscht war, weil sie sich etwa vorher als unfehlbar ausgegeben hätten, sondern weil sie mir sonst immer geholfen haben. Dann erkannte ich, daß sie genauso litten wie ich, und ich wußte, daß sie noch immer auf meiner Seite standen. Das heißt natürlich nicht, daß Jean und Paul von jedem meiner Freunde begeistert waren. Aber sie überließen grundsätzlich uns Kindern die Entscheidung, ob wir eine Freundschaft als sinnvoll ansahen oder nicht. Wenn man allerdings – wie wir – mit Eltern aufwächst, die meistens vernünftig und logisch reagieren und ihre Kinder immer unterstützen, dann fällt es nicht leicht, ihre Bemerkungen über Freunde, über Pläne und Vorhaben zu ignorieren oder ihre Kritik einfach zu übergehen. Jedenfalls schalten wir nicht automatisch ab, wie die heutigen Teenager, sondern nehmen ihre Kritik so auf wie die eines nahen Freundes (wie Paul in einem der vorigen Kapitel vorschlug). Daß wir alle, von Leonora angefangen, lieber zusammen mit Jean alleine einkaufen gehen, zeigt vielleicht, wie hoch wir – im Gegensatz zu vielen gleichaltrigen Jungen und Mädchen – den elterlichen Rat schätzen.

Der besondere Wert unserer Beziehungen liegt darin, daß ich immer jemanden habe, an den ich mich wenden kann, wenn ich Hilfe, Rat, Unterstützung oder Liebe brauche. Und wenn einmal einer von uns in Bedrängnis ist und die Eltern ihm aus irgendeinem Grund nicht helfen können, dann passen die Geschwister auf und springen sofort ein. Wir alle haben ein besonders feines Gespür dafür entwickelt, ob jemand wirklich verzweifelt ist oder nur einen Anfall bekommt, um sich vorm Abwasch zu drücken. Diese Feinfühligkeit gegenüber Kindern und ihren Bedürfnissen, die aus meinen eigenen positiven Kindheitserfahrungen resultieren, hat mich dazu veranlaßt, an Kursen für Kindergärtnerinnen teilzunehmen. Die von der Kindergartenvereinigung Westaustraliens vertretenen Ansichten sind mit den Ideen der Selbstbestimmung recht gut vereinbar. Daher erlebt man hier nicht die gleichen Frustrationen wie an der pädagogischen Fakultät der Universität. Aus einer Beurteilung des Lehrers, der mich bei meiner ersten praktischen Übung anleitete, wird vielleicht deutlich, wie leicht ein autonom erzogener Mensch die Bedürfnisse der Kinder versteht: „Erica . . . bewies . . . eine ausgesprochene Fähigkeit, zu Kindern zu sprechen und ihnen zuzuhören. Sie zeigte mehr Verständnis für die Bedürfnisse der Kinder, als man von einer Studentin im ersten Semester erwarten kann." Es besteht kein Zweifel, daß ich meine Kinder autonom erziehen werde. Denn genauso wie wir als Kinder empfindlich auf die Schreie unserer Geschwister reagierten, ist es mir unmöglich, das Schreien irgendeines anderen Kindes zu hören, ohne ihm in seiner Not zu helfen. Diese Empfindlichkeit, die aus einer Erziehung ohne Haß resultiert, habe ich nie verloren.

Anmerkung zu Seite 113 (Kapitel XIII, Sauberkeit)

Obwohl ich mich als Baby ausgesprochen gerne baden ließ, wurde das Baden für mich vom fünften oder sechsten Lebensjahr an zur Qual. Das lag teilweise an der Kälte, teilweise auch am Badezimmer, das L-förmig gebaut war, so daß man beim Baden nie den ganzen Raum übersehen konnte. Und da sich die Tür in dem nicht sichtbaren Teil des Raumes befand, beschlich mich abends immer ein unangenehmes Gefühl.

Da meine Eltern mich nicht dazu zwangen, nahm ich von da an höchstens einmal in der Woche ein Bad. Sonntagabend, vor Beginn der Schulwoche, hielten Jean und Paul allerdings ein Bad für unumgänglich, obgleich ich mich auch dann noch sträubte. Als ich mit ungefähr zehn Jahren wieder einmal Widerstand leistete, ging Paul mit mir ins Badezimmer, ließ Wasser ein, plätscherte und ließ es wieder ablaufen, ohne daß ich eintauchen mußte. Wir spielten Jean „einen Streich". (Später erfuhr ich, daß Jean davon wußte, aber meine Rückendeckung durch Paul für wichtiger hielt.) Auf mich hatte dieser Streich eine sehr beruhigende Wirkung.

Als wir vor sechs Jahren nach Australien auswanderten, änderte sich mein Verhalten schlagartig, weil es warmes Wasser und eine Dusche gab (Duschen ist lange nicht so umständlich wie Baden) und weil der Raum hier übersichtlich war. Das Waschen war keine Qual mehr. Es wurde wieder zum Genuß, und eine Dusche pro Tag ist jetzt das Minimum.

Penny Ritter

Penny, geb. 5. 8. 53 (18). Erstes Semester Medizin an der Universität von Westaustralien.

Ich mußte mir lange überlegen, was ich sagen sollte, als ich gebeten wurde, etwas für die neue Ausgabe „Freie Kindererziehung in der Familie" zu schreiben. Um herauszubekommen, inwieweit meine Ansichten sich von denen der konservativ erzogenen Gleichaltrigen unterscheiden, begann ich mir während der Vorlesungen Notizen zu machen. Der Grund für meine Schwierigkeiten lag darin, daß ich von klein auf abweichende Meinungen immer toleriert habe, daß ich sie überhaupt nicht mehr bewußt wahrnahm. Es war mir in Fleisch und Blut übergegangen, die unüberlegten, rebellischen Handlungen meiner Bekannten widerspruchslos hinzunehmen. Ich habe schon vor langer Zeit den Versuch, sie von ihren Vorhaben abzubringen, als zwecklos aufgegeben, nachdem ich öfters als Feigling, Spielverderberin und Zimperliese bezeichnet worden war. Doch nachträglich erinnere ich mich, daß ich oftmals nicht verstand, warum der Lehrer in der Klasse auf Dinge wie gutes Benehmen und ordnungsgemäße Ablieferung der Hausaufgaben dringen mußte. Schlechtes Benehmen und Faulheit bei den Schularbeiten schienen mir damals vollkommen sinnlos und unnatürlich.

Manchmal allerdings konnte auch ich mich dem Gruppenzwang nicht entziehen und wurde in Dinge verwickelt, die – wie mir mein Verstand sagte – verrückt waren. Aber selbst bei solchen Gelegenheiten begriff ich niemals vollständig, warum meine Mitschüler sich so kindisch benahmen und gegen die Regeln verstießen. Inzwischen habe ich erkannt, daß sie nur so handelten, *weil* es gegen die Regeln verstieß.

Auch die tiefe Abneigung, die einige meiner Freunde gegen ihre Geschwister entwickelten, setzte mich immer wieder in Erstaunen. Ich konnte das nie verstehen, denn zwischen meinen Geschwistern und mir schien es nie Schwierigkeiten zu geben. Oft rührte diese Abneigung von den Konkurrenzbedingungen innerhalb der Familie her. Meine Freunde beklagten sich häufig darüber, daß sie mit verschiedenaltrigen Geschwistern verglichen und an ihnen gemessen wurden. Oder sie waren eifersüchtig, weil anderen Mitgliedern der Familie mehr Aufmerksamkeit geschenkt wurde als ihnen. Für mich war das etwas gänzlich Neues, denn unsere Eltern verglichen uns nie miteinander. Sie stellten anstatt der Konkurrenz immer die Zusammenarbeit in den Vordergrund. Hinsichtlich der Eifersucht konnten wir uns in Zweifelsfällen immer an unsere Eltern wenden, die dann die Gründe aufdeckten und Abhilfe schufen. Oftmals erkannten sie solche Entwicklungen schon im Anfangsstadium und konnten sie früh genug stoppen. Es ist zum Beispiel im Augenblick sehr wahrscheinlich, daß Mark auf das Baby, das wir erwarten, eifersüchtig wird. Deshalb ergreifen Jean und Paul vorbeugende Maßnahmen. Sie kaufen zum Beispiel auch Mark ein Handtuch, wenn für das Baby eins angeschafft wird.

„Vereint unschlagbar – einzeln verloren", unter diesem Motto schloß sich unsere Familie immer wieder zusammen, im privaten Bereich, wenn es darum ging, Schul- oder Arbeitsprobleme zu lösen, und in der Öffentlichkeit zum Beispiel bei Wahlkampagnen, bei denen sich uns oft Freunde anschlossen.

Zu bestimmten Zeiten stehen sich bei uns immer zwei Geschwister besonders nahe. So verbrachte ich zum Beispiel mit vierzehn Jahren die meiste Zeit mit Erica und ihren Freunden, die sechzehn waren, weil ich mich mit Gleichaltrigen nicht besonders gut vertrug. Nach dem Abitur wurde mein Verhältnis zu Leonora enger, obgleich sie vier Jahre älter war. Als ich noch die Jüngste war, taten sich Leonora und Erica oft zusammen und gaben mir ihre zerbrochenen Spielsachen (was mich überhaupt nicht ärgerte, da ich kein besseres Spielzeug kannte). Sie ließen mich nur ungern an ihren Spielen teilnehmen. Doch im allgemeinen sind unsere Beziehungen immer außerordentlich eng gewesen. Das soll nicht heißen, daß bei uns immer eitel Sonnenschein herrscht; wir können uns genauso leidenschaftlich streiten wie andere Geschwister, aber wir sind nicht nachtragend und schaffen es, auch einmal ein Unrecht zuzugeben. Nicht die kleinen täglichen Streitereien zählen, sondern die Fähigkeit, längere Zeit miteinander auszukommen. Auch wir haben Augenblicke, in denen wir die übrige Familie sonstwohin wünschen, aber im großen und ganzen respektieren wir die Freiheit des anderen und versuchen, uns, wenn nötig, gegenseitig zu helfen. So haben Jean und Paul, wenn sie einmal eine von uns Schwestern nicht verstehen (hier zeigt sich manchmal der Generationsunterschied), immer die Möglichkeit, sich an eine andere zu wenden, die vielleicht die Sache besser begreift und von einem sehr zeitgemäßen Standpunkt aus erklären kann.

Eines der Hauptmerkmale der Selbstbestimmung wird erkennbar, wenn man die Eltern mit der der anderen Erwachsenen Kindern gegenüber vergleicht. Zu Hause wurden wir immer als gleichberechtigt behandelt. Wir konnten tun, was wir wollten, vorausgesetzt, wir schadeten niemandem. Draußen jedoch wurden wir von den Erwachsenen als untergeordnet angesehen. Man behandelte uns und sprach zu uns von oben herab. Auf Grund meiner Erziehung kam es mir damals immer ausgesprochen unfair vor, wenn Kinder, die einem Lehrer widersprachen, als unartig bezeichnet wurden. Erst als ich zur Oberschule ging, wurde mir bewußt, daß mein Gefühl der Enttäuschung nach Beendigung des Unterrichts oftmals daher rührte, daß ich eine Ungerechtigkeit miterlebt hatte, ohne etwas dagegen tun zu können. Denn meine Proteste wurden von den meisten Lehrern als Unverschämtheit angesehen, und ich bekam eine Strafe aufgebrummt. Tatsächlich sind mir nur jene Lehrer in guter Erinnerung geblieben, die ihre Fehler zugaben und sich berichtigen ließen.

Der Unterschied wurde mir erst kürzlich wieder bewußt, als ich Jonquil wegen ihres entzündeten Fußes zum Arzt begleitete. Ich hatte zwar keine große Lust dazu, aber da Paul nicht zu Hause war und Jean sich nicht wohl fühlte, erklärte ich mich bereit. Ich fühlte mich recht selbstsicher, als wir losgingen, denn immerhin war ich schon siebzehn und ganz intelligent. Doch als ich zurückkam, fühlte ich mich wie ein Vollidiot und hatte obendrein allen Respekt vor dem Doktor verloren. Er hatte mich wie ein unmündiges Kind behandelt und mir nicht geglaubt, als ich ihm sagte, Jonquil habe noch keine Tetanusspritze bekommen. Er hatte mich indirekt sogar der Lüge bezichtigt, indem er auf abfällige Weise äußerte:

„Sie hat ganz bestimmt schon eine Spritze bekommen!" Sein herablassendes und respektloses Benehmen untergrub mein Selbstvertrauen und führte mir klar vor Augen, wie ich mich nicht verhalten darf, wenn ich je eine gute Ärztin werden will.

Da wir immer als gleichberechtigt behandelt wurden und man unsere Rechte als menschliche Wesen immer respektierte, fiel es uns leicht, auch die Rechte unserer Eltern zu respektieren. Und da unsere Eltern immer bereit waren, ihre Fehler einzugestehen, konnten wir mühelos Verständnis für diese Fehler aufbringen. Mehrmals hat unsere Stärke (das Ergebnis unserer Erziehung) die Schwäche unserer Eltern ausgeglichen. Manchmal schien mir die Kritik meiner Eltern ungerechtfertigt, besonders wenn sie gerade verärgert waren. Ich habe dann meist darauf verzichtet, ihnen das deutlich zu sagen, denn ich erkannte, daß auch Eltern nur Menschen sind und genauso wie ich ein Ventil für ihre aufgestauten Gefühle brauchen. Wahrscheinlich war die Anschuldigung gar nicht so gemeint, und nachdem der Ärger verflogen war, verstanden wir uns wieder ausgezeichnet. Bevor ich allerdings gelernt hatte, so verständnisvoll zu reagieren, regten mich solche im Zorn gesagten Dinge schrecklich auf. Ich kann mich noch ganz deutlich erinnern, daß ich mit fünf oder sechs Jahren einen Streit mit meiner Mutter hatte und schrecklich wütend war. Als Jean dann hinterherkam und sich ganz unerwartet bei mir entschuldigte, war ich völlig überrascht und freute mich sehr darüber. Dieser Vorfall verdeutlicht die Haltung meiner Eltern gegenüber Kindern. Daß meine Mutter sich bei mir entschuldigte wie bei einem Erwachsenen, bewies mir, daß sie auf meine Gefühle in der gleichen Weise Rücksicht nahm.

Viele Leute glauben, es sei schlecht, den Kindern bei ihren Hausarbeiten zu helfen. Nach ihrer Ansicht werden die Kinder dadurch unfähig, selbständig zu arbeiten. Meine Eltern waren immer bereit, mir bei allem zu helfen. Als ich sieben oder acht Jahre alt war, bereitete es mir ungeheure Schwierigkeiten, Aufsätze zu schreiben. Also saß ich am Sonntagmorgen in der Küche und ließ mir von Jean, die das Essen kochte, diktieren. Auf längere Sicht hat sich das keinesfalls negativ auf meine Fähigkeit, Aufsätze zu schreiben, ausgewirkt (erst kürzlich verhalf ich Jonquil zu einer guten Note im Aufsatzschreiben). Ich arbeitete genauso gern allein und bin stolz auf meine Ergebnisse wie jeder andere. Um das noch zu verdeutlichen: Ich habe bis heute noch keine einzige Fünf im Aufsatzschreiben bekommen und mein Examen mit einer recht guten Note bestanden. Ich schreibe gern Gedichte, die auch schon in der Schulzeitung veröffentlicht worden sind. Es ist mir heute ausgesprochen unangenehm, Lob für etwas zu ernten, das nicht auf meinem Mist gewachsen ist. So modellierte ich vor drei Jahren im Kunstunterricht einen Engel aus Gips. Die Hauptarbeit beim Entwurf und sogar beim Modellieren wurde jedoch von meinem Lehrer geleistet, der mir zeigte, was ich tun sollte. Das Ergebnis unserer gemeinsamen künstlerischen Bemühungen fiel recht gut aus. Der Engel wurde allgemein bewundert. Das störte mich nicht, bis uns einige Monate später einige befreundete Bildhauer besuchten. Sie waren von der Figur begeistert und machten mir den Vorschlag, eine Form herzustellen und die Reproduktion dann als Weihnachtsschmuck zu verkaufen. Das wäre eine ausgezeichnete Möglichkeit gewesen, meine Finanzen durch eigene Arbeit aufzubessern – wenn es meine Arbeit gewesen wäre. So hätte ich jedoch die Arbeit meines Lehrers als meine eigene ausgegeben, und obwohl die Leute sich darüber wunderten, lehnte ich ab.

Die Reaktion meiner Eltern auf unsere Mithilfe im Haushalt habe ich immer als vorbildlich empfunden. Ob wir die Arbeit nun gerne taten oder nicht, Jean und Paul bedankten sich nachher immer dafür. Diese Haltung unterscheidet sich wohltuend von der mancher Eltern, die Hilfe als Selbstverständlichkeit ansehen und sich noch nicht einmal ein „Danke" abringen. Nur ein Eltern–Kind-Verhältnis, das auf Gleichberechtigung basiert, kann solch eine positive Haltung hervorbringen. Meine Eltern behandeln uns, wenn möglich, als Erwachsene, natürlich mußten sie ihren Willen durchsetzen, als wir noch sehr jung waren und die Gefahren, die bestimmten Dingen – wie der Elektrizität – innewohnen, nicht erkennen konnten. So bedankten sie sich bei uns, wenn wir etwas für sie getan hatten, genau wie es zwischen Erwachsenen üblich ist. Und wir taten das gleiche, wenn sie uns einen Dienst erwiesen. Das macht noch einmal den gegenseitigen Respekt deutlich, der die Beziehungen in unserer Familie bestimmt.

Nicola Ritter

Nicola, geb. 2. 1. 56 (15). Vorletzte Klasse der Armadale Senior High School.

Im großen und ganzen ist die Selbstbestimmung etwas Positives, denn wir Geschwister sind zueinander viel netter und toleranter als andere Brüder und Schwestern. Die meisten meiner Freunde erklären, daß sie ihre Geschwister hassen oder zumindest nicht mögen. Ich dagegen habe meine Schwestern und meinen Bruder gern, und sie mögen mich, obwohl auch wir wie alle Kinder manchmal Streit haben. Außerdem reagieren meine Eltern vernünftiger als die meisten anderen Eltern, wenn ihre und unsere Ansichten nicht übereinstimmen. Das zeigt sich zum Beispiel bei der Frage, wie lang die Kleider sein sollen, die wir tragen. Selbstbestimmung heißt Herr über sich und seine Bedürfnisse sein. Allerdings gibt es Ausnahmen, denn die Eltern haben auf einigen Gebieten mehr Erfahrung, so etwa in bezug auf Jungen. Mit fünfzehn bin ich auf diesem Gebiet noch recht unerfahren, vor allem deshalb, weil ich in einer „Mädchen"-Familie aufgewachsen bin. Jean sah es nicht gern, als ich einmal mit einigen meiner Bekannten, Jungen und Mädchen, an die See fuhr, aber ich bin dennoch gefahren. Hinterher wünschte ich, Jean hätte mir den Ausflug verboten, denn der Fahrer fuhr viel zu schnell, und ich hatte Angst. Außerdem hielten sie ihr Versprechen nicht, mich um 22.30 Uhr zu Hause abzuliefern, und mir war das sehr unangenehm, weil ich wußte, daß Jean sich Sorgen machte.

Alle meine Freunde rebellieren gegen Autorität. Für mich ist das nicht einfach zu verstehen. So fuhr der Junge auf unserem Ausflug an die See nur aus dem Grunde so schnell, weil er die Polizei herausfordern und sich an der Gefahr berauschen wollte. Er konnte nicht einsehen, daß die Polizei Geschwindigkeitsübertretungen nur ahndete, um unser Leben zu schützen, Leben, das dieser Junge durch seine Raserei – er fuhr 160 km/h – aufs Spiel setzte.

Noch etwas finde ich besorgniserregend bei meinen Freunden. Neun von zehn – und das gilt für die meisten Leute – begannen sehr früh mit dem Rauchen, weil sie sich erwachsen fühlen wollten. Heute möchten sie gerne aufhören. Ich selbst habe nie das Verlangen gehabt, mich bestimmten weitverbreiteten Verhaltensweisen wie dem Rauchen anzupassen. Ich kann den Geschmack von Bier nicht ausstehen, und Zigarettenrauch ist mir zuwider, ja ich reagiere sogar teilweise allergisch darauf.

In der Schule gerate ich, da meine Ansichten von denen meiner Mitschüler abweichen, immer wieder mit einzelnen oder auch der ganzen Klasse in hitzige Diskussionen. Gewöhnlich geht es dabei um drei Themen. Erstens um die Selbstbestimmung, denn ich beabsichtige, meine Kinder autonom zu erziehen, das heißt mit Liebe. Der Rest der Klasse dagegen glaubt, daß Schläge und ein wenig Angst nützlich sein können, was natürlich Unsinn ist. Religion und Rassentrennung sind die beiden anderen Themen. Bei der Religion streiten wir uns hauptsächlich über die Erbsünde. Einige meiner Klassenkameraden glauben fest daran, während ich einfach nicht einsehen kann, warum der Mensch von Geburt an schlecht sein soll und kleine Babies schon bösartig. Ich glaube allerdings an Gott.

An Diskussionen über Rassentrennung habe ich mich immer sehr leidenschaftlich beteiligt, denn meiner Ansicht nach kann man zu keiner weltweiten Einigung kommen, wenn man die nationalen Grenzen aufrechterhält. Ich hatte bis vor etwa drei oder vier Jahren keine Ahnung, daß Rassenvorurteile überhaupt existieren. Dann – an meinem zwölften Geburtstag – lud ich zwei Schwestern aus Burma ein. Die beiden zögerten zuerst, die Einladung anzunehmen. Sie befürchteten, meine Mutter stehe „Farbigen“ ablehnend gegenüber. Ich war entsetzt, denn für mich sind Menschen einfach Menschen, ob sie nun eine rosa, braune oder grüne Hautfarbe haben.

Abgesehen von diesen Auseinandersetzungen hatte ich außerhalb der Familie kaum Schwierigkeiten. Meine besten Freunde und Freundinnen nehmen es hin, daß wir verschiedene Ansichten haben. Mit den anderen vermeide ich Diskussionen, weil ich mir dabei vorkomme, als ob ich mit dem Kopf gegen eine Wand renne, obgleich ein Junge sich einmal bei mir dafür bedankte, daß ich ihm neue Gesichtspunkte eröffnet hätte.

Natürlich bin ich manchmal, wenn ich mich den ganzen Tag gegenüber meinen Freunden tolerant verhalten mußte, zu Hause ziemlich intolerant. Solche Gelegenheiten führen dann oft dazu, daß ich mich mit einer meiner Schwestern streite. Hinterher fühle ich mich ausgesprochen mies, nicht nur wegen der Dinge, die sie mir im Zorn gesagt hat, sondern auch wegen meiner eigenen Äußerungen, mit denen ich sie vielleicht verletzt habe. In Wut zu geraten, erscheint mir recht sinnlos, es sei denn, man muß sich unbedingt Luft machen – was jeder einmal nötig hat.

Manchmal bin ich unglücklich, weil ich das Leben zu ernst nehme. Aber ich versuche, mich in dieser Beziehung zu ändern. Darüber hinaus wünsche ich mir, daß ich meinen Schwestern gegenüber toleranter wäre und Kritik besser vertragen könnte. Konstruktive Kritik macht mir nichts aus, aber ich bin sehr empfindlich gegen ironische Bemerkungen.

Ich sollte meine Ausführungen nun eigentlich mit einem glanzvollen Schlußsatz beenden, aber da das Leben meistens nicht auf diese Weise endet, sehe ich nicht ein, warum ausgerechnet dieser Bericht über mein Leben es sein sollte.

Jonquil Ritter

Jonquil, geb. 14. 4. 58 (13). Erste Klasse der Armadale Senior High School.

Ein Lehrer sagte mir einmal: „Selbstbestimmung scheint ja in eurer Familie erfolgreich zu sein, aber ich würde sie nie bei der Erziehung meiner eigenen Kinder anwenden." Ich kam mit diesem Lehrer ganz gut aus, denn er behandelte seine Schüler wie Menschen. Diese Bemerkung aber verstand ich nicht, denn schließlich ist unser Erfolg doch die beste Empfehlung.

Auf jeden Fall unterschied sich dieser Lehrer vorteilhaft von seinen Vorgängern. Eine meiner ehemaligen Lehrerinnen hielt mich für vorlaut, weil ich mit ihr wie mit einem normalen Menschen gesprochen hatte. So sprechen wir auch in unserer freien Familie miteinander – Bruder und Schwestern, Vater und Mutter. Wir Kinder wissen, daß unsere Eltern nicht allwissend sind und daß sie genauso wie wir auch Fehler machen können.

Viele Mütter und Väter geben für gute Noten eine Belohnung. Das ist den nicht so intelligenten Kindern gegenüber unfair, denn schließlich können sie doch nichts dafür, daß sie nicht so klug sind. Wir erhalten niemals Belohnungen, und trotzdem lernen wir. Eltern sollten das, was ein Kind am besten kann, bestärken. Wenn ein Kind gut malt, sollte man ihm nicht Dinge vorhalten, die es weniger gut beherrscht.

Mütter sollten ihren noch nicht schulpflichtigen Kindern gegenüber die Schule nicht immer als etwas Furchtbares hinstellen. Wir wurden noch vor unserer Einschulung mit der Schule vertraut gemacht und an unserem ersten Schultag besonders ermutigt.

Viele Mütter und Väter freuen sich, wenn die Ferien vorüber sind und sie ihre Kinder wieder für eine Weile los sind. Unser Vater dagegen sagte immer zu uns: „Was? Nur noch eine Woche – die Ferien sind wirklich zu kurz!" Bei der Hausarbeit haben wir gelernt, Rücksicht auf die anderen zu nehmen. Wenn einer von uns krank, müde, verstimmt ist oder viel Hausaufgaben zu machen hat, springt gewöhnlich ein anderer ein. Im allgemeinen sollen wir zu einer bestimmten Zeit am Abend schlafen gehen, aber wenn wir nicht müde sind, können wir uns in unseren Schlafzimmern auch noch leise beschäftigen. Die Erwachsenen haben ebenfalls ein Anrecht auf Ungestörtheit. In unserer Familie herrscht nicht Zügellosigkeit, sondern Freiheit. Wenn ich aber durch meine Handlungen jemanden verärgert habe, kann ich mich nicht auf meine Freiheit berufen. Denn wenn ich einen anderen störe, mache ich nicht von meiner Freiheit Gebrauch, sondern schränke die Freiheit des anderen ein. Es ist keine wirkliche Freiheit, wenn man völlig nach den eigenen Wünschen ohne Grenzen oder Bindungen handelt.

Ich war einmal sehr erstaunt, als der Lehrer unsere Klasse fragte, wer schon geraucht habe. Mehr als die Hälfte meiner zwölf Jahre alten Klassenkameraden hob die Hand. Ich kann nicht verstehen, daß die Leute rauchen, obwohl sie wissen, wie sehr es ihnen schadet. Es ist schrecklich, wenn man auf der Straße geht und Kindern von acht oder neun Jahren begegnet, die schon rauchen. Erwachsene Raucher sollten an ihre Kinder denken, wenn ihnen ihre eigene Gesundheit schon gleichgültig ist, und diese schädliche Angewohnheit ablegen. Kinder lernen durch Nachahmung. Für sie ist es wenig überzeugend, wenn ihre Eltern sie vor Rauschgiften warnen und dabei gleichzeitig eine Zigarette in der Hand halten. Werbung für Zigaretten sollte verboten werden. Warum machen sich einige Leute die Mühe, andere zum Drogenmißbrauch zu verleiten, und Zigaretten sind Drogen. Wie können sich die Erwachsenen Sorgen über die Luftverschmutzung machen, wenn auch sie mit ihren Zigaretten die Luft verpesten? Sie regen sich groß über die Umweltverschmutzung auf und werfen gleichzeitig Flaschen und Büchsen aus dem Wagenfenster. Raucher sind außerdem ausgesprochen rücksichtslos gegenüber anderen Leuten, die nicht rauchen.

Ich helfe gern bei Wahlen, weil es mir Spaß macht, fremde Menschen kennenzulernen. Außerdem fühle ich mich dann als vollwertiger Teil der Gesellschaft. Aber ich würde nie für einen Kandidaten werben, den ich nicht für fähig halte.

Auch Leute, die keine Rassenvorurteile haben, bemerken die Unterschiede in der Hautfarbe. Wenn man fünf Schuhe sieht, von denen vier rot sind und einer blau ist, wird der blaue stärker ins Auge fallen als die roten. Es ist ganz natürlich, daß man Unterschiede in der Hautfarbe wahrnimmt. Aber Leute sind nun einmal keine Schuhe. Sie haben Gefühle. Man sollte immer daran denken, daß jeder Mensch, gleichgültig, welche Hautfarbe er hat, ein Mensch ist und daß er, was für einer Rasse er auch immer angehört, dennoch ein Mitglied der menschlichen Gesellschaft ist.

Ich bin im allgemeinen recht unbeschwert und lache oft über Mißgeschicke, die mir widerfahren. Ich kann die schlimmsten Wutanfälle kriegen. Dann hämmere ich mit den Fäusten auf mein Bett ein und weine. Aber plötzlich geht mir auf, daß das alles doch recht komisch ist. Gelegentlich überfällt mich eine traurige Stimmung, vielleicht weil die Schule mich langweilt oder weil ich irgendeiner Sache überdrüssig bin oder auch aus keinem besonderen Grund. Dann wieder bin ich lustig, und alles sieht rosig aus. In diesem Zustand mache ich mich gern in der Küche nützlich und bin sehr hilfsbereit. Einmal bereitete ich ganz allein Frühstück, Mittagessen und Kaffee und erledigte noch viele andere Arbeiten. Wenn ich aber in schlechter Stimmung bin, mache ich nur sehr ungern irgend etwas. Alle in der Familie haben ab und zu solche deprimierten Stimmungen, und dann wissen sie es zu schätzen, wenn ich ihnen gegenüber tolerant bin. Als ich einmal von der Schule nach Hause kam, regte sich Mami über eine Nichtigkeit auf. Ich erkannte, daß sie nur deswegen so reagierte, weil sie müde, erschöpft und traurig war.

Es ist ungeheuer schwierig, irgend jemandem die Vorzüge der Selbstbestimmung nahezubringen. Darum werde ich auch nicht versuchen, den Leser zu überzeugen. Die meisten Leute, besonders wenn sie selber Kinder haben, geben ungern zu, daß sie falsch erzogen worden sind oder daß sie ihre eigenen Kinder nicht richtig erziehen. Daher sind sie so uneinsichtig. Sie können sich vorne und hinten und in der Mitte widersprechen, aber sie werden das nicht einsehen. Das trifft allerdings nicht für alle zu.

Als ich zuerst von dem neuen Baby hörte, war ich regelrecht schockiert, dann überaus erstaunt. Fragen über Fragen wirbelten in meinem Kopf herum, und ich stellte sie auch laut. Nachdem ich die Antworten bekommen hatte, war ich von der Aussicht, noch ein Geschwisterchen zu bekommen, nur noch begeistert.

Ich werde völlig neue Erfahrungen machen, wenn ich mich mit um das Baby kümmere. Denn damals, als Mark, unser bisher jüngstes Familienmitglied, geboren wurde, war ich erst vier und konnte noch nicht helfen.

Zusammenfassung:

Mitglied einer autonomen Familie sein heißt für die Eltern Rücksicht auf die Kinder nehmen, und für die Kinder, Rücksicht auf die Eltern nehmen.

Mark Ritter

Mark, geb. 10. 1. 62 (9). Vierte Klasse der Kelmscott Primary School.
Frage: Sollten wir dir mehr Freiheit als bisher geben?
Antwort: Nein.

F: Sollten wir dich zu bestimmten Dingen zwingen?
A: Ihr solltet mich erst fragen.
F: Bei wem in der Familie magst du es am wenigsten, wenn er einmal die Geduld verliert?
A: Mami.
F: Verstehen andere Kinder, wie das bei uns in der Familie funktioniert?
A: Nein.
F: Was haben andere Kinder zu Hause, das du auch gern haben möchtest?
A: Einen Bruder.
F: Wirst du deine Kinder so erziehen, wie wir dich erzogen haben?
A: Ja. Alle Kinder sollten so erzogen werden.
F: Warum?
A: Weil die Kinder dann alles besser verstehen.
F: Sollten Kinder die Möglichkeit haben, einen Tag von zu Hause wegzubleiben und dann wieder nach Hause zu kommen, wenn ihnen danach zumute ist?
A: Ja.
F: Gehen dir Jonquil und die anderen auf die Nerven, oder bist du gern mit ihnen zusammen?
A: Meine Schwestern helfen mir, sie gehen mir nicht auf die Nerven.
F: Machen andere Kinder über die Art deiner Erziehung komische Bemerkungen?
A: Nein.
F: Kannst du Dinge tun, die anderen Kindern verboten sind?
A: Ja.
F: Was für Dinge?
A: Zu Papa „Dummkopf“ sagen, meinen Teller nicht leer essen, erst dann zu Bett gehen, wenn ich wirklich müde bin, Obst nehmen, ohne Mami zu fragen.
F: Glaubst du, daß du anders erzogen wirst als andere Kinder? Wenn ja, warum?
A: Weil ich nicht geschlagen werde.
F: Warum bist du so froh, dein eigenes Zimmer zu haben?
A: Weil ich nicht ruhig sein muß, wenn ich abends aufbleibe. So werde ich nicht dauernd ermahnt.
F: Warum hast du deine Klavierstunden aufgegeben?
A: Weil ich keine Zeit zum Üben hatte.
F: Was hältst du von dem Baby, das bald kommen wird?
A: Es ist prima, nicht mehr der Kleinste zu sein.

F: Willst du manchmal etwas Gutes über jemanden in der Schule sagen, aber traust dich nicht, weil man dich dann für eine Memme halten oder dich verspotten könnte?
A: Nein.
F: Wenn Paul und Jean sich streiten und sich anschreien, hältst du dann beide für verrückt oder nur einen?
A: Ich glaube dann, daß Mami zuwenig Schlaf bekommen hat.
F: Vermißt du Leonora aus einem bestimmten Grund?
A: Ja, sie hat mir was Neues im Kricket-Spiel beigebracht, ich sollte es ausprobieren, aber ich habe es noch nicht getan.
F: Würdest du gerne nach Sydney, England, Amerika, Rußland oder China gehen, oder bleibst du lieber zu Hause?
A: Ich bleibe lieber zu Hause.
F: Wie würdest du am liebsten reisen – mit dem Zug, dem Flugzeug, dem Dampfer oder dem Auto?
A: Mit dem Zug.
F: Welches Fach hast du in der Schule am liebsten?
A: Lesen.
F: Sprechen die Kinder in der Schule über Sex? Wissen sie etwas darüber? Was weißt du?
A: Ich weiß nur wenig. Nein, sie haben darüber nicht gesprochen.
F: Was regt dich beim Fernsehen am meisten auf, was macht dir am meisten Angst?
A: Horrorfilme.
F: Wenn du viel Geld hättest, würdest du dir etwas kaufen oder etwas Besonderes damit anfangen?
A: Ich würde mir angucken, was sich zu kaufen lohnt, und dann würde ich das übrige Geld auf die Bank bringen.
F: Manchmal machst du ganz schön Krach, und wenn die Leute sagen, daß du ihnen auf die Nerven gehst, wirst du noch lauter. Machst du das, weil du Aufmerksamkeit erregen willst? Oder ärgerst du ab und zu gern einmal die Leute? Oder hast du das Gefühl, die Welt beachtet dich nicht und die andern erkennen deine Probleme nicht?
A: Gewöhnlich ist da etwas, von dem ich Mami und Papi nichts erzählen will.
F: Wenn du zusammen mit den anderen helfen sollst, glaubst du dann, man sollte dich verschonen, weil du noch so klein bist? Oder weil du ein Junge bist? Oder weil du nicht gestört werden solltest? Oder willst du helfen und kannst dich nur nicht dazu überwinden? Oder was?
A: Ich will schon helfen, aber ich bringe es einfach nicht fertig.

F: Dieses Jahr sind die blauen Blumen mit den langen Stielen zum erstenmal nicht geköpft worden. Freust du dich darüber, daß du sie diesmal nicht angerührt hast? Erinnerst du dich, warum du sie früher zerschlagen hast? Du wußtest doch, daß wir immer hofften, du würdest es bleiben lassen?

A: Früher hab ich sie geköpft, weil ich wütend war. Ich bin froh, daß ich es diesmal nicht getan habe.

Postkriptum

Am 29. Februar 1972, als dieses Buch bereits im Druck war, traf ein Eilbrief von Paul Ritter im Verlag ein. „Sollte es möglich sein", schreibt Ritter (auf deutsch übrigens), „im Text des Buches einen kurzen Absatz einzuschalten, welcher unser siebentes Kind erwähnt, das nun neun Monate alt ist? Außerdem würden wir gern noch hinzufügen, daß die Kinder sich sehr darüber freuen, noch einen zweiten Bruder in der Familie zu haben, an dessen ‚Freier Kindererziehung' sie sich beteiligen können." Leider verhinderte der lange Postweg zwischen Europa und Australien, daß die neuen Textabschnitte in das Buch aufgenommen werden konnten. So müssen wir uns auf diese knappe „Geburtsanzeige" des jüngsten Ritters beschränken.

Der Verlag